体育产业发展清华丛书

数字科技体育

21st Century Sports:
How Technologies Will Change Sports in the Digital Age

[德] 萨沙·L. 施密特（Sascha L. Schmidt）◎编

王雪莉　李晨曦　◎译

清华大学出版社
北　京

北京市版权局著作权合同登记号 图字：01-2022-0794

First published in English under the title
21st Century Sports: How Technologies Will Change Sports in the Digital Age
1st Edition
By Sascha L. Schmidt
Copyright © Springer Nature Switzerland AG 2020
This edition has been translated and published under licence from the registered company Springer Nature Switzerland AG.

本书封面贴有清华大学出版社防伪标签，无标签者不得销售。
版权所有，侵权必究。举报：010-62782989，beiqinquan@tup.tsinghua.edu.cn。

图书在版编目（CIP）数据

数字科技体育 /（德）萨沙·L.施密特编；王雪莉，李晨曦译. —北京：清华大学出版社，2022.5
（体育产业发展清华丛书）
书名原文：21st Century Sports: How Technologies Will Change Sports in the Digital Age
ISBN 978-7-302-60362-7

Ⅰ.①数… ①萨… ②王… ③李… Ⅲ.①数字技术—应用—体育产业—市场营销—研究 Ⅳ.①G80-052

中国版本图书馆CIP数据核字（2022）第044096号

责任编辑：张　伟
封面设计：众智诚橙
责任校对：王凤芝
责任印制：宋　林

出版发行：清华大学出版社
　　　　网　　址：http://www.tup.com.cn, http://www.wqbook.com
　　　　地　　址：北京清华大学学研大厦A座　　邮　编：100084
　　　　社 总 机：010-83470000　　邮　购：010-62786544
　　　　投稿与读者服务：010-62776989，c-service@tup.tsinghua.edu.cn
　　　　质量反馈：010-62772015，zhiliang@tup.tsinghua.edu.cn
印 装 者：三河市东方印刷有限公司
经　　销：全国新华书店
开　　本：148mm×210mm　　印　张：11.5　　字　数：305千字
版　　次：2022年6月第1版　　印　次：2022年6月第1次印刷
定　　价：89.00元

产品编号：093141-01

体育产业发展清华丛书编委会

编委会主任

杨　斌

编委会成员（以姓氏拼音为序）

鲍明晓　胡　凯　李　宁　史丹丹　王雪莉
徐　心　杨　扬　赵晓春

丛书序

开卷开步开创，发展体育产业

半年前，得赖于一批忠诚母校、热心体育的校友的支持，以及英迈传媒的带头出力，清华大学体育产业发展研究中心成立，希望能够充分发挥清华大学学科齐全、人才密集、体育传统深厚的优势，创造性地开展研究，发挥体育产业一流思想与行动平台的作用，为落实国家体育产业发展战略、推动体育产业升级及企业发展提供智力支持。

中心筹建之初，就发现虽然国家把体育产业作为绿色产业、朝阳产业加以培育和扶持，政府官员、专家学者和实践者也已经达成共识，认为体育产业将会成为推动中国经济转型升级的重要力量，但遗憾的是，毕竟中国的体育产业尚在起步期，呈现价值洼地、人才洼地和研究洼地的现状。因此，中心决定与清华大学出版社合作，策划出版"体育产业发展清华丛书"，组织专家团队选书、荐书。在出版社的大力支持和密切配合下，令人高兴的是，中心成立半年之后，丛书首批即将与读者见面。

"体育产业发展清华丛书"计划分批、分层次地出版体育产业相关的书籍，既包括引进版权的国际经典著作，也包括国内学者原创的对于体育产业发展和体育管理方面的真知灼见；既有对于具体运动项目的精准聚焦研究，也有结合某一体育管理领域的深度剖析探查。我们相信，只要开始第一步，踏实耕耘，探索创新，日积月累，坚持下去，这套丛书无论是对促进体育产业的研究，还是对指导体育产业发展的实践，都是有价值的。

清华大学的体育传统非常悠久。马约翰先生曾经说过："体育可以带给人勇气、坚持、自信心、进取心和决心，培养人的社会品质——公正、忠实、自由。"在庆祝马约翰先生服务清华五十年的大会上，蒋南翔校长特别号召清华学生"把身体锻炼好，以便向马约翰先生看齐，同马约翰先生竞争，争取至少为祖国健康地工作五十年"。2008年，时任清华大学党委书记的陈希同志说过："五十年对一个人来讲，跨越了青年、中年和老年，为祖国健康地工作五十年，就是要在人生热情最高涨、精力最充沛、经验最丰富的各个阶段为党和人民的事业做出贡献。"中心成立这半年来，国家先后发布《全民健身计划（2016—2020年）》和《"健康中国2030"规划纲要》，国民强身健体、共建健康中国，成为国家战略。"为祖国健康工作五十年"这种清华体育精神在当下绝非赶时髦，而是清华体育传统的强化与传承。

清华体育，在精神层面也格外强调"sportsmanship"（运动家道德）的传统，这里回顾一下老清华时期的概括：承认对手方是我的敌手，不在他面前气馁也不小视他；尽所能尽的力量去干；绝对尊重裁判人的决定，更要求学生"运动比赛时具有同曹互助之精神并能公正自持不求侥幸"。据我所知，许多企业的核心价值观中亦有

sportsmanship 的表达，甚至直接就用这一词语作为组织成员的行为规范（如韩国 SK 集团）。当我在"体育产业发展清华丛书"中看到描述体育产业中的历史追溯、颠覆创新、变革历程以及行业规范时，这个词再次浮现在眼前，这其实既是商业的基本规则和伦理，也是产业成长的核心动力和引擎。

体育产业发展，需要拼搏精神，需要脚踏实地，来不得投机，也无捷径可走，因此，中国的体育产业发展，就更需要所有利益相关者多些培育心态，方能形成健康的生态共同体。同时，体育产业发展，需要尊重规则和规律，无论是运动项目的发展规律，还是商业活动的规则、规范；无论是与资本握手的契约精神，还是商业模式中利益相关者准确定位的角色意识。我很希望"体育产业发展清华丛书"能借他山之石对中国体育产业发展的路径和模式有所启发，能用严谨、规范的研究和最佳的实践案例对中国体育产业与体育管理的具体问题有所探究。

每一步，都算数！无体育，不清华！

杨斌

清华大学副校长、教务长

2016 年 12 月

开场白

我们生活在一个社会发展变革比历史上任何时期都更加迅速的时代。在数字化转型这片宽广的领域，尤其可以感受到这一点，它已经遍布生活的方方面面，对我们日常行为的影响与日俱增。从整体上来讲，数字化转型对我们生活的影响实在太过巨大。我们从数字世界中获取的深度洞察也引起了很多新的疑问，尤其是当科技开始渗透进入体育这个生机勃勃的生命体之时。

在我进入一家职业足球俱乐部（德甲霍芬海姆队）的管理层之前，我在医疗健康组织和机构担任了将近15年的管理者。在21世纪初期，那些医疗健康组织还在用纸和笔。但与体育产业相比，我们较早地进行了数字化转型——开始使用数字化文档，整合入机器人技术，并尝试早期的人工智能方法。当我在2015年从医疗健康行业跳槽到职业足球领域的时候，我很快就了解到了，哪怕在足球这么一个繁荣的全球化大市场中，科技的应用虽然发展迅猛，但并非充满生机。在那之前，没有任何的足球俱乐部会把科技创新的任务直接指派给 CEO（首席执行官），也不会为其专门成立一个独立的子板块，配备专属人员团队，搭建必要的基础设施。尽管足球在科技应用上落后于医疗健康，但这两个乍一看天差地别的领域其实在组织管理和思维模式上是有很多相似之处的。所以，很多最初会面对的问题也是一样的。

第一个问题就是，为了维持一个具有生机的市场，体育领域整体而言或是单论足球这一项运动，能否对未来的数字化挑战给出足够的、可持续的解答。如往常一样，各方广泛的投入、拥抱变革是非常重要的。我们的主要赞助商（也是紧密的合作伙伴）SAP[①]，以及所有参与进来的合作者，都为应对这一挑战提供了大力支持。在拥有曲棍球经历的贝恩哈德·彼得斯[②]的指引下，很多心理障碍都被解除了。虽然在球队内部，有些创新想法仍旧偶尔会被不屑一顾，但也更多的是因为缺乏转型思维，而非骨子里的因循守旧。

在奥托贝森商学院教授萨沙·L. 施密特的指导下，2015 年我们完成了在足球领域使用数据分析的第一个哈佛商学院案例，并且自主研发了足球模拟系统 Footbonaut；我们的数字化转型引起了那些热爱足球的社区和团体的广泛关注。然而，我们也更加清楚了一点，在不明确特定需求和足球到底需要什么的情况下就盲目引入科技手段，会让事情变得没有目标导向。我们意识到，我们必须开始思考特定的和相关的目标，然后和一个跨学科的团队一起，经历多轮迭代的计划制订循环，以确保我们的方向是正确的。

足球经历了超过百年的不断尝试与考验，因为其简单易懂而被持续热爱，在这样一项运动中实行创新，所引起的改变一定要带来

[①] SAP，德国公司，全球最大的提供企业级管理解决方案及软件系统的公司。其数据分析系统曾帮助德国队取得 2014 年世界杯的冠军；该公司也是霍芬海姆俱乐部的球衣赞助商。

[②] 贝恩哈德·彼得斯，德国国家曲棍球队前教练，2006—2007 赛季被聘请成为德甲霍芬海姆队的体育总监。

实打实的价值。通过这些由专家指导的、充满意义的循环迭代，我们明确地构想出了从哪些方面进行创新和价值创造。比如说，我们准备去评估虚拟现实、增强现实、机器学习以及可穿戴设备等技术，我们不会因为不熟悉它们而将这些技术拒之门外，但也不会在不理解技术整合过程或者它们对足球有何意义的情况下就坚定不移地去使用它们。另外，体育世界也正在成为数字化转型的一个高级范例。不过，转型所带来的结果必须激起消费者的兴趣，而且刺激消费的核心原因应当来源于它们所触发的情绪，而非它们所展现的技术。当然了，在转型的过程中，我们也输掉过比赛，我们也被嘲笑过，我们也拒绝过一些技术和想法；但是，我们始终严谨，坚持原则，只将那些真正会产生意义的想法整合到球队的日常运营之中。我们是在不损害消费者利益、不伤害他们情感的前提下，在足球领域进行创新的。

没有与研究者（比如说本书的编辑和作者们）进行大量的意见交换与自由讨论，没有整支球队上上下下对于新思维模式的开放性，是不可能完成这样的转变的。否则，举例来说，我们是不可能在球队主场举办第一届麻省理工体育企业家训练营（MIT Sports Entrepreneurship Bootcamp）的，Footbonaut 或者 Helix 这样的创新训练设施也不可能像现在这样成为一家职业足球俱乐部不可或缺的一部分。我们将自身视作一个学习系统，这种开放性是一方面；另一方面，我们与各个领域最出色的技术专家交换、转化新想法，而并非想要将他们打造成足球科学家。不过，事情远远还没有做完。

最后，我们回归到人的问题，因此，必须接受的一点是，我们所学的东西并不能一直用到生命结束的那一天。我们必须打破规矩，创造出新的意义，然后采取下一步行动。我们要意识到，现在早已不需要讨论是否应该引入科技的问题了，而是该讨论如何去采取行动、进行实验。如果我们还把要不要这一过程纳入问题的讨论之中，我们将无法应对足球及相关产业所面临的挑战。体育项目和体育产业都必须持续展现出自身对于未来的准备，以确保其市场生机。通过科技应用，无论是运动员还是那些从小到大都对运动充满热情的人，都会获得新的可能性。作为职业体育界人士，我们有责任处理好样本极小的精英运动员身上的问题，他们的运动巅峰期只有短短数年，其黄金时期更应当被优化。训练、恢复、再生以及在团队运动中强调个人，针对这些问题已经有越来越专用化的技术，考虑到它们正在逐步融入体育世界之中，我们有理由相信，体育人能够也应该取得更多的成就。通过有针对性地应用科技手段，运动员应该能够体验到前所未有的运动生涯优化。现如今，科技在精英体育界正起着决定性的作用；而不远的将来，这些技术将不只被运动员所需要，非专业的运动爱好者以及体育观众都会对它们有所需求。

　　行业专家，比如本书的作者们，将会指导我们采用新的技术，并指明它们在体育领域的可能应用。当然，这也面临了全新的、我们尚不知道如何解决的挑战。这也就是为什么这本书具有巨大的价值。各个领域中最有意思的大脑，将他们的想法和创新提供给我们这些体育从业人员及管理者；大家汇聚一堂，讨论、开发以及规划体育领域的未来。并且，我们做这些事的时候，既应当有比赛胜利时的那种激情，也应当有被击败时的那种谦逊。因为，归根结底，一切都是出于对这项运动的热爱。

彼得・格里希博士
霍芬海姆足球俱乐部首席执行官
德国霍芬海姆

序　言

现如今，体育前所未有地令人激动、充满挑战，并且在经济上极具重要性。我第一次涉足体育产业，是在 20 多年以前，我们为潜在的国际化体育客户打造战略咨询方面的方案，在那个过程中，我获得了最初的激励。从商业的视角来看，那时体育还是个新鲜领域；除了少数几个足球巨星，以及几项盛大的体育赛事，大多数年轻职业运动员都赢得不了什么。虽然当时几乎没有人——包括我在内——理解科技和数据对于体育的意义，但我真切地感受到了自己被体育与科技之间的关联所深深吸引，并且为之着迷。随后，我决定不只是把我的空闲时间投入其中，而是用整个职业生涯去探索体育、商业与科技之间的相互影响与丰富多样的可能性。

无论是场上还是场下，要成为顶尖的那一个，科技都在其中扮演着重要的角色。很多体育项目中，我们都已经触及了人类所能做到的极限。为了变得更高、更快、更远，运动员就像不断尝试、试验、失败、再尝试、在过程中学习然后最终取得成功的企业家一样。运动场下也是一样，体育商业领袖必须高瞻远瞩，早早就开始培植好的想法，在其他人之前洞悉未来的发展方向，并且比其他人更迅速地去执行、去做事情，以保持竞争力。在一个越来越充满不确定性的世界，这是个艰巨的任务；而且没人能告诉他们该怎么做。他们需要具有预见性，能够判断出那些在未来5~10年可以影响到体育商业的技术，明确它们的意义所在，然后在是否要就一项技术进行投资上作出影响深远的决策。然而，诸如区块链、机器人、人工智能、增强现实以及虚拟现实之类的技术在体育领域中的实际可用性，往往仍旧是模糊不清的。

这也正是《数字科技体育》这本书诞生的原因。它是一本论文合辑，各领域的顶尖专家在各自的论文中评估了人工智能、物联网、机器人技术等逐渐崭露头角的技术对于体育领域的影响，也说明体育会如何影响这些技术的发展。在他们的论文中，我的共同作者们研究了新技术将会如何改变体育本身、消费者行为、现有商业模型以及该如何去准备与应对这些改变。

我们也勇敢地畅想了未来20年甚至30年的体育世界，思考由科技引发的对未知的无知[1]。通过这本书，我们想要为未来的5~10年创造一份指南——并且引发更长远的思考。这本书应当能让体育产业中的运动员、企业家以及发明家注意到那些引领趋势的技术，对于它们将如何影响他们的工作生活获得更深入的理解，并且找出最有效的响应方式，无论是在场上还是场下，都能在竞争中保证快人一步。

本书作者团队非常国际化，由多领域专家组成——来自麻省理工学院、昆士兰科技大学、剑桥大学等举世闻名的学术机构，并且

---

[1] 对未知的无知，unknown unknowns。此即为学习了越多的知识，越觉得自己不知道的东西很多；更重要的是，甚至不知道自己不知道什么。

邀请了一些对于前沿技术有着资深专业经验的产业界人士。从他们身上，我获得了最新的主意。总体而言，对我来说，打造一本科学上严谨可靠但同时又易于理解、能用真实世界案例让人读起来愉悦的书，是尤其重要的。我期望读者阅读本书时，能像作者们写它时一样充满乐趣。当然了，书中汇聚了这么多的专家观点，它们并不能形成一张统一的蓝图，或者一个确切的未来场景，但却可以反映出多种可能的前景。尽管我们所面对的新现实充满着不确定性，现在仍然是一个令人激动的时期，未来体育领域的科技应用可能比今天想象中的样子更加自如。但对我来说，有一点是板上钉钉的：在数字时代，体育与科技之间的关系将会愈发密切。我们如何在各自的领域处理好这样的转型，对于体育来说，将会是个不成功便成仁的问题。

萨沙·L.施密特
德国杜塞尔多夫

致　谢

我首先要诚挚地感谢本书的所有共同作者,他们投入了大量的精力,给出了自身对于科技应用于体育世界的深度见解,并且有理有据地对未来作出了评估。然后,我要特别感谢凯特·斯托纳姆,正是她令人难以置信的努力,才让本书成为现实。基于出色的语言写作能力加上对本项目的巨大热情,在整本书的出版过程之中,她都是重要的贡献者和支持者。我们也感谢那些试读读者,他们对于我们的稿件给出了详细的反馈和建议,这里要尤其感谢埃尔丁·别希莫夫、弗洛里安·宾宁、塞巴斯蒂安·弗莱格、克斯廷·福尔沃德、约翰内斯·菲纳、克里斯托夫·施伦巴赫、乌尔里希·施密特、多米尼克·施赖尔。

最后,我要感谢我的妻子拉丽莎,我的儿子伦纳特、尼克拉斯、贝内特和其他家人,感谢他们对我非比寻常的耐心与鼓励。

主编简介

萨沙·L.施密特是位于杜塞尔多夫的奥托贝森商学院的体育与管理研究中心的主任,也是体育与管理专业的教授。他同时也是SPOAC(奥托贝森商学院的体育商业研究院)的学术主任。此外,他还是哈佛商学院(Harvard Business School,HBS)数字倡议协会(Digital Initiative)的成员——该机构隶属于哈佛创新科学实验室(Laboratory for Innovation Science at Harvard,LISH),他也是里昂商学院亚洲校区的助理研究员。萨沙是哈佛商学院很多体育相关研究案例的共同作者,也是麻省理工学院体育企业家训练营的发起者和高级讲师。他刚进入职业生涯的时候,在苏黎世、纽约和约翰内斯堡的麦肯锡工作,并且在德国领衔组建了猎头公司a-connect。他的研究和写作内容主要聚焦在增长和多元化战略,以及职业体育的未来规划。他是很多出版物的作者,并且是很多著名职业足球俱乐部、体育组织、国际化公司的战略合作、多元化、创新以及管理等方面的顾问。萨沙相信科技能为体育带来巨大的转型力量，并且期待这本书能够帮助人们更好地理解体育、商业以及科技之间的相互关系。作为一名年轻时颇具实力的网球选手，萨沙现在经常和三个儿子一起在体育馆里打网球。看着奔跑中的孩子们，他迫不及待地想要看到下一代运动员将会取得怎样的成就。

所有贡献者

迈克尔·巴尔特　HYVE股份有限公司，慕尼黑，德国

丹尼尔·拜德贝克　奥托贝森商学院体育与管理研究中心，杜塞尔多夫，德国

马丁·卡尔松　斯德哥尔摩经济学院体育与商业研究中心，斯德哥尔摩，瑞典

西蒙·查德威克　欧亚体育，里昂商学院，艾库里，法国

克里斯蒂娜·蔡斯　麻省理工学院体育实验室，麻省理工学院，马萨诸塞州剑桥市，美国

亚历克斯·芬顿　数字化商业，索尔福德大学商学院，曼彻斯特，英国

尼古拉斯·弗雷费尔　奥托贝森商学院体育与管理研究中心，杜塞尔多夫，德国

约翰娜·富勒　HYVE股份有限公司，因斯布鲁克大学，因斯布鲁克，奥地利

克雷格·希尔　澳大利亚体育科技网络，墨尔本，澳大利亚

迪耶特玛尔·W.胡特马赫　再生医学，生物医学创新研究中心，昆士兰科技大学，开尔文格罗夫，澳大利亚

加西亚·霍尔迪·拉瓜尔塔　麻省理工学院自动识别实验室，麻省理工学院，剑桥市，马萨诸塞州，美国

桑迪·豪德　门票管理与区块链产品，旧金山，加利福尼亚州，美国

弗兰克·基希纳　数学与计算机科学系，机器人创新研究中心，德

国人工智能研究中心（不来梅），不来梅大学，不来梅，德国

哈里·克吕格尔　奥托贝森商学院体育与管理研究中心，杜塞尔多夫，德国

安迪·米亚赫　科学传播与未来媒体，索尔福德大学科学学院，工程与环境，曼彻斯特，英国

蒂姆·明歇尔　制造研究中心，剑桥大学，剑桥，英国

丹尼尔·莫里斯　电子与计算机工程，密歇根州立大学，东兰辛市，密歇根州，美国

布里安娜·纽兰　纽约大学，纽约市，纽约州，美国

本杰明·彭克特　SportsTechX 有限责任公司，柏林，德国

约翰娜·皮克尔格拉茨技术大学，格拉茨，奥地利

欧文·赖因　传播学研究，西北大学，埃文斯顿，伊利诺伊州，美国

桑贾伊·萨尔马　机械工程，麻省理工学院，剑桥市，马萨诸塞州，美国

马丁·U.施莱格尔　澳大利亚体育科技网络，墨尔本，澳大利亚

萨沙·L.施密特　奥托贝森商学院体育与管理研究中心，杜塞尔多夫，德国

本·希尔兹　管理沟通，麻省理工学院斯隆管理学院，剑桥市，马萨诸塞州，美国

约什·西格尔　计算机科学与工程学，密歇根州立大学，东兰辛市，密歇根州，美国

卡特萨姆·斯托纳姆　奥托贝森商学院体育与管理研究中心，杜塞尔多夫，德国

布里安·苏维拉纳　麻省理工学院自动识别实验室，麻省理工学院，剑桥市，马萨诸塞州，美国

本诺·托格勒　行为经济学及社会与科技研究中心，昆士兰科技大学，布里斯班，澳大利亚

目 录

数字化时代，科技如何影响体育	1
体育科技的分类学方法	17
"命题驱动的创新雷达"如何让体育产业受益	45
机器人、自动化以及体育的未来	61
机器人和人工智能：科技可能如何改变我们塑造身体的方式，以及这对我们的大脑会有怎样的影响	89
体育科技的触及范畴	107
增量制造在体育领域的未来	131
再生运动医学的当下与未来	159
体育中的大数据、人工智能与量子计算	179
数据革命：未来体育中的云计算、人工智能与机器学习	207
区块链：从金融科技到体育的未来	227
区块链、体育以及驶出体育科技的困境	243
情绪人工智能的崛起：解码体育中的心流体验	259
重新想象赛场体验的四种策略	271

22 数字科技体育

虚拟现实和体育：混合、增强、沉浸式及电竞式体验的崛起　291

电子游戏、技术以及体育：未来是交互式、充满沉浸感并
　具有适应性的　307

不可思议的体育　321

2030年以后：运动员、消费者和管理者眼中的体育会变成
　什么样子　333

数字化时代，科技如何影响体育

萨沙·L. 施密特

摘要

施密特在本文中介绍了数字化时代中科技与体育的关系，概述了它们对于运动员竞技表现、体育消费、体育管理、体育治理等各个方面的提升。他还描述了科技如何驱动新体育项目的开发以及传统体育项目的优化。最后，他概述了《数字科技体育》这本书选取与体育相关科学技术的过程，并且说明了本书的结构和章节安排。

体育被世人广泛热爱折射出了它的发展起源——人类自我保护和求生的本能，体育提供了一种开发和练习狩猎与战争技巧的方式（Lombardo 2012）。这些构成了竞技体育长盛不衰的根基，不论是远古时代还是现代，它都能唤起潜藏在人类内心深处的那股迷恋。传统而言，运动员不断尝试打破人类体力、脑力以及精力上的极限。他们渴望超越自我或是打倒对手、达成顶尖的竞技表现、打破纪录并且成为最出色的那一个。

1 不断增长的体育商业

如今，体育不再只是运动员之间纯粹的竞技，而是有着成百上千万人在为之工作、依靠它赚钱的完整产业体系。全球体育产业占据了全球 GDP 的大约 1%，估值达到 6 000 亿~7 000 亿美元，其中包括体育基础设施、体育赛事、体育服务、运动训练、体育制造以及体育周边商品销售（KPMG 2016）。除了金钱，体育还能帮助商业产生情感联系。每一年，全球数十亿的欧元都被投资到提升品牌形象之上，甚至连功能性产品都能在体育的帮助下与消费者产生情感羁绊。比如说，新创办或者不断发展扩张的大型体育赛事数量越来越多，这也让 2019 年的全球体育赞助总额达到了 420 亿欧元（Two Circles 2019）。

我们都对体育竞技感到热血沸腾，然而，我们也不能忽视一点，从商业的视角来看，体育绝对是这个星球上最因循守旧的产业之一。某种意义上来说，体育的一个设计初衷便是保持长期稳定——为了维持竞争平衡，避免胜者通吃和自然垄断动态，每位运动员都必须有获胜的机会。体育中最糟糕的场景就是，一位运动员或者一支队伍常胜不败。哪怕对于 NBA（美国职业篮球联赛）、NFL（美国国家橄榄球联盟）、英超、德甲这样的商业联赛来说，这也是真理。将高速发展的科技投资融入体育世界之中，有可能制造出紧张的局面，因为这两个领域在潜在竞争动态方面天差地别，并且可能会打乱（尽管只是暂时性的）体育领域中如此重要的竞争平衡。

不管怎样，由于新的技术和海量数据带来的新机会，体育产业正在经历快速的增长与发展，而数据也越来越成为体育世界中的新型货币（Ratten 2019）。随着数据分析的兴起，体育开始扮演新技术的试验田或"实验室"的角色（Michelman 2019）。因为这些，诸如 FanDuel、DraftKings、Dream11、虎扑以及 Peloton 之类的独角兽公司洞悉到了一张逐渐扩展的体育科技蓝图。根据产业专家提供的数据，2019 年全球体育科技风投总额达到了 25 亿美元，并且主要集中在健身、电子竞技与体育内容领域（Penkert and Malhotra 2019）。

2 体育与科技之间的动态关系

无论是赛场上下，体育领域的科技创新都因为硬件、软件和数据分析的进步加快了前进的步伐。科技和体育之间存在一种动态关系。体育是新技术的试验田，而与此同时，技术也是引起体育世界动荡的主要源头之一。运动员参与体育的方式、消费者观看比赛的方式、体育产业货币化以及组织管理的方式,随着科技创新的发展,都经历着天翻地覆的变革。①

2.1 科技提升运动员表现

在过去,训练和比赛准备都由直觉性的实践经验所驱动,不断进行尝试,但不知道具体为何如此。现如今,不管是职业还是业余运动员,或者是以休闲为目的的体育爱好者,越来越倾向于使用新的科技手段来尽可能地开发自身的身体、精神和大脑的能力,以获取竞技优势。这些技术从本质上改变了他们训练和比赛的方式。今天,在体育活动中使用的科技产品包括传感器、靠近运动员身体的装置、可穿戴设备、直接穿着于运动员身上的表现追踪系统、智能药丸以及嵌入身体中的植入装置(Düking et al. 2018)。这些技术手段通过测量和理解身体机能、个人或球队层面的技战术数据,提供运动表现反馈以及训练指导,旨在提升比赛中的竞技表现。它们帮助运动员防止或减小受伤的风险、管理运动强度、检测出超负荷的情况。这些技术手段中的大多数只被允许在赛前或者赛后使用,但无法在比赛中使用。

科技的影响力在残疾人奥林匹克竞赛项目中尤为突出,在这片赛场上,运动辅助设备、假肢和运动装备一直在不断创新。很多残疾运动员需要依靠科技辅助装备才能参加他们所从事的运动项目。因此,这一领域对于科技创新有着最大的需求(von Hippel et al. 2011)。未来学家尤瓦尔·诺厄·哈拉里预言,未来新的人类世界纪录将会发生在残奥赛场上,而非奥运项目之中。在他的观点中,科技本身的发展速度将独自决定这一刻会何时到来(Harari 2016)。在短短数年之后,科技辅助装备就将帮助残疾运动员获得前所未有的竞技优势,假肢和外骨骼将为他们带来额外的力量、体

---

① 想要了解运动员、消费者与管理者看待体育的不同视角,可以参考彭克特和马尔霍特拉 2019 年发表的体育科技框架。

能和稳定性，从而促成高于人类本身运动能力的竞技表现（Walsh et al. 2007）。

2012年，双侧截肢的南非运动员奥斯卡·皮斯托留斯成为第一位同时在奥运会和残奥会的径赛项目中参赛的运动员。因此，在未来几年之中，两届残奥会跳远冠军马库斯·雷姆在国际赛场上打败健全运动员也就不是什么令人惊讶的事了，他不断努力想要获得参加2016年里约奥运会的资格。然而，雷姆的奥运梦最后还是落空了，因为他无法证明刀锋假肢不会给他带来超越健全运动员的竞技优势。确保所有运动员（不论健全还是残疾）能够公平竞赛，仍旧面临着关键挑战（Kyodo News 2019）。

在健全运动员参与的体育赛事中，科技辅助装备的引入早就引起了广泛的争论。然而，与残奥组委相反的是，奥组委为了确保比赛的公平性，往往会限制科技手段的使用。比如说，十年之前，国际泳联禁止了鲨鱼皮泳衣（即为Speedo LZR Racer）以及效仿它的仿制产品，建立起了一道针对科技"兴奋剂"的边界；在鲨鱼皮引入后的17个月，世界纪录被打破了130次（Crouse 2009）。类似地，国际田径联合会最近宣布了针对跑鞋的新规定，以应对田径运动员身上那些越来越能左右比赛结果的装备（The Guardian 2020）。

除了在赛场上发挥作用的科技手段，还有大量的科技手段在场下不断变革着体育世界，比如说，促进和提升体育消费和管理。

2.2　科技促进体育消费

新的技术会改进人们消费体育的方式，增强体育粉丝和观众的观赛体验。比如说，全新的科技解决方案带来了多种多样的媒体内容，比如原始视频、可编辑内容、体育新闻以及比赛数据，通过传统的媒体分发渠道和全新的体育流媒体平台得以呈现。更具体的例子，机器人控制的无人机能够从360度拍摄视频，在体育赛事的流式直播中提供更丰富的视角。科技的进步同样能够将体育迷和他们最爱的运动明星、队伍和联赛联系起来——不仅可以提升粉丝忠诚度，也能够增强体育消费体验（Chan-Olmsted and Xiao 2019）。再举例说，票务或交易平台能够对赛事门票、场馆内商品以及周边纪念品的销售带来助助。社交媒体技术则可以让有着相似兴趣的体育迷们组建起社交网络并在其中畅快交流。

体育博彩和范特西类体育游戏是近些年来驱动粉丝互动的两大力量，这一板块单独的产值就能达到数十亿美元。新出现的技术手段使得人们能够使用真实或者虚拟的货币对体育赛事或线上游戏进行下注。这一板块中出现的平台，都能够提供博彩下注服务，支持范特西类体育游戏，不断发布新的博彩产品并且提供比赛预测，以提升玩家的参与体验（Penkert and Malhotra 2019）。

2.3 科技改善体育管理与治理

除了运动员竞技表现与体育消费，科技创新还能够改善体育机构、运动队、协会、联赛、赛事、健身工作室以及媒体公司的管理运营。不论将科技手段应用到职业还是应用到业余体育的运动队、俱乐部和场馆之中，都能提升其运营效率，带来更好的体育消费体验（Harrison and Bukstein 2016）。比如说，定制化的 App 能够帮助运动队或教练找到并招募到具有天赋的运动员，体育场馆内的科技解决方案能够优化日常运营；还有一些 App 能够为组织锦标赛、联赛、竞速赛以及其他主要的体育竞技活动提供工具（Parent and Chappelet 2015）。此外，科技化的解决方案可以为媒体、品牌赞助和投资者打造各自专属的或相关的功能（Penkert and Malhotra 2019）。比如说，我们能够看到 Rallyme 或 Sporttotal 这类平台开始崭露头角，它们能将品牌方和运动队、运动员联系起来，并且提供一个能够直接从粉丝和赞助方筹集资金的交易市场。

辅助裁判判罚是科技应用的又一个重要任务。使用话筒和耳机进行交流、用追踪系统判断越位与否、门线技术以及视频助理裁判在近些年逐渐出现在职业体育赛场。新的辅助系统或者激光幕布，能够帮助裁判做更精准决策，进一步减小判断误差，减少赛场上不正确的判罚（Weisman 2014）。一旦这些科技手段证明了它们的可靠性，自动化的判罚与评分系统有可能会被更广泛地应用。

2.4 科技制造赛场上的新型"运动员"

新技术的进步不仅为增强人类运动员的竞技表现创造了机会，还能够通过引入新型运动员，来提升体育项目本身，比如说在现有体育比赛中竞技的机器（Schmidt 2018）。与机器的对决往往能燃起非凡的魅力。机器能够参与规则明确且已知的结构化体育比赛。[①]比如说，在1996年，国际象棋领域的第一次人机大战吸引了公众的广泛关注。深蓝计算机挑战了当时世界公认的冠军棋手加里·卡斯帕罗夫，并在六局比赛中成功击败这位国际象棋宗师一次。这之后，类似的案例越来越多，机器开始在智力竞赛、扑克以及围棋（中国棋类游戏）领域打败人类。程序员们还开发了能在Dota2这样的电子竞技游戏中打败人类的人工智能，而且他们甚至没有特意针对该项目进行程序设计。在机器学习技术的帮助下，软件程序能够自己教自己如何去比赛。

还有另一种有意思的人机对抗，就是人类通过操纵机器人间接与彼此竞技。比如说，RoboGames已经举办了机器人运动员参加的足球、篮球、举重、乒乓球、相扑等比赛（Kopacek 2009）。此外，在全球拥有数万会员的RoboCup的拥趸们，一直在期盼在2050年之前，一支完全自主控制的仿人类机器人球队能和届时的世界杯冠军踢上一场并获胜。

虽然在赛车比赛中，目前仍旧是人类操纵机器与彼此对抗，但在不久的将来，电动方程式赛车（Formula E）就会不再需要人类的控制。因为这项赛车赛事为了与F1方程式赛车抗衡，将很快允许自动化无人驾驶之间的竞技。在赛道上经历过振奋人心的测试以

[①] 尽管棋手们不比拼身体运动能力，但国际奥组委认为蕴藏在国际象棋中的属性是符合体育特征的，并认可它为一种体育项目。

后，这些自动驾驶赛车的最初原型的前景一片光明。该赛事的目标是让不同的车队以同样的硬件为基础与彼此对抗。因此，其中最核心的竞争发生在算法设计之上。依靠每支车队自主研发的人工智能技术，无人驾驶赛车将在柏油赛道上以高达 300 千米 / 小时的速度奔驰（Standaert and Jarvenpua 2016）。

2.5　科技驱动新运动项目的开发

在用户自主创新的推动下，极限运动花了 30 年的时间，才变得逐渐主流并适合大众市场（Hienerth 2006；Hienerth et al. 2014）。如今，除了增强和提升现有体育项目，不断出现的技术还可以在几乎转瞬之间创造出新的运动项目。电子竞技[①]从一个小众人亚文化市场摇身一变成为一个价值 10 亿美元（而且还在持续增长）的全球化产业，是科技驱动体育发展的最显著且摆在眼前的例子（Newzoo[②] 2019）。虚拟化的环境能够让电子竞技实现其他体育项目中只能在梦中畅想的元素。虽然现在电子竞技比赛还只是在寥寥数百名职业选手中进行，但其全球观众数量已经达到了 4.5 亿。这些狂热的电子竞技爱好者来自全球多达 25 亿的常驻或偶尔接触电子游戏的玩家（Newzoo 2019）。

据行业专家展望，长期来看，电子游戏将成为世界上遥遥领先的用户量最庞大的娱乐形式，而电子竞技将成为最具影响力的体育项目——甚至超越足球，无论是在选手和观众人数还是在销售总值上（Scholz 2019）。将电子竞技项目加入奥运会比赛中只是时间问题。很明显，2022 年以后，电子竞技就会正式成为亚运会的一部分。

其他体育项目，比如说无人机竞速，在过去数年中由自家后院中的一种爱好发展成为拥有国际化联赛、职业竞技对抗的体育项目，并且建立了日益庞大的粉丝基础。和电子竞技一样，一夜之间，运

[①]　电子竞技是一种基于电子游戏进行竞技对抗的体育项目。
[②]　Newzoo，一家致力于游戏业务全球市场研究及预测分析的公司。

动能力普通的人成为无人机竞速赛中的超级明星。半自动甚至全自动的无人机竞速赛正成为一项严肃的（Jung et al. 2018）、值得关注的体育学科，正与传统体育项目抢夺全球观众的瞩目。无人机竞速赛让人们能够以前所未有的方式比拼身体和大脑，其飞行速度和灵活度是无可比拟的。

最终，会出现你可能从未听说过的新运动项目——比如说已经面世的 Speedgate。这种人类在真实世界中参与的体育项目是在人工智能的帮助下创造的。深度学习算法分析了超过 400 种运动、7 300 条体育规则和 10 000 个体育品牌形象中的数据，然后创造了它。Speedgate 囊括了英式橄榄球、足球以及门球的元素。6 名玩家组成一队，在长 180 英尺（1 英尺 =0.304 8 米）、宽 60 英尺的场地上来回踢球或者传球，场地中则有三个门（两端各一个，中间一个）。其目标就是通过把球射入两端的球门来得分（Ha 2020）。

3　新兴技术将塑造体育的未来

本书的目的不仅仅是评估新兴技术，关注未来 5~10 年它们对于体育领域的影响，同时也以宏观的视角着眼于未来 20 年甚至 30 年的体育世界，思考那些"对未知的无知"。通过这些工作，我们熟悉并检验了新技术是如何改变体育本身、消费者行为以及现有商业模型的。我们并没有使用系统化的技术预测方法（Cetron 1970）、扫描法（Van Wyk 1997）或是路线图法（Phaal et al. 2004；Walsh 2003），我们采用的是探索式方法，让我们能够对我们的主题给出更具创造性的深入见解（Reiter 2017）。关于新兴技术为什么能、如何以及何时会影响体育领域，尽管我们能够给出一些预示，但本书的探索式发现本身并不能立刻用于决策。它们更多的是尽早指明技术、趋势和发展方向，让人们关注到那些机遇以及随之而来的威胁。

3.1　定量技术预测 vs 定性技术预测

预测未来是人类天性的一部分，纵观人类历史长河，我们能找到很多的例子。比如说，在古希腊，预知未来的德尔斐神谕成为历史上最著名的神庙遗址之一（Häder 2009）。而现在，预测未来变成了基于历史和现在数据的预测计算——最常使用的是趋势判断、迹象识别与影响预估（Armstrony 2001）。不过，预测计算某一项技术的发展及其未来影响是一个复杂的任务。量化预测模型往往用于中短期的未来场景预测，并且是基于过往数据的函数计算去预测未来数据。当历史数据足够充足，数据中所蕴含的模式按照预期能够持续下去，这些模型才是靠谱的（Rescher 1998）。然而，关键问题在于，在如此剧烈变化的时代，历史数据的引入可能无法再用于预测计算未来。因为我们的世界在过去数十年所经历的天翻地覆的变化，比之前的数百年还要巨大，定量技术预测不会再那么容易。再过短短几个年代，一个崭新的世界将会出现——我们的曾孙辈可能都无法想象我们如今所熟知的世界。

然而，运动员、消费者、管理者如何对待技术仍旧是不确定且含糊不清的。为了评估新兴技术和它们未来在体育领域的影响力，我们给出了个人评判，也总结了有着数十年职业经验的、真正与本书主题相关的专家的领域直觉，以此为基础形成了观点。这样的定性技术预测往往用于中长期的未来场景，且适用于没有过往数据或者颠覆性的发展是可预见的情况（Archer 1980）。

3.2　与体育相关的新兴技术选择

为了挑选出数字化时代中与体育世界的未来最相关的技术，我们首先查看了领域内的技术预测报告与研究。如今，已经有很多成熟的基于技术预测法、扫描法和路线图法的市场调研、智囊公司、科技博客以及平台（比如说 Gartner、CB Insights、ZDNet、TechCrunch 等）。它们都开发出了自己的工具和方法，分析来自风投机构、创业公司、专利、合作以及新闻中的数以百万计的数据点，来预测哪些新兴技术将会取得突破并且发挥出它们的全部潜力。它们还预测了技术发展的时间线。比如说，美国市场研究机构高德纳每年都会审视那些新出现的技术，并把它们编排入一份名为《新兴技术成熟曲线》（Emerging Technologies Hype Cycle）的报告之中。我们以它们 2017 年、2018 年及 2019 三年的成熟曲线报告为基础，选取了对于体育产业最相关的新兴技术（Gartner 2017、2018、2019）。我们主要关注那些具有颠覆性的、可能要在未来 5~10 年才能发挥出全部潜能的技术，并且现在体育领域已经出现了它们的早期用例。从《新兴技术成熟曲线》报告中的 35 项技术之中，我们只选取了那些与体育世界的未来尤其相关的技术。学者们和从业者们受邀在本书中各自书写一小节，以概述他们对于被选择技术在体育领域未来的预测。当然了，那些被选择的技术创新都是基础性技术，而非一个又一个的项目或者产品；其中有些在某种程度上会有一定的相互重合，无法独立开来，比如说人工智能和机器人。

3.3 本书结构

我们将本书分为五部分：一个介绍部分、三个技术部分与一个展望部分。

（1）介绍。除了用于介绍我们的思路和本书结构，我们专门用一章的篇幅，去捕捉体育科技产业的出现以及其当前状态。尼古拉斯·弗雷费尔、萨沙·L. 施密特、丹尼尔·拜德贝克、本杰明·彭克特和布里安·苏维拉纳提出了一种"体育科技的分类学方法"，从运动员、消费者和管理者的视角，为体育领域的科技应用提供了一个概括性的结构。随后，桑贾伊·萨尔马、布里安·苏维拉纳以及尼古拉斯·弗雷费尔讨论了"'命题驱动的创新雷达'如何让体育产业受益"，体育组织及其管理如何使用系统化的方法去应对体育世界的新兴科技，从而为自身带来好处。通过这样的方式，我们为"命题驱动的创新雷达"提供了一个使用范例。

（2）实体技术。第一类技术大多数与硬件相关。其中包括高新材料、机器人、传感器、装置、纤维、织物、涂料、复合材料、营养品、生物医学工程等。所有这些技术在采集数据上都扮演着重要的角色。本章共有五小节,我们依次对其进行介绍。

① 约什·西格尔和丹尼尔·莫里斯探讨了"机器人、自动化以及体育的未来",阐述了机器人和自动化技术在体育领域逐渐增强的影响力,以及可能因此而产生的未来状态,比如说观赛体验的新模式。他们考量了机器人和自动化技术如何提升运动员的训练,并详细解释了为何它们能通过引入新型运动员、创造新的运动项目以及为脑力运动员提供竞技平台等方式来升级体育。

② 弗兰克·基希纳探讨了"机器人和人工智能:科技可能如何改变我们塑造身体的方式,以及这对我们的大脑会有怎样的影响",阐述了机器人和人工智能的前沿发展对于未来的身体活动会带来哪些可能的改变,这种影响又可能对人类的身体和大脑有怎样的作用。对于机器人成为运动员、教练员、教师、人类运动员的竞争对手以及医疗专家,他给出了现有案例以及未来的可能性。基希纳总结了,如果人类能够输入更多的身体交互信息到智能机器之中,对人类本身的身体和大脑会有哪些可能影响。

③ 马丁·U. 施莱格尔和克雷格·希尔探讨了"体育科技的触及范畴",体育科技的使用如何为知识的实现、转化与传播打下基础,将它们注入多维度的身心健康领域,同时也作用于专职医疗、职业安全与健康以及国防领域。他们解释了体育科技是如何影响包括保险、场馆建设与维护、赛事直播等多个垂直领域的。最后,他们探讨了体育科技应用所面临的挑战,以及在公开标准、安全保障与隐私保护等方面所遭遇的障碍。

④ 丹尼尔·拜德贝克、哈里·克吕格尔和蒂姆·明歇尔强调了"增量制造在体育领域的未来",阐释了增量制造技术对于体育生态系统的当前及未来预期影响。他们描述了增量制造的优势,概述了它为体育产业带来的增益。他们还解释了增量制造与人工智能、传感器、机器人等技术的共同进步与相互作用是如何创造出新的产品与商业模式的。

⑤ 迪耶特玛尔·W. 胡特马赫给出了"再生运动医学的当下与

未来",提供了目前已经存在的再生疗法概念的发展综述,总结了不同形式的现有及可能出现的治疗手段。最后,他给出了一个虽然还很虚幻但仍然关键的构想,描述了再生运动医学可能如何带来新的治疗概念并增强运动损伤患者和医生之间的交互。

(3)信息处理技术。这一技术分类主要和数据与信息的处理有关。其中包括大数据、高级分析、人工智能、区块链、机器学习、量子计算等技术。本章共有五小节,下面进行依次介绍。

① 首先,本诺·托格勒调研了"体育中的大数据、人工智能与量子计算",给出了大数据、人工智能以及量子计算之类的技术为体育领域带来的令人兴奋的可能性。他以综合概述和分别描述的方式,介绍了这些技术带来的更精准的数据采集能力,以及数据分析对于增强体育相关决策、提高组织管理水平等多个领域的影响。

② 克里斯蒂娜·蔡斯讨论了"数据革命:未来体育中的云计算、人工智能与机器学习",说明了数据是一种能够决定竞技优势得失的资产。那些能够找到创造性方法去解锁和利用数据的人将会成为明日的冠军——绝大多数是依赖人工智能、机器学习和云计算,在论文中她对此依次进行了讨论。

③ 桑迪·豪德给出了"区块链:从金融科技到体育的未来",解释了经常被人们提及但很少有人真正理解的区块链技术。随后,他引领读者走入区块链技术在体育场上或场下的可能应用,概括了用于运动员赔付、博彩甚至转播合约的智能合同会带来的变革性力量。

④ 马丁·卡尔松·沃尔和布里安娜·纽兰调研了"区块链、体育以及驶出体育科技的困境",描述了区块链技术在体育领域的未来蓝图,并介绍了体育科技的困境。为了指导想要进入体育科技领域的公司驶出这个困境,他们提出了三个战略问题——关注融入体育生态系统的程度、一个混合商业模型的潜力以及地区性印迹。最后,他们憧憬了更长远的未来,畅想了区块链在体育世界中的那些令人意想不到的可能性。

⑤ 迈克尔·巴尔特和约翰娜·富勒介绍和探讨了"情绪人工智能的崛起：解码体育中的心流体验"，他们认为，基于情绪的人工智能有潜力彻底改变体育被训练、被体验以及被消费的方式。他们的论文展示了如何在人工智能的帮助下测量情绪状态以及相关数据分析可能如何影响体育体验。

（4）人机交互技术。此技术分类主要和人机交互相关，该技术在粉丝互动之类的领域扮演着尤其重要的角色，常常会使用诸如虚拟现实、增强现实、混合现实、扩展现实、语音交互与移动化等技术。本章分为三小节，我们依次对其进行介绍。

① 本·希尔兹和欧文·赖因探讨了"重新想象赛场体验的四种策略"，他们认为场馆内的体育现场观赛体验是非常重要的，值得为它下功夫，尽管表面上看起来有限的体育和娱乐选择、不断上涨的票价以及运输系统的问题会带来种种挑战。为了说服粉丝多花时间和金钱参加体育赛事，他们认为，体育机构需要重新构想体育场馆的概念，并且给出了四种策略，其中就包括运用增强现实和混合现实这样的新技术。

② 安迪·米亚赫、亚历克斯·芬顿和西蒙·查德威克思考了"虚拟现实和体育：混合、增强、沉浸式及电竞式体验的崛起"，阐述了虚拟现实、增强现实、混合现实和扩展现实正在如何融入体育产业。他们聚焦在全新的数字化沉浸式体育观赛体验是如何改变参赛者和观众的体育竞技体验的，以及它如何创造出进而变革体育世界的新型体验。

③ 最后，约翰娜·皮克尔表述了"电子游戏、技术以及体育：未来是交互式、充满沉浸感并具有适应性的"，介绍了电子竞技赛事和流媒体观赛体验如何带来有趣的增进观众和参赛者、观众和比赛之间交互的新方式。她解释了传统体育行业为何可以效仿电子竞技领域已经取得成功的策略。此外，她还展示了虚拟现实、头戴显示设备和增强现实设备正为未来的体育观赛体验打开新的大门。

（5）展望。在最终章中，在布里安·苏维拉纳和霍尔迪·拉瓜尔塔的"不可思议的体育"的帮助下，我们展示了一张科技驱动的潜在的未来蓝图。为了展现出科技将如何塑造未来的体育，他们畅想了一个虚构人物和她的家人在未来度过一天的方式。他们特别强调了物联网、机器人、自动化、信息处理、通信、法律编程在新体育世界的潜在应用。

最后，在"2030 年以后：运动员、消费者和管理者眼中的体育会变成什么样子"一文中，我们信马由缰，描述了更遥远的未来场景。在所有作者的共同帮助下，我们讨论了科技在未来 30 年将如何影响体育。我们从三个视角探讨了如此遥远的未来：运动员、消费者和管理者。最后的最后，我们大胆地畅想了到 2030 年这一时间节点，由科技带来的机遇与威胁。

参考文献

Archer, B. H. (1980). Forecasting demand: Quantitative and intuitive techniques. *International Journal of Tourism Management, 1*(1), 5–12.

Armstrong, J. S. (Ed.). (2001). *Principles of forecasting: A handbook for researchers and practitioners*. Norwell, Massachusetts: Kluwer Academic Publishers.

Cetron, M. (1970). A method for integrating goals and technological forecasts into planning. *Technology Forecasting & Social Change, 2*(1), 23–51.

Chan-Olmsted, S., & Xiao, M. (2019). Smart sports fans: Factors influencing sport consumption on smartphones. *Sport Marketing Quarterly, 28*(4), 181–194.

Crouse, K. (2009). Swimming bans high-tech suits, ending an era [Online]. Retrieved April 16, 2020, from https://www.nytimes.com/2009/07/25/sports/25swim.html.

Düking, P., Stammel, C., Sperlich, B., Sutehall, S., Muniz-Pardos, B., Lima, G., et al. (2018). Necessary steps to accelerate the integration of wearable sensors into recreation and competitive sports. *International Perspectives, 7*(6), 178–182.

Gartner. (2017, 2018, 2019). *Gartner hype cycle for emerging technologies*. Stamford, CT: Gartner Inc.

Ha, A. (2020). AKQA says it used AI to invent a new sport called Speedgate [Online]. Retrieved January 24, 2020, from https://techcrunch.com/2019/04/11/akqa-says-it-used-ai-to-invent-a-new-sport-called-speedgate/.

Häder, M. (2009). *2800 Jahre Delphi: Ein historischer Überblick*. Wiesbaden: VS Verlag für Sozialwissenschaften.

Harari, Y. N. (2016). *Homo Deus: A brief history of tomorrow*. London: Harvill Secker.

Harrison, K., & Bukstein, S. (2016). *Sport business analytics: Using data to increase revenue and improve operational efficiency*. New York: Auerbach Publications.

Hienerth, C. (2006). The commercialization of user innovations: The development of the rodeo kayaking industry. *R&D Management, 36*(3), 273–294.

Hienerth, C., von Hippel, E., & Berg Jensen, M. (2014). User community vs. producer innovation development efficiency: A first empirical study. *Research Policy, 43*, 190–201.

Jung, S., Hwang, S., Shim, D. H., & Shin, H. (2018). Perception, guidance, and navigation for indoor autonomous drone racing using deep learning. *IEEE Robotics and Automation Letters, 3*(3), 2539–2544.

Kopacek, P. (2009). Automation in sports and entertainment. In S. Y. Nof (Eds.), *Springer handbook of automation* (pp. 1313–1331). Berlin, Heidelberg: Springer.
KPMG. (2016). *The business of sports: Playing to win as the game unfurls*. India: KPMG.com/in.
Kyodo News. (2019). Paralympics: Blade jumper Markus Rehm chases able-bodied world record [Online]. Retrieved August 28, 2019, from https://english.kyodonews.net/news/2019/08/256037e97f02-paralympics-blade-jumper-rehm-chases-able-bodied-world-record.html.
Lombardo, M. P. (2012). On the evolution of sport. *Evolutionary Psychology, 10*(1), 1–28.
Michelman, P. (2019). Why sports is a great proving ground for management ideas [Online]. Retrieved January 13, 2020, from https://sloanreview.mit.edu/article/why-sports-is-a-great-proving-ground-for-management-ideas/.
Newzoo. (2019). *Global esport market report*. Amsterdam.
Parent, M., & Chappelet, J.-L. (2015). *The Routledge handbook of sports event management*. New York: Routledge.
Phaal, R., Farrukh, C. J. P., & Probert, D. R. (2004). Technology roadmapping—A planning framework for evolution and revolution. *Technological Forecasting and Social Change, 71*, 5–26.
Penkert, B., & Malhotra, R. (2019). *Global sportstech VC report*. Berlin: Sportechx.
Ratten, V. (2019). *Sports technology and innovation. Assessing cultural and social factors*. London: Palgrave Macmillan.
Reiter, B. (2017). Theory and methodology of exploratory social science research. *International Journal of Science and Research Methodology, 5*(4), 129–150.
Rescher, N. (1998). *Predicting the future: An introduction to the theory of forecasting*. State University of New York Press.
Schmidt, S. L. (2018). Beat the robot [Online]. Retrieved April 16, 2020, from https://digital.hbs.edu/artificial-intelligence-machine-learning/beat-the-robot/.
Scholz, T. (2019). *ESports is business: Management in the world of competitive gaming*. Cham: Palgrave Pivot.
Standaert, W., & Jarvenpaa, S. (2016). Formula E: Next generation motorsport with next generation fans. In *International Conference on Information Systems*, Dublin.
The Guardian. (2020). World athletics denies tipping off Nike over new running-shoe regulations [Online]. Retrieved January 13, 2020, from https://www.theguardian.com/sport/2020/feb/06/world-athletics-foot-down-nike-running-shoe-regulations.
Two Circles. (2019). Sport misses out on 16bn despite growth year for sponsorship spend [Online]. Retrieved February 26, 2020, from https://twocircles.com/eu-en/articles/sport-misses-out-on-14bn-despite-growth-year-for-sponsorship-spend.
Van Wyk, R. J. (1997). Strategic technology scanning. *Technological Forecasting and Social Change, 55*(1), 21–38.
von Hippel, E., Ogawa, S., & de Jong, J. P. J. (2011). The age of the user-innovator. *Sloan Management Review (Fall), 53*(1), 27–35.
Walsh, S. T. (2003). Roadmapping a disruptive technology: A case study. *Technological Forecasting and Social Change, 71*(1–2), 161–185.
Walsh, C. J., Endo, K., & Herr, H. (2007). A quasi-passive leg exoskeleton for load-carrying augmentation. *International Journal of Humanoid Robotics, 4*, 487–506.
Weisman, L. (2014). Laser technology enhances experience for sports fans, refs. Photonics Media, September 2014 [Online]. Retrieved February 19, 2020, from https://www.photonics.com/Articles/Laser_Technology_Enhances_Experience_for_Sports/a56631.

　　萨沙·L.施密特是位于杜塞尔多夫的奥托贝森商学院的体育与管理研究中心的主任，也是体育与管理专业的教授。他同时也是SPOAC（奥托贝森商学院的体育商业研究院）的学术主任。此外，他还是哈佛商学院（Harvard Business School，HBS）数字倡议协会（Digital Initiative）的成员——该机构隶属于哈佛创新科学实验室（Laboratory for Innovation Science at Harvard，LISH），他也是里昂商学院亚洲校区的助理研究员。萨沙是哈佛商学院很多体育相关研究案例的共同作者，也是麻省理工学院体育企业家训练营的发起者和高级讲师。他刚进入职业生涯的时候，在苏黎世、纽约和约翰内斯堡的麦肯锡工作，并且在德国领衔组建了猎头公司 a-connect。他的研究和写作内容主要聚焦在增长和多元化战略，以及职业体育的未来规划。他是很多出版物的作者，并且是很多著名职业足球俱乐部、体育组织、国际化公司的战略合作、多元化、创新以及管理等方面的顾问。萨沙相信科技能为体育带来巨大的转型力量，并且期待这本书能够帮助人们更好地理解体育、商业以及科技之间的相互关系。作为一名年轻时颇具实力的网球选手，萨沙现在经常和三个儿子一起在体育馆里打网球。看着奔跑中的孩子们，他迫不及待地想要看到下一代运动员将会取得怎样的成就。

体育科技的分类学方法

尼古拉斯·弗雷费尔、萨沙·L.施密特、丹尼尔·拜德贝克、本杰明·彭克特和布里安·苏维拉纳

摘要

作者们提供了一个体育科技产业中机遇、挑战与发展的概貌,提出了一种体育科技的分类学方法,其中包括体育科技的定义以及体育科技矩阵两个部分。他们的目标是为研究者和从业者建立对于体育科技的共同认知,并提供一个有用的工具。为了达成这一目标,他们基于对体育和科技的理解,定义了体育科技的概念,介绍了体育科技矩阵,并且举例说明了不同的利益相关方应该如何使用该工具。体育科技矩阵沿着两个角度给出了一个体育科技领域的概括性结构:用户角度和科技角度。两个角度综合起来,便能捕捉到不同类型的技术是如何为不同的用户群体提供解决方案的。

1 引言

总体而言,体育产业在过去的数十年中迎来了普遍的大幅增长,而且它仍然以令人瞩目的速度在发展,根据欧洲议会的数据,体育对经济和社会的影响,达到了欧盟总增加值(gross value added, GVA)的大约3%,有超过700万人在从事体育相关的工作——占据了欧盟工作雇佣人数的3.5%(Katsarova & Halleux 2019)。在增长过程中,体育产业以前所未有的方式变得成熟且职业化。在发展过程中,体育技巧和运动装备上的创新扮演了决定性的角色:在体育领域,短短几分之一秒就能决定比赛的胜负;而创新和科技常常会

是那个拉开差距的因素。创新以颠覆性的方式持续改变体育的案例早已数见不鲜——有些创新甚至是熊彼特式[①]的。比如说，福斯贝里式跳高（也就是背越式跳高）让资质平庸的运动员理查德·福斯贝里拿到了一枚奥运会金牌（van Hilvoorde, Vos & de Wert 2007）；美式橄榄球引入前传之后，变成了一项更为安全的运动（Oriard 2011）；扬·波克洛夫将跳台滑雪项目中两脚滑雪板呈平行状态的技术动作改为保持 V 字形，从而实现了跳得更远且更安全的目标（Virmavirta & Kivekäs 2019）。

现如今，从竞技水平的角度来看，通过优化运动技巧以取得成绩的突破已经没有太大的空间了。如果我们看看 100 米竞速，考虑到人体结构的天然限制，很难想象未来还有谁的百米冲刺速度能够超越尤塞恩·博尔特震古烁今的 9.58 秒（Nevill & Whyte 2005）。在大多数职业体育项目中，成绩提升的比率已经停滞不前，我们看到人类的竞技表现和世界纪录都达到了一个接近天花板的高水准，难以取得突破（Berthelot et al. 2008, 2010；Nevill, Whyte, Holder, & Peyrebrune 2007）。Whipp & Ward 的研讨中指出，20 世纪中的大部分时间，人类体育竞技水平的提升是线性的，但这条发展规律已经成为过去（1992）[②]；"体育竞技水平在 21 世纪可能会停止继续提高的步伐"（Berthelot et al. 2010）。Lippi, Banfi, Favaloro, Rittweger, and Maffulli（2008 14 页）发现，"未来限制体育竞技表现的，将越来越不取决于运动员的先天生理条件，而越来越多地由科学和技术的进步以及对于'自然能力'和人工增强之间界限的不断发展的判断与认知所决定。"在他们的论文中，Balmer, Pleasence, and Nevill（2012）讨论了历史上多种带来更好竞技表

[①] "熊彼特式创新的主要特点就是激进且具有颠覆性的"（Galunic & Rodan 1998 1194 页）。根据熊彼特的观点，"发展（也就是创新）是新老知识、资源、设备等的重新组合"（Schumpeter 1934 65 页）。

[②] Balmer et al.（1992）展示了整个 20 世纪中，标准奥运项目（从 200 米到马拉松）的世界纪录提升是呈线性的。

现的机制①，并且论证了未来取得任何重大的突破，科技都是必备条件。

不断追求打破纪录以及实现更好竞技表现的过程中——也就是奥林匹克精神"Citius、Altius、Fortius"②——运动员对于体育科技进步的依赖会越来越强（Dyer 2015）。过往，我们已经见证了很多科技驱动的竞技表现进步，而在未来，科技的重要性将更是无可比拟的。很多体育项目都已经通过科技手段提升了竞技表现，比如说自行车、100米、标枪以及撑竿跳（Balmer et al. 2012；Haake 2009），跳远、跳高、三级跳（Balmer et al. 2012），截肢运动员短跑项目（Dyer 2015），游泳（Foster，James，& Haake 2012；Stefani 2012），不一而足。正如这些例子所显示的，在过去，科技的应用只局限在体育中的少数几个方面之上，最典型的就是提升运动员瞬时的竞技表现。然而近些年，我们看到了巨大的改变。现在，科技正影响着体育的方方面面：运动员比赛和训练的方式、粉丝消费和互动的方式、管理者运营体育组织的方式等。高新材料、数据驱动的解决方案、增强现实这样的信息和交互技术都是获取竞争优势的新源泉。体育科技已经从一个小众话题，变成了体育世界中的关键组成部分。这所带来的一个结果就是，体育生态系统前所未有的复杂，并且日渐依赖前沿的科技（Fuss，Subic，& Mehta 2008）。

体育科技所囊括的，远比精英运动员追求运动水平的精进要广阔。它是一个正在逐渐成形的新兴产业。不再只局限于上面提到的几个方面，如今的体育科技是一股具有创造性的力量，带来了数不胜数的"新"：像无人机竞速和电子竞技这样的新体育项目、体育

---

① 这些机制包括"参与度的增加、（参与者和教练的）职业化、物竞天择、训练方法优化、营养和心理准备的提升、运动技巧上的进步、运动装备及人类工程学辅助工具上的科技创新"（Balmer et al. 2012 1075 页）。
② 拉丁语中的"更快、更高、更强"。

博彩和范特西体育游戏这样的新的粉丝互动形式、通过增强现实打造消费体育内容的新体验以及基于大数据分析来管理体育组织的新方式。体育科技并不把目光局限在精英运动员身上，例如，运动追踪设备和健身应用程序的目标用户都包含更广泛的普罗大众。

与此同时，体育科技创业领域也已经获得了巨大的推动力。投资者已然意识到体育科技的潜力，把它视作一个冉冉升起的风险投资市场；2014—2019年之间，体育科技板块获得了累计超过120亿美元的投资（Penkert & Malhotra 2019）。也就是在这段时间里，该领域创业公司的数量急速增长，英特尔、康卡斯特这样的巨头公司也开始在打造体育科技解决方案方面大力投入（cf. Ogus 2020）。整个体育科技生态系统中，出现了大量的加速器、创新中心、风投基金。2018年，体育科技市场总值达到了89亿美元，并且到2024年，其预估总值能达到311亿美元（MarketsandMarkets 2019）。

体育科技产业的发展也已经引起了学术界的注意。体育科技中各个独立领域的相关研究分析越来越多，这彰显出该领域研究的重要性，同时也预示了它形成独属于自己的研究领域的潜力[①]（cf. Ratten 2018）。然而，现有研究工作中缺乏具有概括性的分类学方法、框架、模型以及对于体育科技的指导（cf. Ratten 2017）。这样的结构化元素是必需的，它们能够促成那些让利益相关方（从研究者到运动员、粉丝、管理者、老板以及投资者）了解体育科技全貌的研究。为了填补这一空白，我们提出了一个体育科技的分类学方法[②]

[①] 在谷歌学术上搜索"sportstech"（体育科技）关键字，得到的出版物条目从2010年的25条增长到了2019年的114条，增长率超过了450%。（详情请查看Scholar PLOTr；https://www.csullender.com/scholar/）

[②] 分类学方法是将待分类对象根据分析归纳后的结果归入后验式的类别之中（Rich 1992）。也就是说，分类学方法中的类别是基于各自对象的整体特征而来的。"因此，所有类别都是涵盖全面的，且彼此互斥"（Fiedler, Grover, & Teng 1996 12页）。相反地，若采用类型学方法，所有类别都是预先定义的，待分类对象经过推演后被纳入各自类别之中。因此"类型学方法和分类学方法代表着

（图1），其中包括体育科技的定义以及体育科技矩阵两个部分；我们的首要目标就是建立对于"体育科技"这一概念的共同认知，然后指导体育和科技之间交叉领域的学术研究。

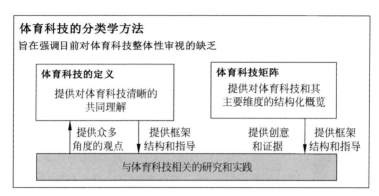

图 1　体育科技的分类学方法

在下一小节中，我们给出了一个能够捕捉"体育科技"这一概念的意义、应用、功能和本质的定义，而构建这一定义的基础是对于体育和科技分别的通用化定义。定义给出之后，我们将观察体育科技产业的特征与发展；再之后，我们将介绍体育科技矩阵，并且从研究者和从业者两个角度，提供如何使用它的举例。最后，我们会做本章小结。

（接上页）两种从本质上完全不同的归类方法"（Fiedler et al. 1996）。分类学方法尤其适用于未被探索研究的领域，因为无论是类别的数量还是特征还是未知的。设计一种分类学方法的典型步骤包括：定义分类标准、将对象归类以及评估所得类别。对于一个新的现象，分类学方法往往可能始于经验和专门知识，而到了某个阶段，则需要产生突生理论（Fiedler et al. 1996）。此外，对于分类学方法非常重要的一点是，"反映出真实的世界"（Rich 1992 第 77 页），意思就是，类别和对象都必须能够为研究者和从业者所识别，必须能够与他们的认知兼容。因此，我们提出的分类学方法主要以经验和专门知识为基础，不过，我们也大量参考了已经存在且经过检验的体育科技框架，将我们的分类结果与目前最大的体育科技数据库 SportsTechDB 进行了比对（Penkert & Malhotra 2019）。

2 定义体育、科技及体育科技

在深度挖掘体育科技产业的特征之前,我们先分别给出体育和科技的明确定义,然后再给出体育科技的整体定义。

2.1 体育的定义

以一种大家都认可的方式定义体育是一件并不简单的事,也不是件无足轻重的小事。[①] 如果你同意耐克联合创始人之一比尔·鲍尔曼的说法,那么"只要你有一副身躯,你就是一名运动员"(cf. Nike 2020)。然而,将体育和其他或休闲或职业的活动区分开来的那些定义,往往从源头上就各不相同,并且很大程度上取决于人们看待它的角度。也就是说,要回答哪些项目符合体育特征而哪些又无法称之为体育,从医学、社会学、伦理学以及其他考量[②]等不同角度去看,往往会得到不一样的答案。该领域,有两个脱胎于体育社会学(Guttmann 1978)和体育哲学(Suits 2007)的定义,已经产生了深远的影响。比如说,Jenny, Manning, Keiper, & Olrich(2017)因为他们在电子竞技和体育定义方面的研究工作而备受关注。以 Guttmann 和 Suits 的定义为基础,他们给出了一种体育特征的概述,其中指出,一种体育项目必须:①"包含参与属性(是一种自发参与、由参与者内在驱动的活动)";②"包含技巧(而非赌运气)";③"有竞技属性(会产生赢家和输家)";④"包含身体的技巧(有技巧、有策略地去使用一个人的身体)";⑤"已经实现了制度稳定性,有社会机构为其制定规则,将其视为重要的社会

---

① 体育的定义可能对特定的利益相关方产生严重的影响,比如说,当涉及某个联合会是否具有成为一个体育联合会资质(例如无人机竞速)或者是否能够获取体育专属基金(比如电子竞技)的时候。考虑到如今科技、社会等方面的进步,改进体育的定义也许变得越来越必要。

② 比如说,由于缺乏身体的参与,电子竞技可能就不会被认为是一项体育;而有些武术形式由于可能会对人体造成损害,则也不被认为是体育(cf. Sportaccord 2011)。

实践，管控它并使其稳定化"（第5页）。

一个明确的体育定义，对学术界之外的方方面面同样具有关键意义。除了是广受数十亿人喜爱的消遣形式，体育在社会和经济上的重要性也越来越巨大。因此，体育政策所背负的关键意义日益重大，相关事宜甚至位列欧盟的官方议程之中（Katsarova & Halleux 2019）。欧盟对于体育的定义来源于欧盟委员会的体育宪章，其中表述道，"随意或有组织地参与，旨在展现或提升身体强健与精神健康、建立社会关系或是在各个级别的比赛中收获结果，符合上述条件的所有形式的身体活动即为体育"（Council of Europe 2001）。相关话题的讨论之中，另一个有意思的观点来自 Global Association of International Sports Federations，其目的是提供一个"对于可被视为体育的活动的实用定义"（Sportaccord 2011）。依据他们的定义，体育"必须有竞技元素，[…] 不对任何生灵产生损害，[…] 不依赖只有唯一供应商的装备，[…以及] 不依赖任何特意设计到该项目之中的'运气'元素"（Sportaccord 2011）。虽然该定义中的部分元素与珍妮等人（2017）的定义重合，但还是有一些关键差别，比如明确提及了不能对生灵产生任何伤害。

为了得出一个体育科技的分类学方法，我们遵循 Jenny et al.（2017）的定义，因为它是以被广泛接受的学术定义——如 Guttmann（1978）、Suits（2007）——为基础的。我们认为，该定义以言简意赅的方式捕捉到了最为全面的体育的含义。

2.2 科技的定义

"科技"这一概念早就被广为使用，然而学术界、从业者甚至哲学家对于它都有不同层级的理解。科技的最初定义更关注实体工具、机器和设备以及使用它们所需的技能（Bain 1937）。随着时间的推移，知识、方法和过程这些不那么有形的层面，也被纳入定义之中；且科技的定义开始聚焦在提供商品和服务时的知识应用上（Khalil 2000）。类似地，Van De Ven & Rogers（1988）将科技定义为"被包含在某种为了实现特定功能的工具之中的知识；该工具也许是一种心智模型，或者也可以是一台机器"（第634页）。为了提出一种体育科技的分类学方法，我们以常被使用的、来源于Rogers的创新扩散理论（Rogers 2003）的定义为基础，其定义为：

> 科技就是，为了减小实现期望结果的过程中涉及的因果关系的不确定性，而做出的工具性行动的设计。一项科技通常包含两个组件：①硬件部分，包括将技术具象化为一种材料或者一个实体的工具；②软件部分，包括与该工具有关的所有信息库。

该定义涵盖了科技的所有相关方面。它既没有太过狭隘，以至于排除了一些特定类型的科技；与此同时，它清晰明了地陈述了科技是以实现期望结果为目标的，并且说明了它在这一过程中的工具性角色。它还强调了硬件和软件两个部分，它们在技术上可以是相互独立的，但往往是一项科技的一体两面。

2.3 体育科技的定义

体育和科技已经纠缠在一起数百年了，但体育科技这一概念仅仅是在这几年才有了如今的重要性。之前，体育中的科技主要是用于最根本的构成型功能；对很多运动项目（如滑雪、自行车、滑冰[①]）而言，科技是其能够存在的必要条件（Loland 2009）。随着健康和安全的考量越来越引起重视，科技在保护运动员免受伤害和伤病预防上也开始扮演重要的角色（Waddington & Smith 2000）。这些科技囊括了从明面上的头盔、护具，到隐藏在暗处的吸收碰撞冲击

[①] 比如说，可能直到芬兰开始有人类居住，滑冰这项运动才会出现。有证据表明，骨制冰鞋5 000年前就出现了，而最早的骨制植入物甚至要追溯到1万年以前（Choyke & Bartosiewicz 2006；Hines 2006）。

的鞋垫等。时代不断发展，科技越来越多地被用于提升运动员的竞技表现，无论是比赛中还是训练中。比如说，利用跑步机、风洞等设备，从空气动力学和生物化学的角度去提升竞技表现或是减小阻力；高科技泳衣织物的出现使得在 2008—2009 年短短两年间，游泳世界纪录就被打破了 130 次（Crouse 2009；Tang 2008）[1]。

我们非常认同的一个宽泛的体育科技的定义，来源于 Loland（2009 153 页）；他定义体育科技为"为了实现人类在体育之中或与体育相关的兴趣和目标而人工制造的方法"。类似地，我们也将体育科技理解为体育和科技的交叉领域。当科技手段能够为大范围的体育领域提供一个解决方案时，我们就认为它是体育科技。因此，除了之前讨论过的聚焦在运动员身上的那些方面，体育科技还涉及直播、票务、赞助、数字媒体、智能场馆以及粉丝互动等领域。体育科技在遵守竞赛规则、提升比赛判罚上的辅助作用也非常关键，比如说，篮球场上的投篮计时器、网球场上的鹰眼系统、足球场上的视频助理裁判和门线技术以及很多运动项目中都会使用到的终点摄影技术（cf. Kolbinger & Lames 2017）。

由于术语名词持续标准地使用会让一个赛道受益，对于体育科技到底应该如何拼写，我们也想要给出我们的看法。目前存在着很多种英文拼写方式，sportstech，sports tech，sporttech，sport tech，sportstechnology，sports technology，sporttechnology 以及 sport technology。"sportstech"是我们提倡使用的拼写方法。我们选择用"sports"而非"sport"，因为它能更好地反映出各类体育项目的整体概念，而非单独一个体育项目。以及我们选择"sportstech"而非"sports tech"，是为了遵循其他科技产业的惯例，如金融科技（fintech）、医疗科技（medtech）、生物科技（biotech）、教育科技

---

[1] 科技在体育领域的应用，往往需要画出一道公平竞争与类兴奋剂的分界线。比如说，高科技泳衣织物被体育管理组织给禁止了；但其实，游泳眼镜的出现在 1976 年奥运会时也引发了洪水般的破纪录狂潮，但它至今仍被允许使用（Tang 2008）。

（edtech）、农业科技（agritech）、食品科技（foodtech）、清洁科技（cleantech）、绿色科技（greentech）等。

最后，我们想要强调的是，体育科技绝对不是一个新生现象，它已经存在了几百年。只不过，这一概念在最近几年中才获得了大量关注并且广为流传，而且它已经变得多样化，以满足来自更广阔利益相关方群体的不同需求（Fuss et al. 2008）。①

3 体育科技产业

体育科技产业已经经历了大幅的增长，并且预期在未来继续维持这一趋势，从2018年到2024年，其年均复合增长率将会超过20%；这也就意味着产业总值将从2018年的89亿美元增长到2024年的311亿美元（Markets and Markets 2019）。有些预测甚至更加乐观，将2018年的体育科技产业总值评估为275亿美元，并预估到2027年，其总值能高达938亿美元（Bertram & Mabbott 2019）。产业的增长还体现在风险投资上，2014年到2019年之间，超过120亿美元被投资在体育科技领域（Penkert & Malhotra 2019）。虽然世界上的那些巨头公司在最近10年才开始在体育科技领域活跃起来，但它们都正在加快自己的步伐。比如说，由微软支持的全球体育创新中心（GSIC）通过搭建网络、开展研究、陈列展示以及支持初创公司来将体育产业和创新联系起来（Global Sports Innovation Center 2020）。SAP组建了自己的体育与娱乐部门，帮助客户"将运动员管理、人才发掘、身体的强健与健康、训练、运动员发展、比赛执行以及规则遵循等方面的传统方法进行数字化转型"（SAP 2020）。范式转移正在发生，越来越多的公司开始意识到

---

① 当阿迪达斯勒用鞋钉打造升级版的足球鞋之时，其实就是体育科技的早期形态。当然，大多数体育科技解决方案的特性已经随着时代变迁而发生了改变；现如今，当我们谈起体育科技的时候，更可能想到的是帮助F1车队预测不同竞速策略所产生结果的机器学习算法，而不会是足球鞋。

体育科技所蕴藏着的巨大潜力（cf. Ogus 2020）。①

推动该范式转移的核心贡献者之一就是数字化。很多产业和市场都已经被科技和数字化转型所颠覆（Verhoef et al. 2019）。这些改变发生在不同层面之上，从转变消费者需求（cf. Lemon & Verhoef 2016）到摧毁数字化程度不足的企业的数字攻击者（Goran，LaBerge，& Srinivasan 2017）。像 Spotify（cf.Wlömert & Papies 2016）和 Netflix（cf. Ansari，Garud，& Kumaraswamy）这样的例子依然举世闻名。和其他产业一样，体育产业也无法对这些发展免疫，尽管它具有更加遵循传统的特性。体育科技尤其能够从这些发展中受益；很多体育科技公司都在数字化上进行了大量的投入，因此更有可能成为体育领域变革的驱动者，而非被改变的对象。

尽管体育科技产业中已经有多种多样的机会，但仍旧有很多挑战需要被解决，因为它们可能会是产业未来增长的潜在障碍。体育科技产业在很多方面仍然是四分五裂的——地理位置上、人才和技能上、获取资金上等（cf. Proman 2019b）。此外，体育领域对于科技手段的采用仍然是有问题的，常常只是作为锦上添花的东西，而非战略上的必需品②。因此，科技无法真正发挥出全部功效，以带来最大程度的竞争优势。科技采用率低的核心原因之一是缺少（获取）相关领域的人才和技能（Bertram & Mabbott 2019）。根据一个被试超过 100 名体育科技专家的调查的结果③，阻碍体育科技应用的核心因素在于"劣质决策者、风险厌恶以及费用"（Proman 2019a）。

---

① 不同商业模型越来越深入地交叉和结合，创造出了全新且高度复杂的环境，这种范式转移也变得更加剧烈。就像传统汽车产业的公司一直惧怕谷歌和苹果会成为市场闯入者，很多传统的转播商也担心亚马逊和 Facebook 会强势入局。

② 比如说，很多职业俱乐部仍旧把科技手段视为"有更好没有也行"的东西，而非战略要务中的一部分（Raveh & McCumber 2019）。PwC 对来自 49 个国家的超过 500 名体育领军人物进行了调查，询问他们创新在体育组织中所扮演的角色，结果表明，大多数体育组织还没有建立起扎实的创新战略（PwC 2019）。

③ 这些专家包括公司创始人、投资者以及体育科技领域的专业人士（Proman 2019a）。

至于体育科技风投,很多创业公司和企业都对筹集资金感到困难,能够接触到的投资基金往往是非常有限的,尤其是对那些早期创业公司来说(Bertram & Mabbott 2019)。此外,初创公司常常还缺少获取其他资源(比如说人才)的渠道和与产业中正确的人建立关系和网络的机会(Ogus 2020)。最后,体育科技领域的入行者,能够通过增强与大学和其他研究机构的合作来让自身受益。现在,正需要能够指明方向、引领体育科技产业的研究(Bertram & Mabbott 2019)。

体育科技的发展也让联盟、联赛以及俱乐部面临重大挑战,它们正以多种方式进行回应。其中很多已经建立了专门的中心部门,以取得在体育科技上的快速进展,从而最大可能地利用好那些浮出水面的机会。比如说,欧洲足球协会联盟(UEFA)创新中心、德国足球学院刚刚建立的科技实验室、巴萨创新中心以及皇家马德里的 Next 创新中心。另外一种进入体育科技领域的方法是参加比赛,诸如西甲创业大赛、不来梅实验室、城市集团创业挑战赛、欧冠篮球的球迷体验挑战赛等,或是通过科隆足球俱乐部的 HYPE Spin 加速器这样的加速器项目。还有一些举措,更关注建立战略合作以及对体育科技创业公司进行投资,比如说德国足球联赛的 DFL for Equity。

从投资者的角度,我们能发现几个兴趣趋势。第一,出现了越来越多的专注于体育科技的投资者,如蓝宝石体育(城市足球集团是其锚定投资者)、场边风投、极乐公园风投、堤道媒体伙伴公司、76 资本。它们大多数配备的都是小额资金[①],并且更倾向于参与创业公司的前几轮融资。尽管专攻体育科技的投资者越来越活跃,也有在 Strava、Tonal、Zwift 这些可能成为独角兽的公司身上令人瞩

---

① 比如说,蓝宝石体育在 2019 年初筹集了 1 亿 1 500 万美元资金到体育与科技领域(Ogus 2019),而场边风投则在 2016 年创建了 3 500 万美元的基金(Heitner 2016)。

目的投资行为，但如果有更多的专用资本投入体育科技产业，则能够促进产业内部更巨大的增长（Penkert & Malhotra 2019）。第二，越来越多对体育科技产业并不熟悉的投资者，也开始对它产生兴趣，比如部分世界顶尖的投资者，如阿塞尔伙伴公司、安德森·霍洛维茨基金、红杉资本、软件银行集团以及腾讯等。迄今为止，它们的很多投资行为都获得了成功，如 Peloton、DraftKings、FanDuel、Hupu 和 Dream11（Penkert & Malhotra 2019）。高水平的投资公司持续涌入这一产业，对于体育科技的进一步发展和增加总融资额是非常必要的。第三，运动员开始通过自己的基金或投资公司，参股体育科技公司（cf. Bloomberg 2019）。这里面的例子就包括塞雷娜·威廉姆斯的塞雷娜风投、凯文·杜兰特的 35 风投、阿隆·罗杰斯的 RX3 风投（Abraham 2019）。运动员会采取不同的策略去增加自己的财富，好为退役之后的生活做准备。除了金钱上的投资，运动员还可以利用自身的关系网络和社交媒体上的大量关注者带来额外的股权结构表上的收益（Rooney 2020）。

尽管体育科技在商业实践上已经变得如此重要，但在学术研究成果方面，与之相关的论文却少得令人吃惊（Ratten 2017）。大多数现有研究工作都是非常零散的，并且都只聚焦在某项具体的体育创新之上（Ratten 2017；Ringuet-Riot, Hahn & James 2013；cf. Tjønndal 2017），或是来源于相邻学科的研究，如品牌管理（cf. Pradhan, Malhotra, & Moharana 2020）、生物力学（cf. de Magalhaes, Vannozzi, Gatta, & Fantozzi 2015）以及伦理学（cf. Evans, McNamee, & Guy 2017）。从整体上审视体育科技领域的系统性综述是绝对缺失的。现有综述论文都是在关注某个单独的方面，比如体育科技的伦理学（e.g., Dyer 2015）、体育中的统计分析（e.g., Sidhu 2011）、团队运动中的集成技术[①]和微电子传感器（e.g., Cummins, Orr, O'Connor, & West 2013；Dellaserra, Gao, & Ransdell 2014）、专用

---

① 集成技术主要指的是加速计、全球定位系统（GPS）和心率监测器。

于体育动作识别的机器学习与深度学习（e.g., Cust, Sweeting, Ball, & Robertson 2019）、人类动作捕捉与追踪系统在体育中的应用（e.g., Barris & Button 2008；van der Kruk & Reijne 2018）、动作学习中的增强现实和反馈策略（e.g., Sigrist, Rauter, Riener, & Wolf 2013）、体育中的普适计算（e.g., Baca, Dabnichki, Heller, & Kornfeind 2009）、体育竞技表现分析中的人工智能（e.g., Lapham & Bartlett 1995）、还有实践增强与人类强化技术（e.g., Farrow 2013；Miah 2006）。[①] 此外，还有很多综述会关注与实践相关的主题，比如说展示出最新的科技发展。这一类研究的示范性工作包括球类运动训练的虚拟环境（e.g., Miles, Pop, Watt, Lawrence, & John 2012）和数据采集与处理技术（e.g., Giblin, Tor, & Parrington 2016）。

暂时而言，体育科技还是一个正在逐渐成形的新兴产业。不过，鉴于其当前的发展与动态，它绝对是现如今最能引起人兴趣、即将蓬勃发展的产业之一。

4 体育科技矩阵

我们提出了一种体育科技矩阵，作为我们分类学方法的一部分，来为体育科技这一领域提供一个包罗万象的结构以及一个共同认知。它的目的是帮助研究者和从业者，哪怕他们使用该矩阵的角度也许各不相同。体育科技矩阵的核心囊括了两个角度：用户角度和科技角度。对于用户角度，我们以 Penkert（2017、2019）和 Malhotra（2019）的框架为基础。其中涉及体育领域中重要的三个不同用户群体：运动员、消费者和管理者。至于科技角度，我们给出了一个适用于掌握体育科技的技术分类。这两个角度放在一起，便可以捕捉到各种不同的技术是如何在体育领域为不同的用户群体提供解决方案的。图 2 给出了体育科技矩阵的概貌。

[①] 不同的研究领域，都会有一些相关的示范性的综述；我们的枚举是不可能穷尽所有的。

科技角度＼用户角度	运动员	消费者	管理者
高新材料、传感器、设备、物联网和生物科技			
数据、人工智能和机器学习			
信息、通信和扩展现实			

图 2　体育科技矩阵

4.1　用户角度

我们的体育科技矩阵的用户角度建立在 Malhotra（2019）和 Penkert（2017、2019）提出的体育科技框架之上，它调研整合了数千家体育科技创业公司的信息。[1] 该框架的结构是以体育领域的主要用户群体为基础而搭建的，它主要有下述三个维度：活动和竞技表现、粉丝和内容以及管理和组织。与之类似，我们在体育科技矩阵中，也考虑了三个不同的用户群体：①运动员；②消费者；③管理者。这三个用户群体实现了全面覆盖并且相互独立，体育领域的任何用户都隶属于三者之一。用户角度聚集了一个受益于一项特定体育科技解决方案的用户群体。[2] 必须要强调的是，这些用户是互相独立的，尽管在体育领域，同一个人既可以是运动员也可以是消费者，还可以是管理者。然而，在我们的矩阵逻辑之中，在某一特

---

[1] 在过去 3 年之中，这一框架被不断修正；依据 SportsTechDB（为体育科技产业提供市场信息的全球体育科技数据库）提供的反馈和深度见解，该框架在 2019 年经历了重大修改。Agarwal & Sanon（2016 1 页）以类似的方法，提出了"从分类学的角度，12 种不同种类的公司共同构成了'体育科技'"，他们的方法则是以对领域内 400 家私有公司进行聚类为基础的。

[2] 一项解决方案可以是产品、服务等。

定时间，一个人只能被归入一个用户群体。与此同时，一项体育科技解决方案，也只服务于三个用户群体中的一个。确实存在一些解决方案，目标用户覆盖了多个用户群体，比如说运动员和消费者，不过，它们往往针对不同的用户群体会提供不同的功能特征。下面，我们来定义三个用户群体。

运动员。这一类用户群体包括所有参与体育运动的人，不管是职业、业余还是纯属娱乐。不限制参与时段（比如，一个人在参加体育活动之前、之中、之后会是不同的），但一般来说，会覆盖其整个运动生涯。体育科技可以为运动员带来价值的典型应用场景包括训练、准备、技巧、竞技表现、运动恢复、伤病预防、积极性调动等。提供的典型产品和服务则包括运动装备、数据追踪设备、（高级）分析、可穿戴设备、软件应用等，同时也涵盖了一些用于找寻其他运动爱好者、场馆以及组织协调多人参与的体育活动的解决方案（cf. Malhotra 2019）。

消费者。这一类用户群体包括了任何为体育进行消费的人，这里的消费指的是不以亲身参与体育运动为目的的任何与体育进行交互的可能形式。对于体育科技来说，服务这类用户的首要任务在于提供体育内容的获取渠道（比如说直播和媒体），采集、处理和呈现用户想看到的信息。它不局限于纯粹提供内容，它还包含了数据、分析和深度洞察。更进一步而言，它还涵盖了与粉丝进行互动的方式，比如（社交）平台与网络，让体育消费者能够与运动员、运动队、品牌等进行互动，并建立与管理这些互动关系（cf. Penkert 2017）。

管理者。这一类用户群体包括了任何在体育领域承担管理或组织角色的人。它涵盖的范围从领导职业俱乐部的体育总监，到小型体育设施或任何类型体育机构的管理员或负责人。其中也许会涉及联盟、联赛、俱乐部以及运动队的管理。它还可能涉及赛事、场馆、设施、票务平台、市场等的管理（cf. Penkert 2019）。除了上述这些更偏向于组织的关注点，管理者用户群体还包括负责体育监管的人，他们制定体育的规则与章程，划清体育中的边界条件。在我们的体育科技矩阵中，任何不聚焦于运动员和消费者的解决方案，都服务于该类用户群体。

体育科技框架具体内容如图3所示。

活动和竞技表现			管理和组织
可穿戴装（设）备 可穿戴设备 比赛装备 基础设施	**竞技表现追踪和执教** 活动数据 视频追踪 执教	**运动准备** 指导与训练 伤病预防与恢复 预定与比赛标记	**组织和场馆** 运动队/俱乐部管理 球探和招募 场馆管理 联赛/锦标赛/赛事管理
粉丝和内容			**媒体和商业合作**
新闻和内容 新闻汇聚 原始内容 OTT平台	**粉丝体验和社交平台** 粉丝互动 票务和商品 社交平台	**范特西体育和博彩** 博彩与博彩实现 范特西体育 体育比赛	媒体制作 赞助 众筹

图3 体育科技框架（Malhotra 2019）

4.2 科技角度

从科技角度，将体育科技中的技术分为三个不同的类别：①高新材料、传感器、设备、物联网和生物科技；②数据、人工智能和机器学习；③信息、通信和扩展现实。[①]

我们对于现有的技术分类做了全面的评估，得出了我们自己的技术门类定义。必须要说明的一点是，总体而言，技术的分类与归类本来就是非常稀缺的，尤其还是在这么一个充满未知的产业之

---

① 提供一个覆盖全面且相互排斥的科技角度分类是非常困难的，需要在增加门类数量（这会导致该体育科技矩阵可用性变低）和保持相互排斥之间不断权衡。我们认为这三个门类是合理且全面的，也就是说，体育科技领域所有重要的技术都能被分入其中。必须承认，在我们的体育科技矩阵中，有些体育科技解决方案也许会隶属于多个技术门类（比如说一个体育科技解决方案也许会同时包括数据采集传感器和用于数据处理的机器学习算法）。面对这样的情况，我们将会依据该解决方案的核心技术，将其只归入一个门类之中。

中。还没有普遍被世人采纳和接受的技术分类方法出现（Ellis et al. 2016）。现有的分类的典型特征就是，局限在某一类特定的技术领域之上，比如说信息技术（cf. Fiedler, Grover, & Teng 1996；Zigurs & Buckland 1998）。通过比较，我们找到了一种更偏向技术本身的分类，它来自欧盟委员会资助的研究项目，将医疗背景下的重要技术类型归为系统、传感器、设备以及执行器四种（Farseeing 2013）。Ho & Lee（2015）使用类型学方法，将技术变革分为四种不同的创新类型：增量型、模块型、架构型以及非连续型。Khalil（2000）定义了六个门类，将技术进行结构化：新、老、中、高、低与适中。类似地，技术和创新也可以依据不同程度进行分类，比如说增量型 vs 激进型（cf. Norman & Verganti 2014）或者剥削型 vs 探索型（cf. O'Reilly & Tushman 2013）。

说回体育领域，能够实现全面覆盖的技术分类也是非常少见的。Markets and Markets（2019）认为体育科技市场中的技术门类有四种：设备、智能场馆、电子竞技与体育分析。澳大利亚体育科技网络（Australian Sports Technologies Network，ASTN）则给出的是另外四种门类定义：①高新材料（比如纤维、织物；复合材料；涂层、黏合剂和人造橡胶）；②传感器和设备（比如高端制造；工业4.0；物联网电子技术）；③医疗、健康与生物科技（比如生物力学；睡眠和恢复；营养学、伦理学与保健品）；④信息和通信（比如移动化与线上化；大数据与分析；虚拟现实、增强现实、博彩与电子竞技）(Australian Sports Technologies Network 2020）。

此外，还有很多体育科技孵化器和加速器项目，提出了一些大同小异的技术分类架构。它们的门类有很多的相似之处，典型的有虚拟现实和增强现实、物联网、数据分析、可穿戴设备、粉丝互动、体育竞技表现与执教、智能场馆、电子竞技和范特西体育（cf. Colosseum 2019；HYPE 2020；leAD 2020；SportsTechIreland 2020；Wylab 2020）。

我们发现各种现有的分类、类型或是门类，都有各自的优点，然而，它们中没有任何一个能够呈现出体育领域中的科技架构。要获取通用化的技术分类就更难了，就算它真的存在，也难以应用。其中部分原因是，并没有一套从技术视角定义的通用标准作为这些分类的基础。因此，我们的贡献点就在于，填补了这一领域的空白，提供了一种对于体育语境非常有用的技术分类。我们对于技术分类的考量，主要聚焦在新兴和前沿技术之上。不过，其中也涵盖了有潜力在未来体育科技领域扮演重要角色的其他技术（图4）。

高新材料、传感器、设备、物联网和生物科技	• 高级/新型材料 • 复合材料 • 涂层/黏合剂/密封剂/人造橡胶 • 纤维/织物 • 可穿戴设备	• 高级制造 • 数字化制造 • 3D打印 • 机器人 • 自动化 • 物联网	• 传感器 • 智能尘埃 • 芯片 • 近场通信 • 无人机 • 生物科技
数据、人工智能和机器学习	• 大数据 • 合成数据 • 云计算 • （高级）分析 • 人工智能 • 机器学习	• 区块链 • 去中心化网络 • 量子计算 • 认知计算 • 计算机视觉	
信息、通信和扩展现实	• 增强现实 • 虚拟现实 • 混合现实 • 移动技术 • 5G	• 应用 • 语音技术 • 音频技术 • 自动程序	

图4 科技角度的分类及技术举例

高新材料、传感器、设备、物联网以及生物科技。这一技术门类主要和实体技术相关（比如说硬件）。它包括诸如机器人、传感器、纤维、织物、涂层、复合材料等。其中很多技术都在采集数据方面发挥着关键作用。

数据、人工智能和机器学习。这一技术门类主要和数据处理相关。其中包括大数据、高级分析、人工智能、机器学习等。

信息、通信和扩展现实。这一技术门类主要和人机交互相关。它在体育科技领域的角色非常重要（比如粉丝互动），涉及的技术诸如虚拟现实、增强现实、混合现实、音频技术以及移动技术等。

4.3 如何使用体育科技矩阵

我们的体育科技矩阵既可以为研究者所使用，也可以为从业者所使用。研究者可以使用体育科技矩阵指导他们在体育和科技的交叉领域的学术研究。比如说，体育科技矩阵能够帮助他们进行体系化的思考，找到那些需要进行探究的潜在的"白色斑点"。与管理者相关的学术研究可能就是那些潜在白色斑点之一。相较于至少已经在体育科技研究中获得了一些学术界关注的运动员和消费者，管理者这个用户群体几乎被无视了。

下一步颇具潜力的研究可能会是将现有研究工作对应到我们的体育科技矩阵之上，然后尝试去解释有哪些新的研究领域可能会出现。这类研究将会揭示出那些鲜有人关注或研究不够充分的现象，指导那些体育科技领域能够引领整个产业的研究，当然要完成这样的研究还需要面临挑战（Bertram & Mabbott 2019）。此外，研究者还可以使用该体育科技矩阵找到进一步吸收"来自相关学科（包括经济学、工程学和医学）的理论"的潜在方式（cf. Ratten 2019 2页）。沿着本矩阵的科技角度进行此类研究将会尤其有用，因为运用其他学科的成熟研究成果能够为体育领域的科技应用带来额外的推动力（cf. Ratten 2019）。

从业者也能够以多种方式使用体育科技矩阵，我们将在这里描绘出一些用例。

第一，用户角度的各个群体都能以各自的方式使用该矩阵。运动员能够系统性地评估哪些技术他们已经在使用了，以及通过更深入地使用技术，还能让他们的哪些方面受益。比如说，将科技角度的三个门类考虑进来，一名运动员可能已经在用传感器去捕捉生物统计数据，但他可能缺少与数据处理相关的技术解决方案，因此无法最大化利用那些数据。类似地，管理者也可以思考如何将科技角度的三个门类关联起来，以发挥它们的最大价值。比如说，为了优化竞技表现，应当如何最好地去利用科技：通过采集最关键的数据、通过不断完善数据处理方法来为教练组提供最有价值的深度分析，或是将有趣的信息传递到消费者以提升粉丝体验。最后说说消费者，他们是最不可能主动使用该矩阵的群体；然而，理论上来说，他们会去考量什么才是自己想要的与运动员和体育运动之间的互动，然后以此为标准，去选择具有科技感的体育内容。

第二，体育科技矩阵能被体育科技风投与创业所使用，建立对体育科技全貌的更深入的理解，识别出他们的解决方案主要解决了什么样的需求。一开始，体育科技矩阵能够作为选择正确商业模型的映射工具：企业对企业（B2B）、企业对消费者（B2C）、企业对企业对消费者（B2B2C）、点对点（P2P）、软件即服务（SaaS）、市场搭建、建立平台、电子商务、数据授权等。慎之又慎地选择商业模型是非常重要的，因为它们可能会严重影响投资的可扩展性（cf. Lorenzo, Kawalek, & Wharton 2018）。因此，体育科技风投需要谨慎地自我询问目标客户到底是谁，哪些技术能够最大限度地帮助他们实现这一目标。[①] 另一个对于体育科技风投和创业的重要用例就是全面审视整个体育科技生态系统。其中包括初创公司、加速器和孵化器项目、投资者、赛事与奖项、创新中心和实验室以及很多其他倡议者和领军者。从生态系统的角度去审视体育科技的好处包括但不局限于：调整战略和商业功能，以抓住新趋势带来的机会，应对其引入的威胁；通过深入生态系统，连接已有的外部能力，获取新的网络，找到新的消费者，开发新的数据源；通过开放、动态、实时的接口（比如集成支付或广告解决方案）融入整个生态系统，以改善自身的产品和服务（Desmet, Maerkedahl, & Shi 2017）。此外，生态系统视角还可以用来发现"一个给定生态系统内部流动和内外流动的资源流"（Despeisse, Ball, & Evans 2013 第 565 页）。体育科技矩阵可以帮助找到那些与体育科技相关的重要生态。比如说，初创公司可以沿着科技角度，发现像区块链这样的相关生态系

---

① 值得一提的是，体育科技矩阵的这种能帮助初创公司找到商业模型的多样化功能，对于"每一个成功的投资组织都非常重要，无论是风投机构还是身经百战的投资者"（Magretta 2002 第 87 页）。

统。(e.g., Dhillon, Metcalf, & Hooper 2017)。

第三，投资者可以使用体育科技矩阵进行有策略的投资，打造一个经过深思熟虑、更优质、更具平衡性的投资组合。以目前的情况，如果我们从用户角度进行考量，大部分的资金都被投入了针对消费者的解决方案之中。2014—2019年之间，"51%的美元投资都进入了'粉丝与内容'赛道"（Penkert & Malhotra 2019 第11页）。体育科技矩阵并不能用于回答该往哪个地方投钱，但它能够为获得更全面的概念、找出投资机会带来帮助。比如说，投资者可以沿着体育科技矩阵的科技角度去分析投融资行为，思考出一个投资组合，既聚焦于一种技术类型之上，又可能让体育科技领域的全部三个用户群体受益。

5 概括与总结

体育科技产业正在迅速地增长，并且在可预见的未来之中，将持续这种增长态势。这不仅仅会为体育和体育科技领域的不同用户群体（运动员、消费者、各类体育科技管理者）带来更优渥的环境，还会吸引大型企业、初创公司、机构投资者在这一领域中变得更加活跃（Bertram & Mabbott 2019；Penkert & Malhotra 2019）。然而，由于该新兴产业还在成形阶段，因此为其搭建更好的结构与框架，能从中受益。这也就是为什么我们要提出本文中的体育科技分类学方法，其中给出了一个体育科技的通用定义和一个体育科技矩阵（一个涵盖了用户角度和科技角度的3×3的矩阵）。我们的体育科技矩阵显示了，在体育领域，不同类型的技术如何给不同的用户群体提供解决方案。

本文的分类学方法应当能够为体育科技领域搭建一个架构，建立一套公共认知。我们的目标是帮助体育科技领域中的研究者和从业者更好地去应对体育科技产业中的复杂性，指导他们在体育商业和科技之间的交叉领域进行下一步的行动。产业界和学术研究之间更强的纽带，能够将经济学和工程学更好地结合起来，推动体育发展。因此，以类似的方法，开展更多跨学科的、全方位的学术研究，将会是极具前景的。

正如那句名言所说："所有的模型都是错误的，但其中的某部分也许是有用的。"我们希望您能觉得我们的分类学方法是有用的，并且在准备投身体育科技领域时获得一个好的起点。①

参考文献

Abraham, Z. (2019). *Kevin Durant, Aaron Rogers, Serena Williams: New wave of venture capitalists*. Retrieved April 11, 2020, from https://oaklandnewsnow.com/2019/06/06/warriors-kevin-durant-packers-aaron-rogers-new-wave-of-venture-capitalists/.

Agarwal, S., & Sanon, V. (2016). The sports technology and sports media venture ecosystem. Retrieved from https://www.scribd.com/document/358767732/Venture-Capital-in-Sports-Te.

Ansari, S. S., Garud, R., & Kumaraswamy, A. (2016). The disruptor's dilemma: TiVo and the U.S. television ecosystem. *Strategic Management Journal, 37*(9), 1829–1853. https://doi.org/10.1002/smj.2442.

Australian Sports Technologies Network. (2020). *Who we are*. Retrieved March 16, 2020, from http://astn.com.au/who-we-are/.

Baca, A., Dabnichki, P., Heller, M., & Kornfeind, P. (2009). Ubiquitous computing in sports: A review and analysis. *Journal of Sports Sciences, 27*(12), 1335–1346. https://doi.org/10.1080/02640410903277427.

Bain, R. (1937). Technology and state government. *American Sociological Review, 2*, 860.

Balmer, N., Pleasence, P., & Nevill, A. (2012). Evolution and revolution: Gauging the impact of technological and technical innovation on Olympic performance. *Journal of Sports Sciences, 30*(11), 1075–1083. https://doi.org/10.1080/02640414.2011.587018.

Barris, S., & Button, C. (2008). A review of vision-based motion analysis in sport. *Sports Medicine, 38*(12), 1025–1043. https://doi.org/10.2165/00007256-200838120-00006.

Berthelot, G., Tafflet, M., El Helou, N., Len, S., Escolano, S., Guillaume, M., ... Toussaint, J.-F. (2010). Athlete atypicity on the edge of human achievement: Performances stagnate after the last peak, in 1988. *PLoS ONE, 5*(4), e8800. https://doi.org/10.1371/journal.pone.0008800.

Berthelot, G., Thibault, V., Tafflet, M., Escolano, S., El Helou, N., Jouven, X., ... Toussaint, J.-F. (2008). The citius end: World records progression announces the completion of a brief ultra-physiological quest. *PLoS ONE, 3*(2), e1552. https://doi.org/10.1371/journal.pone.0001552.

Bertram, C., & Mabbott, J. (2019). *The sportstech report—Advancing Victoria's startup ecosystem*. Retrieved from https://launchvic.org/files/The-SportsTech-Report.pdf.

Bloomberg. (2019). *The players technology summit*. Retrieved April 11, 2020, from https://www.bloomberglive.com/playerstech-2019/#row-5e9182d0336b2.

Choyke, A. M., & Bartosiewicz, L. (2006). Skating with Horses: Continuity and parallelism in prehistoric Hungary. *Revue de Paléobiologie, 24*(10), 317.

Colosseum. (2019). *Sports tech report*. Retrieved from https://www.colosseumsport.com/wp-content/uploads/2019/08/Colosseum-Sports-Tech-Report-H1-2019-3.pdf.

Council of Europe. (2001). *Recommendation No. R (92) 13 rev of the Committee of Ministers to member States on the revised European Sports Charter*. Retrieved from https://rm.coe.int/16804c9dbb.

Crouse, K. (2009). *Swimming bans high-tech suits, ending an era* [Online]. Retrieved April 16, 2020, from https://www.nytimes.com/2009/07/25/sports/25swim.html.

---

① 我们在此诚挚地感谢塞巴斯蒂安·科珀斯对于改进本小节所给予的宝贵反馈。

Cummins, C., Orr, R., O'Connor, H., & West, C. (2013). Global positioning systems (GPS) and microtechnology sensors in team sports: A systematic review. *Sports Medicine, 43*(10), 1025–1042. https://doi.org/10.1007/s40279-013-0069-2.

Cust, E. E., Sweeting, A. J., Ball, K., & Robertson, S. (2019). Machine and deep learning for sport-specific movement recognition: A systematic review of model development and performance. *Journal of Sports Sciences, 37*(5), 568–600. https://doi.org/10.1080/02640414.2018.1521769.

Dellaserra, C. L., Gao, Y., & Ransdell, L. (2014). Use of integrated technology in team sports. *Journal of Strength and Conditioning Research, 28*(2), 556–573. https://doi.org/10.1519/JSC.0b013e3182a952fb.

Desmet, D., Maerkedahl, N., & Shi, P. (2017). *Adopting an ecosystem view of business technology*. Retrieved March 15, 2020, from https://www.mckinsey.com/business-functions/mckinsey-digital/our-insights/adopting-an-ecosystem-view-of-business-technology.

Despeisse, M., Ball, P. D., & Evans, S. (2013). Strategies and ecosystem view for industrial sustainability. In *Re-engineering Manufacturing for Sustainability* (pp. 565–570). Singapore: Springer Singapore. https://doi.org/10.1007/978-981-4451-48-2_92.

Dhillon, V., Metcalf, D., & Hooper, M. (2017). *Blockchain enabled applications*. Berkeley, CA: Apress. https://doi.org/10.1007/978-1-4842-3081-7.

Dyer, B. (2015). The controversy of sports technology: A systematic review. *SpringerPlus, 4*(1). https://doi.org/10.1186/s40064-015-1331-x.

Ellis, M. E., Aguirre-urreta, M. I., Lee, K. K., Sun, W. N., Mao, J., & Marakas, G. M. (2016). Categorization of technologies: Insights from the technology acceptance literature. *Journal of Applied Business and Economics, 18*(4), 20–30.

Evans, R., McNamee, M., & Guy, O. (2017). Ethics, nanobiosensors and elite sport: The need for a new governance framework. *Science and Engineering Ethics, 23*(6), 1487–1505. https://doi.org/10.1007/s11948-016-9855-1.

Farrow, D. (2013). Practice-enhancing technology: A review of perceptual training applications in sport. *Sports Technology, 6*(4), 170–176. https://doi.org/10.1080/19346182.2013.875031.

FARSEEING. (2013). *Taxonomy of technologies*. Retrieved from http://farseeingresearch.eu/wp-content/uploads/2014/07/FARSEEING-Taxonomy-of-Technologies-V4.pdf.

Fiedler, K. D., Grover, V., & Teng, J. T. C. (1996). An empirically derived taxonomy of information technology structure and its relationship to organizational structure. *Journal of Management Information Systems, 13*(1), 9–34. https://doi.org/10.1080/07421222.1996.11518110.

Foster, L., James, D., & Haake, S. (2012). Influence of full body swimsuits on competitive performance. *Procedia Engineering, 34*, 712–717. https://doi.org/10.1016/j.proeng.2012.04.121.

Fuss, F. K., Subic, A., & Mehta, R. (2008). The impact of technology on sport—new frontiers. *Sports Technology, 1*(1), 1–2. https://doi.org/10.1080/19346182.2008.9648443.

Galunic, D. C., & Rodan, S. (1998). Resource recombinations in the firm: Knowledge structures and the potential for schumpeterian innovation. *Strategic Management Journal, 19*(12), 1193–1201. https://doi.org/10.1002/(SICI)1097-0266(1998120)19:12%3c1193:AID-SMJ5%3e3.0.CO;2-F.

Giblin, G., Tor, E., & Parrington, L. (2016). The impact of technology on elite sports performance. *Sensoria: A Journal of Mind, Brain & Culture, 12*(2), 2–9. https://doi.org/10.7790/sa.v12i2.436.

Global Sports Innovation Center. (2020). *Global sports innovation center powered by Microsoft*. Retrieved April 1, 2020, from https://sport-gsic.com/.

Goran, J., LaBerge, L., & Srinivasan, R. (2017). Culture for a digital age. *McKinsey Quarterly*, (3), 56–67. Retrieved from https://lediag.net/wp-content/uploads/2018/05/0-Culture-for-a-digital-age.pdf.

Guttmann, A. (1978). *From ritual to record: The nature of modern sports*. New York, NY: Columbia University Press.

Haake, S. J. (2009). The impact of technology on sporting performance in Olympic sports. *Journal of Sports Sciences, 27*(13), 1421–1431. https://doi.org/10.1080/02640410903062019.

Heitner, D. (2016). *A $35 million fund for sports tech and media disruptors*. Retrieved May 15, 2020, from https://www.forbes.com/sites/darrenheitner/2016/01/11/a-35-million-fund-for-sports-tech-and-media-disruptors/#1e578ea4168e.

Hines, J. R. (2006). *Figure skating: A history*. Illinois: University of Illinois Press.

Ho, J. C., & Lee, C. S. (2015). A typology of technological change: Technological paradigm theory with validation and generalization from case studies. *Technological Forecasting and Social Change, 97*, 128–139. https://doi.org/10.1016/j.techfore.2014.05.015.

HYPE. (2020). *Key verticals*. Retrieved March 15, 2020, from https://www.hypesportsinnovation.com/services/hype-spin-accelerator/.

Jenny, S. E., Manning, R. D., Keiper, M. C., & Olrich, T. W. (2017). Virtual(ly) athletes: Where eSports fit within the definition of "sport". *Quest, 69*(1), 1–18. https://doi.org/10.1080/00336297.2016.1144517.

Katsarova, I., & Halleux, V. (2019). *EU sports policy: Going faster, aiming higher, reaching further*. Retrieved from https://www.europarl.europa.eu/RegData/etudes/BRIE/2019/640168/EPRS_BRI(2019)640168_EN.pdf.

Khalil, T. M. (2000). *Management of technology: The key to competitiveness and wealth creation*. Singapore: McGraw—Hill Book Co.

Kolbinger, O., & Lames, M. (2017). Scientific approaches to technological officiating aids in game sports. *Current Issues in Sport Science (CISS), 2*(001), 1–10. https://doi.org/10.15203/CISS_2017.001.

Lapham, A. C., & Bartlett, R. M. (1995). The use of artificial intelligence in the analysis of sports performance: A review of applications in human gait analysis and future directions for sports biomechanics. *Journal of Sports Sciences, 13*(3), 229–237. https://doi.org/10.1080/02640419508732232.

leAD. (2020). *The three verticals—What we look for*. Retrieved March 15, 2020, from https://www.leadsports.com/accelerator/berlin.

Lemon, K. N., & Verhoef, P. C. (2016). Understanding customer experience throughout the customer journey. *Journal of Marketing, 80*(6), 69–96. https://doi.org/10.1509/jm.15.0420.

Lippi, G., Banfi, G., Favaloro, E. J., Rittweger, J., & Maffulli, N. (2008). Updates on improvement of human athletic performance: Focus on world records in athletics. *British Medical Bulletin, 87*(1), 7–15. https://doi.org/10.1093/bmb/ldn029.

Loland, S. (2009). The ethics of performance-enhancing technology in sport. *Journal of the Philosophy of Sport, 36*(2), 152–161. https://doi.org/10.1080/00948705.2009.9714754.

Lorenzo, O., Kawalek, P., & Wharton, L. (2018). *Entrepreneurship, innovation and technology: A guide to core models and tools*. Abingdon, Oxon: Routledge.

de Magalhaes, F. A., Vannozzi, G., Gatta, G., & Fantozzi, S. (2015). Wearable inertial sensors in swimming motion analysis: A systematic review. *Journal of Sports Sciences, 33*(7), 732–745. https://doi.org/10.1080/02640414.2014.962574.

Magretta, J. (2002). Why business models matter. *Harvard Business Review, 80*, 86–92.

Malhotra, R. (2019). *SportsTech framework updated*. Retrieved March 6, 2020, from https://medium.com/sportstechx/sportstech-framework-2019-2946533282eb.

MarketsandMarkets. (2019). *Sports technology market—Global forecast to 2024*. Retrieved 2019, from https://www.marketsandmarkets.com/Market-Reports/sports-analytics-market-35276513.html.

Miah, A. (2006). Rethinking Enhancement in Sport. *Annals of the New York Academy of Sciences, 1093*(1), 301–320. https://doi.org/10.1196/annals.1382.020.

Miles, H. C., Pop, S. R., Watt, S. J., Lawrence, G. P., & John, N. W. (2012). A review of virtual environments for training in ball sports. *Computers & Graphics, 36*(6), 714–726. https://doi.org/10.1016/j.cag.2012.04.007.

Nevill, A. M., & Whyte, G. (2005). Are there limits to running world records? *Medicine and Science in Sports and Exercise, 37*(10), 1785–1788. https://doi.org/10.1249/01.mss.0000181676.62054.79.

Nevill, A. M., Whyte, G., Holder, R., & Peyrebrune, M. (2007). Are there limits to swimming world records? *International Journal of Sports Medicine, 28*(12), 1012–1017. https://doi.org/10.1055/s-2007-965088.

Nike. (2020). *About nike*. Retrieved 2020, from https://about.nike.com/.
Norman, D. A., & Verganti, R. (2014). Incremental and radical innovation: Design research vs. technology and meaning change. *Design Issues, 30*(1), 78–96. https://doi.org/10.1162/DESI_a_00250.
O'Reilly, C. A., & Tushman, M. L. (2013). Organizational ambidexterity: Past, present, and future. *Academy of Management Perspectives, 27*(4), 324–338. https://doi.org/10.5465/amp.2013.0025.
Ogus, S. (2019). *Sapphire ventures launches new $115 million venture fund centered on sports and technology*. Retrieved April 15, 2020, from https://www.forbes.com/sites/simonogus/2019/01/29/sapphire-ventures-launches-new-115-million-venture-centered-around-sports-and-technology/#3cd5b51d24f8.
Ogus, S. (2020). *In quest for innovation, comcast NBC universal launches sports technology accelerator*. Retrieved March 26, 2020, from https://www.forbes.com/sites/simonogus/2020/01/21/comcast-nbcuniversal-launches-new-sports-technology-accelerator/#44d8678b730d.
Oriard, M. (2011). Rough, manly sport and the American way: Theodore Roosevelt and College Football, 1905. *Myths and milestones in the history of sport* (pp. 80–105). London: Palgrave Macmillan.
Penkert, B. (2017). *Framework for the #sportstech industry*. Retrieved March 6, 2020, from https://medium.com/sportstechx/framework-for-the-sportstech-industry-73d31a3b03bb.
Penkert, B. (2019). *SportsTech framework 2019*. Retrieved March 6, 2020, from https://medium.com/sportstechx/sportstech-framework-2019-2b4b6fbe3216.
Penkert, B., & Malhotra, R. (2019). *Global sportstech VC report 2019*. Berlin: Sportechx.
Pradhan, D., Malhotra, R., & Moharana, T. R. (2020). When fan engagement with sports club brands matters in sponsorship: Influence of fan–brand personality congruence. *Journal of Brand Management, 27*(1), 77–92. https://doi.org/10.1057/s41262-019-00169-3.
Proman, M. (2019a). *Industry insights: The current state of sports technology*. Retrieved March 24, 2020, from https://medium.com/scrum-ventures-blog/industry-insights-the-current-state-of-sports-technology-c24506d86585.
Proman, M. (2019b). *The future of sports tech: Here's where investors are placing their bets*. Retrieved March 22, 2020, from https://techcrunch.com/2019/10/01/the-future-of-sports-tech-heres-where-investors-are-placing-their-bets/.
PwC. (2019). *Sports industry: Time to refocus? PwC's sports survey 2019*.
Ratten, V. (2016). Sport innovation management: Towards a research agenda. *Innovation, 18*(3), 238–250. https://doi.org/10.1080/14479338.2016.1244471.
Ratten, V. (2017). *Sports innovation management*. New York, NY: Routledge.
Ratten, V. (2018). *Sport entrepreneurship education and policy BT—Sport entrepreneurship: Developing and sustaining an entrepreneurial sports culture*. https://doi.org/10.1007/978-3-319-73010-3_9.
Ratten, V. (2019). *Sports technology and innovation*. Cham: Springer Books.
Raveh, A., & McCumber, R. (2019). *Eight 'do or die' strategies to become a digital sports powerhouse*. Retrieved March 28, 2020, from https://www.sportspromedia.com/opinion/digital-strategy-golden-state-warriors-fc-koln-gen-z-fc-barcelona.
Rich, P. (1992). The organizational taxonomy: Definition and design. *Academy of Management Review, 17*(4), 758–781.
Ringuet-Riot, C. J., Hahn, A., & James, D. A. (2013). A structured approach for technology innovation in sport. *Sports Technology, 6*(3), 137–149. https://doi.org/10.1080/19346182.2013.868468.
Rogers, E. M. (2003). *Diffusion of innovations* (5th ed.). London: Simon and Schuster.
Rooney, K. (2020). *Why pro athletes like Richard Sherman and Andre Iguodala are cozying up to venture capital*. Retrieved April 11, 2020, from https://www.cnbc.com/2020/02/01/richard-sherman-kobe-bryant-and-the-athlete-to-vc-connection.html.
SAP. (2020). *Sports & entertainment*. Retrieved April 8, 2020, from https://www.sap.com/germany/industries/sports-entertainment.html.
Schumpeter, J. A. (1934). *The theory of economic development*. Cambridge, MA: Harvard University Press.

Sidhu, G. (2011). *Instant replay: Investigating statistical analysis in sports*. Retrieved from http://arxiv.org/abs/1102.5549.
Sigrist, R., Rauter, G., Riener, R., & Wolf, P. (2013). Augmented visual, auditory, haptic, and multimodal feedback in motor learning: A review. *Psychonomic Bulletin & Review, 20*(1), 21–53. https://doi.org/10.3758/s13423-012-0333-8.
Sportaccord. (2011). *Definition of sport*. Retrieved March 16, 2020, from https://www.sportaccord.sport/.
SportsTechIreland. (2020). *SportsTech verticals*. Retrieved March 15, 2020, from https://sportstechireland.com/.
Stefani, R. (2012). Olympic swimming gold: The suit or the swimmer in the suit? *Significance, 9*(2), 13–17. https://doi.org/10.1111/j.1740-9713.2012.00553.x.
Suits, B. (2007). The elements of sport. In W. J. Morgan (ed.), *Ethics in sport. Human kinetics* (pp. 9–19). Champaign, IL.
Tang, S. K. Y. (2008). *The rocket swimsuit: Speedo's LZR racer*. Retrieved March 11, 2020, from http://sitn.hms.harvard.edu/flash/2008/issue47-2/.
Tjønndal, A. (2017). Sport innovation: Developing a typology. *European Journal for Sport and Society, 14*(4), 291–310. https://doi.org/10.1080/16138171.2017.1421504.
Van De Ven, A. H., & Rogers, E. M. (1988). Innovations and organizations: Critical perspectives. *Communication Research, 15*(5), 632–651. https://doi.org/10.1177/009365088015005007.
van der Kruk, E., & Reijne, M. M. (2018). Accuracy of human motion capture systems for sport applications; state-of-the-art review. *European Journal of Sport Science, 18*(6), 806–819. https://doi.org/10.1080/17461391.2018.1463397.
van Hilvoorde, I., Vos, R., & de Wert, G. (2007). Flopping, klapping and gene doping. *Social Studies of Science, 37*(2), 173–200. https://doi.org/10.1177/0306312706063784.
Verhoef, P. C., Broekhuizen, T., Bart, Y., Bhattacharya, A., Qi Dong, J., Fabian, N., & Haenlein, M. (2019, September). Digital transformation: A multidisciplinary reflection and research agenda. *Journal of Business Research*. https://doi.org/10.1016/j.jbusres.2019.09.022.
Virmavirta, M., & Kivekäs, J. (2019). Aerodynamics of an isolated ski jumping ski. *Sports Engineering, 22*(1), 8. https://doi.org/10.1007/s12283-019-0298-1.
Waddington, I., & Smith, A. (2000). *Sport, health and drugs: A critical sociological perspective*. London: Taylor & Francis.
Whipp, B. J., & Ward, S. A. (1992). Will women soon outrun men? *Nature, 325*(6355), 25.
Wlömert, N., & Papies, D. (2016). On-demand streaming services and music industry revenues—Insights from spotify's market entry. *International Journal of Research in Marketing, 33*(2), 314–327. https://doi.org/10.1016/j.ijresmar.2015.11.002.
Wylab. (2020). *Startups*. Retrieved March 15, 2020, from https://wylab.net/en/incubator/startups/.
Zigurs, I., & Buckland, B. K. (1998). A theory of task/technology fit and group support systems effectiveness. *MIS Quarterly, 22*(3), 313. https://doi.org/10.2307/249668.

尼古拉斯·弗雷费尔是奥托贝森商学院体育和管理研究中心的博士生。他在基于 Delphi 的场景分析的帮助下，研究未来的体育。他聚焦于体育世界中的科技力量。读博士之前，他是麦肯锡的顾问。尼古拉斯是少有的"博尔兹广场踢球者"之一，热爱街头足球，并且喜欢和朋友们一起踢球或观看体育比赛。他对于本书的贡献来源于他对体育领域的科技与创新的好奇心。

萨沙·L. 施密特是位于杜塞尔多夫的奥托贝森商学院的体育与管理研究中心的主任，也是体育与管理专业的教授。他同时也是 SPOAC（奥托贝森商学院的体育商业研究院）的学术主任。此外，他还是哈佛商学院（Harvard Business School，HBS）数字倡议协会（Digital Initiative）的成员——该机构隶属于哈佛创新科学实验室（Laboratory for Innovation Science at Harvard，LISH），他也是里昂商学院亚洲校区的助理研究员。萨沙是哈佛商学院很多体育相关研究案例的共同作者，也是麻省理工学院体育企业家训练营的发起者和高级讲师。他刚进入职业生涯的时候，在苏黎世、纽约和约翰内斯堡的麦肯锡工作，并且在德国领衔组建了猎头公司a-connect。他的研究和写作内容主要聚焦在增长和多元化战略，以及职业体育的未来规划。他是很多出版物的作者，并且是很多著名职业足球俱乐部、体育组织、国际化公司的战略合作、多元化、创新以及管理等方面的顾问。萨沙相信科技能为体育带来巨大的转型力量，并且期待这本书能够帮助人们更好地理解体育、商业以及科技之间的相互关系。作为一名年轻时颇具实力的网球选手，萨沙现在经常和三个儿子一起在体育馆里打网球。看着奔跑中的孩子们，他迫不及待地想要看到下一代运动员将会取得怎样的成就。

丹尼尔·拜德贝克是奥托贝森商学院体育与管理研究中心的助理研究员。他的研究方向聚焦于体育的未来以及（体育）组织应当如何准备。开始博士研究之前，他是麦肯锡的顾问，当时他的工作主要集中在打造数字商业。丹尼尔拥有亚琛工业大学的工业工程硕士学位，他的硕士论文工作是和剑桥大学制造研究所合作，一同研究增量制造技术。丹尼尔在近几年结束了自己活跃的业余足球生涯，但他仍旧热爱踢足球。他还在尝试与年青一代打成一片，在闲暇时间成为一位业余电子竞技选手。

本杰明·彭克特是柏林SportsTechX（一家发布有关体育科技创业公司与周边生态系统的数据和深度分析的市场情报公司）的创始人。他是体育和科技交叉领域的专家。进入创业世界之前，他在电信行业担任管理咨询和战略专家。前往柏林之前，他在布达佩斯、克隆、马尔默和纽约生活工作过。在闲暇时光，本杰明喜欢跑步并且随时准备打一场乒乓球赛。

布里安·苏维拉纳是麻省理工学院自动识别实验室的主任，目前在哈佛大学和麻省理工学院的训练营任教。他的研究集中在物联网和人工智能交叉领域的基础发展，侧重于体育、零售、健康、制造和教育等行业的实用性探索、启发与应用。他希望一个空间能拥有自己的"大脑"，人类可以与之交流，而自己也能为创造这样的世界做贡献。在成为一名学者之前，他曾在波士顿咨询集团工作，并创立了三家新公司。

"命题驱动的创新雷达"如何让体育产业受益

桑贾伊·萨尔马、布里安·苏维拉纳
以及尼古拉斯·弗雷费尔

摘要

萨尔马、苏维拉纳和弗雷费尔从总体上研究了趋势和创新雷达,讨论了体育组织和它们的管理能从以系统性的方法应对新兴科技和创新中受益。他们解释了对于"企业命题"的理解,该命题必须要能够引领一个组织走向长期的成功,在有限的资源约束下把握住由新技术所带来的看似无穷的机会。为了回应铺天盖地而来的新事物、新信息以及颠覆式、激进式的创新,他们提出了"命题驱动的创新雷达",并展示了其在体育产业中的应用。

名词释义:新事物、新闻(news,名词)

14世纪后期,"新事物们(new things)"成为"新事物(new thing)"的复数形式,新事物(new,名词)来源于新的(new,形容词);法语使用新事物(nouvelles)在《圣经》的翻译中代表中世纪拉丁语中的新事物(nova,中心复数)之后,新事物们(news)从字面上开始等同于新事物们(new things)。17—19世纪,新事物们(news)有时仍旧会被认为是一种复数形式。15世纪早期,该词开始有消息(tidings)的意思。从1923年开始,它又增添了"呈现当下事件的广播或电视节目"的意思。1926年开始,坏消息(bad news)意思是"不令人高兴的人或者情况"。没有消息(no news)、好消息(good news)

46 **数字科技体育**

这些表达则可以追溯到 17 世纪 40 年代。对我来说是个新消息（news to me）这个表达起源于 1889 年。最后，不是的，这个词绝对不是一个首字母缩略词。

弗吉尼亚州的纽波特纽斯市（Newport News）中的"news"据说来源于该市的创建者之一威廉·纽斯（William Newce）。

1　引言

体育产业正欣欣向荣。这是因为体育既是一种娱乐活动，也是一种娱乐产品。在后续的章节中，我们的同僚们将要描述体育世界中很多有趣的科技应用以及未来体育世界可能会变成什么样子。这些科技不仅会彻底开启运动员训练和比赛的全新方法，还会大大变革体育粉丝的体验。不过，在这些巨大变革带来机会的同时，它们也是让体育世界中管理者忧虑的原因之一。体育组织要如何避免被新技术碾压？他们如何平衡对于错过绝佳机会的持续恐惧以及对于资源使用的谨小慎微？在这样高度动态化的时期，管理者们需要能够帮助他们引领自己所在组织的工具。我们期望本文"命题驱动的创新雷达"（TDIR）对于管理者们来说将会是一个好用的工具，能够帮助他们应对新的现实所带来的挑战，从而发挥出他们的体育组织的全部潜能。

在本章中，我们将要讨论体育组织如何通过使用系统性的方法应对新技术和创新从而让自身受益。为了达成这一点，我们将会举例说明为何要使用"命题驱动的创新雷达"，然后就高速变革并非幻象这一现实给出一个简要的提醒。再之后，我们将解释对于"企业命题"的理解，并从整体上巡视当下的趋势和创新雷达，然后，我们聚焦在它们在体育产业的应用（或者尚未应用）之上。

2　关于命题驱动的创新雷达

这种事每天都在发生。组织里的一名领导或者董事会成员看了一篇谈论新技术趋势可能如何应用于他们所在产业的新闻文章。比如说，区块链应用在医疗业、无人机应用在后勤保障、机器学习应用在零售业、机器人应用在服务业、电气化应用在运输业、基因编辑（CRISPR）应用在制药业。反正就是 X 技术应用在 Y 产业。

于是热土豆效应就开始了。这位领导给公司里一个对此一知半解或是可能负责这一块的某人（首席技术官、首席信息官或是技术领导）转发了相关邮件。然后这个人又把这封邮件转给了另一个人，就这么一路转发下去。这一效应往往会以两种方式结束：要么是这个土豆凉了，被人遗忘；要么是某处一个无头无尾的项目被重新启动了，然后被这个领导拿来证明自己的组织对此并非毫无准备。

其实有一种更具前景的方式。它真正能够消化那些汹涌而来的新信息。我们将这种方法称之为"命题驱动的创新雷达"①，接下来我们来介绍它。"命题驱动的创新雷达"并不会对每一发飞射而来的信息炮弹作出反应，它是面对外部世界新生事物的深思熟虑、讲求协作并具有建设性的一种创新方式。有些新东西可以被忽视，有些则在当下就必须引起重视，还有一些预示着未来的东西则需要持续地关注。

3 高速变革并非幻象

> 我们必须跟上当前高速变革的世界。保持灵活性是必需的[…]。如果我们不现在就强调出这些挑战，我们很快就会遭受它们的冲击。如果我们不去驱动这些变革，那其他人就会在未来逼迫我们去适应它们。我们想要成为体育领域引领变革的存在，而非被改变的对象，现在正是开始改变的时候。
>
> ——托马斯·巴赫②

---

① Sarma and Subirana（2018）。
② 托马斯·巴赫，国际奥委会主席，于2014年蒙特卡洛特别会议的开幕式上发表此言论。

哪怕是和短短十年前相比较，如今科技进步的速度看上去都更加迅猛了。这是否只是一种错觉？它是否真实？数据表明，近年来变革的速度确实加快了——不管是专利申请（图1）、商业上的颠覆、风险投资还是工作性质的变化。

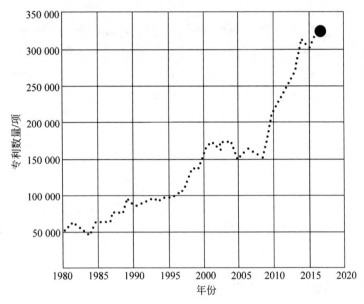

图1 美国专利商标局（USPTO）每个财政年度受理的实用专利数量（2017年为预估数据）

造成这一加速的原因有很多，但三个核心趋势起到了相互推动的作用。

首先，由于很多新技术被创造出来，它们之间相互组合的可能性数量也呈指数增长。比如，机器人与车辆工程的交叉催生了无人驾驶汽车、因特网和音乐领域的交叉结合产生了iTunes这样的产品、因特网和屋顶光伏发电的交叉则驱动了智能电网、遗传学和大数据的交叉推动了药物遗传学，以及迅速发展的商业化航天产业发射的低轨道卫星也许会带来全新的全球互联网接入方式。没有任何一个赛道能对创造力所带来的多米诺效应免疫。

第二个趋势就是创新的大众化。最前沿的点子和想法再也不是仅由美国或西欧的少数几家机构或者公司牢牢掌握。相反，遍布全球或大或小的创新者们都对于提出新想法并进行快速的实现与扩张感到充满力量。技术、人才以及资金都是全球化的。不管是出行即服务领域的优步、GrabCab、滴滴出行，还是线上零售领域的亚马逊、阿里巴巴、Flipcart，所有角落的创新想法都在以指数化的速度增长。

第三个趋势就是社会变化。很多我们在 20 世纪认为理所应当的规则，在 21 世纪都被抛诸脑后。如果我们自己能发电，为什么还要从电网购买电力？如果我们能使用优步或者共享单车，为什么还要自己买辆车？如果我们可以线上购物，为何还要去杂货店？如果我们可以在 UpWork 上赚钱养家，为啥还要去找一份常规工作？如果我们能在 WeWork 上一同办公，为什么还要租间办公室？如果我们可以在爱彼迎上找到住所，为何还要预订酒店房间？如果我们能使用 Rdvouz，为什么还要去坐火车？

体育产业正在面临同样的趋势和变革，而科技是主要的驱动力。体育科技正全方位地影响着体育世界——从如何参与体育运动到它如何被全球观众所欣赏[1]。数值化的运动员再也不是科幻小说中的桥段，球迷也已经可以通过虚拟现实技术以运动员的第一人称视角观看比赛。这些具有颠覆性的力量不仅给体育产业带来了挑战，还为创新创造带来了机会[2]。近期体育科技领域的产业增长和诸多投资便是最好的证明。比如说，在欧洲，该领域的投资总额从 2017 年的 2 亿 8 600 万欧元增长到了 2018 年的 3 亿 6 400 万欧元，增长了 27%。[3] 与此同时，各轮融资的平均融资规模也大幅增长，这是一个逐渐成熟市场的最鲜明的标志。

---

[1] cf. Schmidt, et al.（2019）。

[2] Ruggiero（2017）。

[3] Penkert & Malhotra（2019）。

4　企业命题作为未来理论

在我们一头扎入科技的世界以及创新雷达之前，我们将首先讨论"拥有一个企业命题"的概念，该命题是为了让一个组织取得长期的成功。这也是实现一个提供战略方向的雷达之前的关键步骤。

每家公司可能都拥有自己的一个命题[①]：这个世界、公司所处赛道以及整个生态系统将要走向何方；比如说，一种未来理论。这个命题，不管被写下来与否，都会引出一项任务、一个视野以及一种战略。而这种战略，会进而描绘出一张路线图。2007 年，迈克尔·沃特金斯在一篇《哈佛商业评论》的文章中描述了何为战略：

> 一个出色的战略能够提供一张明确的路线图，其中包括一系列指导原则或者规则，能够定义出为了实现想要的目标，人们在商业行为中应该采取（或不能采取）的行动，他们应该优先（或者不优先）处理的事情。[②]

但是路线图也各有不同。20 世纪时的问题在于，路线图往往是线性的，并且某种程度上而言并不灵活。1998 年，摩托罗拉的主席罗伯特·高尔文写了一段话，谈到了摩托罗拉和英特尔这样的公司在几十年中的路线图发展：

> ……[用于提供]一个仍需调研的选定领域的长远未来展望（其中包括对于领域知识的综合整理以及对于最具驱动力的变革的想象）。路线图可以包含对理论和趋势的描述、对模型的形式化、识别科学与科学之间的内在联系、找出不连续性以及知识空白、对于调研和实验的理解。路线图还可以包括找出解决问题的手段，还有图表和各类展示工具。[③]

---

① 严格定义的话，应该是一种假设，而非命题。
② Watkins（2007）。
③ Galvin（1998）。

讽刺的是，摩托罗拉和英特尔的路线图似乎已经牢牢地捆绑在了下一代通信标准以及下一代集成电路尺寸之上；在这个过程中，二者都错过了智能手机掀起的革命浪潮。如今，摩托罗拉活在自己过去的阴影之下，而英特尔则还在努力追赶 ARM 公司。

由于事物在飞快地变化，命题和路线图需要具备可塑性。正如菲尔德·马歇尔·莫尔特克在德国统一战争期间所说："在与敌人的对抗中，没有任何计划能从开始存活到最后。"但是做计划者或是制定路线图，依然是非常重要的。引用另一位军事领袖德怀特·艾森豪威尔的话："计划本身是毫无价值的，但是做计划的过程蕴含着一切。"因此，一个企业命题或者路线图是绝对需要的，但它们必须是足够灵活且具有动态性的。

想一想处于夹缝之中的网飞公司（Netflix）。当他们稳固了 DVD 邮寄租赁服务这项业务以后，可能就已经想好了一个有关流式视频的命题，并且制定了一张进行转变的路线图。他们早在 2007 年就开始做相关的事情了，但是当时他们可能对于"内容为王"这件事的认知才刚刚起步。2012 年，他们开始开发内容；也就是在那段时期，他们可能将自己的命题调整为了利用其预测用户想看什么的能力相应地去优化调整内容制作。这一改变在 2017 年终于开花结果，《光灵》成为网飞第一部一鸣惊人的电影。[①] 换句话说，网飞能够从邮寄租赁跳到流式视频再到内容创造最后到内容设计，是基于他们由大数据而来的深度洞察，并以此为依据持续去调整自身，以适应他们周围的世界、所处赛道和生态系统的改变。

和摩托罗拉、英特尔还有网飞一样，在体育世界，拥有一个命题也是非常重要的，而且很多伟大的案例已经发生了。让我们看看电影《点球成金》中的场景：

> 当被问到奥克兰运动家队的问题是什么时，球探们都认为是难以找到离队球员的替代者。他们需要有人能填

---

① Cheng（2017）。

补杰森·詹比的 38 次全垒打、120 次打者打点以及 47 次双杀。[1] 所有球探都认为他们知道这支球队的问题在哪里，运动家队应当遵循怎样的战略。但是他们都大错特错了。"我们真正试图解决的问题是，有些球队很有钱，而有些球队比较穷。那里满是别人不要的球员，而我们就由他们构成。这是一个不平等的游戏。"奥克兰运动家队的总经理比利·比恩解释说。

所以，运动家队所需要解决的问题就是找到能够帮助他们和有钱球队抗衡的方法。我们都知道后来发生了什么——他们将命题确立为，如果采取一种高度量化的方法去管理球队，一支低预算的队伍也能具有竞争力。因此，他们从该命题中所得出的战略就是，找到并引入那些在被人忽视的技术上评分极高的被低估球员。[2] 遵循这一方法，运动家队获得了竞争优势，并且在 2002 年拿到了美国联盟西区冠军。他们的企业命题帮助他们引领这支球队走向了长期的成功。而这并非体育世界中一个孤立的案例，在休斯敦太空人和他们的邻居休斯敦火箭的数据驱动的转型之中，我们也看到了同样的故事。火箭队的战略对于篮球这项运动的发展也产生了长远的影响；数据分析所带来的对于三分球的高度关注，让他们一度成为联盟中最优秀的球队之一。

这些都是很好的例子——网飞和运动家队都选择了正确的命题，然后取得了巨大的成功。但是那个可能让总经理们彻夜难眠的问题在于：如何让一个组织获得一个好的命题？一个好办法就是从场景中生成命题，接下来，我们将演示如何实现这一点。

在过去的 40 年中，有关情景规划的研究数不胜数，但对于这一概念的准确定义却并未达成一致。为了不陷入一个语义泥潭，我

---

[1] Santasiere（2019）。
[2] 那时候，高上垒率和长打率都是被人忽视的技术。正由于运动家队的成功，它们现在获得了极高的关注度。

们就简单地采用下述定义：场景就是生态系统的未来状态。塑造场景其实是一种未来主义行动——也就是由现实主义调和的实用主义。罗伊·阿玛拉那句伟大的名言就是情景规划有多难的最佳证明，尤其是对那些会被科技深远影响的组织来说：

> 我们倾向于高估科技在短期内的影响，却又低估它们对长期的作用。

网飞当年脑海中的场景可能是互联网的大幅增长和渗透，以及这对于流式视频的影响。现在这一切看起来显而易见，但在当时其实并不明朗。我们建议所有公司都去思考一些自己所处世界的场景。

然后，一个命题，便是这些场景的答案。网飞的命题可能是这样的："DVD 邮寄租赁服务的单位经济效益无法朝着我们想要的方向进一步发展。我们有可能陷入瓶颈，或者不得不涨价。与此同时，互联网的渗透正如雨后春笋。让我们开启艰难的消费者迁移的过程。"这是里德·黑斯廷斯为网飞建立的痛苦但极具预见性的路线；2011 年，他们因为失去了与 Starz 电视台的合约而遭遇巨大损失，网飞也遭到了消费者的抵制，股票大跌。而现在，他们的命题成立了，我们则在 2020 年为这些事后看起来再明显不过的事情歌功颂德。类似地，奥克兰运动家队当时不仅面对球队内部的阻力——反对派的球探和教练不愿意根据新战略调整他们的阵容，当他们的方法无法取得立竿见影的效果、赛场上取得的战果并不如意时，他们不得不硬着头皮坚持到底。

5　趋势雷达作为未来的风向标

在解析企业命题和趋势雷达的相互作用之前，我们想先非常简短地介绍一下趋势雷达的概念。有关科技应用的优秀案例可以说是数不胜数，在万维网上也能随手查到很多的趋势雷达。其中大量都能够应用于多种产业，以捕获产业、商业、社会以及经济中的想法、模因和总体前沿。有些趋势雷达则会更专注于某一个特定的产业,如物流业[①]和保险业[②]。它们都是指路明灯,而且依托出版商的工作,可以为未来将会发生什么提供经过深入思考和严谨撰写的信息。它们还能为未来可能出现的应用提供线索和征兆。很多的趋势雷达都是由领军企业撰写的,通过严谨的论证,以展现其思维上的领导力。

> **雷达**
>
> 雷达这一术语由美国海军创造于 *1940* 年,它是无线电探测与测距的首字母缩写(Radio Detection And Ranging 或 Radio Direction And Ranging,Radar)

趋势雷达的特征是相对统一和标准化的。都是以同心圆来表示时间长短:短期、中期和长期或是一年、三年、五年和十年。这对应着原本雷达概念中探测范围这一特征。每个圆都会被分为多个扇区,每个扇区都会被赋予一些科技趋势,而相邻扇区之间会有一些连接空间:比如说,区块链可能会挨着量子计算。这对应着雷达中方向的概念。

但是,从被定义的时候开始,企业给出的这些趋势雷达就都只会用于外部消费,而不太可能去揭示那些企业中必须被万分严密保护的秘密计划或者创新行为。从这种意义上来说,我们将这些趋势雷达称为通用雷达。我们鼓励大家仔细地去研究理解现有的通用雷达,不仅是针对某一扇区进行研究,也从产业全局去考量,因为它们对于我们将要描述介绍的东西极其重要。

6 命题与雷达之间的相互作用

现在,我们已经分别看到了企业命题和趋势雷达所能带来的好处,是时候开始探究它们之间强劲的相互作用了。还记得我们

---

① DHL(2019)。
② Munich RE(2018)。

本章开始时提到的那个在组织中由上至下转发"热土豆"邮件的领导吗？领导要小心谨慎、严肃对待新的信息，这是非常有道理的。整个事件的过程也完全合乎情理。缺失的其实是对于信息的吸收和反馈——这件事可能在十年前没那么重要，但是在如今却是必不可少的。

  要创造出优质的企业命题，对于开阔的全局视野的需求是前所未有的。在如今的环境之中，大部分命题往往无法明确竞争的对手和内容是什么。事实上，大多数的竞争都来自颠覆性的或是激进式的创新形式。主流汽车公司可能会把彼此视为主要竞争对手，但却意外遭受了一个移动出行平台的侧面冲击：优步。摩托罗拉把视线都聚焦在了诺基亚之上，甚至可能还会关注黑莓，但却完全没看到一家计算机公司（苹果）。英特尔因为计算机芯片的竞争紧盯着超威半导体公司（AMD），但却被一家低能耗的芯片制造商（ARM）打了个措手不及，因为后者一瞬之间就看出了移动设备的潜力。一张薄弱的路线图注定会引来麻烦。一家企业需要一张扎实的路线图以及从中得出的一个稳固的战略，但是，很多命题是基于多种不同场景的；它们之中需要有一个核心命题，然后还需要数个额外的可供替代的场景。与此同时，一个没有命题的雷达会让一连串的信息难以被消化。但一旦与一个命题结合，雷达就突然变得有用起来。现在，一个新的事物或者一则新闻会被用来确认和优化一个特定的命题，对它进行改变或修正，或者更重要的，抛弃其中的部分新事物。一个关键的见解就是，大多数新事物其实都是要被抛弃的——要做的是找出那些常规之外的事物。或者，用迈克尔·E.波特的话说：

    战略的本质在于选择不做什么。战略就是要做选择、做权衡；从容、谨慎地去选择如何变得与众不同。

  有一个命题是一切的基础。这个命题能够引导出一个战略和一张指明行动方向的路线图。路线图上可能还会有一些占位符——这些空白代表着仍然需要去寻找的东西，它们以那些能让企业在生态系统中脱颖而出的常规之外的事物为基础：搭配正确能量密度的新电池技术、有着合适分辨率的显示技术、设定了必要飞行范围的无人机技术。如果你都不知道自己在找一个东西，你就永远不可能找到想找的东西！这就是所谓"意料中的意外"。

为了增加"意料中的意外"出现的机会，需要保持对信息的了解。新信息会从多种多样的源头涌来，包括专利文件、美国联邦通信委员会（FCC）的文档[①]、研究论文、随机（非专有）情报、与合作伙伴或销售商的对话以及其他成千上万的信息来源。目标便是长出能够精准触及有用信息的触手。

历史上有关命题和创新雷达两个概念联合使用的一个绝佳案例便是iPod。图2展示了iPod的原型设计图。苹果当时已经发布了一飞冲天的点唱机软件iTunes。而且，他们还设定了一个命题——一款名为iPod的产品。但是当时他们的路线图上少了一块——一个体积足够小但是存储容量又足以实现他们想要效果的磁盘驱动器。这时，他们的创新雷达并非随机筛查技术然后进行相应创新，而是明确地试图找到一个针对

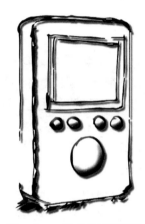

图2 iPod的产品原型设计

小体积磁盘驱动器的解决方案。这个问题最终被史蒂夫·乔布斯麾下的硬件大师乔·鲁本斯坦所解决，后者发现当时东芝已经制造了一款他们自己都不知道如何去使用的磁盘驱动器。事情一下就豁然开朗了，这个命题也就迅速走上正轨。

上述就是我们所谓"命题驱动的创新雷达"。使用命题驱动的创新雷达，能够帮助你的组织以全副武装的姿态应对未来，尽

---

① 美国联邦通信委员会（Federal Communications Commission，FCC）。

可能地避免被颠覆式或激进式的创新所震撼——或者，它甚至可能帮助你成为那个颠覆行业传统的入侵者。命题驱动的创新雷达还是一个高效使用资源的方法，避免了漫长和昂贵的技术评估过程。

7　命题驱动的创新雷达在体育产业中扮演的角色

虽然在某些方面，体育产业处于科技应用的前沿，但在某些方面，它又极度滞后。大多数的体育组织都没有一个坚实的创新战略摆在那里[1]，更别说一个命题了。一个命题同时也是能够帮助招揽人才的驱动性工具。合格的人才战略也是极度缺乏的，无法填补知识与技能的鸿沟。[2]

我们在前面描述的"热土豆"效应可能在很多体育组织中都是日常现象。一眼望去数量无穷无尽的科技产品——来自创业公司以及大企业——每天都会摆在体育管理者的办公桌上，每一个都试图说服他们为何其虚拟现实/增强现实、人工智能、区块链、机器人以及其他先进的科技解决方案能够帮助他们的体育组织在未来变得更加成功。体育领导们——往往对于这些技术的知识有限或是缺乏经验——经常会被它们压垮，然后随手将这一摊子转交给对于特定领域有着更多了解的人。只有在极少数的情况下，这种过程的结果才会是体育组织中一次成功的努力。

"热土豆"效应对于所有涉及其中的人来说都是一次令人沮丧的体验，体育组织——就如所有任何其他产业里的组织一样——都渴求找到应对所处生态系统持续变化的方法。他们得到的答案一般是，专门设置一个小组去解决科技与创新所带来的疑惑。这一组人有时候会是一个特别组织，但更多的时候会是一个松散的工作小组，

---

[1]　PwC（2019）。
[2]　Schmidt et al.（2019）。

常常在冗长的会议中浪费大量时间和能量。这并非一个理想的组织设置，但还有一个关键性的甚至更重大的问题。很多体育组织的关键症结在于，当他们考量科技与创新的核心重点时，认真思考的往往是个错误的问题。他们会问，增强现实／虚拟现实、区块链、人工智能等技术能带来怎样的好处，他们试图引入这些技术，完全出自对落后于他人的恐惧。与之相反，他们的出发点应该是找到组织所面临的关键问题，然后再去询问哪种技术能最好地帮助他们解决这一问题。

然后，要明确的一点是，得到的答案可能还是一张电子表格，而非一个基于区块链的解决方案。科技本身永远不应当成为一切的终点。

命题驱动的创新雷达可能是体育组织期盼已久的那个解决方案。它意味着定义一种世界、赛道和生态系统将如何发展的理论（比如说一个命题），然后从命题中催生出一个战略和一张路线图，提出遵循该路线图和战略的关键问题，再使用适用于该问题的创新雷达去找到解决方案。或者用托马斯·巴赫的话说："体育组织不应仅仅作为被改变的目标，而应变成变革的驱动者。"

8 "主车群"式的未来规划

一旦企业有了一个命题驱动的创新雷达，他们就必须要决定想要和供应商还有消费者分享其计划中的哪一部分。总体来说，这是非常困难的，尤其是对于体育世界中那些想要依靠自己引入激进式创新的企业来说。造成这一情况的原因有很多。比如说，在诸如游泳、网球、足球这样的体育项目中，其管理机构往往想掌控最终话语权，而俱乐部则可能想要影响创新的部署计划。例如，视频回看技术早已成熟，但它真正被采纳使用则推迟了数年。

为了帮助企业与产业中的其他组织一同推动创新议程，我们给出了"主车群"的概念，这一命名灵感来源于环法这样的公路自行车赛。骑手会天然地趋向于形成一个竞争集团。在我们眼中，企业和科技之间也能形成类似的集团；以一种竞争的方式进行协作能够将科技路线图中的里程碑和技术标准融合起来。[①] 在射频识别（RFID）标准的形成时期，本文作者中的两位以及研究生维尼特·图瓦拉开发了一个名为"主车群"的协作工具，以促进产业内的合作。我们将该工具应用于销售商和终端用户。[②] 我们使用这个过程，去驱动内部竞争开始前的技术标准与里程碑的融合。

使用"主车群"工具，我们认为对于科技的未来规划，可以将体育场景摆在最前面，然后再在其周边引入科技应用。类似的情形已经发生在了鞋产业中，运动鞋已经成为其他类型休闲鞋的引领者，而在竞速赛场上，很多创新已经在径赛领域得到了测试验证。

参考文献

Cheng, R. (2017). Netflix, will Smith bring the blockbuster home with "Bright." Retrieved December 4, 2019, from https://www.cnet.com/news/netflix-will-smith-bright-blockbuster-film/.

DHL. (2019). Logistics trend radar. Retrieved from https://www.dhl.com/content/dam/dhl/global/core/documents/pdf/glo-core-trend-radar-widescreen.pdf.

Galvin, R. (1998). Science roadmaps. *Science, 280*(5365), 803–803.

Munich RE. (2018). Tech trend radar 2018. Retrieved from https://www.munichre.com/content/dam/munichre/global/content-pieces/documents/MunichRe-IT-Technology-Radar-2018_free_version.pdf.

Penkert, B., & Malhotra, R. (2019). *European sportstech report.* Berlin: Sportechx.

PwC. (2019). *Sports industry: time to refocus?* PwC's sports survey 2019. Switzerland: PricewaterhouseCoopers AG.

Ruggiero, A. (2017). Disruption, innovation, and growth in the sports industry. Retrieved March 20, 2020, from https://www.linkedin.com/pulse/disruption-innovation-growth-sports-industry-angela-ruggiero/.

Santasiere, A. (2019). Yankees magazine: The greatest lesson of all. Retrieved December 4, 2019, from https://www.mlb.com/news/catching-up-with-mvp-jason-giambi.

Sarma, S., & Subirana B. (2018). *How to build an innovation radar. Road-mapping, news-mapping and innovation.* Auto-ID Laboratory Report No. 1. Boston: Massachusetts Institute of Technology.

Schmidt, S. L., Schreyer, D., & Krüger, H. (2019). Future study on Bundesliga consume, Dusseldorf: WHU.

Schmidt, S. L., Beiderbeck, D., & Frevel, N. (2019). SPOAC Sports business study. Dusseldorf: WHU.

Subirana, B., Sarma, S. E., Lee, R., & Dubash, J. (2005). *Peloton planning tool: Applying the peloton to the EPC industry.* GS1 EPC Global White Paper Collection.

---

① Subirana et al.（2005）。

② Thuvara（2006）。

Thuvara, V. (2006). *The Peloton Approach: Forecasting and strategic planning for emerging technologies: A case for RFID*. SM thesis, Boston: Massachusetts Institute of Technology.

Watkins, M. (2007). Demystifying strategy: The what, who, how, and why. *Harvard Business Review*, Digital Articles, 10, 2–3.

　　桑贾伊·萨尔马是开放式学习（Open Learning）的副主席，弗雷德和丹尼尔福特鲜花集团（1941）的副主席以及麻省理工学院机械工程学院教授，麻省理工学院自动识别实验室的联合创始人之一。萨尔马使用符合目前全球射频识别（RFID）标准的 EPC 技术开发了很多关键的技术。他也是 OATSystems 的创始人和首席技术官，该公司 2008 年被 Checkpoint Systems 收购。萨尔马的研究方向包括传感器、物联网、网络安全和视频识别。

　　布里安·苏维拉纳是麻省理工学院自动识别实验室的主任，目前在哈佛大学和麻省理工学院的训练营任教。他的研究集中在物联网和人工智能交叉领域的基础发展，侧重于体育、零售、健康、制造和教育等行业的实用性探索、启发与应用。他希望一个空间能拥有自己的"大脑"，人类可以与之交流，而自己也能为创造这样的世界做贡献。在成为一名学者之前，他曾在波士顿咨询集团工作，并创立了三家新公司。

　　尼古拉斯·弗雷费尔是奥托贝森商学院体育和管理研究中心的博士生。他在基于 Delphi 的场景分析的帮助下，研究未来的体育。他聚焦于体育世界中的科技力量。读博士之前，他是麦肯锡的顾问。尼古拉斯是少有的"博尔兹广场踢球者"之一，热爱街头足球，并且喜欢和朋友们一起踢球或观看体育比赛。他对于本书的贡献来源于他对体育领域的科技与创新的好奇心。

机器人、自动化以及体育的未来

约什·西格尔和丹尼尔·莫里斯

摘要

本章探索了机器人和自动化技术对于体育不断增长的影响，以及因此而产生的潜在未来状态。西格尔和莫里斯描述了引领了更广泛机器人及自动化技术部署的科技发展，并且展望了这些技术可能如何通过增加交互和互动，促成观众体验提升的全新模型。接下来，他们考量了机器人和自动化技术为提升运动员训练水平创造的机会，描述了机器人和自动化技术如何通过创造新型的参与竞技的运动员、创造新的体育项目以及为脑力运动员提供竞技场所来推动体育发展。最后，他们展望了利用机器人技术的进步体育可能迎来的未来进化，并且给出了机器人技术可能如何影响赛车运动的具体案例研究。结尾，他们思考了将机器人引入体育世界的潜在非技术性挑战以及可能存在的风险。

1 机器人在体育中的机会以及机器人和自动化技术的组成部分

体育是测试人类身体、大脑和精神极限的技巧组成的游戏，其目的是让参赛者、支持者和观众都获得享受。有组织的体育项目会让参赛者遵循他们的要求，利用规则创造实实在在的或是虚拟意义上的"门柱"，从而在一个严谨的测试场考验某人的毅力。

运动员可能在力量、耐力、快速反应、精准控制以及策略规划上非常精通。普遍特征包括：竞争心、对于智胜他人的渴望或是在竞技表现上超过他人，然后成为最佳。机器人和自动化技术能够帮助所有运动员——也能支持某个个体，通过改善训练、得分、比赛方式以及其他方面，改进他们参与体育运动的绝大部分过程。

观众在激励运动员方面扮演着关键的角色，从加油助威到通过票务销售和广告消费带来资金。体育依靠其受欢迎程度获取声望和地位，大量的努力都被用在了观众身上，从建造巨大的体育场到逐步打造完全沉浸式的未来观赛体验。机器人和自动化技术能够帮助创造更好的体验，实现全新的交互形式、创造额外的资金来源，以壮大体育世界。在本章中，我们考量了这些技术是如何为运动员、观众以及更广大的体育世界带来改变的。

随着机器人和自动化技术的发展，体育和科技交织在了一起，正准备缔造天翻地覆的变化。机器人的基本能力包括洞察、计划、控制、操纵和运动，这与人类运动员所依靠的技能是一样的。机器人实体或虚拟的自动化形式，能够为结构化游戏（如国际象棋，规则已知并且棋子按照既定的方式移动）和非结构化比赛（如足球，虽然得分机制明确，但是能够发生的状态和状态之间的转移瞬息万变）创造新的机遇。

机器人和自动化技术强调出了机器人与人类和这个世界交互的方法，包括洞察、计划、控制、运动和操纵。

洞察是一门使用转换器、传感器、信号处理和数据融合技术去观测一个系统的内外部状态（位置、环境以及所处情形）的科学。所得的数据将构成一个综合性的状态空间模型——比如说，人类模拟器"看见"一个篮球、球网和画在木地板上的线，推断出一名球员在篮球场上的所处情形以及正朝着哪个特定的方向移动。

计划和做决策相关，让系统朝着实现小范围目标或整体目标而运作，比如说把球向前推进 vs 取得进球。计划就是以一个预定的结果为目标，决定为了实现该目标的最优行动（顺序）。各种行动可以被灵活地排列组合（要想达成一个目标的路径有很多，基于洞察，最优实现方法会不断变化）。

控制就是一个机器人系统执行计划中的行动并保证该过程始终符合预期的方法。控制系统能够调控执行器——也就是影响系统所处状态（位置、方向以及速度）的机器人元素。比如说，在一场掰手腕的比赛之中，人类仿生机器人将对手的手臂维持在某个特定的位置，哪怕对方采用的发力策略是不断变化的。

运动和操纵机器人是机器人遍历和影响这个世界的方式。铰链式手掌、手臂、轮子和踏板已经是常见的设备了，随着更柔软、更轻便、更灵活、更具抓力的材料使用在机器人之中，其能力也终将能够与人类抗衡，甚至超越人类。举例而言，球员如何在场上控制和移动球，就是一种运动和操纵。

这四种能力结合在一起，就能够促成一个复杂系统局部或完全的自动化。机器人和自动化技术已经在体育领域被用来改进训练项目、获取新的摄像视角以及增强人类的能力。在未来，机器人和自动化技术可能会进一步提升、增强甚至取代那些更传统的体育项目。

机器人能够很好地应用于以竞赛为基础的创新，不管是用于激发人类潜能还是为了完成某种任务（Nardi et al. 2016）。现在，深蓝（DeepBlue）的自动化技术已经在脑力比拼中战胜过人类（Campbell et al. 2002；Frias & Triviño 2016）。更近期的，阿尔法狗（AlphaGo）在更复杂的智力游戏中击溃了人类。不止如此，机器人和自动化技术同样能够在身体参与的运动中引领创新。洞察、计划和控制都可以应用于涉及身体能力的任务，为技术开发带来机会。到 2050 年，仿人机器人有可能在足球这项考验速度和灵活的体育项目上，和世界上最好的运动员一较高下（Burkhard et al. 2002）。

本章的剩余部分将探索体育世界中的机器人和自动化技术，以及这些能力可能对未来意味着什么。首先，我们思考为什么机器人和自动化技术能够在体育世界中引入并快速扩散。接下来，我们展望了机器人技术可能如何通过给观众带来第一手的参与感与体验感，从而建立观赛体验的新模式，让观众沉浸于体育之中。随后，我们把目光放在了训练，探索一系列相关技术将如何使用更丰富的分析手段以及虚拟竞争者来改善运动员的竞技表现。再之后，我们研究了机器人技术如何通过让新型运动员在现有体育项目中竞技来增强体育，以及科技如何创造出新的体育项目，让脑力运动员设计的机器人进行对抗。我们展望了未来体育领域中机器人技术的发展状态（包括推测了包含这些状态的一条大致的时间线，其参考开始日期为 2020 年）并且进行了一个深度的案例研究，探索了机器人技术可能如何影响赛车运动。最后，我们考量了将机器人引入体育之中的非技术性挑战，以及相关风险。

2　机器人技术崛起的背后

机器人技术的进步让它已经开始在科研与开发之外的领域落地部署。传感、连接、计算、算法设计、控制与执行等能力的提升让部署的成本更低，也让自动化技术在广泛的领域中无孔不入。低成本、低能耗的传感器提升了我们制造仪器并测量人、装备以及环境的能力（Ciuti et al. 2015）。高带宽、低延迟、安全且高效的网络连接让快速将传感器中的信息传输到远程计算环境之中成为可能（Siegel et al. 2017a 2018a），这些计算环境往往能够以高度并行化的方式去运行高级算法，以提取隐藏的深度洞察。此类方法被称为"普适测量"，即在没有一个先验假设的情况下，以批量化的方式捕捉数据，然后发觉其中隐藏的关系。"边缘计算"的应用让传感器能够智能化地捕捉数据，例如，摄像头在没有人类监管操控的情况下进行跟拍和自动缩放，把焦点始终放在某位运动员之上。

人工智能的进步同时扩展了机器人技术的深度和广度。强力的视觉传感算法使得在真实世界环境之下也能实现稳健的目标检测和分类；原本需要数年时间才能开发的能力，在短短数天之内就能训练完成。开源化、诸如 TensorFlow（Abadi et al. 2016）和 PyTorch（Paszke et al. 2017）这样的标准化机器学习工具箱，让现如今的新算法能够以可执行代码的形式发布，允许任何人都能轻而易举地开发出这些能力。

机器人操作系统（robotic operating system）这样的简化机器人制造的创新框架（Quigley et al. 2009）、类似 TurtleBot 的商用化硬件（Pyo et al. 2015）以及诸如英伟达之类的低能耗多核 GPUs（Ujaldón 2016），一同构成了低成本、高可扩展的开发平台，能够大大降低进入这一领域的门槛。控制系统的改善和多自由度执行器的进步（Salerno et al. 2016；Kaminaga et al. 2017；Kuindersma et al. 2016；Suzumori & Faudzi 2018），再加上仿生肌肉的发展（Must et al. 2015；Lee et al. 2017）让机器人能够精准移动，为带来新的产出效果创造可能。其他相关周边技术的进步包括增量和分布式制造、创客运动和大功率高能量电池，能为商品化的体育机器人解锁额外的潜能。

技术能力的增强、开发的简便化，在这场风暴的席卷之下，机器人已经在体育领域找到了一席之地。机器人能够间接帮助人类运动员进行备战，改善竞技表现，比如说通过由无人机采集到的更加丰富的竞技表现数据为改善训练系统提供支撑（Munn 2016；Yasumoto 2015），或者通过创造可以无限按标准重复的机器人对手，为运动员设立一个参照，用于测试他们应对无法预测场景的能力，探寻人类能力的边界，比如智能化的棒球投球机。机器人系统能够直接帮助人类运动员，增强他们的洞察力或身体体能力——比如说，用于制造机器人的外骨骼材料可能在未来 10 年中为残奥运动员带来额外的力量、体能和稳定性（明星在线/The Star Online 2016；Onose et al. 2016）。

3 超级观赛者：应用于粉丝沉浸、互动和参与的机器人技术

以 EyeVision（Thomas et al. 2017）为代表的 360 度重放技术，在第 35 届超级碗（2001）的比赛上第一次重放了达阵的精彩瞬间，直指多视角体育内容消费的未来。连接入网的摄像头和麦克风（包括佩戴在身上、由机器人控制或者由无人机搭载等各种设备部署形

式）配合上虚拟现实技术（Hameed & Perkis 2018）或是360度录制技术（Standaert & Jarvenpaa 2016），将会捕捉到体育赛事更丰富的视角和内容，并以流式传输的方式发送到电视和移动设备之上，为提供基于用户喜好的定制化视角和解说带来可能。而这些，在体育世界中已然无处不在。虽然它们都已经或正在发生，但未来势必会迎来进一步的提升。在未来的5~10年之内，人工智能将能够基于用户喜好、历史数据、事件分析，自动选择或融合多个摄像头视角，并配上由程序自动生成的评论解说（Chen 2018）。时间线不再需要线性向前；根据用户意愿合成多个视角进行重放，或是自动覆盖掉不太吸引人的比赛回合。直播中自动化的"超级剪辑"可能在最短5年之内就能成为现实。

电子体育或是电子竞技（Llorens 2017；Hamari & Sjöblom 2017）从多人参与的电子游戏演变为围绕着职业电竞运动员展开的、有着高额奖金的锦标赛，在巨大的体育场馆中举行，被无数的拥趸在线上或者现场观看。虽然关于是否将它们归类为"真正的体育"仍有争议（Thiel & John 2018），但越来越多的人已经开始接受它们，因为它们在很多核心特质上和其他体育项目是共通的，比如竞技性、锦标赛以及观众。在虚拟环境中开展的这一特性，让电子竞技能够实现在其他项目中我们只能幻想的一些功能和体验。线上比赛直播与观赛已经可以在Twitch这样的平台开展了，像ESPN和BBC这样的传统体育赛事直播平台之上也越来越多地出现电竞比赛。线上观赛让观众可以一边欣赏比赛，一边发表评论并与其他粉丝进行互动。此外，使用虚拟现实头戴设备，能够带来沉浸式的观赛体验，与此同时，观众模式能给予一个个性化的全局视角，而这一视角对于电竞队伍中的选手是不可见的（Sullivan 2011）。这些拥有全局视角的观众模式会以略微的延迟滞后进行播放，避免参赛队伍利用它们来作弊。我们期待当真实世界的数据采集技术进一步发展，类似的沉浸式观赛模式在未来十年能够转化到其他传统的体育项目之上。

机器模拟也许能够就体育迷们常常激烈讨论的"假设怎样……就会怎样……"的问题给出终极答案。在体育领域，通过预测分析计算出假设采用其他战术安排会产生什么样的结果，能够引起广泛的兴趣，比如说美式橄榄球的球迷群体和评论员就会对此饶有兴致。这些预测分析就像天气预报一样进行数据建模，将运动员的身体模型、所处环境、精神模型（反应力、驱动力等）再加上不胜枚举的不确定因素，最后基于统计抽样进行战局模拟，以预测出可能的结果。大范围数据采集、更强大硬件设备加上基于模拟的学习，将会在未来的10~20年让这些预测分析越来越可靠。不过，还有一个会让事情更加复杂的因素，那就是当这些预测分析能够以实时的方式进行并将结果交付到教练手上时，它们可能会影响实际的比赛进展。这也就在战术预测之上又增加了一层对预测的预测，比拼的是谁能比对手有更强的预测能力。

　　模拟让观众更近距离地接触比赛，并且模糊了参赛者与观赛者之间的界限。比如说，一位粉丝也许能够和塞雷娜·威廉姆斯的"数字孪生"来一场网球对决，而该"数字孪生"则诞生于对塞雷娜·威廉姆斯竞技表现特征的建模。未来5~10年，这样的对决可能还仅仅局限于在虚拟现实或者增强现实环境中进行，但从头到脚仿造人类形状因子的机器人的发展，将会为与实体机器人打网球比赛创造可能，而这个机器人则可以被训练得像塞雷娜·威廉姆斯一样比赛，拥有同样的发球和移动能力。在20~30年以后，这一切可能就会实现。通过由特殊硬件支撑的增强现实，可以通过不那么昂贵的方式实现接近真实的人与机器人的对抗。在15年之内，一个球迷也许就可以通过一个支持运动的平台，站在橄榄球的争抢线上，智能头盔可以将一名球员的视角直接投射到佩戴者的视网膜上，而支持触感的紧身衣能够让佩戴者真实地感受到每一次碰撞。来自其他球员的冲击力能够通过触感驱动器以切肤之痛的体验传递给球迷，而在带有VR（虚拟现实）的跑步机上，也许可以让球迷像身处真实比赛场地一样四处移动。

范特西体育和体育博彩是很大的一块商业领域，它们驱动了观众与体育的互动。某种意义上来说，体育博彩本身甚至都成为一种体育项目，赢家能获得巨额奖励，而博彩产品背后的支撑组织则能获取数十亿美元。通过获取有关运动员竞技表现和身体状态的内幕信息来赢得投注的优势已经有漫长的历史了，而未来优化下注和赔率的方式也许会集中在预测分析之上，这些预测结果来源于大数据分析、预测性的模拟或者以人类竞技表现为基础的机器人比赛建模。大数据、人工智能以及模拟技术将会在未来5~10年开始影响博彩策略。

4 训练和战术安排中的机器人和自动化技术

观众和投注者能够从模拟和分析中受益，但最直接的受益者仍旧会是运动员、训练师和教练。在15年之内，运动员可能会拥有自己的教练机器人，它能够采集激光扫描数据或者依靠超人类的感知能力实时分析运动表现、估测运动员姿态。未来30年，数据将被反馈到拥有增强现实能力的隐形眼镜之上，为运动反馈提供一个快速的闭环。

2050年之前，运动员也许就能够和仿人型的机器人对手在训练中对抗，以学习面对超人级别对手时应当如何作出应对——这个对手甚至可能会是基于运动员自身表现和典型比赛风格的数据化模型，并且附以略微的竞技水平提升，也就是与更好的自己对抗。在十年之内，精准的移动追踪技术能够从对手运动队的其他职业运动员的比赛中采集到数据（Toyama et al. 2016），这样运动员就能通过与最出色的人类选手一举一动地对峙来进行学习。在电子竞技世界，用于训练职业选手的人工智能机器人已经被开发出来（Takahashi 2018），在接下来的10~20年，机器人训练师将会进入越来越多的有身体参与的运动之中。

训练机器人也许是仿人型的，或者是为某个目的专门定制的，以仿真踢球、投球、挥拍、防守等动作。尽管它们目前对于家用来说还是太昂贵了，这一领域的商业可能会在 2040 年之前迎来起步，让球迷看到面对职业级别的网球发球时他们会如何表现，相比仅仅使用虚拟现实技术，带来一种更为真实的体验，以及更发自内心、更令人激动的反应。

机器人技术将会辅助和增强运动员。通过从全新的视角捕捉视频，无人机可以帮助教练为整支队伍和个人选手备战，或者自动跟拍运动员以创造更好的电视视角（Yasumoto 2015；Kohler 2016）、形成自我增强式的运动剪辑，抑或是为一名运动员提供视频图形反馈，用于监测其自身竞技状态（Toyoda et al. 2019）。其他机器人能够自动化地去做那些重要但是枯燥乏味、无法让人提起兴趣的工作，比如说捡网球（Kopacek 2009）、当高尔夫球童（Kopacek 2009）或是在体育场馆内引导观众（Kopacek 2009）（未来某天，此类机器人可能引导现场观众走到他们的座位）。上述这些场景中的一部分，如今已然具有可行性了，在接下来的 10~20 年，它们的功能和性能会得到显著的提升。到那时，机器人可能会作为训练搭档，在训练的时候陪伴运动员，帮他们准备水和医疗用品；30 年之内，机器人甚至可能进一步发展到能够急救受伤运动员的地步。

5　通过机器人技术增强或创造体育项目

随着自动化、机器人化的裁判和打分系统的出现，判罚错误（不管是出于无意之举还是有意偏袒的结果）也许会逐渐成为过去。在赛场上，诸如能够实时描绘出球的落点并且测量出其前进轨迹的激光幕布这样的基础设施（O'Leary 2016；Samiuddin 2019），可能会被用来做出更好的判罚或是重新审核评分。在接下来的 20 年中，随着这些技术展现出越来越强的可靠性（使得它们更容易被体育世界接受），它们将会被逐渐引入赛场之中。愈发丰富的传感技术能够为判断是否违反规则提供数据支撑。10 年之内，在地面上的或是飞在空中的机器人裁判和急救机器人可能就能够在赛场边巡视了，并且能够立即检测出伤病情况，尤其是在那些对于人类监督来说太过于危险（或是速度过快）的场景之下。对于那些运气不好遭受伤病的运动员来说，20年以后也许会通过由机器人辅助的手术或物理治疗帮助他们更好地进行康复。此类技术应用成为现实还需要一段时间的等待，其中部分原因来自测试、认证、接受和定责。

并不是只有评分和比赛监督会改变，参赛资格认证也可能发生演进。在10~20年之内，通过执行器驱动的增强或辅助技术可能会使得人类和机器融为一体，带来力量、速度、耐力和反应力的提升。前沿的体外运动装备已经做出了很好的范例（Walsh et al. 2007），展示出了机器可能如何让残疾人或者没那么有竞争力的运动员在一个高水平的竞技环境中比赛。残奥会上已经出现了这一类现象的早期形态，并且已经展示了规则如何就此做出调整和适应，去管理或是在某些情况下限制相关科技手段的使用，以保证公平性和比赛的精彩程度。

除了改良那些维持了数个世纪的体育准则之外，机器人和自动化技术还能创造新的体育项目。有些可能会使用仿人机器人，有些则会使用机器去增强人类身体的能力，还有一些会使用机器去扩展人类思维和身体的边界。一些新兴的体育项目实质上是教育性质的，还有一些则更偏向于精细化技术。

教育性的机器人体育（Johnson & Londt 2010）包括聚焦于科学、技术、工程和数学学科（STEM）的FIRST机器人大赛和它的一系列相关赛事，如Robofest世界机器人锦标赛（Chung et al. 2014；Chung & Cartwright 2011）和RoboCup机器人足球世界杯（Kitano et al. 1995），后者的目标是到2050年开发出能够击败人类国际足联球员的仿人足球机器人。聚焦于技术的机器人体育项目则包括美国国防部高级研究计划局（DARPA）的无人驾驶挑战赛（Kopacek 2009；Thrun et al. 2006；Buehler et al. 2007；Buehler et al. 2009；Guizzo & Ackerman 2015）和DARPA机器人挑战赛（Guizzo & Ackerman 2015）。更聚焦精细化技术的体育项目则包括小范围的自动驾驶竞速赛（Karaman et al. 2017；Roscoe 2019；

O'Kelly et al. 2019）以及半自动或全自动的无人机竞速赛，后者已经吸引了大批的观众并且坐拥百万美元级别的奖金（Gaudiosi 2016）。

有些机器人可能模仿人类，然后自己参与体育运动。一辆自动驾驶的微型汽车竞速系统能够超越人类的竞技表现（Delbruck et al. 2015），机器人高尔夫球手（Kopacek 2009）和能够参与篮球（Nagata 2019）、乒乓（Wang et al. 2017）、台球、相扑和攀岩项目（Kopacek 2009）的机器人已经出现。RoboGames 机器人大赛是机器人运动员参与"传统"体育项目的最大规模的赛事（Calkins 2011），其中包括足球、篮球、举重、障碍赛、冰球和很多其他项目（Kopacek 2009），2017 年共有来自 18 个国家的 700 多个机器人参与了比赛（RoboGames 2017）。有些机器人会更被抽象为展示"身体"的能力与技巧，比如说火药味十足的打斗比赛（Kopacek 2009）或是滑雪演示（The Guardian 2018）。这些机器人运动员可能会是仿人形态、车辆形态或是根据功能需求进行特殊设计的，比如说专用于在空中或者水下环境中进行比赛的形态（Kopacek 2009）。

机器人革命正在扩展人类思维和身体的能力与边界，并创造出新的体育项目。无人机竞速让人类的思维和身体能够以前所未有的方式进行竞技，操控无人机在空中以空前的速度和无可比拟的灵活性飞行。尽管地心引力、风险和开销都会限制人类以这样的方式进行体育竞技的能力，但是商品化的硬件已经让普通人能够在更大范围、条件更宽松的环境中与他人比拼。

在未来 20~30 年，人类通过脑电波接口（Tanaka et al. 2005）或是眼控系统（Armengol Urpi 2018）与高级机器人进行交互，并控制人型机器人战斗到"至死方休"。对于一些出于道德风险而限制人类亲身参与的体育运动场景，机器人可能就会走上赛场。机器人角斗士能够成为一种符合道德规范的娱乐形式，工程师、开发者和大量的"木偶操纵师"会相互比拼，争夺霸主地位。肌电信号分析与理解方面的技术进步，可能会让人类有机会控制机器人假肢

（Taborri et al. 2018）或者可以牺牲掉的机械替身。2040 年之前，肌电信号的远程通信能够促成机器人搏击联赛的出现，人类控制着条件相同、公平对抗的机器人，因此策略和比赛风格决定了最后的胜者，而非力量。

这场面将远比如今的《博茨大战 / BattleBots》要吸引人得多，因为相比于用无线电操控有轮子的机器车，机器人模仿人类动作进行打斗看上去会更具视觉娱乐性，也和人类本身更相关。当然了，这样的对战在未来某天可能变成纯虚拟的，以减小硬件开销——尽管这样会消除一些参与者和观看者所感受到的危险元素和惊悚刺激感。使用"虚拟现实 / 增强现实的魔术"（比如说虚拟成一只恐龙进行打斗，或者以难以置信的巨大体型进行对抗），也许能够弥补一些竞技者和观众在刺激感上的缺失。

6 体育驱动的机器人技术发展

比赛不仅对于运动员来说是很好的驱动力，对科学家和工程师也是一样，比赛规则提供了一个可以聚焦于能量和努力的结构体。机器人工程和设计的进步不仅能够提升这些系统的体育竞技能力，相关的科技创新还能够改进机器人技术中的硬件和软件。最终取得的成果将会是有着更快速度、对于异常情况具备更好响应能力、更高的能源效率、更轻量级以及创新算法设计的机器人系统。在前 15 年，软件层面的改善会着眼于追踪、预测以及捕捉。从机械层面来说，握、抓、操纵以及像跑步这样的移动能力，都会取得进步。传感而言，鲁棒性、真实性、测量范围、精度与准确度以及连接性方面的创新会更好地支撑高带宽和低延迟需求。而还在原始形态的增强现实技术，则能勾起成百上千万人的想象，正如我们从 Pokemon Go 的广受欢迎中所看到的，增强现实技术能够通过移动设备实现大规模的应用。

人形机器人已经开始模仿人类的竞技表现，而且在 40~50 年之内，还可能与人类运动员同场竞技（Kondratenko 2015）。RoboCup

机器人足球世界杯通过模仿人类足球风格的竞技比赛，促进了人工智能和机器人技术的发展（Gerndt et al. 2015），并且近几年使用模仿人类感知的能力（Gerndt et al. 2015）在功能性人形机器人参与完整足球比赛方面取得了长足的进步（Gerndt et al. 2015）。RoboCup 正朝着遵守全套的国际足联比赛规则而努力，并且准备在 2050 年之前与人类球员一决高下（这是他们的目标）（Gerndt et al. 2015）。这之后过不了多久，可能是 2060 年之前，机器人球员就能战胜和取代人类球员。现如今，人类的竞技表现数据已经被用于训练机器人算法。在 RoboCup 上，如果机器人是基于婴儿学走路过程的移动方式来训练的，就能在场上"奔跑"得更顺畅（Ossmy et al. 2018）。

还有一个体育驱动机器人和自动化技术创新的典型案例是帆船——一个促成北欧海盗进行全球探索的年代久远的项目。从美洲杯帆船赛到国际帆船大奖赛（SailGP），帆船比赛一直都是科技创新的温床，不断打造着高科技的双体帆船，而其船翼是由计算机控制的。2019 年，SailGP 为所有参赛者统一配备了能够展现机器人和自动化技术发展趋势的船翼和双体帆船。其中就包括使用每艘帆船上的摄像机和麦克风创造实时流式的视听体验，并标注上由高科技手段采集而来的数据，让观众沉浸于比赛之中。高级材料、轻量化以及控制技术正在为帆船世界打开新的篇章，让船手能在 4~30 节的风速范围内操控帆船，并且最高船速达到 53 节。新技术会进一步进化帆船，驱动观众互动，并且聚焦于不同条件和风速下的航行策略选择，去挑战顶尖的人类船手。

体育竞赛在把科技手段推向大众上起到了推波助澜的作用，新的体育科技的迅速传播，将创新带入了我们的日常生活之中。软硬件的商品化将会把观赛者变成参赛者——比如说，以"普通人"的身份成为举世闻名的无人机驾驶员或电竞选手。这种全民化在教育环境中尤为具有潜力，从社会经济到地理，低成本或者虚拟机器人能够把有价值的技巧和知识教给学生（Martins et al. 2015）。

如果我们能够打造出更符合处理复杂任务需求的机器人，那么同样的机器人也可能对处理单调乏味的工作带来帮助，从而允许人们在每天的生活中有更多的时间参与或观看体育活动。此类创新还会为脑力运动员创造更多彼此竞技的机会，而不只局限于比拼身体的运动员。

7 案例分析：赛车运动中的机器人和自动化技术

竞速赛拥抱了人类对于成为第一和最快的渴望，利用了人类肉体和机械奇迹的共生关系。赛车运动往往伴随着高风险和高额奖金，游走于保持可控和身处混乱的界线之上。

赛车手为对体育的热爱而战，同时享用着比赛带来的令人上瘾的激情，正是这股激情驱使他或者她驾驶着机器以取得胜利为唯一目的去竞争。在每位赛车手背后做支撑的都是一个充满动力的团队：力争比其他世界级的大脑想得更深更远的工程师团队；不断调优赛车使其适应不同天气和赛道条件的机械维修师团队；将专业知识、数据和经验直觉转化为魔力般竞技表现的技术组组长；让车手正确地维持在赛道（无论是字面意义上的还是比喻意义上的）之上的观察员团队；为了证明自己有足够的适应力、心理素质和决心去比其他人更好地管理车队的老板；拼尽全力证明自己有着最好、最光明未来的制造商。

观看赛车比赛的观众，见证的是赛车手身上另一种意义的强健与反应迅速，现场观众享受的是视觉、听觉、嗅觉和感受相融合的感官上的交响乐，而在家观赛的观众则被比赛的悬念感所深深吸引。通过观看人类驾驶赛车飞驰，他们会和车手、赛车、赛道、车队以及品牌形成情感纽带，仿佛是他们自己取得了胜利一样。有些车迷还会参与模拟赛车游戏，对于要想快人一步必须维持数千秒多么细致入微的操作，他们有着更为深刻的理解。

有了这些联系，赛车运动成为新技术的试验田，而这些技术可能对消费级的车辆和更广阔的世界产生影响。随着时间的推移，这项体育项目的进化是肉眼可见的，无论是引擎和悬架的变化、空气动力学流线型的进步还是安全性的提升。

不同的竞速系列赛对于新技术的接受速度是完全不同的。有些使用标准化的赛车或者限制驾驶辅助装置的使用，以展现纯粹的人类天赋和技巧，还有一些在赛车设计或车队运营阶段限制技术的使用。但是，始终有一些赛事一直对于广泛的技术运用持拥抱态度。追求进步的系列赛已经将涡轮增压、全轮驱动、碳纤维、空气动力学设计、半自动化变速箱、反光镜、盘式刹车、防抱死、制动、牵引力控制、双顶置凸轮轴、主动悬架、子午胎等新技术带向了消费者市场（Edelstein 2019）。

一级方程式赛车（F1）就是一个以创新为中心的系列赛，未来它会受益于机器人和自动化以及其他相关技术的进步。传感技术的发展将会产生更丰富的车辆和环境数据，带来实时操作与车辆设计上的提升；网络连接技术的进步则会促成高保真度的远距离测量，为远距离赛车诊断和战术呼叫创造可能。人工智能技术能够带来自动化的竞技表现优化、控制单元校准、材料选择以及机械设计。虚拟现实和增强现实则可能改进训练方式，或者在车手驾驶车辆时以不分散注意力的方式为其提供上下文信息。

技术革新必须要对传统、赛事、文化压力以及经济挑战保持敏锐。拿 F1 来说，出于传统（或者说墨守成规），赛车必须要维持开轮式，驾驶赛车的必须是车手，管理组织和车队老板都强调利润。车手和观众都渴望冒险，正如托尼·卡纳安在一位同行车手离世后所写："去除掉赛车项目中的危险，就带走了成为赛车手的根本意义。要做我们所做的事情，你必须要有些疯狂。我们对此坦然接受，任何其他的方式都不会让我们有这种感觉。"（Kanaan 2015）。与此同时，赛车的设计一定要既令人兴奋，又要和符合道路行驶要求的车辆相关，同时造价还不能过于昂贵，要让参赛队伍能够常常填满出发区，并且一定要有真实可见的赛车手，让观众通过比赛建立情感关联。考虑到这些要求，我们提出在中长期的未来，F1 对于机器人和自动化技术的使用前景。

应用机器人技术让赛车运动颠覆传统（哪怕是以人工智能为驱动设计出的赛车也需要人类来驾驶）的最简单方式就是远程呈现，人类赛车手通过远程接口控制一辆全尺寸的真实赛车。十年之内，这就可以实现，让车手可以在比赛中开得更加冒险，同时也没有完全消除撞车所造成的经济损失。不过，车队可以减少不必要的旅途开销，进行远程竞赛。

另一个未来状态至少要15年以后才可能发生，人类车手被由人类赛车数据训练（或者对抗训练）出的人工智能模型所打败。人工智能控制系统能够和彼此对抗，或者与人类赛车手进行比拼（前提是解决人工智能可能做出危害人类生命的驾驶选择的这一道德风险）。这为所谓"规格竞速"系列赛创造了可能，此类赛事中，要么是赛车要么是人工智能，总有一方是维持统一恒定的——这样算法和赛车设计都能分别得到优化，而其中的发现则可以反哺到人类的竞速系列赛之中。

在此期间，使用人工智能辅助驾驶，还可能促成另一类"融合"场景。比如说，一名人类赛车手和人工智能交替控制同一辆赛车——交替时机可以是基于比赛进行的时间也可以是已经完成的距离，就像是耐力赛中，交替点可以是赛道中的某个位置，也可以是赛车所处的位置，甚至可以是来自车迷的外部输入。这种"手递手"的接力会让比赛既保留人类的技巧与刺激感，又进一步推动自动驾驶车辆的研究。

赛车项目的管理组织将会在平衡（和感知）危险、刺激、开销以及观众画像上扮演重要角色。比如说，标准化和认证机制，可能会减少车队的运营成本，让软件而非硬件带来更大的区分度。再比如说，休赛期的试验规定需要明确出如何适当地使用模拟技术，以及软件更新在哪个时间点前完成才是可以接受的。

自动化技术将会和电气化、智能材料、主动空气动力学等技术一同进入赛车领域，创造出诱人的技术组合。10年之内，车辆设计可能会因为驾驶辅助系统（比如牵引力控制、扭矩分配、主动悬架）的引入而发生改变。微执行器可能会为全车身的主动空气动力学设计提供支撑；而在 30 年后，像电子肌肉这样的智能材料也许能够实时动态地调整底盘刚度。20 年内，脑机接口也许能够让汽车不再需要方向盘和脚踏板，减少作出应急反应的时间；与此同时，在最短 10 年之内，超出视野范围的数据和信息可能就会在增强现实头戴设备上显示。

网络连接性也为车手、工程师和车迷解锁了新的可能。车手可以使用网络连接安全地远程驾驶车辆。5 年之内，工程师就可以实时采集数据用于预测性诊断（Siegel et al. 2016a,b,c 2017b 2018b）、战术呼叫或是远程更新控制模块。车迷则可以看到实时遥测数据，如果国际汽车联合会（FIA）允许，在最短 10 年之内，他们甚至有可能影响赛车的竞技表现——比如说，远程解锁备用电池充电。

30 年之内，赛车与赛车之间的连接（Siegel et al. 2018a,c）以及高保真度的传感技术也许能够共同形成几乎坚不可摧的安全网络，让车与车之间的行驶距离更近同时又更为安全。如果人类车手即将发生撞车，人工智能也许会将赛车及时开往一边以阻止一切的发生，这样的模式既能带来刺激、惊险、危险的感观，又依然能够产生相应的后果，同时也消除了身体受伤或是赛车报废的风险。赛车以仅仅 10 厘米的车距飞驰对于观众来说将会是极具吸引力的，并且这也许会是一个合理的折中方案，允许车手依据自身判断去冒险但又不会有发生瞬间死亡的风险，提升观众观赛兴奋感的同时又避免令人揪心的场景发生。

国际汽车联合会将需要去决定哪些元素应当被标准化，以平衡开销投入和竞技性，其中包括计算单元或算法、允许做多少模拟实验、多少赛季中的新技术采用能被批准等。如果赛车越来越标准化，那么就必须创造出从视觉上将车与车区分开来的新模式，以维持观众的兴趣。对于赛车运动未来的这些可能改变，每一个利益相关方都会有不同的体验。

未来5~10年之内，车手将能够在前所未有的真实可信的模拟中练习，并为技术组组长提供反馈，以此为支撑并使用人在回路试验方法进行高效的设计优化。在训练中与"超人般的"人工智能进行对抗能够鞭策车手变得更加出色。与此同时，与高保真度的比赛重演或者基于历史数据训练的人工智能模型进行比拼，让车手们能够从旁观者的视角去审视自己的竞技表现。若使用虚拟现实技术，此类训练方式最早能在2025年实现；而到2040年，使用增强现实技术，车手们能与仿佛真实存在的虚拟幽灵进行竞技。

未来10~20年间，愈发全面的数据能够为潜在问题和相应解决方案提供更多有关信息，这将会改变驾驶组进行动态调整的方式；车队的管理也会经历转变，围绕在是购买自动化系统还是自己设计开发、要不要购买（或是贩卖）人工智能训练数据集等问题的战略决策上。类似地，人工智能还可能被用来预测车手未来的竞技表现，决定一名车手的市场潜力和赞助价值，从而指导商业签约——该合约本身可能也会使用人工智能来制定一个"合理的"价格。赛车竞速的规则也可能会进化，带来全新的比赛策略。比如说，一支车队的多辆赛车共享一个固定额度的可用能源。如果车队老板能将组合电池的能量以虚拟的方式从一辆赛车转移到另一辆之上，从而让一名车手稳操胜券而非队中的两名车手分别屈居二、三位，那会是怎样的场景？

人工智能驱动的赛车竞速的商业模式也会与如今的赛事完全不同。虽然车手还是会为自己而战，车队仍旧会争夺荣誉，但赛车竞速始终需要吸引观众，建立可持续发展的商业模式。尽管电气化可能会消除数千马力呼啸而过时的轰鸣感，但这项新技术将会通过增加流媒体的接入以及为观众提供多媒体内容，来提升赛车运动对偏远地区的触及。车迷将能够通过数据增强后的比赛镜头、虚拟现实视角以及显示庞大赛道上视野范围外的相关数据的增强现实图层观看比赛。这项技术最终会出现在由车迷控制赛车设置（比如说主动空气动力学特征、充电限制等）的场景之上。进一步说，观众会和采用高科技的竞速车赛有更多的互动,并且会为供应商、程序员甚至算法鼓掌欢呼。

基于机器人和自动化技术的赛车创新将会驱动消费级汽车的进步,尤其是在辅助科技、工程和模拟工具以及人机切换能力等方面。如果 20 年之内,一辆汽车能够使用人工智能技术在 200 英里(1 英里 ≈ 1.609 千米)每小时的高速行驶中避免撞车,那么在同一时代,它也应当能够在高速公路上避免撞车。

这些未来状态中的一些元素其实离我们并不遥远。电动方程式赛车的电池现在已经可以支撑一场完整的竞速赛(Blackstock 2018)。360 度的全景摄像机也已经存在,很多系列赛也都开始使用远程遥测。5G 和专用短程通信技术能够让车辆与万物相连,而主动空气动力学技术也已被纳入使用。甚至机器人赛车也都存在了,比如 RoboRace 这一规格竞速系列赛中,参赛者均使用标准化的硬件,而真正的赛场发生在算法设计中,虽然它们(暂时)还是比人类赛车手开得慢(Uhlemann 2016);再比如在 2021 年结束前就会开展的印第自动驾驶挑战赛,围绕世界最著名的赛车道行驶一圈,比拼最快圈速,以赢得 100 万美元的奖金(Indy Autonomous Challenge 2019)。

虽然有关这些未来畅想的技术中的大部分都已经存在,赛车运动还是需要花一些时间去跟上它们的前进速度。逐步引入和增量式路线图也许是最能取得成功的方法,比如说在 2035 年前首先实现安全车的自动化,然后再实现高带宽、低延迟的网络连接,最终在 2050 年之前打造连接所有赛车的安全网络。如果步子迈得太大,会遭遇人们有关破坏了体育竞技的纯粹性的抱怨;而且还有可能在机器人和自动化技术能够充分强调出在训练数据集中从未出现过的"边角案例"之前,就把它们推到聚光灯之下。

这其中还有其他一些考量。一名车手也许会越界操作并"拿赛车做赌注",然而要想创造出一个既有勇气又不傲慢的机器人是一件更加困难的事情。选择能够平衡风险和回报的最优算法会是短期内的一个挑战。在阅读赛道和采用精细操作去调整控制方面，赛车手拥有多年的经验——部分来源于演绎逻辑和推理。然而，人工智能从本质上来说是靠"记忆"的，而非推演。因此，机器人赛车需要大数据才能匹配人类的竞技表现。不过，2045年之前，一旦丰富的信息资料库出现，机器人车手就可能在它从没"见过"的赛道上奔驰，并且拿出专家级别的竞技水准。然而，这也将带走一些观赛乐趣。

　　还有一个重大挑战，那就是机器人赛车项目如何在减少了"人味"和与之相关的情感联系的情况下保持对观众的吸引。一开始，机器人会失败、会犯错，这对于观众来说是非常令人兴奋的。但当机器人变得"技术太好"而不再会发生撞车时，这项体育项目是否就失去了乐趣？如果各支车队都能足够豁得出去，那么解决方案就是简单地让车跑得更快，直到算法实在难以跟上，以此来维持在控制与碰撞的界限上来回游走。在这种情况下，该体育项目本身是非常令人兴奋的，但它可能不再和人类的体验相关了。解决这一问题的一个可能方法是，要求每一辆机器人赛车都由人型机器人驾驶（Ross 2017；Brackett 2017），每个人型机器人都有一张具有表达能力的脸（或者显示器），能够进行情感交流；或者赛车是以远程呈现的方式被人类驾驶的，赛车手都坐在竞技舞台之上，对所有的观众都可见。

　　从商业的角度，观众的群体和画像也可能发生改变。如果我们移除人类因素带来的限制——无论是几何学上的还是其他方面——我们就有更多的自由度去调优空气动力学、降低赛车的重心、构建看不见内部但是能有效减小撞车后果的车体结构。在不增加安全设备的情况下，赛车可以变得更轻，过弯速度更快，其设计考量可以专注在纯粹的竞技表现之上，而不用考虑车手的生命问题。也许未来车迷们将会对赛车中的科技和工程同样感兴趣，就像他们现在对待战术和"车手"一样。

　　机器人和自动化技术还可能让赛车变得更沉浸、更高速、更安全，以及让车手更容易在短期内取得成功。这些能力甚至可能会开创新的竞速系列赛。然而从长期来看，从业者们必须保持谨慎，确保该体育项目依旧能够与观众建立联系、令人兴奋不已、激起情感共鸣，以及其中开发出的技术能够应用于更广泛的场景之中，可以解决种种问题。

8 更宽广的体育机器人科技领域：机遇与挑战

体育机器人科技中的技术元素是颇具难度的，但是已经在被"解决"的道路上越走越顺了。奇妙的是，反而是体育机器人科技中的人类元素面临着最大的挑战。

人们观看体育比赛，是为了看到人类取得成就，以"代理人"的方式体验胜利的喜悦。什么时候机器人系统或者自动化系统不再追求变成人？人类在掰手腕比赛中打败了一个机器人，这有关系吗？假如那个机器人使用的是人造肌肉，这场比赛会变得更有意义、更加重要吗（Frias & Triviño 2016）？

最能和人类建立起联系的比赛将能够收获最为巨大的情感响应，具有最广阔的吸引力和号召力。不难想象，当人工智能而非人类取得成功或经历失败时，将不会有任何的戏剧性，没有人会真正在乎。也许接受这些需要一个过程，工程师、程序员以及机器人制造者肯定还是在乎的，但是这个群体远比人类参与的体育项目的潜在核心观众群体规模要小，这会对观赛、博彩以及其他可持续性指标带来负面的经济后果。

在体育项目中移除人类的面庞（无论是字面意义上的还是比喻意义上的），我们会遭遇机器人无法很好地传达情感的挑战，因为能够吸引人们的，往往是情绪跌宕起伏的运动员表现（Kondratenko 2015）。人类是情绪化的，喜欢见证喜悦、激动、悲伤以及苦痛，因为这些都和他们有情感关联。机器人体育项目需要找到一种转化此类信息的方式，来获得人们的支持。

和机器人建立起联系，也是非常困难的。机器人没有办法成为榜样——它们不会受人尊敬，因为它们不会体会到脆弱、害怕，也不会冒险一搏。它们不可能遭受永久的伤病，也不可能经历死亡。工程师们需要发明一些方法，让机器人变得不完美、会犯错，能够与人建立起联系，这样才能让机器人体育项目尽可能地吸引人。此外，我们经常会希望运动员解释他们所做的决策，而开发出能够解释其决策的人工智能（Hagras 2018）是让机器人与人类建立联系的方式之一。不过，哪怕实现这些可能还是不够的——想象一下电影《星球大战》里面只有机器人，没有任何人类角色。我们可能还是会看它、会欣赏它，但是很难再和它建立联系了。体育比其他任何事情都关乎于人类的精神和人类的成就。体育如果没有了人性的光辉，无法建立共情，那它会是什么呢？

这些挑战看上去都是可以战胜的，但是解决方案也许今天还不存在。从科技的角度来说，和传感、洞察、计划、运动、操纵和控制相关的挑战当然还存在，其中一些我们已经识别出来，而另一些则仍然潜伏在暗处。跟随着科技创新的脚步，加上那些正在打造过程中的智慧、高效、可扩展、高性价比的硬件、软件还有电子元件，这些问题可能不会存留太久。不过，要想推测一个还尚未出现的问题如何用一个还没被发明出来的科技手段最优地去解决，肯定是个难题。因此，我们将不会深入挖掘这些"如果怎样……"。

再来说说机遇，很明显机器人和自动化技术将会继续促进体育运动的转型，增强和放大人类的竞技表现，甚至创造全新的体育项目。反过来说，体育领域的创新也会引领机器人领域的发明创造，能够有来有回地驱动体育和非体育领域之间的技术应用，其中取得的成果也会是令人惊叹的。不过，作为体育和科技的热爱者，我们必须小心翼翼地去打造一个可持续发展的未来，找到保持人性元素的方法，避免侵蚀掉体育的纯粹性。否则，我们可能会最终走向一个人类体育与机器人体育彻底决裂的未来，打碎一些如今让我们团结在一起的东西。

有趣的是，机器人和自动化技术研发本身可能会被视为一种体育项目，由研究者们参与并竞技。我们不断打破边界力图取得新的成就，努力打造最好的机械装置、计算机以及算法，就是因为我们一定能做到。部分通晓技术的观众还能享受见证机器人和自动化技术不断进化的过程，而且此类人群还能够越来越多地参与到机器人比赛之中——而其他不懂技术的人则会在不知不觉中享受到机器人及自动化创新带来的好处。目前，机器人比赛的节奏还相对较慢，参与的规则还没有那么正规和完备，而且能够引人瞩目的重大阶段性变革也非常稀少；但偶尔，也会有能够激起大众关注、赢得集体喝彩的重大突破与创新，SpaceX 开始成功地发射和回收火箭就是一个典型的例子（Wall 2015）。

参与到机器人与自动化技术发展的洪流中来，现在正是一个激动人心的时刻，未来可能甚至比如今想象中的还要狂野。通过开发机器人和自动化工具同时时刻铭记体育本身，我们能够推动更多的可能性，为运动员、观众以及普罗大众打造一个更好、更快、更强而且更令人兴奋的未来。

参考文献

Abadi, M., Agarwal, A., Barham, P., Brevdo, E., Chen, Z., Citro, C., et al. (2016). TensorFlow: Large-scale machine learning on heterogeneous distributed systems. White Paper. Retrieved from http://download.tensorflow.org/paper/whitepaper2015.pdf.

Armengol Urpi, A. (2018). *Responsive IoT: Using biosignals to connect humans and smart devices*. Doctoral Thesis. Cambridge: Massachusetts Institute of Technology, Department of Mechanical Engineering.

Blackstock, E. (2018). Formula E won't have to swap cars mid-race next season. Jalopnik, 31 March 2018 [Online]. Retrieved October 2, 2019, from https://jalopnik.com/formula-e-wont-have-to-swap-cars-mid-race-next-season-1824228506.

Brackett, E. (2017). Yamaha shows off the improved Motobot at Tokyo Motor Show 2017, DigitalTrends, 29 October 2017 [Online]. Retrieved October 2, 2019, from https://www.digitaltrends.com/cars/yamaha-shows-off-new-motobot/.

Buehler, M., Iagnemma, K., & Singh, S. (2007). *The 2005 DARPA grand challenge: The great robot race* (Vol. 36). Springer.

Buehler, M., Iagnemma, K., & Singh, S. (2009). *The DARPA urban challenge: Autonomous vehicles in city traffic* (Vol. 56). Springer.

Burkhard, H. D., Duhaut, D., Fujita, M., Lima, P., Murphy, R., & Rojas, R. (2002). The road to RoboCup 2050. *IEEE Robotics Automation Magazine, 9*(6), 31–38.

Calkins, D. (2011). An overview of robogames [competitions]. *IEEE Robotics and Automation Magazine, 18*, 14–15.

Campbell, M., Hoane, A. J., & Hsu, F.-H. (2002). Deep blue. *Artificial Intelligence, 134*, 57–83.

Chen, J. (2018). *Towards automatic broadcast of team sports*. Doctoral thesis. Vancouver: The University of British Columbia.

Chung, C. J., & Cartwright, C. (2011). Evaluating the long-term impact of robofest since 1999. [Online]. Retrieved October 2, 2019, from https://www.robofest.net/2011/ARISE-TM-2011-3.pdf.

Chung, C. J. C., Cartwright, C., & Cole, M. (2014). Assessing the impact of an autonomous robotics competition for STEM education. *Journal of STEM Education: Innovations and Research, 15*, 24.

Ciuti, G., Ricotti, L., Menciassi, A., & Dario, P. (2015). MEMS sensor technologies for human centred applications in healthcare, physical activities, safety and environmental sensing: A review on research activities in Italy. *Sensors, 15,* 6441–6468.

Delbruck, T., Pfeiffer, M., Juston, R., Orchard, G., Müggler, E., Linares-Barranco, A., & Tilden, M. W. (2015). Human vs. computer slot car racing using an event and frame-based DAVIS vision sensor. In *2015 IEEE International Symposium on Circuits and Systems (ISCAS)*.

Edelstein, S. (2019). The technologies your car inherited from race cars, DigitalTrends, 9 June 2019 [Online]. Retrieved October 2, 2019, from https://www.digitaltrends.com/cars/racing-tech-in-your-current-car/.

Frias, F. J. L., & Triviño, J. L. P. (2016). Will robots ever play sports? *Sport, Ethics and Philosophy, 10*, 67–82.

Gaudiosi, J. (2016). The super bowl of drone racing will offer $1 million in prize money, Fortune, 3 March 2016 [Online]. Retrieved October 2, 2019, from https://fortune.com/2016/03/03/world-drone-prix-offers-1-million-prize-money/.

Gerndt, R., Seifert, D., Baltes, J. H., Sadeghnejad, S., & Behnke, S. (2015). Humanoid robots in soccer: Robots versus humans in RoboCup 2050. *IEEE Robotics and Automation Magazine, 22*, 147–154.

Guizzo, E., & Ackerman, E. (2015). The hard lessons of DARPA's robotics challenge [News]. *IEEE Spectrum, 52*, 11–13.

Hagras, H. (2018). Toward human-understandable, explainable AI. *Computer, 51*(9), 28–36.

Hamari, J., & Sjöblom, M. (2017). What is eSports and why do people watch it? *Internet Research, 27*(2), 211–232.

Hameed, A., & Perkis, A. (2018). Spatial storytelling: Finding interdisciplinary immersion. In *International Conference on Interactive Digital Storytelling*.

Indy Autonomous Challenge. (2019). [Online]. Retrieved November 6, 2019, from https://www.indyautonomouschallenge.com/.

Johnson, R. T., & Londt, S. E. (2010). Robotics competitions: The choice is up to you! *Tech Directions, 69,* 16.

Kaminaga, H., Ko, T., Masumura, R., Komagata, M., Sato, S., Yorita, S., & Nakamura, Y. (2017). Mechanism and control of whole-body electro-hydrostatic actuator driven humanoid robot hydra. In *2016 International Symposium on Experimental Robotics*, Cham.

Kanaan, T. (2015). Why we race, The Players' Tribune, 8 September 2015 [Online]. Retrieved October 2, 2019, from https://www.theplayerstribune.com/en-us/articles/tony-kanaan-justin-wilson-indycar.

Karaman, S., Anders, A., Boulet, M., Connor, J., Gregson, K., Guerra, W., et al. (2017). Project-based, collaborative, algorithmic robotics for high school students: Programming self-driving race cars at MIT. In *2017 IEEE Integrated STEM Education Conference (ISEC)*.

Kitano, H., Asada, M., Kuniyoshi, Y., Noda, I., & Osawa, E. (1995). *Robocup: The robot world cup initiative*. IJCAI-95 Workshop on entertainment and AI/Alife.

Kohler, J. (2016). The sky is the limit: FAA regulations and the future of drones. *Colorado Technology Law Journal, 15,* 151.

Kondratenko, Y. P. (2015). Robotics, automation and information systems: Future perspectives and correlation with culture, sport and life science. In *Decision Making and Knowledge Decision Support Systems* (pp. 43–55). Springer.

Kopacek, P. (2009). Automation in sports and entertainment. In S. Y. Nof (Ed.) *Springer handbook of automation* (pp. 1313–1331). Berlin, Heidelberg: Springer.

Kuindersma, S., Deits, R., Fallon, M., Valenzuela, A., Dai, H., Permenter, F., et al. (2016). Optimization-based locomotion planning, estimation, and control design for the atlas humanoid robot. *Autonomous Robots, 40*(3), 429–455.

Lee, C., Kim, M., Kim, Y. J., Hong, N., Ryu, S., Kim, H. J., & Kim, S. (2017). Soft robot review. *International Journal of Control, Automation and Systems, 15*(1), 3–15.

Llorens, M. R. (2017). eSport gaming: The rise of a new sports practice. *Sports, Ethics and Philosophy, 11*(4), 464–476.

Martins, F. N., Gomes, I. S., & Santos, C. R. F. (2015). Junior soccer simulation: Providing all primary and secondary students access to educational robotics. In *2015 12th Latin American Robotics Symposium and 2015 3rd Brazilian Symposium on Robotics (LARS-SBR)*.

Munn, J. S. (2016). *Using an aerial drone to examine lateral movement in sweep rowers*. Electronic Thesis and Dissertation Repository. 4059. Ontario: The University of Western Ontario.

Must, I., Kaasik, F., Poldsalu, I., Mihkels, L., Johanson, U., Punning, A., & Aabloo, A. (2015). Ionic and capacitive artificial muscle for biomimetic soft robotics. *Advanced Engineering Materials, 17*, 84–94.

Nagata, M. (2019). Basketball robot Cue3 and B. League's Alvark Tokyo join Olympic effort to teach students math, Japan Times, 28 June 2019 [Online]. Retrieved October 2, 2019, from https://www.japantimes.co.jp/news/2019/06/28/business/tech/basketball-robot-cue3-b-leagues-alvark-tokyo-join-olympic-effort-teach-students-math/.

Nardi, D., Roberts, J., Veloso, M., & Fletcher, L. (2016). Robotics competitions and challenges. In B. Siciliano & O. Khatib (Eds.), *Springer handbook of robotics* (pp. 1759–1788). Cham: Springer International Publishing.

O'Kelly, M., Sukhil, V., Abbas, H., Harkins, J., Kao, C., Pant, R. V., et al. (2019). F1/10: An open-source autonomous cyber-physical platform. *arXiv*.

O'Leary, M. B. (2016). Pushing the limits of athletic performance, MIT News, 16 July 2016 [Online]. Retrieved October 2, 2019, from http://news.mit.edu/2017/mit-3-sigma-sports-engineering-0717.

Onose, G., Cârdei, V., Crăciunoiu, Ș. T., Avramescu, V., Opriș, I., Lebedev, M. A., et al. (2016). Mechatronic wearable exoskeletons for bionic bipedal standing and walking: A new synthetic approach. *Frontiers in Neuroscience, 10*, 343.

Ossmy, O., Hoch, J. E., MacAlpine, P., Hasan, S., Stone, P., & Adolph, K. E. (2018). Variety wins: Soccer-playing robots and infant walking. *Frontiers in Neurorobotics, 12*, 19.

Paszke, A., Gross, S., Chintala, S., Chanan, G., Yang, E., DeVito, Z., et al. (2017). Automatic differentiation in pytorch. In *31st Conference on Neural Information Processing Systems (NIPS 2017)*, Long Beach, CA, USA.

Pyo, Y., Cho, H., Jung, L., & Lim, D. (2015). *ROS robot programming*. Seoul: ROBOTIS Co.

Quigley, M., Conley, K., Gerkey, B., Faust, J., Foote, T., Leibs, J., et al. (2009). ROS: open-source robot operating system. In *ICRA Workshop on Open Source Software*.

RoboGames. (2017). Results from Robogames 2017, RoboGames, April 2017 [Online]. Retrieved October 2, 2019, from http://robogames.net/2017.php.

Roscoe, W. (2019). Donkey car: An opensource DIY self driving platform for small scale cars [Online]. Retrieved October 2, 2019, from http://donkeycar.com.

Ross, P. E. (2017). Watch Yamaha's humanoid robot ride a motorcycle around a racetrack, IEEE Spectrum, 27 October 2017 [Online]. Retrieved October 2, 2019, from https://spectrum.ieee.org/cars-that-think/transportation/self-driving/watch-yamahas-humanoid-robot-ride-a-motorcycle-around-a-racetrack.

SailGP. [Online]. Retrieved October 2, 2019, from https://sailgp.com/.

Salerno, M., Zhang, K., Menciassi, A., & Dai, J. S. (2016). A novel 4-DOF origami grasper with an SMA-actuation system for minimally invasive surgery. *IEEE Transactions on Robotics, 32*(6), 484–498.

Samiuddin, O. (2019). ICC to review independent study to see if there is a fine-edge advance to be made in DRS, The National, 31 May 2016 [Online]. Retrieved October 2, 2019, from https://www.thenational.ae/sport/icc-to-review-independent-study-to-see-if-there-is-a-fine-edge-advance-

to-be-made-in-drs-1.222557.
Siegel, J., Kumar, S., Ehrenberg, I., & Sarma, S. (2016a). Engine misfire detection with pervasive mobile audio. In *Joint European Conference on Machine Learning and Knowledge Discovery in Databases*.
Siegel, J. E., Bhattacharyya, R., Sarma, S., & Deshpande, A. (2016b). Smartphone-based wheel imbalance detection. In *ASME 2015 Dynamic Systems and Control Conference*.
Siegel, J., Bhattacharyya, R.. Sarma, S., & Deshpande, A. (2016c). Smartphone-based vehicular tire pressure and condition monitoring. In *Proceedings of SAI Intelligent Systems Conference*.
Siegel, J. E., Kumar, S., & Sarma, S. E. (2017a). The future internet of things: Secure, efficient, and model-based. *IEEE Internet of Things Journal, 5*(4), 2386–2398.
Siegel, J. E., Bhattacharyya, R., Kumar, S., & Sarma, S. E. (2017b). Air filter particulate loading detection using smartphone audio and optimized ensemble classification. *Engineering Applications of Artificial Intelligence, 66*, 104–112.
Siegel, J. E., Erb, D. C., & Sarma, S. E. (2018a). A survey of the connected vehicle landscape—Architectures, enabling technologies, applications, and development areas. *IEEE Transactions on Intelligent Transportation Systems, 19*(8), 2391–2406.
Siegel, J. E., Sun, Y., & Sarma, S. (2018b). Automotive diagnostics as a service: An artificially intelligent mobile application for tire condition assessment. In *Artificial Intelligence and Mobile Services—AIMS 2018*, Cham: Springer.
Siegel, J., Erb, D., & Sarma, S. (2018c). Algorithms and architectures: A case study in when, where and how to connect vehicles. *IEEE Intelligent Transportation Systems Magazine, 10*, 74–87.
Silver, D., Schrittwieser, J., Simonyan, K., Antonoglou, I., Huang, A., Guez, A., et al. (2017). Mastering the game of go without human knowledge. *Nature, 550*, 354.
Standaert, W., & Jarvenpaa, S. (2016). Formula E: Next generation motorsport with next generation fans. In *International Conference on Information Systems*, Dublin.
Sullivan, L. (2011). The full breakdown on League of Legends' Spectator mode, PC Gamer, 17 June 2011 [Online]. Retrieved November 10, 2019, from https://www.pcgamer.com/the-full-breakdown-on-league-of-legends-spectator-mode/.
Suzumori, K., & Faudzi, A. A. (2018). Trends in hydraulic actuators and components in legged and tough robots: A review. *Advanced Robotics, 32*, 458–476.
Taborri, J., Agostini, V., Artemiadis, P. K., Ghislieri, M., Jacobs, D. A., Roh, J., & Rossi, S. (2018). Feasibility of muscle synergy outcomes in clinics, robotics, and sports: A systematicre view. *Applied Bionics and Biomechanics*. Volume 2018, Article ID 6067807.
Takahashi, D. (2018). Gosu.ai raises $1.9 million to automate game training advice, VentureBeat, 21 March 2018 [Online]. Retrieved November 13, 2019, from https://venturebeat.com/2018/03/21/gosu-ai-raises-1-9-million-to-automate-game-training-advice/.
Tanaka, K., Matsunaga, K., & Hori, S. (2005). Electroencephalogram-based control of a mobile robot. *Electrical Engineering in Japan, 152*, 39–46.
The Guardian. (2018). Robot skiers tackle Olympic challenge in South Korea, The Guardian, 13 February 2018 [Online] Retrieved October 2, 2019, from https://www.theguardian.com/sport/2018/feb/13/robot-skiers-tackle-olympic-challenge-in-south-korea.
Thiel, A., & John, J. M. (2018). Is eSport a 'real' sport? Reflections on the spread of virtual competitions. *European Journal for Sport and Society, 15*(4), 311–315.
The Star Online. Running with an exosuit, 11 December 2016 [Online]. Retrieved October 2, 2019, from https://www.thestar.com.my/tech/tech-news/2016/12/12/running-with-an-exosuit.
Thomas, G., Gade, R., Moeslund, T. B., Carr, P., & Hilton, A. (2017). Computer vision for sports: Current applications and research topics. *Computer Vision and Image Understanding, 159*, 3–18.
Thrun, S., Montemerlo, M., Dahlkamp, H., Stavens, D., Aron, A., Diebel, J., et al. (2006). Stanley: The robot that won the DARPA grand challenge. *Journal of field Robotics, 23*, 661–692.
Toyama, S., Ikeda, F., & Yasaka, T. (2016). Sports training support method by self-coaching with humanoid robot. *Journal of Physics: Conference Series, 744*(9), 012033.
Toyoda, K., Kono, M., & Rekimoto, J. (2019). Shooting swimmers using aerial and underwater drone for 3D pose estimation. In *International workshop on Human-Drone Interaction,CHI*

'19, Glasgow, Scotland, UK.

Uhlemann, E. (2016). Connected-vehicles applications are emerging [connected vehicles]. *IEEE Vehicular Technology Magazine, 11,* 25–96.

Ujaldón, M. (2016). CUDA achievements and GPU challenges ahead. In *International Conference on Articulated Motion and Deformable Objects* (pp. 207–217). Palma, Mallorca: Springer.

Wall, M. (2015). Wow! SpaceX lands orbital rocket successfully in historic first. *SPACE. com.*

Walsh, C. J., Endo, K., & Herr, H. (2007). A quasi-passive leg exoskeleton for load-carrying augmentation. *International Journal of Humanoid Robotics, 4,* 487–506.

Wang, Z., Boularias, A., Mülling, K., Schölkopf, B., & Peters, J. (2017). Anticipatory action selection for human–robot table tennis. *Artificial Intelligence, 247,* 399–414.

Yasumoto, K. (2015). CuraCopter: Automated player tracking and video curating system by using UAV for sport sessions. *SIG Technical Report*, Information Processing Society, Japan.

约什·西格尔博士，密歇根州立大学计算机科学与工程学院助理教授，麻省理工学院"物联网"和"深度技术"训练营的首席讲师。他的研究方向包括安全高效的网络连接、普适传感、通用诊断以及增强自动驾驶等"深度技术"。入职密歇根州立大学之前，他是麻省理工学院的研究科学家，也是 CarKnow 和 DataDriven 两家自动驾驶技术公司的创始人。约什是赛车运动的狂热粉丝，业余时间，他参与虚拟赛车比赛，还会"黑掉"和恢复赛车。他的研究聚焦于体育领域中机器人在过去、现在以及未来所扮演的角色，观察传统体育企业（包括一些有组织的赛车运动）如何通过采用前沿产品和深度技术去维持或增强赛事、提升兴奋感与参与感并推动科学进步，并从中获得了启发。

丹尼尔·莫里斯博士是密歇根州立大学电子和计算机工程专业的助理教授。他研究的是传感、传感融合以及目标追踪中的机器学习，以及它们在自动驾驶、患者震颤分析、植物表型组学等方面的应用。加入密歇根州立大学之前，他开发了障碍检测和分类系统，让车辆能够在满是灰尘和落叶的土路上行驶。丹尼尔是一位充满激情的跆拳道选手，黑带二段水平，并且在全美跆拳道锦标赛上大放异彩。对于机器人战胜人类这一长期挑战，他尤其感到兴奋，他坚信体育场就是未来我们能够看到人类和机器精彩对战的地方。

机器人和人工智能：科技可能如何改变我们塑造身体的方式，以及这对我们的大脑会有怎样的影响

弗兰克·基希纳

摘要

基希纳探索了机器人和人工智能领域近些年来的发展以及控制复杂机械结构时会遇到的障碍。他还提出了一种名为"混合人工智能"的解决方案。随后，基希纳对"使用机器人和机器学习技术去实现人工智能"的想法（由阿兰·图灵首推）进行了论证，并且给出了机器人和人工智能参与到体育活动之中的案例。最后，他展望了未来，探索了人类身体和大脑与智能机器进行物理交互的广阔可能性，探讨了它们可能产生的影响。

1 引言

在过去的 10 年中，机器人领域经历了巨大的进步，看到了无限的应用潜能，而这很大程度上归功于其他领域的发展（Kim et al. 2017；Nag 2017；Nielsen 2017；Fin Ray Effect. 2013）。比如说，我们一直在寻找轻量级的设计方案——尤其是对可移动机器人来说，质量是限制机器人系统生命周期的主要因素。然而，实现轻量级设计的可行选项却非常有限；有了 3D 打印技术，创造能够满足多种目标（比如说优化线路布置或使用家用电池）的轻量级结构如今有了可能性（图 1）。其他领域类似的突破，如电池的能量密度以及传感器的分辨率（摄像头的进步就是最典型的例子），意味着我们现

在可以打造足够轻的机器人，既配备了能够以某种程度上来说闻所未闻的方式采样环境数据的传感器，又能够承载自身的重量。这些机器人依靠自身内部的能量供给，就可以运行更长的时间。不过，在过去的10年中迈出了最大一步的还是芯片技术，大幅度提升了其计算能力。机器人的生命周期得以延长，能够以更长的时间周期去采样环境数据，这使得观测更长期的变化成为可能。通过能力更强、分辨率更高的传感器，能够获得我们先前从未见过的有关这些环境动态的第一手数据。然而，让我们能够使用那些之前不可能在机器人身上在线运行的算法的，还是计算能力的提升；我们能够真正让数据变得有意义起来，从数据分析中得出结论，并以实时的方式改善这些机器人的表现。

图1　人形机器人查理直立行走在位于不来梅的德国人工智能研究中心（DFKI）航天探索大厅的人造陨石坑环境之中（图片来自德国人工智能研究中心）

　　与机器人技术相似，人工智能技术也经历了巨大的进步；像深度神经网络（Nag 2017；Nielsen 2017；Fukushima 1980）这样的技术能够分析互联网上数以百万计的照片，将猫和狗区分开来，或是将自然语音处理提升到这项技术先前50年历史中完全无法比拟的程度。有了这些进步，我们如今处在这样一个阶段——能够打造出运动学上足够复杂的机器人，可以在真实世界环境中使用而不会被自身重量压垮，也不需要每10分钟就维护一次；与此同时，这些机器人能够在它们强大的处理器上运行算法，实时接收并分析能力大幅增强的传感器所采集到的信息。从人工智能研究者的视角，我们只需要了解如何让这些信息变得有意义……不管怎样，这就是目前人工智能赋能的机器人领域所处的状态。

2 控制复杂机械结构所面临的问题

图 2 和图 3 是复杂机器人系统在真实世界环境中运行的例子。这些机器人采用了复杂运动结构,其中包括并行运动链或闭式运动链,如图 1 所示。为了控制这样的复杂机械机构(Widhiada et al. 2015;Nguyen-Tuong & Peters 2011),我们很快就会遭遇到计算能力上的障碍,哪怕使用如今强大的芯片技术也难以克服。最优的连接位置在哪里,以何种速度移动机器人系统的"腿部"才能站立稳定从而迈出下一步,计算所面临的问题并不在于构建出合适的方程式并进行求解。真正的问题在于真实世界的复杂环境对于机器人系统来说非常不友好[①];每移动一步都需要精准地计算,带来巨大的计算负荷,并且在中央的计算处理元件与末梢或连接处的执行元件之间引入巨大的通信带宽消耗。对于那些非常难以应对的环境,比如说崎岖的户外地形,每一个新的位置或坐标都需要以亚毫秒级别的速度进行计算和传输。

图 2 在美国犹他州的沙漠区域中,SherpaTT 机器人系统正在进行实地测试,使用模块化负载自动化地执行基础设施组装和样本采集任务
(图片来自德国人工智能研究中心)

考虑到我们在这样的机器人系统中需要实现如此高级别的自由度——暂时不考虑对于处理元件的性能要求——想要让它穿越一片森林可以说是一个百分百的计算梦魇。虽然有了芯片、传感器、电

---

① 从电控工程师的视角来看。

图3 Asguard，一个运动结构复杂的机器人，正在兰萨罗特岛的一个熔岩山洞中探索，其中使用到的方法有环境检测、基于模型的移动规划以及反应控制（图片来自德国人工智能研究中心）

池技术上的进步，甚至新材料和工业制造方法也取得了突破，但提供一个能够管理好它们自身躯体和（动态）自然环境中的复杂性并且真正稳定的机器人系统仍旧面临困难。因此，如果我们真想让机器人参与体育活动，需要重新考量如今试图控制这些复杂机械结构所使用的方法。

当讨论控制复杂机械结构的时候，极为重要的一点就是弄清楚那些真正面临挑战的系统类型。这里概括了两种会遭遇问题的系统。

（1）冗余或者过度执行的系统：系统配置的执行器数量要比真正需要的数量多。比如说，蛇形机器人（序列化设计）或并行冗余执行（Stoeffler 2018）。

（2）执行不足的系统：系统配置的执行器数量要比它们总体的独立自由度小。比如说，人形机器人、用于抓取的机器人以及软机器人等。

控制复杂的串并联混合机器人领域（Kumar et al. 2020）已经取得了一些成功，用于控制软机器人的机器学习方法也已经出现（Yu et al. 2019），混合人工智能（比如将基于模型的控制与机器学习方法结合起来）现在也被讨论为一种充满前景的方法（von Oehsen et al. 2020）。接下来，本人将指出这些方法的优势和缺陷，然后为支

机器人和人工智能：科技可能如何改变我们塑造身体的方式，以及这对我们的大脑会有怎样的影响

持混合人工智能给出自己的论证。

当然，已经有成熟的方法用于解决控制复杂机械结构的问题。其中最突出且广为使用的方法就是被称为"全身控制"（whole-body-control，WBC）的方法；这种方法试图给一系列的数值方程式赋予被求解的顺序和优先级，以此来实现多个目标（它们之间最终会产生冲突），从而给出有方向的运动，同时保持复杂机器人机械结构的稳定性。想象一下如图1所示的机器人，要使用一个普通的电钻在墙上打个洞。该机器人系统需要解决下述相互竞争的问题：首先，该系统需要解决控制问题，让机器人能够以足够的力量将电钻维持在正确的位置；第二个问题在于拿住电钻的机械臂要处于正确的位置——包括当钻头向前运动时测量和调整与墙面之间的距离，并提供合适的"推动"力量；第三个问题在于将钻头推向墙面（这会将机器人朝相反的方向推）与整个操作过程中机器人系统维持稳定站立的整体目标之间的冲突。"全身控制"方法通过给多个目标设置优先级来解决此类多目标问题，求解确定优先级后的方程式列表中的必要计算，以实现整体目标。然而，如果这个列表过长或者问题的结构过于复杂（这种情况常见于处理闭式运动链或者并行运动链），这种方法就会暴露出它的局限性。

有一个备受争议的策略声称自己通过将深度神经网络应用于这种高维度的控制问题，有可能克服上述限制。有了该方法，复杂的数学解决方案不再必要；取而代之的是为神经网络供给足够的数据（比如说移动中机器人系统的视频序列），力求在层次化的神经网络之中习得控制机制（Mohammad & Mattila 2018）。这一方法着实令人感兴趣，但事实上，充满前景的它能否持续稳定地运行、开销会有多大，尚不明了。

通过分析海量移动中运动结构的案例，有可能学习到控制一个复杂运动链的方法；而且现在已经有很多相关的案例了（Nguyen-Tuong & Peters 2011）。然而，目前还没有方法能够学习出一个复杂人形机器人（图4就是一个例子）的控制法则，让它能够穿越一片森

林。当然了，既然机器学习方法已经在包括自然语言处理在内的其他领域取得了成功（Fisher et al. 2016），断言未来它不能在机器人领域起到同样的效果还为时尚早。

个人观点而言，一个更为可靠的方法，将会是把基于模型的控制理论方法和深度神经网络方法结合起来；我们称之为混合人工智能方法。一个合理的路径会是，应用"经典的"基于模型的方法去"思考"如何移动，尤其是在没有时间限制或者时限要求不高的情况下，当经典方法遭遇限制的时候，再应用深度学习方法。比如说，当被动自由度（Trivedi et al. 2008）和主动自由度相关联时，对于齿轮和柔性元件（例如弹簧）的建模是与直接驱动结构相互关联的。就像前文所说的，在真实环境中长时间持续控制高度复杂的机械结构是非常困难的。既能够自适应地去应对这些动态性，同时还仍旧可以利用十分强大的基于模型的方法，这样的解决方案将会展示出机器人系统在真实世界（生活）场景中的可应用性，并且让它们能够参与到体育之中。

图4 RH-5型号的人形机器人正处于直立状态。（图片来自德国人工智能研究中心）

必须指出的是，在体育活动中，这些机器人系统将会和真正的人类有非常近距离或者直接的接触。因此，出于安全考量，经典的应用于硬性机器人（比如说在生产环境之中使用的机器人）的位置驱动的控制机制不再适用。此时，我们必须转向柔性机器人系统。柔性可以通过下述两种方式实现：第一，内置柔性，通过弹簧或者类似弹簧的机械结构或材料提供柔性，但这会给控制带来问题，因为这些机械结构或材料的特性决定了难以甚至完全不可能对它们进行建模；第二，柔性控制，我们使用控制力度的方式取代控制位置的方式，从而对外部力量作用于机械结构进行应对和弥补。

3 图灵选择

尽管存在上一小节中所提到的种种问题，试图创造真实世界（生活）中能够运行的机器人系统仍旧是非常有用且十分值得的，因为它们会引领技术系统中人工智能的理解与创造。这个想法最先由计算机科学和人工智能的先驱者阿兰·图灵在20世纪40年代中的一篇举世闻名的论文中提出，而这篇论文直到20世纪60年代末才公开发表（Rolf 1995；Barry Cooper 2004）。在这篇论文中，图灵论证了为了实现人工智能，我们应该专注于打造一个能够"漫游英国乡村"的机器人系统，并且它所采用的算法式控制机制能够基于经验不断去改善机器人系统的行为表现。

在本人最近 [Kirchner, F. (2020)，人工智能视角：图灵选择，Springer Nature 出版。] 撰写的一篇论文中，我说明了此时正是人工智能和机器人技术重拾阿兰·图灵20世纪抛出的那条绳索的时候，当时他给出了著名的"图灵测试"；我们称之为图灵选择。图灵认识到以当年的技术，是不可能真正达成他的使用机器人和机器学习去实现人工智能这一核心想法的。那个时候，符合要求的系统就是无法实现的：它们太过于笨重，会被自身的重量所压垮；它们的传感器分辨率太低；具备的处理能力也和所需要的相距甚远。而如今，我们是能打造出这样的系统的。

作为一名严肃的机器人主义者，跑去谈论机器人在体育或是娱乐等领域的应用也许并不明智，因为数十年来，机器人一直被视为一种生产工具。为了控制硬性机械结构，以尽可能最优的准确度实现日常化的大批量产品生产，人们做出了很多科学严谨的尝试（并取得了成功）。尤其是汽车工业，如果没有采用机器人降低生产成本，可能如今都不会存在。不过，专注于将机器人视为生产工具，让我们与将机器人视为开展科学研究的工具渐行渐远。从应用于生产的角度来看，完全没有必要去应对环境中的动态性和不确定性；此类系统被构造得如此笨重且僵硬，以至于它们不会被任何不确定性所影响——它们移动物体时的一举一动,用多大的力度去加速或者减速那些物体,都是经过精准计算过的。

我们在体育场景中所面对的环境则并非如此。要想参与体育活动,机器人必须要轻量级、灵活(柔性)并且以多种方式配备高分辨率的传感器。在工业界,情况恰恰相反,环境是如此固定,以至于都无须使用传感器。对于体育领域来说,机器人必须要同时满足可移动、自动化甚至智能化(为了实现人机交互)等特性。简而言之,这种环境或应用模式是与生产环境彻底相反的——虽然我们也必须要说生产环境也已经发生了改变。因此,机器人技术和人工智能的研究者把重心放在体育这样的领域是非常有意思的,因为它能鞭策我们从整体上去解决人工智能问题。为了实现相关的应用目标,我们需要去创造出可靠的、鲁棒性强的机器人系统,并且还要让它拥有某种智能。

4 机器人技术、人工智能与体育的案例分析

由北野宏明在 1995 年引入,机器人与体育领域最典型的案例就是 RoboCup 机器人足球世界杯(Kitano et al. 1995);他们的目标是在 2050 年以前,让机器人足球队能够在球场上击败人类足球世界杯冠军队。具有足够的鲁棒性,让自身能够扛过 90 分钟的高强度比赛,更别提还要运行大量用于解决比赛中遭遇的种种问题的人工智能算法 [参见(Thrun & Burgard 2005)能够了解涉及算法的综述,(Fisher et al. 2016)的文章则就通信方面的问题和相应算法进行了举例],当北野设想创造这样一个机器人要去面临的挑战时,一定是对图灵选择背后的思想有着深入的理解——尽管他没有明确地提及这一概念。在高度动态化的环境中,简单地控制复杂的物理结构,同时保证鲁棒性、精确性和可靠性,是第一个挑战。第二个挑战则是感知问题——如何识别出足球、将对手和队友区分开来并且规划比赛策略。北野给自己和更广大的机器人社区设定了一个完全人工智能挑战,解决它需要首先扫清机电一体化的巨大障碍,然后才开

机器人和人工智能：科技可能如何改变我们塑造身体的方式，以及这对我们的大脑会有怎样的影响

始处理人工智能组件。（我是不来梅大学和拥有目前世界上最好的机器人足球队 B-Human 的德国人工智能研究中心自豪的一员。）

由于机电一体化问题已经接近解决，现在正是我们思考将体育和具有人工智能的机器人在很多其他领域中相结合的时候。一个十分有趣的领域就是训练或执教。基于人工智能的机器人能够以人类训练师无法比拟的个性化方式去训练运动员。使用所谓"外骨骼"（图 5 和图 6），能够带来高级别的主动自由度，以极度精准且合理的方式去控制力度。此类机器人有可能用于训练运动员的技术动作。在指导过程中，外骨骼会记录下人类的一举一动，并且找出与最优轨迹的任何微小偏差；它会以科学化的方式平滑地去纠正人类的动作，直到达成最优的动作模式。为了纠正人类的动作，外骨骼会使用控制力度的方法——缓缓地增加对于人类做动作的阻力，随着时间的推移，一步一步地进行纠正。在这种训练方式之中，时间是一个关键的因素；机器人系统可以参考过往训练课程中的"记忆"，并分析被训练者的进步幅度、训练进度、训练效果评分，然后以此为依据采用相应的纠正方法。而且，这样的私人训练师是永远不会疲劳的，也不会遭遇糟糕的一天，更不会因学生缓慢的学习进度产生厌烦之心，这些都毋庸多言。因此，运动员能够一直获得机器人

图 5　上身外骨骼（图片来自德国人工智能研究中心）

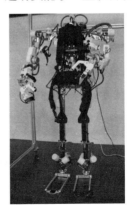

图 6　用于支持行走的全身外骨骼（图片来自德国人工智能研究中心）

系统全方位、个性化的关注。最后，这样的机器人系统还可以在任何时间进行使用，开始训练。

用于康复的外骨骼训练系统已经处于开发之中。图5、图6、图7、图8展示了用于帮助中风患者康复的外骨骼，目的是配合人类理疗师对患者进行康复治疗（Kim et al. 2017）。比如说，人类理疗师会抓起人类患者的手臂（包裹在外骨骼里面）做一个动作，以刺激患者的神经肌肉系统，达成康复目的。这个由人类理疗师引入的动作，会被外骨骼记录下来，并可以在之后没有人类理疗师在场直接介入的情况下，帮助患者重复该动作，为神经肌肉系统提供持续的刺激。康复过程之初，患者的主动活动是非常少甚至没有的；随着时间的推移，治疗逐渐起到作用，患者的肌肉活动能力会慢慢

图7　封闭环境中测试上身外骨骼
（图片来自德国人工智能研究中心）

图8　被动上身外骨骼与人形机器人艾拉
（图片来自德国人工智能研究中心）

恢复。由于采用了力度控制的方法，外骨骼感知到患者逐步增加的肌肉活动，然后开始慢慢减少对于患者做动作的主动支持；循序渐进地移除外力支持维持了康复动作对于患者肌肉神经系统的挑战，并且增加了康复治疗的效果。

由于人类患者能在没有人类理疗师的帮助下做这些康复训练，外骨骼还能为其提供一个正向的心理刺激。有很多研究已经全面论述了积极的心理状态是患者成功康复的重要基础。为了增加正向反馈，患者必须要主动发起动作。使用如今的人工智能－机器学习技术，是能够分析脑电图、肌电图（图9）这样的生理数据的，并且预测患者想要何时发起一个动作。换句话说，当一位患者脑海里闪现过移动他手臂的念头时，我们就能迅速识别出这一意图——事实上甚至早于患者自己意识到这一点，外骨骼会计算启动这一动作的时机，让患者恰好能够产生一种是其自身意图驱动了其手臂运动的印象。尽管是外骨骼主导了这一动作，但患者自身的信念会产生积极的心理状态。当然，积极的心理状态对于体育活动中实现成功的训练同样是一种保障；基于外骨骼驱动肌肉活动，将用户意图识别和心理状态建设结合起来，可以为运动员的训练打下完美的基础。不再依赖人类训练师对于运动员心理状态、动力水平、压力水平等指标的正确评估，然后设计出合适的训练课程，我们现在可以使用由上面所描述的分析工具生成的个人档案，为运动员量身定制训练内容。事实上，

图9　身着上身外骨骼进行在线肌电图分析与意图识别
（图片来自德国人工智能研究中心）

此类技术已经处于深度讨论之中了,其目标是为国际空间站的宇航员准备更遥远的太空旅行(比如说去火星执行任务)提供训练。

个人观点而言,北野对于机器人足球队打败人类足球队的构想,其实现时间会比 2050 年更早,甚至可能在 21 世纪 30 年代末就能成为现实。除了足球,我们也能预见橄榄球、棒球甚至武术会成为机器人与人类对抗的新舞台。武术为人工智能驱动的机器人研究带来了一个终极挑战,因为要控制好一个复杂的身体结构,必须要实现极致的完美掌控。因此,该领域的问题将会在 21 世纪 30 年代的某个时间点被科学家解决,甚至可能为使用人工智能方法控制机器人系统的行为表现建立一个基准。

在上述场景中,我们拥有了智能、轻量级、不会对人类产生伤害、有学习能力并且完全以人类为中心的科技设备,让我们能够有效地控制它们,尽管它们的运动复杂度极高。当然了,这还是尚未成为现实的畅想。即便如此,也让我们假设一下当我们有了这些人工智能驱动的机器人并且使用它们参与体育和其他身体活动时,结果会是怎样的?

身体塑造大脑这个观点并不新鲜(Gallagher 2005),加拉格尔分别从自上而下和自下而上两个角度,讨论了这种二元性所产生的种种影响。然而,如果我们考虑到身体和大脑是以一个共同变革的过程在不断进化这一事实,有件事情就非常明了:我们的中枢神经系统中的很多部分和功能之所以演变成如今的样子,就是为了处理越来越复杂的物理结构(也就是我们的身体)。结果就是,中枢神经系统和解剖结构变得越来越复杂,而为了应对这种不断增加的复杂性,这些结构之间便形成了连接。将"处理"和"控制"两种操作区分开来是非常重要的,因为神经系统不能保证在所有情形下都完美控制我们的身体(这与前文中提到的作为工程师的我们试图达成对技术系统的完美控制不同);最明显的例子就是,有时候我们会摔倒、东西会从我们的指间滑落或者在晚餐时我们使用了错误的握餐叉的方法。前两个例子中,我们的神经系统中的控制结构以及肌肉的激活周期都太迟缓了，来不及应对不小心踩进地上的坑或是手中物体（比如说我们正拎着一袋大米）的重心突然发生改变所产生的后果。在第三个例子中，中枢神经系统中精心进行动作规划的结构发生了错误，而一旦当我们意识到用餐叉吃派就像握着个锤子一样的时候，我们就会觉得别扭，然后立即改正动作。

　　从工程师的视角来看，身体的控制结构是并不完美的；身体能够以大约 95% 的情况下"保持控制"的方式去管理自身这个复杂的运动结构。为什么大自然母亲把它设定在 95%？为什么不实现百分百的控制？这样被绊一跤或者跌倒之类的事情就不会发生了。这有可能是因为我们并不是为了实现单一目标而逐步达成最优化的机器，（不断进化的）我们找到了在狩猎时掌控好自己身体（因此我们才能够活下去）以及运用身体去拉小提琴（因此我们有了活下去的理由和意义）之间的平衡。这个例子还告诉我们，身体和大脑（控制结构）会为了适应变化而不断进行微调。更进一步说，我们的运动元件（肌肉、骨骼和肌腱）也都是具有适应性的。比如说，宇航员在零重力的环境中待久了，其骨骼结构就会退化，肌肉量也会减少。

　　当我们使用机器人设备去训练这个不断微调的系统时，我们是在对全局并没有完整理解的情况下进行的。事实上，我们是基于对过往相似案例的观察，然后作出预测。回到宇航员的例子，事实上我们能够观测到他们控制自身身体结构的能力是没有问题的。但是，一旦他们重返地球，他们就基本无法行走了；这并不是控制的问题，而是太空飞行对骨骼 - 肌肉系统产生的退化效应。未来，当我们在月球或火星上有了聚居地，人们生命中的大部分时光会在缺少引力的条件下度过。我们完全有理由假设，到那时，人类的肌肉 - 骨骼系统和神经系统都会发生改变。人类有可能会拥有更好的身体结构，并且长得更高；质量下降会让人们长出更修长的四肢，同时保证依旧能够负载重量。人们到时候的思维方式是否也会不一样？这是有可能的。有些在地球上不可想象的事情，比如说轻轻一跃就跳过 1 米高的栅栏，在火星上就稀松平常。这一切将改变我们感知、呈现和归纳这个世界的方式。

谢天谢地，我们不必等到在月球上有了聚居地以后，再去发现这些身体增强的可能性所带来的结果。已经有严谨的学术研究显示，玩电子游戏能够提升运动技巧（Borecki et al. 2013）。同时，我们从神经生理学研究中得知，当观看一个人执行一项任务时，会塑造与动作控制相关的神经解剖学结构的功能。如果用于感知运动的神经区域处于激活状态，这种效应会反馈到一种被称为镜像神经元（Rizzolatti & Craighero 2004）的结构之上，共同激活运动计划与执行控制二者的神经区域。

这是一条双向大道，执行动作反过来也会影响整个感知网络。想象一下使用螺丝刀将一个螺钉拧入一块木头之中。当你转动工具并感受到阻力时，你会期望看到螺钉旋转（哪怕你根本没用眼睛去看）；这种感知便是基于过往经验的记忆和模型被激活后的结果。这也是如今工业界的机器人工作的方式。螺钉必须旋转，因为这才符合其模型的预期。但辅助或指导运动技巧的学习，是如何影响这些模型形成的呢？通过辅助运动技巧学习，就像前面康复场景中所描述的，我们失去了主动探索自身身体可能性的机会；我们一直在执行一个特定类型的学习过程——程序式学习，并且丢失了学习中的关键一环——主动探索式学习。我们在学骑自行车的时候，都体验过主动探索式学习。最初几次尝试时，我们可能会从车上摔下来，或者难以用我们的双脚去停车。也许训练辅助轮能够帮助我们克服启动和停止阶段中所遇到的困难。这些辅助轮的安装方式，保证了它们在自行车前进的过程中是不会触碰地面的。由这些辅助轮带来的指导是刚刚好的，既足以让自行车跑起来，又不会在任何情况下（不管我们在车上如何操作）都保持平衡。这就是主动探索式学习介入的时候——它将整个系统带入保持控制的边界区域之中，让人能够进行理解并主动学习。这是管理一个问题而非完全掌控它的典型例子。我们的中枢神经系统通过主动探索式学习，学会了如何远离这些边界区域。因为一旦身处其中，就会失去控制。这种管理方式，或者说避免不可控情形的方式，让我们能够使用基于模型的控制去解决部分问题。因此，犯错误，然后越过训练师规定的"完美"动作是非常有必要的；没有了它们，你就会丧失让你进入控制边界区域的身体体验，而这对于我们的神经系统形成处理相应问题的策略是必不可少的。

5 结语

总结而论，机器人技术在体育领域的前景是多样化的。随着硬件的不断改善，我们终将见证人类与机器人在身体参与的比赛中对抗，就像我们已经在国际象棋、围棋以及其他不需要复杂机器人硬件的体育项目中所见到的一样。不过，我在本文中概述了此类比赛真正变得有意义之前仍需跨越的障碍。我和我的学生们有一个仍在进行中的赌局，我打赌在我退休之前，他们无法打造并编程出一个能在空手道上打败我的机器人。这一赌局开始于大概 10 年之前，而我离官方退休年龄仍有十多年。我之所以发起这一赌局，是为了激发我的学生们以整体性的方式去解决人工智能完全问题，并且远离那些在某个独立的领域中的问题定义得细致入微、环境十分友好的标准化机器人应用。就目前来看，我仍旧对退休之前不会被一个机器人所打败充满信心。

将机器人作为训练师就完全是另外一种情况了。再过几年，我们就能看到以智能矫正器或局部外骨骼形式出现的机器人训练师；它们会被用来在家庭环境中训练身体的特定部位——或者可能是从伤病、手术中恢复。机器人训练师很有可能最先被足球、橄榄球和棒球这样的由资本驱动的体育项目中的顶尖运动员使用。最终，它们会渗入德语中称为"Breitensport/ 群众体育"的领域，成为那些给业余选手提供训练设备和（人类）训练师的小型体育俱乐部中的基础设施，并带来训练支持。机器人技术在群众体育中的普及将很快发生在德国这样的国家，一方面政府部门会为社区级别的体育活动提供专门的公共基金，另一方面基层体育俱乐部的文化都非常具有活力并且受到群众的高度认可。

对于那些更为商业所驱动的应用，你可以大胆畅想健身房中的设施从普遍使用杠铃片转型为使用更智能化的机器人设备,它们能够通过使用力度控制的方法来模拟不同的重量,提供个性化的训练方案,并且以个人为单位识别出用户的进步,然后作出调整。如果此类设备迅速普及,不难想象这样的场景,在海外度假时使用的健身设备也能和家中或者常去的健身房中的设施相连,并通过云端下载训练方案和个人档案。到时候,这会产生怎样的影响?我们已经观测到,与电子游戏进行持续不断的日常化、个性化的交互,能够从多个方面影响我们内部模型的形成,最终影响神经结构之间的通道与连接,影响它们呈现这个世界并与之交互的方式。并不是说这种影响是负面的,恰恰相反,我们已经能看到与经典电子游戏进行交互后反应力、运动学习能力以及计划能力得以提升的证据(Rizzolatti & Craighero 2004)。然而,这种人与计算机的交互主要发生在视觉之上,运动部分也仅仅局限于手臂和手掌的活动。

在更高级的交互场景之中,像虚拟现实头戴设备这样的技术会和跑步机相结合。但我们已然能够看到,这种交互形式目前会对用户造成过大压力。最可能的原因,是相关技术的性能还不够好,走在跑步机上的同时通过头戴设备观看一个虚拟的世界,其实感觉并不那么真实。你会感到头戴设备和跑步机都没有办法给予你与走在真实世界中时一样的脚部触觉反馈,因此,你的大脑会发生混乱,视觉刺激已经接近完美,但是其他部位的感觉却不太对。我认为其中的原因是,我们本质上是基于模型进行控制的机器,只是学会了如何去应对执行不足的系统。就像前文中所叙述的,执行不足的技术系统无法以最优化的方式去进行控制,因为它们缺乏自主可控的自由度——控制法则可以被形式化地表达出来。相反地,它们伴随着"不可控的"动态,让我们的大脑进化出了应用学习技巧的能力。因此,我们的大脑中没有任何的策略能够处理这样的情况:一个视觉刺激触发了之前学习到的用于应对某种触觉传感信息的控制政策,但却发现和真正接收到的触觉反馈并不匹配。换句话说,假设你通过虚拟现实眼镜看见自己走在一片沙滩上,你的大脑肯定会对双脚与沙子进行交互所产生的特定触觉反馈有所预期。大脑随即就会准备激活一些控制政策，以应对此类环境中可能会遭遇的种种问题。如果实际的触觉反馈与你大脑中预期的不相符，而更像是走在人行道上，大脑就会发生错乱；结果就是要么感到不舒服，要么出现行为错误。并没有这样一个开关，能告诉你忽略那些奇怪的触觉反馈；这种控制机制经历了数十万年的进化，大脑中相应的控制方法已经刻印在我们的生命系统之中了，难以发生改变。一旦我们停止主动提醒自己要忽略那些奇怪的触觉信号，大脑就会迅速切换回标准流程。

如果我们拥有能够完美匹配触觉反馈的技术，我的猜想是它能够为人类发展带来变革性的一步。我们是否会进入一个人类数字化的时代？在这个时代中，人类的大脑在面对虚拟世界时会遭遇挑战，需要新的规范和法则。我丝毫不怀疑到那时候大脑能够成功适应这一转变，并且进化出足够聪明的"设计师"来提供解决方案。类似地，如果人类在其他环境参数完全不同的星球建立永久聚居地，我们的大脑同样需要适应。我们假设最近的可居住星球只在几百光年之外，一个训练大脑启动适应和进化过程的应用将会是无比有用的。

与此同时，我们会继续提升这些技术，并期待它们能够在日常生活中帮助到人们。除了应用在康复领域，它们在体育这样的社交活动中的应用也正逐渐展开。机器人将会是你的陪练、训练师和老师；最终，我们会拥有机器人和机器人之间的比赛。随后，北野的RoboCup机器人足球世界杯梦想（Kitano et al. 1995）将会成为现实。当然了，我们还会拥有一个机器人足球联赛，机器人组成的球队在场上对抗，而人类则在场下观看。

参考文献

Barry Cooper, S. (2004). *Computability theory*. Boca Raton, FL: Chapman & Hall.

Borecki, L., Tolstych, K., & Pokorski, M. (2013). Computer games and fine motor skills. *Advances in Experimental Medicine and Biology, 755*, 343–348. https://doi.org/10.1007/978-94-007-4546-9_43.

Fin Ray Effect. (2013). Retrieved from http://www.bionikvitrine.de/fin-ray-effect.html.

Fisher, I. E., Garnsey, M., Hughes, M. E. (2016). Natural language processing in accounting, auditing and finance: A synthesis of the literature with a roadmap for future research.

Intelligent Systems in Accounting Finance & Management, 23 (3), 157–214. https://doi.org/10.1002/isaf.1386.

Frank, K., & Paul, L. (2020). *AI-perspectives: The Turing option*. Cham: Springer Nature.

Fukushima, K. (1980). Neocognitron: A self-organizing neural network model for a mechanism of pattern recognition unaffected by shift in position. *Biological Cybernetics, 36*(4), 93–202. https://doi.org/10.1007/bf00344251.

Gallagher, S. (2005). *How the body shapes the mind*. Oxford: Clarendon Press. https://doi.org/10.1093/0199271941.001.0001.

Kim, S.-K., Kirchner, E. A., Stefes, A., & Kirchner, F. (2017). Intrinsic interactive reinforcement learning: Using error-related potentials for real world human-robot interaction. *Nature, 7*, 1–16.

Kitano, H., Asada, M., Kuniyoshi, Y., Noda, I., Osawa, E. (1995). CiteSeerX—RoboCup: The robot world cup initiative. Retrieved from http://citeseerx.ist.psu.edu/viewdoc/summary?doi=10.1.1.47.9163.

Kumar, S., Szadkowski, K. A. V., Mueller, A., & Kirchner, F. (2020). An analytical and modular software workbench for solving kinematics and dynamics of series-parallel hybrid robots. *ASME Journal of Mechanisms Robotics, 12*(2), 1–12. https://doi.org/10.1115/1.4045941.

Mohammad, M., Mattila, J. (2018). Deep learning of robotic manipulator structures by convolutional neural network. In *2018 ninth international conference on intelligent control and information processing (ICICIP)*. https://doi.org/10.1109/icicip.2018.8606719.

Nag, P. (2017). Google's Deep Learning AI project diagnoses cancer faster than pathologists. Retrieved from https://www.ibtimes.sg/googles-deep-learning-ai-project-diagnoses-cancer-faster-pathologists-8092.

Nguyen-Tuong, D., & Peters, J. (2011). Model learning for robot control: A survey. *Cognitive Processing, 12*, 319–340. https://doi.org/10.1007/s10339-011-0404-1.

Nielsen, M. A. (2017). *Neural networks and deep learning*. Determination Press.

Rizzolatti, G., & Craighero, L. (2004). The mirror-neuron system. *Annual Review of Neuroscience, 27*(1), 169–192.

Rolf, H. (1995). *The universal Turing machine. A half-century*. Wien: Springer.

Stoeffler, C., Kumar, S., Peters, H., Brüls, O., Müller, A., & Kirchner, F. (2018). Conceptual design of a variable stiffness mechanism in a humanoid ankle using parallel redundant actuation. In *2018 IEEE-RAS 18th International Conference on Humanoid Robots (Humanoids)*, Beijing, China, pp. 462–468. https://ieeexplore.ieee.org/document/8625046.

Thrun, S., Fox, D., & Burgard, W. (2005). *Probabilistic robotics*. Cambridge: The MIT Press.

Trivedi, D., Rahn, C. D., Kier, W. M., & Walker, I. D. (2008). Soft robotics: Biological inspiration, state of the art, and future research. *Applied Bionics and Biomechanics, 5*(3), 99–117.

von Oehsen, T., Fabisch, A., Kumar, S., Kirchner, F. (2020). *Comparison of distal teacher learning with numerical and analytical methods to solve inverse kinematics for rigid-body mechanisms*. Retrieved from https://arxiv.org/abs/2003.00225.

Widhiada, W., Nindhia, T., & Budiarsa, N. (2015). Robust control for the motion five fingered robot gripper. *International Journal of Mechanical Engineering and Robotics Research, 4*, 226–232. https://doi.org/10.18178/ijmerr.

Yu, B., de Gea Fernández, J., & Tan, T. (2019). Probabilistic kinematic model of a robotic catheter for 3D position control. *Soft Robotics* 184–194. http://doi.org/10.1089/soro.2018.0074.

弗兰克·基希纳博士，机器人创新研究中心主任，德国人工智能研究中心（不来梅）执行经理，不来梅大学机器人协会主席。他是生物学启发的高度冗余、多功能机器人系统的行为和动作序列这一领域的领先专家之一。2013 年，在基希纳的领导和德国人工智能研究中心的示范作用下，巴西政府成立了巴西机器人研究中心。基希纳的研究领域聚焦于复杂机器人和人工智能，在复杂的山地地形中测试其控制系统。

体育科技的触及范畴

马丁·U.施莱格尔和克雷格·希尔

摘要

施莱格尔和希尔概括了澳大利亚体育的几大趋势,并额外介绍了一个大趋势——体育科技的运用,并就此展开了更深入的探索。他们论证了体育科技(包括可穿戴设备、物联网应用、媒体以及通信等)能够为技术的验证与转化提供基础,并将知识扩散到与体魄强健和身心健康的相关领域(还涉及职业安全与健康以及国防)。他们解释了体育科技是如何影响保险、场馆的基础设施建设与维护、体育直播等多个垂直领域的。最后,他们探索了应用体育科技所带来的挑战,比如说开放标准、安全与隐私所面临的障碍。

1 引言:体育之现状

当澳大利亚联邦科学与工业研究组织(CSIRO)中的未来研究团队和澳大利亚体育委员会(ASC)展开合作去找出那些在过去10年中塑造和改变体育的大趋势时,他们发现了一个矛盾的现象。虽然澳大利亚人热爱体育,体育也一直是这个国家文化认同的一部分,但整个国家正持续面临着生活习惯中的风险因素和长期不良健康状况的挑战。当时,澳大利亚统计局(Commonwealth of Australia, Australian Government—Productivity Commission 2017)证实了,5%的国民患有糖尿病,还有5%的国民饱受心脏病发作或中风的折磨。再来看看那些生活习惯中的风险因素,几乎有17%的国民被诊断出高血压,20%的国民符合肥胖标准,甚至有接近一半的澳大利亚人口极少甚至从不参与体育锻炼。因此,不只是在澳大利亚,世界各地的政府机构都将体育视为预防疾病的一种手段。除了参与率下降,澳大利亚联邦科学与工业研究组织和澳大利亚体育委员会还发现了下述几项持续改变体育的大趋势(Hajkowicz et al. 2013)(图1):首先,研究表明个性化体育运动和健身活动正在崛起。越来越多的人不得不"将体育运动融入他们繁忙且时间碎片化的生活方式之中,以实现个人的健康目标"。依据第一个大趋势,体育必须"完美融入",要能够与人们的其他需求相配合。第二个大趋势,健身操、跑步、健步走的参与率以及健身房会员的持有率在过去10年迎来了快速增长;与此同时,很多有组织的体育活动的参与度只能是勉强持平甚至有所下降。"人们越来越多地选择一旦有机会就戴上耳机和智能设备去跑个步,而不是锁死在一个按部就班的有组织的体育活动之上"。

图1 未来体育的大趋势与核心驱动力(通过并修订)
(Hajkowicz et al. 2013)

第二个大趋势还反映出，彰显生活风格、体验冒险以及挑战极限的体育运动，在年青一代中尤其受欢迎，它们"正从小众极限迈向大众主流"。"被视为生活风格的体育运动通常包含复杂且高超的运动技巧，并且具有一定的危险元素，因此能够满足某种寻找刺激的需求。这些体育项目还以鲜明的生活风格元素为特征，其参与者往往会通过体育运动收获文化上的自我认同和自我表达。"还有一点需要提及的是，生活风格和极限运动通过"线上内容传达出的代际更替和更鲜明的意识"，正吸引越来越多的参与者。

第三个大趋势被视为"不只停留于体育运动"，其基础便是政府、公司、社区对于"体育能带来的好处远超出运动竞技的范畴之外"的认知逐步加深。"体育能够帮助实现精神和身体的健康、预防犯罪，并对社会发展和国际合作等目标起到促进作用。"澳大利亚联邦政府甚至因为体育在经济上的重要性、团结民众的能力以及在全球的广受欢迎，将其定义为一种外交资产（Commonwealth of Australia，Australian Government—Department of Foreign Affairs and Trade 2019）。

与经济合作与发展组织（OECD）中的其他国家一样，澳大利亚也面临着人口老龄化问题。这样的转变被视为第四大趋势，"人人都能参与的体育运动"概述出了现在大家都在参与的体育运动以及参与它们的方式，比如说使用的场地更小或是缩短比赛时长。参与数据表明，澳大利亚人在步入老年以后开始更加拥抱体育运动。因此，未来的体育需要迎合老年人的需求，以此在高龄人群中保持体育的高参与率。

体育还需要迎合澳大利亚文化构成的改变。"澳大利亚的社会已经成为并且在继续演变为一个高度多元的文化。在体育赛场之上和体育商业环境之中，整个亚洲地区的人口和收入增长会带来更激烈的竞争，也会创造更多新的机会。第五个大趋势，'新的天赋——新的财富'，其背后的事实是，亚洲国家正在改变，各国政府在增强体育实力方面投入巨大。"

该报告表明，更进一步的趋势在于，"市场力量有可能在未来的体育世界施加更大的压力。结果将会是，组织松散的社区体育协会将被有企业结构和更正规管理系统的体育组织所取代。"该报告将商业模型将会遭遇的这种转型和改变定义为第六大趋势，即"从运动服到商务西装"。

所有这些过去10年的大趋势目前还仍然有效，并且预计会在未来10年继续影响体育世界的走向。在这份咨询报告中，只是稍稍提及体育科技在影响这些大趋势、驱动一些社会反响时所带来的改变和机遇。因此，我们认为科技越来越多地被应用在体育世界的方方面面，应当作为前文提到的六大趋势之外一个独立的大趋势。

2 自我量化，未来物联网体育的起点

将体育领域中的科技趋势归纳成图，能够帮助我们识别并探索未来可能发生且合乎情理的潜在场景（Voros 2003）。因此，自我量化这一概念（https://quantifiedself.com）——也就是某个人使用自己私人的、自我收集的数据来找寻相关发现，和体育领域在过去10年的末期所呈现出的大趋势，在很多关键方面有相似甚至重叠之处。人们越来越多地使用自己的运动设备参与个人体育活动，利用传感器采集到的数据去监测他们的体育活动、训练进展或者表现提升。类似的活动数据加上从体育设施或运动环境中采集到的传感数据，当这些数据接入核心计算存储并且使用基于云的基础设施进行持续的追踪记录时，就能够形成将人、物体和服务在物理和虚拟世界中汇聚起来的物联网网络（Kagermann et al. 2013）（图2）。

人们使用这些信息进行自我激励和自我提升。个人开始收集数据然后连入云端以分析其中的细节与呈现出的趋势，除此之外，这其中还涉及社交因素。根据一份健身调查（Burr 2017），大约有70%的活跃运动人群会使用应用程序去追踪记录自己的健身计划，其中又有2/3倾向于以小组的方式进行锻炼并进行虚拟竞赛。

图 2 物联网：将人、物体与服务通过网络连接起来

逐步地，科技将会在运动执教和运动激励方面取代人类专家。在未来，虚拟化执教还能够扩展出新的商业模型，知名的运动员和教练员将会使用机器学习和人工智能为订阅他们服务的消费者制订个性化的训练方案并不断进行优化。再与自动化的合成媒体技术相结合，比如说使用人工神经网络（"deepfakes"人工智能换脸便是其典型案例）生成个性化的指导视频，体育组织、运动服饰供应商、知名运动员以及教练员可以借此开辟全新的市场，为消费者提供个性化的、具有激励性质的运动指导（图3）。

图 3 健身市场调研及相关趋势中所得出的深度见解

再向前一步，很多人都预期，将数据汇聚起来能够对记录趋势、分析风险起到帮助，并最终预防疾病。相应地，运动服饰公司、运动设备及互联网技术供应商、健身与健康公司、保险和医疗供应商以及政府部门和监管机构，都能从中对有关强身健体、身心健康以及数字健康的方方面面进行探索。

依据管辖模式、政治系统以及被人们接受的社会规范的不同，物联网云架构中的数据管理可能由政府、企业或者未来的点对点（P2P）云架构所监管。在如今这样一个用户愈发认识到个人数据存储的隐私与安全问题的世界，由政府、企业以及点对点式的云架构共同实现的数据汇聚能够形成一个管理数据存储与汇聚的数据生态系统（图2）。比如说，个体能够将私人数据存储在私有微型云端，然后只将限定范围内的数据点共享到公有云之上。数据汇聚、统计和分析只会发生在那些用户知情并主动共享在公有云的数据包之上。

畅想更长远的未来，如此一个私有-公有混合的云基础设施架构，还能够刺激新的商业模型的形成。比如说，如果政府负责维护这样一个生态系统，可以利用税务方面的激励，从消费者对政府和商业对政府的层面分别去驱动数据共享和数据汇聚。相反地，若是企业实体负责维护该生态系统的管辖模式，一种"使用你的数据进行支付"的新模式有可能替代免费增值商业模式。造成这种商业模式改变的背景是，企业使用用户私人数据已经被全球的法学和商学学术界研究透彻了（Posner 2018；Mitchell 2018）。

不管是哪种场景——一种是"使用你的数据进行支付"的商业模式，另一种则是政府驱动的激励机制——对设备和传感器的核验、认证以及管理都最终会面临一个监管挑战。全球的政府和监管机构已经在密切关注健身设备交叉融入医疗设备领域的事情了（Albrecht 2016）。在某些情况下，健身追踪设备的供应商做广告时的演说以及对于潜在监管审批或认证程序的疑问，引发了这些关注。第二个监管的关注点在于可识别的健康信息，即哪些信息可以被用于汇聚、存储或传输。在如今的一些特定环境中，根据各个管辖区域各自的法律规定（https://www.fda.gov/medical-devices/digital-health），部分此类信息已经被认为是受保护的健康信息。第三，随着对于可穿戴设备的监管环境的不断进化，需要多种不同类别的测试去评估它们的安全性和可靠性。建议纳入测试范围的内容包括：电学和机械学角度的安全性、化学成分识别或危险材料识别、电磁兼容性（EMC）、性能与功能性、数据的完整性和安全性（Solmaz-Kaiser 2017）。在私有-公有数据云模型下，这样的测试和认证还需要扩展至对数据交换的质量、完整性和安全性进行测试，甚至可能需要开发出更好的应用程序编程接口（API）与协议标准以解决可能会出现的新问题，比如说出现数据偏差时会产生的潜在数据间隙。

然而，需要着重指出的是，将数据汇聚起来只能用于阐明事实。重要知识的获取只能来源于对数据的分析以及对深度洞察的提炼，然后再用这些细致入微的洞察去启发有意义的行动。在未来，不管是由精英体育界高效率的管理者还是由具有雄心壮志的"周末勇士"去驱动这一过程，这样的深度洞察和重要知识都会促成并支撑全新的商业模式。比如说，通过"使用你的数据进行支付"，实现将数据仪表盘和趋势分析作为一种订阅服务提供给职业或业余的运动员。

无数个个体的活动数据汇聚起来，还可以用来为城市景观建设提供深度见解，就像"跑遍阿姆斯特丹/Running Amsterdam"计划一样。使用"来自群众的"数据，这项计划绘制出了全城的跑步、骑行、爬山、滑冰以及其他活动的热度地图，揭示出了城市中各个区域正实际遭遇的瓶颈。从分析中获取的知识可以被转化为智能城市和景观规划中的战略与设计建议（https://www.track-landscapes.com/track）。除了将来自群众的数据用于城市规划，另外一个可能的应用在于，将运动员使用的智能设备和城市中的物理基础设施以实时的方式连接起来，这意味着慢跑小径旁的路灯能够根据是否有人靠近，实现自动开关，或是当有运动员开启自己黎明或黄昏的训练活动时，这些路灯由夜间模式切换为泛光灯模式。类似于2019年在维也纳指引埃鲁德·基普乔格完成"2小时以内跑完马拉松"

挑战的绿色激光光束，佩戴有连入物联网的可穿戴设备的业余选手，也可以借助智能城市中跑步或骑行小径旁的灯光基础设施，为训练时的配速提供引导。参与社区体育活动时，连入物联网的基础设施与可穿戴设备进行配对后，能够简化计时和注册等基本操作。此外，对于体育设施和重要器械的使用可以由连入物联网的基础设施来进行监管，而无须再安排专门的工作人员去看守，从而延长开放时间。例如，这样的连入物联网的基础设施，可以基于物联网和地理围栏技术，使用类似于电动滑板车共享经济模型的方式进行操作和运营。

3 传感器与无标记视频的融合

顺应以更个性化的方式参与体育的大趋势，追赶着对训练方案、运动负荷以及表现提升进行追踪的潮流，越来越多的业余运动员开始使用非侵入式的个人监测设备。与职业体育界通过侵入式的数据采样技术结合全球定位系统（GPS）、射频识别（RFID）技术以及基于视频的设备的方式去监测生物和医疗指标不同，针对业余或有雄心壮志的体育爱好者们的消费者市场之所以也能得到增长，是因为可商用化、可穿戴的传感器技术的发展。诸如心率、体温、呼吸频率、出汗率这样的重要指标，开始和有关移动的测量数据结合起来分析。在现实中，这一领域涉及的传感器和设备，有靠近运动员身体就可以使用的，也有贴合身体甚至嵌入体内这样更为定制化的使用方式（图4）。要特别提及的是，应用程序使用嵌入在智能手机内部的传感器技术正被使用腕带式活动追踪器或智能手表去测量靠近身体的指标所取代，而且此类应用程序的数量正急剧上升。头戴式设备方面，除了头盔摄像头以外，其他诸如入耳式耳机、穿戴在两肩胛骨之间的多运动传感器之类的可穿戴设备，在普罗大众之中也逐渐被认知和接受。另外，嵌入在运动服饰和鞋具之中的传感器由于还未能处理好性能方面的问题，其接受程度慢于预期，甚至无法按照预计时间带来财务回报（Gartner 2018）。

体育科技的触及范畴 **115**

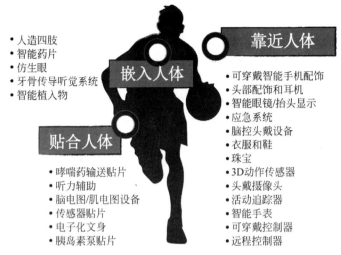

图 4 遍布运动员全身的传感器和设备及它们的位置
（借鉴于 Stammel 2015）

研究表明，在有些情况下，对于来自可穿戴传感技术的数据的可靠性、灵敏性及有效性的科学评估是非常有限的（Düking et al. 2018）。在一篇综述中，用表格罗列了被监测和记录的训练数据、健康数据类型以及所使用的传感器技术（Düking et al. 2016）。研究发现，必须要同时结合使用多种可穿戴设备，才可能捕获一个运动员训练进展和健康状态的全貌。与此同时，该研究还确认了运动员、教练员和从业人员都无比坚持的一点：最小化一个运动员穿戴设备的时间并且尽可能地减少设备对于运动员以自然方式进行运动训练的影响与妨碍，是非常重要的。将传感器和设备整合到运动服饰中（也就是"智能运动服"）的速度要比预期的慢，因为现在数据传输、电池蓄电、能量采集等方面还存在技术限制。运动员需要智能运动服足够灵活且舒适，不会让他们感受到任何不适，也不会限制他们的竞技表现以及技术动作执行。

特别是在职业体育界，教练员和理疗师在实验室环境和比赛中应用视觉动作捕捉技术，已经有很长一段时期了。基于全球导航卫星系统（GNSS）和本地定位系统（LPS）去采集移动和位置数据的早期，人们认为基于视频的运动表现分析和基于传感器的移动分析是截然不同且相互割裂的。然而现在，全面整合基于视频和基于传感器的数据并互相进行校准，成为一种极具潜力的方式，能够让人们更加完整地去理解运动表现分析。使用基于传感器的数据去强化基于视频的数据，就像是为电视直播补充上可隐藏的字幕一样。

在过去，体育或临床医学领域使用的生物力学分析依赖于在监测目标上部署标记，然后在限定的范围内使用高速摄像机技术去捕捉其移动（https://www.vicon.com）。在如今的实验室中，将惯性和红外传感器采集到的数据与视频图像进行融合分析，已经触摸到了全面捕捉位置、加速与方向数据的门槛，并且具有分析计算平衡性、移动范围以及动作校准的功能（https://www.valdperformance.com/humantrak-movement-analysis-system/）。与这种实验室内的评估方法类似，电子定位和追踪系统（EPTS）的供应商（https://football-technology.fifa.com/en/media-tiles/fifa-quality-programme-for-epts/）也开始整合来自视频分析定位系统的数据（www.catapultsports.com）。此外，对于移动捕捉而言，以符合全球认证标准的传感器系统采集到的数据为基准，进行比对和校准，以此来量化数据采集、处理以及分析的准确性，是一条公认的黄金准则（https://football-technology.fifa.com/en/media-tiles/test-method-for-epts-performance-standard/）。

在未来，融合基于传感器的数据和视频信息，使用无标记动作捕捉系统就能实现三维生物力学动作捕捉。再加上不断整合强化的传感器系统，这样的发展趋势最终会形成多尺度的人类运动表现建模与模拟方法，从而对理解身体运动表现中的生物力学与生理学因素提供帮助。比如说，使用智能压缩运动服采集到的与肌肉活动和疲劳度相关的运动表现指标，已经被拿来和高速骑行自行车过程中的肌电图（EMG）做比对（Belbasis & Fuss 2018）。这项研究验证了，肌肉活动和疲劳度是可以被采用压力传感技术的智能压缩运动服所采集的。无标记的生物力学评估结合骑行的功率输出数据进行分析，也已经在公路骑行环境中进行了测试（Saylor & Nicolella 2019），以此来提升运动员的效率和改善竞技表现。两个研究案例都表明了，给定一名运动员的自身资质，要想对其生物力学分析、运动技巧执行效率以及必须达到的训练要求有全方位的理解，需要融合非侵入式的传感器数据、视频剪辑数据以及基于血液标志物的诊断，甚至可能使用到基因信息。这种融合所带来的最终结果将会是针对一名运动员完全定制化和个性化的模型。如此全面的模型将具有多种多样的数字化模拟的能力，比如说，对训练方案预先进行情景测试，或是在某位运动员的数字化替身（又名"数字孪生"）身上执行伤愈康复计划。

关于那些不断自我优化的算法，值得注意的一点是，理解人类的移动是计算机视觉、机器学习以及人工智能方法完全理解人类运动表现的先决条件。最终，这一领域的进步将会完全改变现有的人类运动表现分析方式，从"感知然后响应"转变为"预测然后执行"。在未来，机器学习和人工智能算法，基于全面融合后的来自生物标志物、非入侵式传感器以及视频采集和分析设备的数据信息，有望在伤病发生之前就向教练员和运动员发出预警，而不是检测到伤病发生之后才给出纠正建议。此外，人工智能还可能最终被用于预测比赛中的战术选择，比如说，预测对方球员和球队的移动，创建出其各种场景下的战术手册。一旦这些技术能力在精英体育赛场中得到验证，相关的科技手段就会转化到大众的强健体魄与身心健康之上，并为医疗和保险供应商带来扩展和精进其商业模式的全新机会。

4 物联网对于各个垂直产业的影响

4.1 保险难题

从保险行业诞生之初，其商业模型就一直按照"风险转移"和"损失分摊"的方式进行规划。个人或团体通过支付保费的方式购买保险产品，然后将风险转移到保险公司身上。一般来说，保险公司本身还会将部分风险再次分担给另一家保险公司（称为"再保险"）。在澳大利亚，和很多其他国家一样，有一个立法和监管框架从全局上管理着保险行业（Commonwealth of Australia. Australian Prudential Regulation Authority Act 1998）、企业诚信、消费者保护与牌照发放（Commonwealth of Australia. Australian Securities and Investments Commission Act 2001），还有反歧视制度（Commonwealth of Australia. Age Discrimination Act 2004）。在反歧视制度下，保险行业仍旧会有一些特定情况下的豁免空间，让保险公司有可能对投保人进行区别对待。其中一个看上去有理有据的特定条件，就是基于能够公开获取的"精算和统计数据"。然而，就像澳大利亚法律改革委员会指出的那样，"在承保和定价过程中保险公司所依赖的大部分数据，都不是公开可获取的"（https://www.alrc.gov.au/publication/grey-areas-age-barriers-to-work-in-commonwealth-laws-dp-78/4-insurance/insurance-in-australia/）。

有一段时间，健康保险公司曾试图鼓励保单持有人采取健康的生活方式，通过媒体出版物和会员资讯服务向他们提供有关营养搭配、运动锻炼和整体生活方式的建议。尽管如此，保险公司提供的健身追踪设备和智能手机应用在澳大利亚的保单持有人之中的接纳度和使用率也只是不温不火。对此，有些消费者表达了自己的顾虑，他们认为消费者订阅使用由保险公司维护的健身追踪设备和智能手机应用完全只是单方面给保险公司提供统计数据，甚至可能导致自己在之后被区别对待，比如说有些消费者可能需要缴纳更高的保费。因此目前看来，由第三方的运动服饰公司或技术供应商维护的智能手机应用和追踪设备，相比于保险公司自己来运行维护，会有更高的接纳度。不过，将体育和健身领域中的知识转化到身心健康领域，对于医疗和保险供应商目前的商业模型来说会是一个挑战。与此同时，个人用户的活动数据、采集自非侵入式传感器和设备的生物标志物数据、存入档案的健康数据以及非处方药的购买历史，拥有海量此类数据的势头强劲的科技股份公司（以被称为

"FAANG"[①]的五家公司为代表）不仅可以开始承担保险经纪人的角色，甚至可以自己进军医疗和保险领域成为供应商。

4.2　智能场馆：智能城市的子集

比赛日之前，甚至赛事或活动真正开始前的一段时间，即将到达现场或已在场馆内的体育粉丝和观众是需要和活动组织者进行互动的。在第一阶段，也就是活动日之前的时期，下单购买和真正锁定门票之间的时间间隔，会因为粉丝或观众类型的不同而有所差别。当活动参与者是一名季票持有者或是会员的话，消费者与活动组织者之间的交互在赛季拉开帷幕之前就已经开始了。而单场活动门票的购买者，其互动开启时间则更加接近活动的开始时间。迈入第二阶段，也就是活动当天活动真正开始前的几个小时，活动组织者可能会向活动参与者提供各种有用的信息，其中就包括前往场馆的路线图、到达或进入场馆的流程等。在场馆内通过生物信息识别去管理场馆的入口或是确定购买折扣，是简化流程、增加收入的一种方式（https://www.clearme.com/sports/seahawks）。在活动日当天，使用人工智能优化场馆内部交通和人的流量、通过实时推送通知的方式将粉丝和观众指引至验票处。由此，解决一个智能场馆中的种种优化问题，也可以被视为对智能互联城市中的相关问题进行证明和验证的过程。

长久以来，职业体育队和活动组织者一直都在试图解决一个难题，那就是如何在统计数据表明每卖出去 2.8 张门票只能记录下 1 位购买者的姓名的情况下，更好地和来到现场的粉丝们进行互动。哪怕是对季票会员，也会出现类似的问题，尤其是当季票持有者将其座位转让给其家庭成员或朋友之时。作为应对手段，越来越多的场馆运营者开始应用智能手机技术，将他们的票务系统从纸质存根

[①]　脸书（Facebook）、亚马逊（Amazon）、苹果（Apple）、网飞（Netflix）和谷歌（Google）五家广受欢迎且表现突出的科技股份公司的首字母缩写。

转型为数字票务平台。大多数的职业体育队现在也开始提供品牌化的移动应用，帮助粉丝或观众进入场馆，或是在观看比赛的同时获取更多额外的信息。

一件特别有趣的事情是，2017 年，一位球迷对美国职业篮球联赛（NBA）中的一支球队提出了诉讼。这位球迷声称这支球队的官方移动应用一直在窃听球迷隐私，尽管联邦法官最终驳回了所有指控（Wheeler 2017）。根据隐私专家和倡导者的建议，使用信标接近技术结合应用程序访问权限设置，能够作为一种提醒，去考虑应用程序到底可以访问哪些细节数据。对于活动运营者来说更为重要的是，要避免因为秘密追踪消费者的行为而流失掉客户。不以隐蔽的形式去深度监视用户，而是采用抽奖、折扣、补偿等激励驱动的互动方式，能够让用户更愿意通过应用程序或连入场馆网络的可穿戴设备去分享他们的个人偏好和数据。

不管在何种情况下，有着使用服务、移动商品和货物以及访问基础设施需求的现代化场馆，都可以视作一个大都市中的一个小辖区来运营。当嵌入更庞大的基础设施网络之中时，场馆不仅需要满足某一项特定的基线要求，而更重要的是，要能达到巅峰时期的负载管理要求。因此，对场馆状态及现场活动进行实时且不断更新的监测，对于优化一个体育与娱乐辖区的粉丝体验并最小化运营成本是非常关键的（图 5）。

原本用于电动车的电池(https://www.johancruijffarena.nl/default-showon-page/amsterdam-arena-more-energy-efficient-with-battery-storage-.htm）或是类似的能量存储系统（https://www.arsenal.com/news/3mw-battery-power-emirates-stadium）正被安装到体育场馆之中，从而在关键时刻提供备用，提升电力供给的峰值，这是努力优化场馆运营的一个典型案例。包括基础设施、安全保障、赞助行为、粉丝互动在内的场馆运营事务，都有可能通过数字模拟的方法被优化。场馆的"数字孪生"的未来形态是，能够预测出可能的运营操作瓶颈，并且主动提供更有效的运营流程，从而提升服务体验。

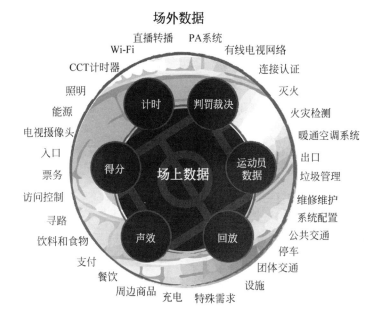

图 5　数字化的体育场馆平台

随着场馆内的观赛体验需要和前所未有眼花缭乱的直播观赛体验相竞争，场馆内摄像头系统变得越来越重要（https://www.intel.com/content/www/us/en/sports/technology/true-view.html）。多摄像头或是基于传感器的官方与裁判辅助技术，比如说足球中的门线技术（GLT）（https://football-technology.fifa.com/en/media-tiles/about-goal-line-technology/）、视频助理裁判（VAR）（https://football-technology.fifa.com/en/media-tiles/video-assistant-referee-var/）以及虚拟越位线（VOL）（https://football-technology.fifa.com/en/media-tiles/fifa-quality-programme-for-virtual-offside-lines/），或是橄榄球中的"1st and Ten"[①]图像处理系统，为场馆内第二屏幕应用带来了新的机会——不管是在体育场中的大屏幕上，还是在个人

---

① 1998 年，名为 1st &Ten 的图像处理系统在电视直播中为 NFL 绘制了黄色的虚拟线，显示出"首攻"需要推进的进攻距离。

的智能设备上。在未来,完全可以想象类似的官方与裁判辅助技术将会以投影或灯光的形式,直接显示在正在进行比赛的赛场之上。为了让这样的进步成为现实,场馆内的高带宽 Wi-Fi 或下一代无线网络(5G)将成为场馆拥有者寻求为粉丝提供更高级别互动体验的关键条件。相关的基础设施还能够给 OTT 流媒体服务或传统的体育转播提供增值内容。结果将是,场内观赛体验和线上体育赛事直播都会受益于科技创新,改进其工作流程,并增强其数据分析能力,作为解说评论和高光集锦的强有力的内容补充(https://frntofficesport.com/live-sports-broadcasting-spalk/)。

  无论是场馆内还是直播中的观赛体验,其关键的一环都将会是低延迟甚至无延迟的第二屏幕应用。虽然比赛进行中的博彩目前普遍被视为商业和娱乐上的大好机会,但并非所有观众都会对投注充满热情和期待。因此,其他类型的附加价值服务下一步也应当被整合入第二屏幕体验之中。比如说,实时显示从运动员追踪、具有感知能力的赛场地面或运动装备以及即时教练资源采集到的当前比赛数据,然后将它们发送到个人设备上。这种定制化、个性化的服务,可以被整合到不同层级的票务定价或会员结构中。当一名观众的设备或眼镜指向某个特定的运动员或是赛场上某块区域时,除了预先设定好的数据,还能将运动员的实时个人数据显示出来。此外,观众甚至能够成为比赛或者直播的一部分,自由选择摄像头视角、挑选喜欢的解说员或是将用户生成的评论发送到场馆内的现场活动中。这样的科技进步能够满足那些充满激情的超级粉丝的诉求,正如英国近期开展的一个调研中所指出的一样(https://advanced-television.com/2020/01/16/survey-96-of-football-fans-want-personalised-tv-channels/)。同时,也不难想象,现场体育观赛体验中可以无缝融入范特西类体育游戏比赛,在赛事暂停或是休息的间隙开展。如此一来,一个智能体育馆便成为一个实时的、发生在场馆内部的、在所有粉丝和观众之间进行的电子竞技比赛。还有,体育管理组织看到这样的变化:恰当应用的裁判回放和其他后台活动,开始促成额外比赛规则的诞生，甚至包括将部分投票或打分的权利交给看台上的观众。

正如前文所述，比赛中实时数据的强化与融合、更丰富的直播内容供给以及将博彩和范特西游戏融入现场互动之中，要想实现这些，需要对场馆内的 Wi-Fi 或下一代无线网络相关的基础设施进行大幅升级。完成升级后，能够更好地管理商品销售和折扣优惠，也能扩展到连入物联网的旋转闸门或观众入场系统。再加上公共 - 私有数据云基础设施以及观众有选择地共享数据（图 2），能够为赞助行为、合作伙伴促进以及消费者忠诚等方面创造新的机会。比如说，场馆内体验升级或是个性化的座位选择，享受在运动员入场通道旁专属的运动员 - 观众见面机会。

4.3 赛事直播领域媒体版权与数据版权的分化

2018 年，全球体育媒体版权市场的估值为 495 亿美元（Sports Business Consulting 2018）。根据此报告，足球方面的版权占全球总版权价值的大约 40%，接下来依次是美式橄榄球、篮球和棒球。不过总体来看，越来越多的消费者不再通过传统的直播渠道消费体育内容，而是使用移动设备观看流媒体内容。由越来越全球化的粉丝互动所驱动，一方面，消费者已经准备好了在一场特定的体育比赛或是自己喜欢的球队的比赛在本地频道不直播的时候，付费订阅流媒体服务；另一方面，技术供应商和电信运营商越来越把体育版权视作吸引客户使用他们的基础设施和网络服务的重要方式。在有些情况下，由于一些独家转播权安排，消费者会遇到这样的情况：大型体育赛事或联赛的直播和其他一些他们原本不会去选择的服务捆绑在一起。

基于当下普遍采用的技术，目前大多流媒体应用的延迟一般在 30 秒到 45 秒之间，有时甚至会更长，而传统有线电视直播的延迟则为 5 秒到 10 秒（Takahashi 2017）（图 6）。虽然这样的延迟可能对于远离比赛现场或者在家收看的观赛体验并非那么重要，但它肯定会对体育比赛现场的第二屏幕体验和博彩市场带来负面影响。对于一些体育项目来说，情况尤为如此，比如赛车、赛马这样在某个赛道上高速进行的体育项目，再比如需要关注多个地点的比赛，如高尔夫、自行车巡回赛以及包括超级耐力赛在内的田径项目。因此，当赛事组织者向场馆内或场馆周边的观众提供高速 WiFi 接入服务时，他们搭建基础设施的核心考量将会是无线网络设计的质量，而非对建设成本斤斤计较（https://convergencetechnology.com.au）（比如说，一场紧追车尾式的赛车竞速）。

图 6　OTT 流媒体的工作流程设置会带来高延迟

与传统直播方式相比，OTT 流媒体能够提供的能力和平台，将会获得场馆内观赛和第二屏幕直播体验的共同青睐。未来，低延迟的流式传输将会避免如今流媒体相较于传统电视直播的时间滞后。最终，体育数据版权将会从媒体直播版权中分化出来，单独签订合同。特别是当体育博彩和移动投注应用完全放开之后，获取和提供体育分析数据的需求将会成为将数据版权从媒体版权中剥离出来进行签约谈判的驱动力。

5　知识扩散：从体育转化至其他垂直领域

5.1　从体育到专职医疗

体育科技可以被视为一个极佳的验证平台，用于验证体育领域之外的应用，或者将所得知识扩散到其他赛道之中。相较于被高度监管的市场，比如说医疗科技，体育科技领域的进入障碍会小很多。体育应用，尤其是在精英体育界，一般聚焦在人类运动表现和伤病的预防或恢复之上。然而，迈入强身健体和身心健康领域，则将关注点转向了健康生活和与生活习惯相关的疾病（比如说肥胖）上。普遍来说，非职业运动员的目标是强健体魄或是加快康复速度，而精英运动员在设计训练时，则落脚在某项特定的力量表现以及伤病预防。当将应用和科技解决方案从精英体育界转化到业余健身与健康领域时，需要更复杂的监管机制，而关注点也会转向评估、监测和治疗。

由于符合精英运动员关注竞技表现的需求，有关人类运动表现的科技应用可以先在体育领域实现验证，然后再转化到专职医疗市场。现如今，最初用于精英体育界的运动健身设备，已经在监测病人健康状况以及某种特定的健康指标方面找到了应用场景。除此之外，传感器和设备还被整合到了老年人退休后居家护理的场景之中。除了简单地使用加速计去监测绊倒或摔跤，智能鞋垫可以捕捉步频、步长，识别脚部的碰撞、旋转与非对称性，检测病人的健康状况是否恶化。然而，在未来，体育科技在价值曲线中得到提升的应用数量是否会超过医疗科技向下转化到身心健康与体育领域的应用数量，仍旧有待观察。

5.2 从体育到职业健康与安全

由于体育应用总体集中在人类运动表现之上，所以体育科技能够被进一步地转化到职业健康与安全（OH&S）（图7）这样的赛道，也是合情合理的。在运动服饰和护具中为了提升竞技表现或预防伤病而使用的高新材料，就可以从体育领域转化到职业健康与安全领域。除高新材料之外，用于比对技术动作执行的运动传感器和设备也可以在其他职业领域的动作姿态和工作负荷管理上起到作用。现如今，来自体育领域的那些嵌有加速计、陀螺仪和磁力计的设备，已经被用于监测具有挑战性的工作环境中的有问题的动作姿态、重复或冗余的操作以及肌肉活动（https://www.dorsavi.com/us/en/visafe/）。在未来，雇主、健康专家、保险公司或监管机构需要在一名员工发生工伤后为其制订重返工作岗位的计划和执行过程的场景下，此类设备也可以被可靠地部署使用。

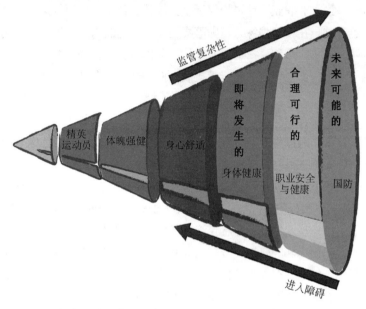

图 7 从体育领域到专职医疗、职业健康与安全以及国防领域的转化

此类技术转化涉及的内容可以远超出转化原本用于体育的传感器和设备，软件分析、数据仪表盘以及预测性算法同样可以被转化。由于体育领域中机器学习和人工智能算法已经从"感知然后响应"向"预测然后执行"进化，这些算法模型可能同样可以对工作场景中的意外预防带来帮助。由于智能制造生产是推动第四次工业革命的关键之一，将预测运动员负荷的模型结合到机器和生产线的模拟之中，形成一个复杂人机交互过程的真正意义上的数字孪生，是一种可行的做法。此外，基于这样的数字孪生模型，用于体育领域中反复模拟重演赛场情景的增强现实和虚拟现实应用，能够被用于工作场景中的操作培训、技能开发和危险预防。

5.3　从体育到国防

以类似的方式，体育领域实现与验证的解决方案还可以延伸到国防应用之上。运动员的负荷管理、冲撞保护等问题都是最显而易见的例子，在体育领域的相关创新和知识可以被扩散到国防中。比如说，最近的一个案例研究就概述了原本用于测量运动员负荷的某种设备是如何被应用于步兵的负荷平衡与力量训练之上的（Lakhani et al. 2019）。

除了高新材料、传感器和设备，与行为和认知相关的技术解决方案也可以被轻易地从体育领域转化到国防之上。用于评估或测量遭遇威胁时决策能力的程序、使用生物电流进行记忆刺激以及深度学习算法，都是可以先在体育上进行实现验证再转化到国防领域的可能应用。此外，营养、睡眠和超级耐力体育活动中的科学进步，似乎也是注定能够将它们的领域知识扩散到国防之上的。

体育和国防还有可能通力合作，去了解、实现和验证新的技术——这一点可能尤其适用于极限运动和电子竞技。比如说，空军可以和定点跳伞运动合作，实现和验证新的翼装设计和材料使用，从而将其中的知识和发现转化到飞行员培养和跳伞装备制造之上。对于陆军人员，与混合武术进行合作是完全合理的，比如说用终极格斗冠军赛（UFC）去评估力量和体能机制，验证能够提升战斗意识、警觉性以及精神韧度的技术。还有一个例子听上去可能有些老套，电子竞技运动员在训练备战时尝试去改善认知、反应和敏捷表现的那些重要方法，同样可以用来训练军队中操纵无人驾驶飞机的飞行员。类似合作的涵盖范围还可以包括人机交互中的人员训练、表现分析以及数据监测。

总结而言，体育科技与其他领域（如先进制造、物理学与电子学、医学与生物技术以及信息技术，见图8）的能力与发展高度相关。为了让体育界和工业界深入合作，数字服务提供、新商业模型的开发以及开放创新对于这一转化过程都是不可或缺的先行条件。转化过程中，需要体育组织者和技术供应商融合工业界和互联网的文化，设定优先级然后进行聚焦，并且在处理与运动员有关的方方面面之时，评估好安全性和用户隐私。不管怎样，现在仍旧存在两大挑战：第一，为实现必要的数据交换和协作，需要开发真正的开放标准，提供合适的应用程序编程接口（API），而非试图将用户锁死在专有的平台和解决方案之上；第二，尊重数据隐私，采取激励式的数据共享机制，而非部署暗中进行的深度监视。

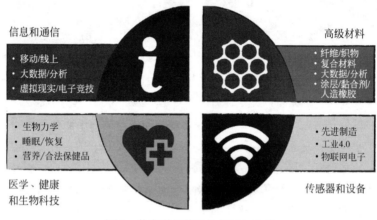

图 8　体育科技涉及的领域与分类

参考文献

Advanced Television Ltd. (2020). Survey: 96% of football fans want personalised TV channels. Retrieved February 2020, from https://advanced-television.com/2020/01/16/survey-96-of-football-fans-want-personalised-tv-channels/.

Albrecht, U. V. (Ed.) (2016). Chances and risks of mobile health apps. Hannover Medical School. Retrieved October 2019, from https://www.bundesgesundheitsministerium.de/fileadmin/Dateien/3_Downloads/A/App-Studie/charismha_abr_v.01.1e-20160606.pdf.

Alclear LLC. Retrieved October 2019, from https://www.clearme.com/sports/seahawks.

Australian Law Reform Commission (2012). Insurance in Australia. Retrieved October 2019, from https://www.alrc.gov.au/publication/grey-areas-age-barriers-to-work-in-commonwealth-laws-dp-78/4-insurance/insurance-in-australia/.

Belbasis, A., & Fuss, F. K. (2018). Muscle performance investigated with a novel smart compression garment based on pressure sensor force myography and its validation against EMG. *Frontiers in Physiology, 9*, 408. https://doi.org/10.3389/fphys.2018.00408.

Burr, S. (2017). Adidas future/fit forecast. Retrieved October 2019, from https://www.gameplan-a.com/wp-content/uploads/2017/03/adidas-Future-Fit-Forecast-2017.pdf.

Catapult Sports. Retrieved October 2019, from https://www.catapultsports.com.

Commonwealth of Australia (2004). Age Discrimination Act. Retrieved October 2019, from https://www.legislation.gov.au/Details/C2017C00341.

Commonwealth of Australia, Australian Government—Department of Foreign Affairs and Trade (2019). Sports diplomacy 2030. Retrieved Ocotber, 2019, from https://www.dfat.gov.au/sites/default/files/sports-diplomacy-2030.pdf.

Commonwealth of Australia, Australian Government—Productivity Commission (2017). Shifting the dial: Why good health matters in Australia, Supporting Paper No. 4. Retrieved October 2019, from https://www.pc.gov.au/inquiries/completed/productivity-review/report/productivity-review-supporting4.pdf.

Commonwealth of Australia (1998). Australian Prudential Regulation Authority Act. Retrieved October 2019, from https://www.legislation.gov.au/Details/C2017C00203.

Commonwealth of Australia (2001). Australian Securities and Investments Commission Act. Retrieved October 2019, from https://www.legislation.gov.au/Details/C2018C00438.

Convergence Technology Group. Retrieved February 2020, from https://convergencetechnology.com.au.

dorsaVi Ltd. Retrieved February 2020, from https://www.dorsavi.com/us/en/visafe/.

Düking, P., Fuss, F. K., Holmberg, H.-C., & Sperlich, B. (2018). Recommendations for assessment of the reliability, sensitivity, and validity of data provided by wearable sensors designed for monitoring physical activity. *JMIR Mhealth Uhealth, 6*(4), e102.

Düking, P., Hotho, A., Holmberg, H.-C., Fuss, F. K., & Sperlich, B. (2016). Comparison of non-invasive individual monitoring of the training and health of athletes with commercially available wearable technologies. *Frontiers in Physiology, 7,* 71. https://doi.org/10.3389/fphys.2016.00071.

FIFA Football Technology. Retrieved October 2019, from https://football-technology.fifa.com/en/media-tiles/fifa-quality-programme-for-epts/.

FIFA Football Technology. Retrieved October 2019, from https://football-technology.fifa.com/en/media-tiles/test-method-for-epts-performance-standard/.

FIFA. Retrieved October 2019, from https://football-technology.fifa.com/en/media-tiles/about-goal-line-technology/.

FIFA. Retrieved October 2019, from https://football-technology.fifa.com/en/media-tiles/fifa-quality-programme-for-virtual-offside-lines/.

FIFA. Retrieved October 2019, from https://football-technology.fifa.com/en/media-tiles/video-assistant-referee-var/.

Front Office Sports. Retrieved February 2020, from https://frntofficesport.com/live-sports-broadcasting-spalk/.

Gartner. (2018). *Hype cycle of emerging technologies.* Stamford, CT: Gartner Inc.

Hajkowicz, S. A., Cook, H., Wilhelmseder, L., & Boughen, N. (2013). *The future of Australian sport: Megatrends shaping the sports sector over coming decades. A consultancy report for the Australian Sports Commission.* Australia: CSIRO.

Intel Corporation. Retrieved October 2019, from https://www.intel.com/content/www/us/en/sports/technology/true-view.html.

Johan Cruijff Arena. Retrieved October 2019, from https://www.johancruijffarena.nl/default-showon-page/amsterdam-arena-more-energy-efficient-with-battery-storage-.html.

Kagermann, H., Wahlster, W., & Helbig, J. (2013). Recommendations for implementing the strategic initiative Industry 4.0. Retrieved October, 2019, from https://www.din.de/blob/76902/e8cac883bf42bf28536e7e8165993f1fd/recommendations-for-implementing-industry-4-0-data.pdf.

Lakhani, K., Fergusson, P., Fleischer, S., Paik, J. H., & Randazzo, S. (2019). *KangaTech.* Harvard Business School Case Collection 619–049, Boston.

Mitchell, V. (2018). What if the companies that profit from your data had to pay you. Retrieved October 2019, from https://theconversation.com/what-if-the-companies-that-profit-from-your-data-had-to-pay-you-100380.

Posner, E. (2018). On cultural monopsonies and data as labor. Retrieved October 2019, from http://ericposner.com/on-cultural-monopsonies-and-data-as-labor/.

Quantified Self. Retrieved October, 2019, from https://quantifiedself.com.

Saylor, K., & Nicolella, D. (2019). Markerless biomechanics for cycling. Southwest Research Institute. Retrieved October 2019, fromhttps://www.swri.org/sites/default/files/brochures/markerless-biomechanics-cycling.pdf.

Solmaz-Kaiser, A. (2017). Wearable device: Safety beyond compliance. TUV Sud Whitepaper. Retrieved October 2019, from https://www.tuvsud.com/en/resource-centre/white-papers/wearable-devices-safety-beyond-compliance.

Sports Business Consulting (2018). Global Media Report 2018. Retrieved October, 2019, from https://www.sportbusiness.com/2018/11/sportbusiness-consulting-global-media-report/.

Stammel, C. (2015). Wearable technologies. Retrieved October 2019, from https://www.wearable-technologies.com/.

Takahashi, D. (2017). Retrieved October 2019, from https://venturebeat.com/2017/05/22/study-shows-live-mobile-sports-apps-are-lagging-behind-real-time-sports-tv-broadcasts/.

The Arsenal Football Club plc. Retrieved October 2019, from https://www.arsenal.com/news/3mw-battery-power-emirates-stadium.

TRACK Landscape Architecture. Retrieved October 2019, from https://www.track-landscapes.com/track.

United States Food and Drug Administration (FDA). Retrieved October 2019, from https://www.fda.gov/medical-devices/digital-health.

VALD Performance. Retrieved October 2019, from https://www.valdperformance.com/humantrak-movement-analysis-system/.

VICON Motion Capture Systems. Retrieved October 2019, from https://www.vicon.com.

Voros, J. (2003). A generic foresight process framework. *Foresight*, 5(3), 10–21.

Wheeler, T. (2017). Retrieved October 2019, from https://www.sporttechie.com/judge-rules-for-golden-state-dismisses-august-eavesdropping-suit/.

马丁·施莱格尔，澳大利亚体育科技网络（ASTN）主任。澳大利亚体育科技网络关注创业项目，与其他创新群体建立合作，促进体育科技公司的出口增长。拥有高级材料、科技和商业从业背景的马丁，与全球范围内体育科技和体育商业产业中多种多样的利益相关方建立了沟通合作。之前，他从事澳大利亚、亚洲、欧洲、美国的大型体育基础设施项目，包括2008年和2012年奥运会的场地项目。在他的业余时间，他和妻子热衷于记录自身体育活动、测试各种各样的可穿戴设备；他还享受与儿子女儿的足球时光，在初学阶段他常常执教他们。

克雷格·希尔是澳大利亚的体育科技领军专家，并与全球体育市场都建立了联系。在体育科技投资和顾问方面，他目前在数家组织和机构中就职,其中就包括澳大利亚体育科技网络（ASTN）的特殊项目计划。2012年，克雷格成为澳大利亚体育科技网络的联合创始人，直到2017年，他一直担任该组织的执行主任。他领导了一系列项目的开发和实现，以此来支持国际贸易任务、创业加速项目、会议论坛以及国际合作等板块的发展。他很喜欢和自己的两个孩子一起玩篮球、澳式橄榄球、足球等多种多样的运动，他还会观看并执教他们。

增量制造在体育领域的未来

丹尼尔·拜德贝克、哈里·克吕格尔和蒂姆·明歇尔

摘要

本章着重介绍了增量制造技术对体育生态系统当前和未来预期的影响。拜德贝克、克吕格尔和明歇尔首先一般性地描述了增量制造为制造过程和制造产品带来的优势。随后,他们介绍了一个增量制造在体育领域的应用矩阵,作为一个网格工具,依据现有应用案例对体育工业产生的促进作用的类型,将它们进行结构化梳理。接下来,他们说明了增量制造与人工智能、传感器技术和机器人技术等其他领域的进步的相互作用。本章最后以一个讨论作为总结,探讨了增量制造及其创新未来在体育领域中会面临的机遇与挑战。

1 增量制造的发展

20 世纪 80 年代,一项革命性技术进入生产制造的生态系统:增量制造(additive manufacturing)。其官方定义为:"基于 3D 数据模型通过不断增加材料来制造物体的过程,往往是一层一层地增加。"增量制造带来了与车、铣、磨等传统减量制造工艺从本质上不同的制造处理原则(Hopkinson et al. 2005)。这项技术的革命性特征在于,直接按照基于计算机的模型进行生产制造。传统制造过程要么是对一块材料进行切削以获取一个特定的形状,要么是使用预先制造好的模具,而增量制造则不同,它采取一层一层地"创造"结构化元素的方式(Gebhardt 2012)。因此,其基本制造原则是将任何给定几何形状切分成若干片,然后再将这些切片重组成

该形状（图 1）（Gibson et al. 2015）。这项颠覆性技术的优势包括：几乎无限制的自由度、更少的材料浪费以及能够以确定位置和相应需要的方式制造零部件的潜能（Atzeni and Salmi 2012；Beiderbeck et al. 2018）。必须要提及的一点是，现如今增量制造有时候会被直接称为 3D 打印，但严格意义上来讲，这样的同义词使用是错误的。3D 打印事实上只是广泛增量制造技术中的一个子集，然而，在大众认知中，这一术语已然深入人心。

图 1　增量制造过程的优势

增量制造发展初期，主要被用于制造产品原型（Bourell et al. 2009）。企业使用这项技术，以成本效率更高、消耗时间更少的方式去制造单独的零部件或者模型。相较于传统制造方法，增量制造消除了价值链中的一些步骤（图 2 和图 3），带来了更快速的产品形成过程。因此，"快速原型"这一术语随之出现（Beiderbeck et al. 2018）。21 世纪初，增量制造开始扩展到更广泛的应用场景之中，包括直接的产品制造——有时被称为"快速制造"（Kaldos et al. 2004）。同时，可被用于增量制造工程的材料种类也逐渐增加，从主要使用塑料（Stansbury & Idacavage 2016）延伸到使用金属、陶瓷（Todd 2017；Owen et al. 2018）以及包括有机细胞和组织在内的非传统材料（Murphy & Atala 2014）。

图 2 传统制造的价值链

图 3 增量制造价值链

材料使用方面不断增加的灵活性,加上制造质量的提升,帮助增量制造不断在制造世界中渗透。像航空航天和汽车工业这样的高端制造领域非常早就发现了增量制造在创造竞争优势方面的潜力。尤其是在设计上的自由度以及处理轻量级材料的能力,让开发出传统方法无法制造出来的新型创新产品成为可能(Kyle 2018)。事实上,增量制造对于形状结构上的自由度、功能的集成和结构解决方案的创新来说,都是革命性的。这些产品特性还让增量制造可以在"大规模定制"领域做出贡献。尤其是在医疗和牙科工业这样的领域,针对不同病人的产品定制化是非常有价值的,增量制造已经在这一方面展现了其优势(Deradjat & Minshall 2017)。这些优势同样可以应用于体积小、价值高的零部件生产,比如航空航天和汽车工业中的零部件(Liu et al. 2017)。

与此同时,对于体育而言,增量制造也可以扮演一个重要的角色。很多学者都认同,未来体育竞技表现的提升将来源于科技创新和应用（Balmer et al. 2012；Dyer 2015）；而增量制造已经开始做出重大贡献——尤其是在赛车运动和运动装备之上（Cooper et al. 2012）。总体来说，增量制造为体育科技领域带来了非常宽广的机遇，因为这一领域既有医疗和牙科中的定制化需求，又涉及航空航天和汽车工业那样的高价值制造（Kajtaz et al. 2019）。在过去，由于高额成本加上在大体积产品上制造速度相对较慢，大多数增量制造的应用案例都集中在精英体育界。这些挑战对于大多数增量制造应用都是真实存在的；这项技术还未能在"大规模定制"领域达到期望。但是，进一步的提升已初露端倪，而体育工业将会是第一个受益的领域。在接下来的几个章节中，我们会更详细地探索目前增量制造在体育领域所处的状态，并且更深入地挖掘在精英体育和更宽泛的体育生态系统中的未来潜在应用案例。

2　当今体育领域中的增量制造

考虑到增量制造在体育领域的广泛应用（潜能），现在正是依据不同的标准，将现在和未来增量制造中的商业机会进行结构化梳理的时候。因此，我们引入了"增量制造在体育领域的应用矩阵"（图4），它能够为体育领域中增量制造的不同应用案例进行分类和定位。

2.1　增量制造在体育领域的应用矩阵

我们的"增量制造在体育领域的应用矩阵"的一个维度着眼于描述体育领域中的组织者、运动员和消费者通过增量制造的应用所能获得的不同益处（图4中横轴）。体育组织可能囊括了领域内的专业运动装备或设备制造商以及跨国服装公司。此处的运动员，既包含职业运动员也涵盖业余运动员，因此，其应用范围从高端运动装备到广泛适用于大众市场的产品。与前文章节的用户视角相似，这一维度还包括不主动参与体育运动但是借助增量制造应用以不同的方式体验体育内容的消费者。脑海里有了这样的受益者分类，可

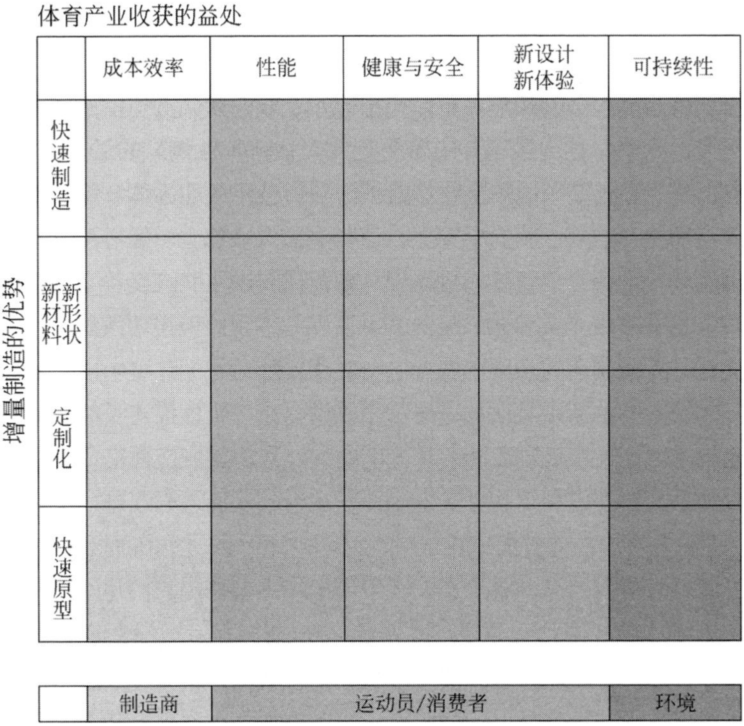

体育产业收获的益处					
	成本效率	性能	健康与安全	新设计新体验	可持续性
快速制造					
新材料新形状					
定制化					
快速原型					

(纵轴：增量制造的优势)

	制造商	运动员/消费者	环境

图 4 增量制造在体育领域的应用矩阵

以将增量制造的功能分为五类：①成本效率；②性能；③健康与安全；④新体验与新设计；⑤可持续性。第 1 个类别主要聚焦在销售商和制造商能够获得的收益之上，而第 2~4 个类别则描述了运动员和消费者使用时能立即获得的好处。总体而言，这里的差别主要在于为生产者提供附加价值还是适于用户使用，它能够反映出任何应用背后的正向商业案例。类别 1 是在假设不影响产品效用的前提下允许生产者降低成本（为成本而设计）。类别 2~4 中的应用案例则是为购买者创造附加价值（为价值而设计)，因此，产品值得一个更高的价格。可持续性这一类别有些特殊；它和当下的要求是高度相关的，并且据预测，其重要性在未来会进一步增加（Despeisse & Ford 2015）。一方面，如果一款产品能够以可持续的方式被制造，可能会增加购买者为它付钱的意愿。另一方面,制造公司关注环保问题,也许能够让自己脱颖而出或者获得政府奖励,从而补贴为可持续生产而花费的额外开销,或是彰显企业的社会责任。不管从哪一方面来看,这一类别都绝对算是能为体育工业带来的潜在益处。总而言之,这5个类别全面覆盖了一项新技术可能为体育领域带来的全部潜在益处。然而事实上,这些类别可以独立于任何技术。你可以轻松地想象其他诸如机器人、虚拟现实以及联网设备之类的技术,也能够完全契合地在这一维度的5个类别中创造价值。因此,要透过增量制造的角度来看待这一应用矩阵,我们在这个可以无视具体技术的框架中又增加了第二个维度。这一维度描述了某一项特定技术(图4中纵轴)能够带来的益处。对增量制造而言,这些益处包括"快速原型"和"快速制造"这样的制造过程改进,也包括"定制化"和"新形状和新材料"这样的产品改进。在本章第一小节就已经提及的这四个分类,在应用矩阵中被按照它们开始发挥作用的制造阶段来排定顺序。比如说,"快速原型"一般会被首先使用,随后是"定制化"和"新形状和新材料"的应用。"快速制造"往往发生在制造的最后一个阶段,用于扩大生产规模,并不断迭代和优化产品。

2.2 体育领域中增量制造使用案例的兴起

和其他工业领域并无不同,增量制造在体育领域的兴起也源于"快速原型"。耐克和阿迪达斯这样的体育运动服饰巨头开始官宣使用增量制造是在2012年,用于制作鞋的原型,这使得他们能够大幅减少生产时间。据报道,耐克推进原型的速度比原本快了16倍,阿迪达斯也将原型制造时间从1~2个月缩短到了不到一周。[①] 相较于传统制造方法,除了时间上的优势,据摩根士丹利在2017年的估算,增量制造还给耐克带来了10%的成本效率提

---

① https://www.ft.com/content/1d09a66e-d097-11e2-a050-00144feab7de

升。① 也就是在 2017 年，耐克和阿迪达斯都开始进军"快速制造"领域，基于增量制造技术生产在大众市场中销售的鞋。② 随后，耐克与其合作伙伴惠普联合申请了一系列的专利，以保护那些由惠普 3D 打印机制造出来的产品。类似地，阿迪达斯也开始和 3D 打印公司 Carbon 建立合作，以加速它们将增量制造鞋转化为大众市场产品的过程。③ 在 2020 年，不只是耐克和阿迪达斯，包括锐步、彪马、安德玛和新百伦这样的运动服装公司也陆续推出了 3D 打印鞋；④⑤ 在大多数情况下，它们都是与增量制造技术提供商建立合作，而后者甚至已经开始打造自己的产品并且建立全新的品牌。⑥ 比如说，现在已经有公司开始提供定制化滑雪靴的服务，带来最大程度的人与装备的契合；或是制造个性化的芭蕾舞鞋，以减小舞者的疼痛及遭遇伤病的概率。⑦⑧

尽管增量制造产品在体育工业中的案例还有很多，我们也会在后面逐一介绍，但鞋类绝对是增量制造技术应用不断发展的绝佳案例（图 5）。体育工业中部分最具创新精神的公司已经意识到了这项技术的潜力，并开始将其应用在原型制造上，为节约时间与开销带来肉眼可见的好处（第一阶段）。之后，这项技术开始推动定制化

---

① https://www.forbes.com/sites/greatspeculations/2016/05/18/heres-how-nike-is-innovating-to-scaleup-its-manufacturing/#335ab3801497

② https://www.adidas-group.com/en/media/news-archive/press-releases/2015/adidas-breaks-mould-3d-printed-performance-footwear/

③ https://www.adidas-group.com/en/media/news-archive/press-releases/2017/adidas-unveils-industrysfirst-application-digital-light-synthes/

④ https://www.sporttechie.com/new-balance-working-3d-printing-company-develop-high-performancerunning-shoes/

⑤ https://3dprintingindustry.com/news/reebok-releases-liquid-factory-3d-printed-floatride-run-sneakersu-s-131033/

⑥ https://all3dp.com/topic/3d-printed-shoes/

⑦ https://www.tailored-fits.com/en/

⑧ https://all3dp.com/4/3d-printed-ballet-shoe-p-rouette-reduces-pain-injuries-dancers/

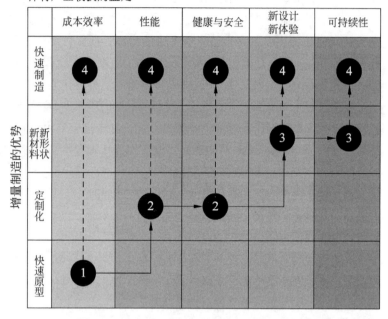

图 5　增量制造在运动鞋工业中的应用阶段

制造的实现，让这一构想能够成为现实，并且迈出最初的几步（第二阶段）。这方面的应用案例包括直接嵌入运动鞋内部的正畸鞋垫（比如说足球鞋），带来竞技表现、舒适度、健康与安全等方面的改善。再之后，"新形状和新材料"的应用也开始引入（第三阶段）。比如说，耐克为肯尼亚天才长跑选手埃鲁德·基普乔格定制了独一无二的跑鞋，其鞋面就是用 3D 打印制造的，能够完全防水，并且可以驱动基普乔格超越极限。[1] 最终，从精英体育界得出的结论与发现，可以转化到大众化产品的生产制造上，让增量制造能够应用于更广泛

---

[1] https://news.nike.com/news/eliud-kipchoge-3d-printed-nike-zoom-vaporfly-elite-flyprint

的消费者群体（第四阶段）。在这一场景下，增量制造在可持续性方面的潜力能够发挥作用。在 2015 年，阿迪达斯开始和海洋公益机构 Parley for the Oceans 展开合作，用海洋垃圾制造 3D 打印鞋的原型。① 在过去几年中，市场已经为接受这一理念做好了准备，出于为环保做贡献的目的，消费者愿意额外支付一大笔费用，2019 年这款鞋就销售出了 1 000 万双。②

这些发展和进步，说明增量制造已经在体育工业之中扮演了一定的角色。不过，考虑到 2020 年运动鞋大约 650 亿欧元的全球市场总额以及每年 8.3% 的增长率，增量制造产品在未来获取更高的市场份额仍然有着很多空间和机会。③ 专家预测，2030 年之前，有 10% 的鞋类产品将会在增量制造技术的助力下被生产出来，其中会有 90% 是面向大众化市场的产品。假设整个产业稳定增长，10 年之内，增量制造运动鞋的市场总额将达到 144 亿欧元。这其中还没考虑时尚类的鞋，对于增量制造技术来说，这同样是一个充满机遇且无比有趣的领域。

2.3　增量制造目前在体育领域的应用案例

正如前文中提到的，增量制造在体育领域的应用远不只局限于鞋类。在本小节中，我们想要给出高度相关的应用案例的概览（表 1），并且将它们定位在增量制造体育应用矩阵的相应区域之中，让人们能够更好地理解和认知增量制造目前已经出现在了体育工业中的哪些地方（图 6）。由于表 1 的用意并非穷举所有已经出现的应用案例（以这一领域的创新速度，这几乎是不可能的），被选中的排

---

① https://www.adidas-group.com/de/medien/newsarchiv/pressemitteilungen/2015/adidas-und-parleyoceans-setzen-paris-ein-zeichen/
② https://www.edie.net/news/5/Adidas-to-double-production-of-ocean-plastic-trainers-for-2019/
③ https://www.statista.com.login.bibproxy.whu.edu/outlook/11020000/100/athletic-footwear/worldwide

140 数字科技体育

名前 30 的应用案例覆盖了最广阔且最重要的应用领域。这些领域又可以被主要归为四类：鞋、运动装备、个人防护装备以及其他应用。

表 1 增量制造目前在体育领域的应用案例

	#	应用案例	描述	公司（并未穷举）
鞋	1	跑步鞋	定制化跑鞋主要聚焦于使用增量制造生产中底和鞋垫。在有些案例中，还出现了 3D 打印鞋面。增量制造能够带来快速且个性化的跑鞋生产制造	阿迪达斯、耐克、锐步、新百伦、安德玛、惠普、Carbon 以及增量制造装备制造商
	2	防滑鞋	各种用于球类体育项目的鞋，嵌入了定制化的鞋垫，有些案例中，甚至装配了定制化的鞋钉。增量制造让相对低成本的大规模定制化成为可能	阿迪达斯、耐克、新百伦、Prevolve 以及增量制造装备制造商
	3	胶底鞋	休闲用鞋。常常有 3D 甚至 4D 打印的设计元素。增量制造让大规模定制化和使用环境友好材料进行制造成为可能	阿迪达斯、耐克、锐步、新百伦、安德玛、奥利弗卡贝尔以及增量制造装备制造商
	4	滑雪鞋	基于足部 3D 模型打造的定制化、个性化滑雪靴。增量制造带来了理想的舒适度以及最优的力量转化	Tailored Fits AG, Materialise
	5	芭蕾舞鞋	完全个性化、定制化的芭蕾舞鞋，有着专为舞者减少疼痛和伤病的特殊版型。增量制造带来了快速原型和定制化	P-Rouette
运动装备	6	自行车	完全打印而成的自行车框架，比如说公路自行车。增量制造能够使用轻量级材料和刚性结构	Arevo, ColorFabb, Renishaw
	7	自行车组件	自行车的不同组件，比如说，开创性的自行车轮毂或者定制化的握把。增量制造能够使用轻量级材料并提升耐用性	EOS Kappius, Erpro & Sprint, GIE S2A

续表

	#	应用案例	描述	公司（并未穷举）
运动装备	8	马蹄铁	为赛马项目打造定制化钛金属马蹄铁。增量制造带来了完美适配，治疗蹄叶炎这样的慢性马蹄疾病	CSIRO
	9	轮椅	用于精英残奥运动项目的轻质量轮椅。增量制造让量身定制座椅、竞速轮椅手套成为可能	拉夫堡大学
	10	高尔夫球杆和球	有着3D打印设计元素的高度个性化高尔夫球杆。增量制造带来了大规模定制化能力，同时让居家3D打印高尔夫球和T恤成为可能	Callaway Golf, Titomic, Krone Golf, Grismont Paris，耐克
	11	网球拍	完全定制化的网球拍握把。增量制造带来了最大限度的稳定性并减少了重量，为网球运动员提供精准握拍	Unstrung Customs, Ogle Models, CRP Technology
	12	击剑剑柄	为击剑箔打造定制化、个性化的防滑剑柄。由科研人员研发并在伦敦奥运会中使用。增量制造带来了低成本的定制化适配	筑波大学
	13	长曲棍球球杆头部	优化长曲棍球球杆头部。增量制造带来了快速原型和更快的投入市场产品周期。帮助新的入局竞争者更快地赢得市场份额	巴斯大学，StringKing, STX, Warrior/Brine
	14	双板滑雪板	功能强大的双板滑雪板。增量制造带来了定制化，并且能够处理新材料，从而创造新的滑雪体验	Stratasys
	15	单板滑雪板	高质量单板滑雪板，有着超高稳定性。增量制造能够使用可持续性材料生产雪板，减少塑料使用并带来全新设计	伯顿，CIME工业
	16	固定装置	为雪板固定而设计的插入式（非捆绑式）固定系统。增量制造带来了快速原型和成本更低的生产	伯顿

续表

	#	应用案例	描 述	公司（并未穷举）
运动装备	17	步枪握把	完全定制化的步枪握把。基于运动员手掌的 3D 模型，增量制造能够实现快速原型和量身定制握把	Athletics 3D, Zortrax
	18	雪橇	为运动员量身定制雪橇。增量制造带来完美建模和定制化。在增量制造的助力下，美国队在 2018 平昌冬奥会中大获全胜	Stratasys
个人防护装备	19	头盔	智能头盔能够带来更高的舒适度和更好的安全性。增量制造带来了新结构和新材料，同时也带来了完美适配的定制化	ACEO, Carbon, Riddell, Hexo Helmets, Kupol
	20	面部护具	定制化面部护具和面具，用于保护球员。增量制造带来了完美的适配和安全性，也能够为遭受过面部伤病的球员提供保护	Cavendish Imaging，皇家墨尔本理工大学
	21	护齿	有着额外功能的个性化牙套。增量制造让大规模定制成为可能，并且能够融入用于运动员补水的挤压式豆荚这样的额外功能	GRiTT 3D, Hydra-guard, Guardiab
	22	护腿板	功能强大的护腿板。增量制造带来了大规模定制化，提供完美适配和更好的全方位保护	Zweikampf
	23	胸部护具	个性化胸部护具。增量制造带来完美适配、最大限度保护以及最小重量	萨格勒布大学
其他应用	24	假肢	为残疾运动员量身打造假肢。增量制造带来完美适配以及更快、更便宜的生产	Autodesk
	25	高尔夫推杆训练器	定制化外骨骼，用于提升推杆时的身体姿态。增量制造带来个人定制和低成本的外骨骼制造	3D MedScan
	26	训练面具	用于模拟高海拔训练的特制面具。增量制造带来了快速原型和更快的开发周期	锐步

续表

	#	应用案例	描　　述	公司（并未穷举）
其他应用	27	耳塞	为以休闲娱乐为目的的运动员打造定制化耳塞。增量制造基于3D耳内扫描带来大规模定制化	Normals
	28	复刻山体表面	为职业运动员和休闲运动员制造攀岩把手。增量制造带来低成本生产以及对真实山体表面的完美复刻	Force Climbing
	29	运动员人体模型	运动员的人体模型复刻。增量制造带来了快速而精准的低成本生产。人体模型能够被用于展示商品，或作为研究对象用于优化职业自行车运动服的空气动力学设计	TU Delft, Printstrike
	30	智能衣物	反应式服装，能够对出汗、心率和其他触发因素产生反应。增量制造能够在服装中融入传感器和执行器	Chromat，英特尔

　　鞋之外，与增量制造最密切相关的分类，绝对就是运动装备了，现如今已经能看到的应用案例数量，就可以反映出这一点。运动装备包括除了运动服装、运动穿戴（如护齿）等穿在人身上的装备以外所有为了参与某项特定运动而所需的装备。因此，这一类装备就包括自行车及自行车配件、滑雪板和固定装置、高尔夫球杆、网球拍等。这一类别同样也包括赛车运动中能够见到的很多应用。然而，我们并未在表1中加入任何赛车运动中的增量制造组件，也没有在我们的应用矩阵中将它们纳入考量，因为这些应用案例超出了本章讨论的范围。我们仍需强调的是，增量制造在赛车运动中是有广阔的应用天地的，尤其是涉及赛车和摩托车的轻量级框架结构的设计与制造时（Cooper et al. 2012）。个人防护装备作为第三个门类，同样可以大大受益于增量制造的应用。比如说，增量制造头盔、护齿、

增量制造的优势 \ 体育产业收获的益处	成本效率	性能	健康与安全	新设计新体验	可持续性
快速制造		⑪		❸	❸
新材料 新形状	⑯ ㉘ ㉚	❻ ❼ ❹ ⑱ ㉔ ㉖ ㉘ ㉚	❶ ❾ ㉖	❶ ❻ ⑭ ⑮ ⑱ ㉑ ㉓ ㉚	❸ ⑭ ⑮ ㉘
定制化	⑯ ⑲ ㉑ ㉒ ㉓ ㉔ ㉕ ㉗ ㉙	❶ ❷ ❹ ❻ ❾ ⑩ ⑪ ⑫ ⑬ ⑭ ⑮ ⑰ ⑱ ㉒ ㉓ ㉔ ㉕ ㉖ ㉙	❶ ❷ ❹ ❺ ❽ ❾ ⑲ ⑳ ㉑ ㉒ ㉓ ㉔	❶ ❷ ❹ ⑩ ⑪ ⑲ ⑳ ㉑ ㉒ ㉓ ㉔ ㉕ ㉗	
快速原型	❶ ❹ ❺ ❼ ❾ ⑬ ⑯ ⑰ ㉙	❼			❶

制造商	运动员/消费者	环境

图 6 目前的增量制造应用案例在增量制造体育应用矩阵中的位置

护腿以及其他任何需要定制化的防护装备。

最后一个门类其他应用,包括和运动假肢有关的一切应用——这一领域极为重要并有着巨大的增长潜力。这一门类包括高尔夫推杆训练器、模拟高海拔呼吸的训练面具、高度复刻还原的山体表面(用于攀岩者在安全环境下训练和熟悉路线)在内的训练应用,以及完美适配用户的耳塞。此外,尽管听上去有些未来主义,智能衣物也可以通过增量制造技术生产。比如说,已经出现了包含 3D 打印组件、传感器和一个计算机芯片的运动胸衣,这种胸衣能够测量温度、呼吸和汗液,还可以打开或关闭气孔以防止出汗。虽然它还是一个赶时髦的原型产品,但它展现了增量制造与其他技术结合进行产品创新的无限可能。

关于在表 1 中出现的公司，我们必须再次强调，大多数零售商或体育装备制造商，都在和诸如 3D Systems，Carbon，EOS，FormLabs，惠普，Materialise，Nanoscribe，Proto Labs，SLM Solutions Group，Stratasys，Ultimaker 以及 Xaar 之类的增量制造公司进行合作。这些公司绝对应当被提名，因为它们不仅是驱动这项技术发展的核心力量，甚至还开始自主制造体育周边产品和运动装备，并打造自己的品牌。

仔细观察应用案例落入增量制造体育应用矩阵中的位置，可以看到目前大多数的应用都受益于增量制造技术的定制化能力（图 6）。尤其是这一能力可以让运动员提高竞技表现、保护他们不受伤病侵害并且提供与舒适度和设计感相关的全新体验。该矩阵还展示出了增量制造在大规模生产技术上的进一步潜能。然而，这明显也需要增量制造技术本身的进一步发展；另外，相较于传统制造过程，增量制造应用于大规模生产所需的制造成本也需要降低。

不过，问题依旧在于，体育工业抓住与增量制造相关的机会的速度有多快、发展到什么程度。为了能够想象未来会有怎样的可能性，下一章将描绘出 2030 年冬季两项的比赛中虚构的应用案例，以展示运动员和观众将怎样通过增量制造技术受益。

3 增量制造未来在体育领域的应用案例

来到 2030 年，朱莉娅刚刚成为冬季奥林匹克运动会的新晋冬季两项冠军。站在领奖台上的时候，她知道没有自己完全定制化的冬季两项运动装备，她是不可能赢下这项比赛的。增量制造、人工智能以及传感器技术的最新进步，让她能够持续实现自身的极致运动表现。她知道，她从事的这项运动在过去 10 年发生了天翻地覆的变化。对于冬季两项中的运动装备，情况尤为如此，它们需要适应和满足运动员在任何情形下的需求，以确保其能够达到最优竞技表现，并且保证最高等级的安全标准。

3.1 冬季两项装备对于运动员竞技表现的影响

朱莉娅的竞技表现和运动安全很大程度上依赖于其装备的定制化程度是否能够满足她的个性化需求。在下面的概览中，我们将给出冬季两项运动中那些重要的定制化装备案例：

- 首先，冬季两项脚部装备（滑雪靴和滑雪板）对于滑雪表现来说是非常关键的。滑雪靴直接连接了朱莉娅的脚和滑雪板。一双完美适配的滑雪靴能够确保力量被最优地传输到滑雪板之上（比如说达成最佳运动表现），并且带来最大程度的舒适感与安全性。此外，滑雪板直接连接了朱莉娅的滑雪靴和雪地表面（比如说，正是滑雪板将她的运动表现转化到了滑雪坡面之上）。因此，滑雪板要有正确的大小和几何形状（比如说长度、宽度、弧度等），还要使用正确的材料（比如说满足重量和重量平衡、与雪面的相互作用等方面的要求），从而确保朱莉娅达到最优竞技表现。很明显，滑雪板的正确配置也取决于多种多样的比赛环境因素；增量制造让朱莉娅可以在赛前打印出完美适配的装备。
- 第二，冬季两项步枪（该运动项目中的特有装备）对于运动员的射击表现也很重要。对于朱莉娅来说，步枪需要完美适配她的身体。比如说，步枪的几何形状必须和她手臂的形状契合，以确保准确地掌控；步枪的重量平衡必须适合她握枪、举枪的姿势，让她能够在进行瞄准时保持控制与稳定；步枪的几何形状还需要能和她的眼睛视线相匹配，这样才能确保精准地瞄准和射击。
- 第三，朱莉娅还有很多其他装备，让她能够从定制化中受益。比如说，个性化的滑雪杆能够基于朱莉娅的身体结构和准确的滑雪坡面条件数据，提升力量的输出（Killi & Kempton 2018）。定制化的运动太阳镜能够带来高度的穿着舒适与稳定性，这也许会对朱莉娅的射击表现产生影响。此外，她的比赛服也是定制化的，允许更多符合空气动力学的设计。最后，个性化的夏日训练装备让她在夏天也能够在模拟的冬日环境中进行高效率训练。

这些例子应该已经能够凸显出，一位冬季两项运动员是能够通过一套定制化的装备大受裨益的。除此以外，必须要特别指出的一点是，运动员对于运动装备的个性化需求是会随着时间发生改变的。其中的原因可能包括年龄增长带来的身体形状的改变、遭遇伤病或是肌肉增长等。同样地，身体状态和环境条件（比如天气、温度、湿度和海拔）的不同，也会让运动员的动作模式发生变化。因此，一位冬季两项运动员对于定制化的运动装备是有持续需求的。

3.2 全新解决方案：冬季两项装备的智能增量制造

在 2030 年，智能增量制造解决方案让朱莉娅能够使用完全定制化的装备进行训练和比赛。将增量制造技术与人工智能、智能传感器这样的技术相结合，为朱莉娅定制化创造和生产冬季两项装备的过程，主要有下述三个步骤。

（1）通过智能传感器采集类型广泛的数据，捕捉专门针对运动员的参数。收集到的数据类型有下述三种。

① 静态数据：静态数据和运动员的体型以及身体结构相关，通过定期进行 3D 身体扫描收集。这些数据点对于确保她的运动装备完美适配她的身体至关重要，比如说步枪握把需要完美适配她的手掌、肩和背，再比如说滑雪靴要完全按照她的脚进行定制。

② 动态数据：动态数据和运动员的动作相关，通过运动装备中的智能传感器或是摄像头进行收集。比如说，滑雪板中的加速计可以记录下运动员滑动的每一步以及其滑雪技术风格。再次强调，这里的滑雪技术风格可能会在不同的内外部条件下发生改变。此外，滑雪板上的压力传感器能够记录作用力从滑雪板转化到雪面的过程；步枪中的传感器能够记录其方向和位置。这些数据对于理解冬季两项运动员个性化的技术风格来说非常重要。

③ 运动表现数据：指和运动员运动表现相关的数据，记录诸

如平均速度、最高速度、射击表现、心率之类的数据。这些数据由不同的手段进行记录，比如说太阳镜中的摄像头，GPS 传感器、心率传感器和汗腺传感器等。

这三类数据集的结合对于理解朱莉娅与她运动表现相关的特定需求来说非常重要。运动表现数据集可以描述出运动员是否拿出了优秀的竞技表现，静态数据和动态数据则提供了运动员个性化的特征。这三类数据集的结合决定了运动员的装备能否根据运动员的需求实现完全的定制化。

（2）能够利用采集到的数据的人工智能模型，可以推算出完美定制化的冬季两项装备的模型。尤其是，人工智能模型能够将各类数据集转化为用于定制运动装备的几何学信息。比如说，人工智能模型能够从运动员的滑雪速度表现、个性化滑雪动作以及天气条件等数据的结合中推算出完美定制化的冬季两项滑雪板的长度和弧度。再比如，人工智能模型能够基于运动员的射击表现、步枪的位置与方向等数据得到完美定制化的步枪的几何形状以及重量分布。人工智能模型的输出是一个完全定制化的冬季两项运动装备的 CAD 模型，其中考虑了所有可获取数据点中所包含的信息。

（3）使用增量制造技术，基于生成的 CAD 模型，生产制造出定制化的冬季两项运动装备。正如前文中所述，增量制造有多种优势，让它能够成为制造朱莉娅的定制化装备的完美制造方法；在制造下一个原型产品之前，增量制造技术生产组件、测试组件并不断进行迭代的能力，在生产制造的世界中是无与伦比的。对于运动装备进行不断的迭代优化，只有使用增量制造技术才能实现。假设相关算法有优化运动员运动表现的潜力，那么人工智能和增量制造的共同作用将会在未来的竞技体育世界中扮演决定性的角色。虽然有些应用如今已经是可能实现的，但要对运动员身上和运动环境中所发生的变化进行快速响应，以现在的技术能力还是不现实的；在未来，只有使用增量制造技术，才能实现现场立即生产制造。

3.3　其他职业体育中的智能增量制造

冬季两项只是职业运动员通过智能增量制造解决方案受益的一个典型例子。职业体育界还有很多其他案例，在其中，运动员的运动装备完全根据其需求进行定制也同样重要。比如说，在网球中，运动员能够通过定制化的握把确保持拍的稳定性，以及将力量从手臂一路传递到网球上的最佳转化。智能增量制造能够根据球手目前的身体状态、球场类型以及温度和海拔等因素，打造出独一无二的网球拍。通过智能传感器，增量制造甚至可以在比赛进行的过程当中制造新的球拍，让球员能够根据对手当天的竞技表现调整比赛中使用的网球拍。高尔夫球手也能通过定制化的高尔夫球杆受益。基于个性化的挥杆动作数据采集，高尔夫球杆可以被定制成恰当的尺寸，达到最佳重量平衡，以保证运动员能够精准而有力地挥杆。此外，在雪橇运动中，运动员能够通过定制化雪橇在竞速时保证舒适、稳定以及符合空气动力学的身体姿态。还有一类值得关注的案例，那就是为残奥运动员所用的定制化假肢。这些例子（其中一些已经成为现实并有了一定程度的发展）展示出了各种体育项目的运动员都可以从定制化的运动装备中受益。要开发和构建定制化的运动装备的模型，需要通过智能传感器、人工智能应用实现全面坚实的数据采集；而要实现定制化运动装备的生产制造，则需要使用增量制造技术。

3.4　商业化体育应用中的智能增量制造

智能增量制造不仅能够造福于职业运动员，还能够应用在商业化体育中。智能增量制造解决方案能够为运动用品零售店创造出未来概念，并激活全新的商业模式。不再是售卖库存中的标准化运动装备，未来的零售店概念将会完全不同：消费者走进商店后，进入一间用于某项特定体育项目（比如网球或高尔夫）的体验室。在这些体验室之中，消费者可以使用如网球拍、高尔夫球杆之类的特定道具，然后通过摄像头、装备中的传感器或是其他设备采集其数据。经过简短的数据采集之后，人工智能算法将会为消费者创造出完全定制化的运动装备的 CAD 模型，再使用增量制造技术，进行生产制造。这一新概念能够为体育用品零售商建立全新的商业模式。

- 首先，体育用品零售商在门店内就能提供定制化运动装备制造服务。这可以让零售商减小仓储成本，并且提升消费者体验。
- 或者，消费者只在门店中购买自己的 CAD 模型，然后回家打印定制化的运动装备。
- 一家零售店还可以提供模型订阅服务，消费者以每月支付订阅费的形式，去更新自己的运动装备。这种商业模式将会强调两个重要因素：一方面，由于运动员的需求是不断变化的（比如说因为运动表现的改善），他们需要不断调整自己的运动装备；另一方面，零售店能够引入循环经济模式，旧装备被送回门店进行回收处理，转化成原材料供增量制造机器再次使用。

从品牌管理和消费者体验的角度设想一下，这些新的零售店概念能够为消费者提供真正的奇遇，使他们的购买体验变得越来越具有互动性。我们如今已经能看到这样的趋势，有着多种体验区的旗舰店如雨后春笋般出现；问题在于，什么时候类似的商业模式和制造理念才能够真正适应市场。不过，消费者体验其实也可以通过其他方式被影响。比如说，随着家用 3D 打印机的普及，体育赛事的观众可以在他们喜爱的球星打进关键一球后，购买下这一精彩时刻的 3D 模型。俱乐部本身也可以售卖数字化形象，让球迷可以立刻打印出值得纪念的瞬间。类似地，数字化的游戏设备可以为索尼和微软这样的游戏主机制造商带来全新的商业模式。玩家可以全力争取他们想要的头衔，赢得可以在家中打印出的奖品。这些奖品中，有些甚至可以组装在手柄或者控制器上，为同一游戏的不同难度、不同等级带来新鲜的游戏体验。

到目前为止，我们一直聚焦在相对小的物体之上，比如说运动装备或小配件，但在未来，体积更大的应用案例也将成为现实。3D

打印建筑已经启动并且发展迅速（Houses et al. 2020）。基于增量制造构建大型体育活动中的快闪店、临时体验区，甚至为体育场馆打造全新架构，在未来都有可能成为现实。尽管如此，体育产业能从上述的种种可能性中受益到何种程度，还有待时间去检验。

4 体育领域中的机遇与挑战

思考增量制造在体育领域的未来时，有一点是显而易见的：这并非一个是否会发生的问题，而是这项技术会影响体育产业到何种程度的问题。能够依据数字化模型直接制造出产品，将毫无疑问是增量制造在很多场景下超越传统制造流程（设计、原型、工具、生产）的绝对优势。从产生想法到制造出产品所需的时间流程更短，将会在明日世界中变得越来越重要。

现如今，只有想象力的局限才会为增量制造的应用设定边界，限制其可能性。在前一节中，我们基于现有的思维模式讨论了智能增量制造的一些可能性。但技术是会进一步发展的。下面，我们给出一个体育世界中增量制造可能的发展时间线。

- 5 年之后，2025 年：4D 打印技术出现，将时间维度加入产品之中；让物品能够随着时间的推移和环境因素的变化去改变它们的形状和结构。[1]
- 10 年之后，2030 年：紧跟智能增量制造的脚步，增量制造运动营养品也进入大众市场。生物打印技术的快速进步，不仅能够帮助我们治愈伤病，还能够优化营养成分并且环保。
- 15 年之后，2035 年：纳米尺度的增量制造开始崭露头角（Ahn et al. 2015[2]）。这一能力能够以微小的粒度打印几乎任何东西，让我们能够制造出更智能的设备，并让所有类型的运动装备都具备更高的智能。

---

[1] https://www.3dnatives.com/en/4d-printing-disrupting-current-manufacturing-techniques-230920194/

[2] https://nanoss.de/de/nano3dsense-der-erste-3d-drucker-in-konkurrenzloser-nanometer-praezision/

- 20 年之后，2040 年：纳米尺度的增量制造让生产制造更小的传感器和执行器成为可能，甚至能够在人体内部进行工作。运动员可以注射或植入纳米机器人，为数据采集打开全新的世界，出现当下无法想象的改善运动表现的方式。

不管这些技术发展听上去有多么玄幻，2050 年时真正出现的技术可能性，绝对会超出如今大多数的未来主义构想。因此问题就在于，如何进一步推动体育世界中与增量制造相关的创新，为其铺平道路。为了将这一讨论梳理清楚，从下述三个角度去审视它是合理的：设计、生产和监管。

- 第一个视角有关于设计，最大的挑战（但也是机遇）在于可用性。不论是扫描还是 3D 建模技术，对每个人都需要是可获得且可管理的。比如说，现如今要生成身体某部位的高质量 3D 模型，还是要花费很多功夫和资源的。与之相似，数字化的增量制造产品的后续加工处理，也需要专门知识的输入和计算能力。因此，具备"自行完成"扫描和建模能力的硬件和软件，可能会颠覆整个市场。像 Thingiverse，MyMiniFactory，CG Trader，PinShape，YouMagine 和 GrabCAD 这样的平台，已经可以提供 3D 模型的（免费）交易市场。[1] 消费者能够轻而易举地购买到模型，然后在家中将它们打印出来。然而，数字化的设计过程必须要变得更加直观，且对于更广泛的消费者可用。尤其是和体育产业相关时，专用化平台会具有其重要性。未来将会决定，是成熟的运动装备制造商占据这一领域，还是增量制造的领头羊公司会先行一步。还有一种可能，科技巨头或创业公司将会通过智能扫描设备、建模软件和交易平台，对体育产业中的传统巨头发起冲击。

- 第二个视角有关于生产，显示出当下实际的增量制造过程

---

[1] https://all3dp.com/2/best-thingiverse-alternatives/

还有提升空间。质量、成本和时间永远都是不变的真理。如今高复杂度的增量制造机器生产出的产品质量已经可以达到过硬且稳定的水平,但大部分由更小、更便宜的 3D 打印机制造出的组件仍旧需要一定程度的后续加工处理。然而,这只是个时间问题,直到大众市场的增量制造设备也能够以高完成度生产制造物品。还有一个有待观察的有意思的点,就是共享化的商业模式或是私有化的商业模式是否能够取得成功。共享化的商业模式将会基于集中式的生产制造设施,以很大的规模制造增量制造产品。类似地,一个更去中心化的结构也是能够想象的,每个城市或区域都有自己的增量制造枢纽。这些枢纽能够被零售商和消费者使用,为他们需要的定制化产品下订单。这一场景能够减少后勤工作所需的成本,而且生产制造过程对于环境更加友好。最去中心化的未来场景可能是基本家家户户都有自己的私人 3D 打印机。虽然这在如今听起来有点不切实际,但它在未来完全有可能成为现实。要实现能够让消费者自己在家打印产品的本地增量打印机,需要当前的技术取得质的飞越,减少所需的开销和时间。打印机需要能够融合使用多种不同的材料、为产品上色并且回收未被使用的材料。哪怕这些看上去有些未来主义,体育公司也需要去考虑类似的场景,因为它们会带来全新的商业模式和价值链。最终,真正的创新者将会塑造运动装备商业的未来。

- 最后一个视角关于监管,相关条例和规定将会在体育产业中扮演重要角色。不仅对于增量制造是如此,对于所有会影响体育竞技比赛的技术都是一样。围绕"科技兴奋剂"的讨论已经有很多年了;有两个特别突出的案例:Speedo LZR Racer 游泳服以及耐克的 Vaporfly 4% 跑鞋。[①] Speedo

---

① https://www.forbes.com/sites/enriquedans/2020/02/06/nike-vaporfly-4-innovation-or-techdoping/#116f0f665919

的一件游泳服能通过优化浮力和流体力学帮助运动员接连打破世界纪录,耐克的 Vaporfly 4% 则甚至把预期改善的运动表现的比例直接写在了其名字上——能够提升 4% 的速度。通过使用超轻材料和碳纤维板制作鞋底,耐克想要帮助埃鲁德·基普乔格和亚伯拉罕·吉普图姆两位精英长跑选手分别打破全程和半程马拉松的世界纪录。近两年,基普乔格就像超级索尼克一样,甚至穿着最新款的 Vaporfly NEXT% 以不到 2 小时(1 小时 59 分 40 秒)的用时完成了全马距离。[1] 现在问题就在于,精英体育界是否应当如此提升成绩。国际泳联(FINA)10 年前禁用了 LZR Racer 游泳衣,从而建立了科技兴奋剂的边界。[2] 无独有偶,管理田径运动的国际田联,也宣布了限制跑鞋的相关规定,检查科技兴奋剂的使用。[3] 然而,技术是会进步的;增量制造一定会在创造新型、定制化且能够优化竞技表现的运动装备上扮演关键角色。也许,我们未来会看到体育比赛分化成两种类型:传统竞技对抗和可以使用科技的竞技对抗。就和大多数如今的赛车赛事相似,未来可能不仅仅是运动员之间的对决,而是运动员之间以及他们各自的运动装备之间的捉对厮杀。对于观众来说,一切将会变得更有趣、更具交互性,因为比赛中他们甚至可以操控运动装备。就像前面提到的,纳米尺度的 3D 打印机能够让远程控制运动装备的某个组件成为现实,甚至能够让运动员使用纳米机器人以突破其运动表现的极限。对于这一畅想,我们可能会喜欢,也可能会不喜欢,但包括增量制造在内的多种技术,将会在未来让这一切都成为可能。它是会成为我

---

[1] https://news.nike.com/news/eliud-kipchoge-1-59-attempt-kit-nike-zoom-marathon-shoe

[2] http://www.fina.org/content/fina-approved-swimwear

[3] https://www.theguardian.com/sport/2020/feb/06/world-athletics-foot-down-nike-running-shoe-regulations

们传统体育中的一部分，还是会创造出新类型的体育项目，仍需拭目以待。但有一点是毫无疑问的，监管机构需要去应对这些技术进步；一味拒绝或是完全摒弃这些技术，都不会是正确的答案，至少不是长期的答案。

参考文献

3D printed ballet shoe 'P-rouette' reduces pain and injuries for dancers | All3DP. Retrieved 20 Dec 2019. https://all3dp.com/4/3d-printed-ballet-shoe-p-rouette-reduces-pain-injuries-dancers/.

3D printed handlebars help set world record. Retrieved 07 Feb 2020. https://all3dp.com/3d-printed-handlebars-world-record/.

3D printed protective face masks for football players. Retrieved 07 Feb 2020. https://3dprinting.com/news/new-3d-printed-protective-face-masks-football-players/.

3D printed putting trainer helps golfers observe new USGA rule. Retrieved 07 Feb 2020. https://3dprint.com/43532/in-sync-3d-putting-trainer/.

3D printed Shin Guards review (Zweikampf). Retrieved 07 Feb 2020. https://thesoccerreviews.com/2018/03/16/3d-printed-shin-guards-review-zweikampf/.

3D printing in sport: Feature story. Retrieved 07 Feb 2020. https://www.3dnatives.com/en/3d-printing-sport-201220174/.

3-D printing: The future of climbing holds? Retrieved 07-Feb-2020. https://www.climbing.com/gear/3-d-printing-the-future-of-climbing-holds/.

3D printed shoes. Retrieved 12 Oct 2019. https://all3dp.com/topic/3d-printed-shoes/.

A 3D printed mannequin of Tom Dumoulin in the TU Delft wind tunnel helps gain a competitive advantage. Retrieved 07 Feb 2020. https://www.tudelft.nl/en/2016/tu-delft/a-3d-printed-mannequin-of-tom-dumoulin-in-the-tu-delft-wind-tunnel-helps-gain-a-competitive-advantage/.

Adidas and Parley for the oceans setzen in Paris ein Zeichen. Retrieved 22 Jan 2020. https://www.adidas-group.com/de/medien/newsarchiv/pressemitteilungen/2015/adidas-und-parley-oceans-setzen-paris-ein-zeichen/.

Adidas to double production of ocean plastic trainers in 2019. Retrieved 22 Jan 2020. https://www.edie.net/news/5/Adidas-to-double-production-of-ocean-plastic-trainers-for-2019/.

Adidas unveils industry's first application of digital light synthesis with Futurecraft 4D. Retrieved 07 Feb 2020. https://www.adidas-group.com/en/media/news-archive/press-releases/2017/adidas-unveils-industrys-first-application-digital-light-synthes/.

Adidas—Adidas breaks the mould with 3D-printed performance footwear. Retrieved 07 Oct 2019https://www.adidas-group.com/en/media/news-archive/press-releases/2015/adidas-breaks-mould-3d-printed-performance-footwear/.

Ahn, S. H., et al. (2015). Nanoscale 3D printing process using aerodynamically focused nanoparticle (AFN) printing, micro-machining, and focused ion beam (FIB). *CIRP Annals Manufacturing. Technology, 64*(1), 523–526.

Athletic footwear—worldwide | Statista Market Forecast. Retrieved 07 Feb 2020. https://www.statista.com.login.bibproxy.whu.edu/outlook/11020000/100/athletic-footwear/worldwide.

Atzeni, E., & Salmi, A. (2012). Economics of additive manufacturing for end-usable metal parts. *International Journal of Advanced Manufacturing Technology, 62*(9–12), 1147–1155.

Balmer, N., Pleasence, P., & Nevill, A. (2012). Evolution and revolution: Gauging the impact of technological and technical innovation on olympic performance. *Journal of Sports Sciences, 30*(11), 1075–1083.

Beiderbeck, D., Deradjat, D., & Minshall, T (2018). The Impact of Additive Manufacturing Technologies on Industrial Spare Parts Strategies. *Centre for Technology Management Working Paper Series*.

Bourell, D. L., Beaman, J. J., Leu, M. C., & Rosen, D. W. (2009). A brief history of additive manufacturing and the 2009 roadmap for additive manufacturing: Looking back and looking ahead. In: *Proceedings of Rapid Tech*, 2009.

Burton snowboards uses 3d printing to solve longtime snowboarding conundrum. Retrieved 07 Feb 2020. https://3dprint.com/159425/burton-snowboards-3d-printing/.

Carbon is 3D printing custom football helmet liners for Riddell. Retrieved 07 Feb 2020. https://techcrunch.com/2019/02/01/carbon-is-3d-printing-custom-football-helmet-liners-for-riddell/.

3D printing golf clubs and equipment. Retrieved 07 Feb 2020. https://3dprint.com/219546/3d-print-golf-clubs-and-equipment/.

Cooper, D. E., Stanford, M., Kibble, K. A., & Gibbons, G. J. (2012). Additive manufacturing for product improvement at Red Bull technology. *Materials and Design, 41*, 226–230.

Deradjat, D., & Minshall, T. (2017). Implementation of rapid manufacturing for mass customisation implementation of rapid manufacturing for mass customisation. *Journal of Manufacturing Technology Management, 28*(21), 95–121.

Despeisse, M., & Ford, S. (2015). The role of additive manufacturing in improving resource efficiency and sustainability. *IFIP Advances in Information and Communication Technology, 460*, 129–136.

Dyer, B. (2015). The progression of male 100 m sprinting with a lower-limb amputation 1976–2012. *Sports, 3*(1), 30–39.

Eliud Kipchoge 1:59 Attempt Kit Nike Next%—Nike News. Retrieved 13 Jan 2020. https://news.nike.com/news/eliud-kipchoge-1-59-attempt-kit-nike-zoom-marathon-shoe.

FINA Approved swimwear. Retrieved 13 Jan 2020. http://www.fina.org/content/fina-approved-swimwear.

First all 3D printed cleats by prevolve. Retrieved 07 Feb 2020. https://3dshoes.com/blogs/news/first-ever-100-3d-printed-cleats.

French athletes develop customised 3D printed shooting equipment. Retrieved 07 Feb 2020. https://3dprintingindustry.com/news/french-athletes-develop-customised-3d-printed-shooting-equipment-144931/.

Fully customizable tennis racket handle. Retrieved 07 Feb 2020. https://3dprinting.com/news/customizable-tennis-racket-handle/.

Gebhardt, A. (2012). Understanding additive manufacturing rapid prototyping—Rapid tooling—Rapid manufacturing. *Carl Hanser, München*, 591.

Gibson, I., Rosen, D. W., & Stucker, B. (2015). *Additive manufacturing technologies : 3D printing, rapid prototyping and direct digital manufacturing*, 2nd Ed. Springer.

Greatest 3D Printed Houses, Buildings and Constructions. Retrieved 22 Jan 2020. https://all3dp.com/1/3d-printed-house-building-construction/.

Here's how Nike is innovating to scale up its manufacturing. Retrieved 07 Oct 2019. https://www.forbes.com/sites/greatspeculations/2016/05/18/heres-how-nike-is-innovating-to-scale-up-its-manufacturing/#335ab3801497.

Hopkinson, N., Hague, R., & Dickens, P. (2005). Rapid manufacturing. *An industrial Revolution for the Digital Age*. Neil Hopkinson, Richard Hague, Philip Dickens. Wiley. p. 304.

How 3D printed sports equipment is changing the game. Retrieved 07 Feb 2020. https://3dprinting.com/3d-printing-use-cases/how-3d-printed-sports-equipment-is-changing-the-game/.

How 3D printing impacts PUMA and Reebok. Retrieved 07 Feb 2020. https://www.3ders.org/articles/20130308-how-3d-printing-impacts-puma-and-reebok-in-designing-and-prototyping.html.

How Eliud Kipchoge Helped Perfect Nike's 3D printing process for uppers—Nike news. Retrieved 13 Jan 2020. https://news.nike.com/news/eliud-kipchoge-3d-printed-nike-zoom-vaporfly-elite-flyprint.

How team USA used 3D printing to build a better luge. Retrieved 07 Feb 2020. https://techcrunch.com/2018/02/14/how-team-usa-used-3d-printing-to-build-a-better-luge/?guccounter=1.

How will 4D printing disrupt our current manufacturing techniques? Retrieved 07 Feb 2020. https://www.3dnatives.com/en/4d-printing-disrupting-current-manufacturing-techniques-230920194/.

Intel and chromat unveil curie-powered 3d printed responsive sports bra that prevents excessive sweating. Retrieved 07 Feb 2020. https://www.3ders.org/articles/20150915-intel-chromat-unveil-curie-powered-3d-printed-responsive-sports-bra.html.

Kajtaz, M., Subic, A., Brandt, M., & Leary, M. (2019). Three-dimensional printing of sports equipment. In: *Materials in Sports Equipment*. Elsevier, pp. 161–198.

Kaldos, A., Pieper, H. J., Wolf, E., & Krause, M. (2004). Laser machining in die making—A modern rapid tooling process. *Journal of Materials Processing Technology, 155–156*(1–3), 1815–1820.

Killi, S. W., & Kempton, W. L. (2018). The impact of making: investigating the role of the 3d printer in design prototyping. In: *Additive Manufacturing*. Pan Stanford, pp. 111–141.

Kyle, S. (2018). 3D printing of bacteria: The next frontier in biofabrication. *Trends in Biotechnology, 36*(4), 340–341. Elsevier Ltd.

Liu, R., Wang, Z., Sparks, T., Liou, F., & Newkirk, J. (2017). Aerospace applications of laser additive manufacturing. In: *Laser Additive Manufacturing: Materials, Design, Technologies, and Applications*. Elsevier Inc., pp. 351–371.

Modla X reebok 3D printed Athlete's Mask. Retrieved 07 Feb 2020. https://3dprintingindustry.com/news/interview-modla-x-reebok-3d-printed-athletes-mask-127245/.

Murphy, S. V., & Atala, A. (2014). 3D bioprinting of tissues and organs. *Nature Biotechnology, 32*(8), 773–785. Nature Publishing Group.

Nano 3D Sense: Der erste 3D-Druck mit echter Nanometer-Präzision. Retrieved 07 Feb 2020. https://nanoss.de/de/nano3dsense-der-erste-3d-drucker-in-konkurrenzloser-nanometer-praezision/.

New balance working with 3D printing company to develop high performance running shoes. Retrieved 07 Oct 2019. https://www.sporttechie.com/new-balance-working-3d-printing-company-develop-high-performance-running-shoes/.

New stamping ground for Nike and Adidas as 3D shoes kick off. Retrieved 07 Oct 2019. https://www.ft.com/content/1d09a66e-d097-11e2-a050-00144feab7de.

Nike Vaporfly 4%: Innovation… Or Tech Doping? Retrieved 13 Jan 2020. https://www.forbes.com/sites/enriquedans/2020/02/06/nike-vaporfly-4-innovation-or-techdoping/#116f0f665919.

Normals are 3D-printed earbuds made just for you. Retrieved 07 Feb 2020. https://www.theverge.com/2014/7/8/5878733/normals-3d-printed-earbuds-nikki-kaufman-normal.

Olympic fencers get a grip with Stratasys 3D printers. Retrieved 07 Feb 2020. http://blog.stratasys.com/2013/08/28/3d-printed-fencing-hilt-tsukuba-university/.

OS additive manufacturing for bike hub and drive assembly. Retrieved 07 Feb 2020. https://www.eos.info/press/customer_case_studies/kappius.

Owen, D., et al. (2018). 3D printing of ceramic components using a customized 3D ceramic printer. *Progress in Additive Manufacturing, 3*(1–2), 3–9.

Phoenix | white—Oliver cabell. Retrieved 07 Feb 2020. https://olivercabell.com/products/phoenix-white.

Reebok releases liquid factory 3D printed floatride run sneakers in the U.S.—3D printing industry. Retrieved 07 Oct 2019. https://3dprintingindustry.com/news/reebok-releases-liquid-factory-3d-printed-floatride-run-sneakers-u-s-131033/.

Snowboard-Kern aus dem 3D-Drucker: Wie CIME Wintersport verändert. Retrieved 07 Feb 2020. https://www.ispo.com/produkte/snowboard-kern-aus-dem-3d-drucker-wie-cime-wintersport-veraendert.

Stamping out chronic foot disease in horses. Retrieved 07 Feb 2020. https://www.csiro.au/en/Research/MF/Areas/Metals/Lab22/Horseshoe.

Stansbury, J. W., & Idacavage, M. J. (2016). 3D printing with polymers: Challenges among expanding options and opportunities. *Dental Materials, 32*(1), 54–64.

Stratasys hits the slopes with 3D printed skis. Retrieved 07 Feb 2020. http://blog.stratasys.com/2014/02/13/3d-printed-skis/.

StringKing calls on lacrosse players to up their game with 3D printed heads. Retrieved 07 Feb 2020. https://www.3ders.org/articles/20161117-stringking-calls-on-lacrosse-players-to-up-their-game-with-3d-printed-heads.html.

Tailored fits AG. Retrieved 20 Dec 2020. https://www.tailored-fits.com/en/.
The best 3D printed safety equipment project. Retrieved 07 Feb 2020. https://www.sculpteo.com/blog/2019/02/20/top-5-3d-printed-sports-safety-equipment-projects-what-is-possible/.
The Best Thingiverse Alternatives. Retrieved 13 Dec 2019. https://all3dp.com/2/best-thingiverse-alternatives/.
This 3D-printed bicycle is stronger than titanium. Retrieved 07 Feb 2020. https://mashable.com/2018/05/18/arevo-3d-printer-bicycle/?europe=true.
Todd, I. (2017). Printing steels. *Nature Materials*, *17*(1), 13–14. Nature Publishing Group.
When a fencing manufacturer goes designer. Retrieved 07 Feb 2020. https://www.leonpaul.com/blog/when-a-fencing-manufacturer-goes-designer-3-3-3d-printing-a-fencing-mask/.
World Athletics denies tipping off Nike over new running-shoe regulations. Retrieved 13 Jan 2020. https://www.theguardian.com/sport/2020/feb/06/world-athletics-foot-down-nike-running-shoe-regulations.
World first 3D printed sports wheelchair seat used by Paralympics games. Retrieved 07 Feb 2020. https://www.3ders.org/articles/20120904-world-first-3d-printed-sports-wheelchair-seat-used-by-paralympics-games.html.

丹尼尔·拜德贝克是奥托贝森商学院体育与管理研究中心的助理研究员。他的研究方向聚焦于体育的未来以及（体育）组织应当如何准备。开始博士研究之前，他是麦肯锡的顾问，当时他的工作主要集中在打造数字商业。丹尼尔拥有亚琛工业大学的工业工程硕士学位，他的硕士论文工作是和剑桥大学制造研究所合作，一同研究增量制造技术。丹尼尔在近几年结束了自己活跃的业余足球生涯，但他仍旧热爱踢足球。他还在尝试与年青一代打成一片，在闲暇时间成为一位业余电子竞技选手。

哈里·克吕格尔是奥托贝森商学院体育与管理研究中心的研究助理。他的研究领域着眼于职业足球俱乐部中体育总监的工作，聚焦于球队管理中的价值创造。加入奥托贝森商学院体育与管理研究中心之前，他在麦肯锡担任顾问，处理半导体制造、数据分析和机器学习相关的事务。他对于使用高级数据分析解锁增量制造的潜力尤其感兴趣。闲暇时光，哈里喜欢踢足球、看足球，并与自己热爱的主队科特布斯能量队并肩作战。

蒂姆·明歇尔博士是剑桥大学创新中心的约翰·泰勒博士讲席教授，制造研究中心负责人，制造研究中心科技管理部门负责人。他的研究、教学和参与的活动主要集中在制造和创新的连接。在其职业生涯早期，他在英国、澳大利亚和日本做过教师、顾问、设备工程师以及自由写手。如今，他依旧在很多外联活动中活跃，致力于提升中小学生及教师对于工程学和制造业的认知。

再生运动医学的当下与未来

迪耶特玛尔·W. 胡特马赫

摘要

经常参与体育运动虽然会带来很多健康方面的好处,但是也会将参与者置于不断增加的伤病风险之中。胡特马赫给出了目前再生治疗理念的发展概况,总结了富血小板血浆治疗、骨髓抽吸浓缩液、前体细胞和干细胞、脂肪干细胞以及羊膜制品等治疗方法,讨论了应用这些治疗理念的总体原则。最后,胡特马赫给出了一个重要的展望(尽管暂时只是设想)——再生运动医学可能如何引领新的治疗理念,并且增加治疗过程中遭受运动损伤的病人与医师之间的交互。

1 引言

适度的身体活动或是运动量较大的训练,不管是哪种体育形式,都建议大家积极参与。它们会为全球范围的广大社区带来多种多样的健康收益——从顶尖竞技水准的精英运动员,到各个年龄阶层的群众。世界卫生组织(WHO)曾发布的一份报告显示,每周参与超过两小时充满活力的有氧活动,与减少受伤风险呈正相关。另外,运动和锻炼诱发的伤病,也会影响上述群体。伤病风险可能会是急性创伤这样的单一诱因,也可能来源于由多种因素联合作用的复杂病史。这些因素中可能囊括参与体育活动的类型和训练强度,还包含年龄、健康状况以及遗传特征这样的内在因素。从医疗的视角,再生运动医学疗法可能大幅提升病人的生活质量,改变伤病发生的轨迹,并且减小慢性伤病或状态退化带来的负面效应——这一因素如今困扰着很大一部分的业余和职业体育选手。

从经济的视角，提供治愈选择的有效再生医学疗法，能够大幅度减少医疗开销。因此，从健康经济和个人的角度来说，再生运动医学疗法的核心目标应当是抑制伤病发生和组织退化的过程，甚至使它们发生逆转。退化过程的早期，主要目标是让受到创伤的组织恢复。在组织功能障碍的晚期，目标则是让功能性组织物质再生，制止或治愈急性的或是之前已经存在的疤痕或伤病，并且确保运动员提升身体机能。在疾病发展过程中进行细胞治疗，需要再生疗法作为补充，以抑制伤病发生或减缓疲劳加深，甚至治愈训练或体育比赛中发生的、已经确诊的组织撕裂。包括复健和手术在内的传统治疗理念，以病人的需要和个人要求为基础制订治疗方案，比如说参与体育运动的时间、运动表现上的限制以及与病理学相关的考量。相反地，再生治疗的目标是提供与原生组织在医学和物理特征上别无二致的新生组织。这样的治疗方法会转化为运动伤病恢复后不再复发，减小过劳导致伤病的概率，避免生活方式被显著地改变。

目前在体育场景下主要研究的再生技术是细胞治疗和特定的血液衍生物。从分子生物和细胞生物的角度来看，这会使愈合因子和抗炎因子的浓度和生理平衡发生变化。与此同时，人类胎盘衍生制品同样吸引了眼球。对于肌肉骨骼伤病，此类制品往往被称为正畸生物制品（orthobiologics）。总体来说，如果以温和的方式进行锻炼，肌肉骨骼组织是拥有足够强的再生能力的。然而，如果参与的是不断打破生理极限的高强度训练，则会揭示出内源细胞在驱动再生方面的低效性，以及血管受损会导致慢性疲劳或严重的伤病。因此，细胞治疗的最初目标是将活细胞移植到受损组织之中，然后生成高质量的细胞外基质（ECM）。细胞和再生或修复的细胞外基质的品质，对于体育和锻炼来说是尤为重要的。理想中的细胞外基质应当能够带来灵活性、高拉伸度以及高压缩负荷，从而让病人在没有再次受伤风险的前提下重返运动场。

近期，成体干细胞治疗的理念以及它在运动医学中的应用被越来越多地用于处理与伤病和康复有关的问题。"生物制品"（biologics）所展现出来的前景，已经激发了运动医学专家的兴趣与灵感，而且不仅让理疗师感到兴奋，也引起了大众和媒体的关注。生物增强可以被定义为使用自体干细胞和生长因子去增强身体修复和再生能力的科学。

近几年，一些以再生医学为基础的治疗理念已经被转化到了现代运动医学领域之中。发生这一变化的背后基础是，大量的国际学术研究以及由一系列专业书籍——这些书籍有关细胞治疗的疗效和效率、组织工程和再生医学（TE&RM）、细胞重编程和基因治疗等（Administrator 2018）。这些新的治疗线能够被协同组合起来，并且严格遵守围绕着基础和应用研究、临床转化和最终实现商用化的转化和循证医学研究的基本准则。可能会有这样的争论，我们正站在一个十字路口，一条通向使用物理疗法诱导再生，另一条则通向组织工程和再生医学的领域。本章将探索再生医学在体育及锻炼引发的伤病治疗（Borg-Stein et al. 2018）这一领域的最前沿技术，并给出未来畅想。

我们展望了未来 10 年细胞治疗、再生医学、3D 打印及生物科技等多种技术进步的融合。并且，我们给出了一个案例研究：3D 打印和支架引导的组织再生共同发挥作用，可能如何影响职业运动员膝关节受伤后的康复，并且提升他们退役后的生活质量。

2 再生医学

再生医学是一个跨学科领域并且已经发展成为一个综合性的术语，它囊括了生物工程、生物材料科学、基因工程和生物科技等多个已经成熟建立的领域。这一领域的研究者，可能会将再生医学定义为用于修复、恢复、补充或替代一个生物系统中自然功能的科学原理的应用（Dehghani & Rodeo 2019）。而医学研究委员会（MRC）给出的定义则是，"再生医学是一种交叉学科方法，寻求修复或替代受损伤或遭遇疾病的人体细胞或组织，使其恢复正常的功能"(MRC 2017)。

剧烈或长时间运动,可能会对全身系统的稳定状态带来挑战,使得大量细胞、组织和器官陷入不断扩散的高压状态之中,这是由新陈代谢活动加剧而引发身体做出的响应。为了解决这一问题,会使用多种方法融合(常常会有些冗余)的分子和细胞生物学解决方案,以应对运动锻炼引起的肌肉能量和氧气需求量增长以及筋膜、肌腱、韧带、软骨甚至骨骼上的超负荷所产生的稳态负担。将生物力学、生物科技、生物材料、组织工程和再生医学等其他领域的知识应用到运动生物学之上,能够让我们更全面深入地理解参与到运动响应中的细胞网络的多样性和复杂性。肌肉会和其他器官进行"沟通",并作为传递运动锻炼对身体健康和运动表现带来的正面影响的媒介,近些年的研究发现为这一身体机制带来了全新的观点和视角。

20多年来,一直有这样一个假设:肌肉和其他器官通过有组织的细胞信号通路进行沟通。通过深入细致地研究收缩肌和它对于器官的影响,这一假设得到了证实。然而多数情况下,一条或多条通路缺失、堵塞或是失控的时候,就会表现出对于剧烈或长时间运动的正常响应。这一生物学上的冗余表明,也许对于运动锻炼唯一的强制反应,就是人体稳态系统的自我防御。很明显,未来几年运动学研究者的一大挑战就在于,将不同的放大效应与个人锻炼或体育比赛进行中或结束之后的明确新陈代谢响应、基因里的特定变化以及骨骼肌中的蛋白质表达关联起来。这将极具挑战性,因为这些通路中大多数都是非线性构建的,而且形成了一个相互高度串联、具备反馈调节和瞬时激活机制的复杂网络。大量"组学"技术平台的引入,再加上使用验证计算方法和系统生物学规范对运动生物学这一新兴领域进行提问和假设,为加速运动医疗领域的创新做好了准备。

众所周知,参与体育运动和锻炼会改变人类的生理状态。完成一堂训练课或一项运动挑战之后,身体产生的应激反应会改变生化内部环境的平衡，这也就意味着会影响与运动强度和肌肉损伤有关的代谢产物的生产或合成频率以及它们的动态性。运动代谢组学（sportomics）被定义为"体育领域中的代谢学应用，其目的是探索运动锻炼对个人身体的代谢影响"，不论这个人是职业运动员还是业余爱好者。代谢组学是"组学"科学中的一种，能够提供个体在不同生理或病理条件下的代谢状态概貌。通过分析生物流体（如唾液、血液、粪便和尿液）中的代谢产物，以达成这一研究目标。运动代谢学有可能和目前研究和监测运动员状态（疲劳程度和身体表现）的方法形成互补。它还有可能用于预测未来发生伤病的可能性。

3 细胞治疗

在应对运动疲劳与伤病的场景之下，目前被主要研究的核心再生医学理念是各种细胞治疗方法，其中包括同种异体、自体同源、从患者或捐献者的血液中提取血液衍生物。所有的血液衍生物制品，都需要对每次治疗时治疗因子和抗炎因子的最佳浓度和生理平衡有充分了解。与此同时，胎盘制品的使用也引起了关注。在应对肌肉骨骼伤病的场景之下，这些制品往往会被称为正畸生物制品。随着有关日益兴起的再生技术的话题变得越来越广阔，这一领域未来还是会聚焦于细胞治疗和血液衍生物配方或制剂（Borg-Stein et al. 2018）。

为了满足与体育运动相关的伤病的明确需求，生物制品主要被用于加速愈合和恢复功能。这一领域的进步，以对组织愈合过程中的分子和细胞生物学的科学认知和理解为基础。外来干细胞能够被移植到体内，起到原住细胞的作用。另外，被融入生理平衡之中的分子池（血液衍生物制品或胎盘制品）能够刺激新血管的生长（血管再生）、宿主干细胞迁移、组织合成代谢，因此能够激活受伤组织所在位置的再生机制。但是，目前的研究还未能达到以时序或空间的方式激活所需的身体或组织响应，从而让现有的治疗理念更加有效。而且，目前很多运动医学专家和临床医师使用这些细胞治疗方法时，都是缺乏明确目标的，因此疗效也无法得到保障（Hutmacher et al. 2015）。

高强度锻炼，甚至强度适中的身体活动，都会影响全身的稳态。大量急性或适应性的响应会发生在细胞、组织和系统性器官等层面，激活它们的功能，以减轻组织疲劳和损伤。当局部受伤时，间充质前体细胞（MPCs）会在血管周围被释放，这一机制会被生物活性分子的分泌所激活，并且会调节局部免疫响应——首先给出炎症发生前的先兆，然后创造出所谓"促进再生的小生境"。然而，如今所有在成体干细胞（ASCs）上开展的研究工作，主要聚焦于来自骨髓和脂肪组织中的细胞，并没有考虑以包含间充质干细胞（MSC）——该细胞能够更容易地被分离和提取——的地方（如血液、脐带和胎盘间质）作为细胞来源（Johal et al. 2019）。

4　骨髓抽吸

随着医学知识和技术创新的进步，医疗社区和机构开始继续探索再生医学领域以及它所能带来的多种治疗干预。在运动医学领域的范畴内，骨髓抽吸（BMA）刚被发现其中蕴藏着有着软骨细胞和成骨细胞能力的细胞，将它应用到治疗方案之中就已经被纳入考量。骨髓抽吸治疗是一种低风险、非侵入性的治疗方法，能够用于应对多种运动伤病情况，如软骨、骨头、肌腱、韧带撕裂以及身上任何地方的撕裂伤。

用于再生运动医学过程的骨髓衍生干细胞（BMSCs）能够通过两种不同的工艺处理和制造——细胞培养或细胞分离，而无须进一步的操作。从骨髓干细胞衍生而来的间充质干细胞（MSCs）能够分化为多种类型的组织（包括肌肉、骨骼、软骨和肌腱）。然而，还有一个额外的机制，就是通过聚集大量的生长因子和细胞因子，间充质前体细胞（MPCs）能够刺激组织修复。这种机制被定义为"旁分泌效应"。间充质前体细胞促进周边的多种生长因子和其他因子召集附近的细胞，共同刺激组织的修复（图1）。

再生运动医学的当下与未来 **165**

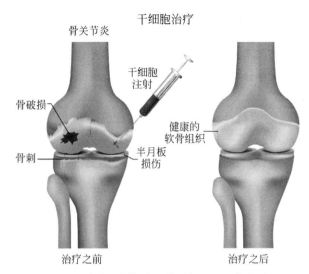

图 1　运动造成损伤或锻炼引起组织退化之后，
采取细胞治疗理念进行软骨修复

从原始抽吸物中离心出细胞浓缩物后，这些非培养细胞能够被直接使用。目前，在世界上大多数国家，非培养、自然生成的细胞浓缩物是允许被用于患者的，而培养细胞则被美国食品药品监督管理局（FDA）这样的监管部门所禁止使用。在司法监管较为宽松的地区，临床医疗领域开始将骨髓抽吸细胞应用于市场化的治疗。当然，与细胞治疗方法相关的安全文件和手续也不应被抛之脑后。保持体外扩张细胞培养的无菌环境、质量控制、过滤掉用于培养扩张细胞的细胞因子等安全事宜都应当被注意（Liu et al. 2019）。

尽管运动医学专家广泛使用正畸生物制品去治疗运动创伤、疲劳以及其他更为慢性的伤病，但医药代表中不同的角色和利益相关方对于其中的很多问题并未达成一致。正畸生物制品往往会使用不同的组织来源，因此成分不同，生产制造的技术也不同。所以，要比较结果研究，以循证原则去评估这些治疗理念和细胞衍生制品的疗效，往往是非常困难的。因此，需要对正畸生物制品的生产设备、协议规范以及生物元素制定标准。

5 富血小板血浆

富血小板血浆注射（PRPI）已经被应用于运动医学领域之中数十年了，用来帮助伤口愈合，或是在一些特定的运动医学手术中使用。通过对全血进行离心并去除其中其他的细胞成分，富血小板血浆（PRP）中蕴含自然生成的血小板浓缩物。为了达到疗效，血小板浓缩物浓度需要高于人体正常的基线数值。富血小板血浆注射（PRPI）之所以能够被作为一种治疗手段，其中的机制是，富血小板血浆启动了身体自我修复的过程、调节发炎状况、输送生长因子并且吸引和激活能够促进治愈环境并减少疼痛的间充质干细胞（Scully & Matsakas 2019）。

科研文献表明，血小板在维持组织和器官稳态方面扮演着重要角色。通过旁分泌效应，血小板每天能够生成和输送大量的生长因子（GF），以维持组织和器官稳态。同时，生长因子还能组织编排伤口愈合和再生的过程。一般假设而言，生长因子在富血小板血浆中的浓度非常高。除了生长因子，血小板还会释放对锻炼或运动损伤后肌肉恢复非常重要的特定物质。仅仅从重构人体生长因子输送的角度来看，富血小板血浆的优势在于释放生长因子的"鸡尾酒"，并且通过血小板激活细胞迁移、增殖和分化因子的释放。

21世纪，很多医生决定迈入这一治疗领域，以增强他们的医疗实践能力，然而，他们对于这背后的各种科学知识知之甚少甚至一无所知。这一领域的很多医疗设备都是商用化工具箱和"即插即用"试剂盒支撑的"按下按钮就可使用的"机器。这些医生中的大部分对于富血小板血浆的了解仅仅停留在哪里去买这些设备，怎么打开工具箱，按下"启动"按钮。大多数相关设备厂商都会误导医生，将富血小板血浆当作干细胞治疗过程销售给他们，从而增加营销炒作的噱头，但同时也会让消费者陷入更深的困惑之中（Jones et al. 2018）。

不幸的是，一旦一名临床医生投资了一台能够生成特定类型的富血小板血浆的自动化机器，这就已经是他或她全部的实践应用了。可能由于缺乏对相关文献的了解，一些含有富血小板血浆的成分和配方还未被纳入考量。几乎所有公司都会提供不同的技术特性、生长因子浓度和治疗操作的组合，但往往和已被验明的运动伤病或者锻炼恢复规程没有太多关联。然而，大多数医生还在使用更便宜和更容易获取的红色富血小板血浆，虽然其中已经引入了非常花哨的制作工艺。这种过量的白细胞供给会激活大量的细胞因子，导致额外的炎症反馈。对于再生行为的不充分介入和影响，往往会让富血小板血浆无法发挥出优势，疗效也难以得到保证，这为"富血小板血浆常常会失效"这种错误的观点提供了土壤。比如说，黄色富血小板血浆、低浓度琥珀色富血小板血浆、高浓度琥珀色富血小板血浆、生长因子丰富的血浆以及血小板裂解物（PL），能够输送更高浓度的特定或非特定生长因子——从20%到高于45%——并且产生更小的副作用以及更低的并发症风险。

富血小板血浆似乎能够带来生长因子的立即释放，并产生重要的抗炎行为。因此，需要在一个非常小的区域形成高浓度的再生成分时，富血小板血浆是非常适合被引入的。当治疗髋部和肩部关节、连接骨骼的肌肉和韧带以及声带时，往往需要使用小剂量高浓度的富血小板血浆。目前而言，只有少数自动化且非常昂贵的机器可以生产这种类型的富血小板血浆，因此它的临床使用还没有那么普遍。如果未来，能够通过循证研究积累所必需的临床数据，这一杯富血小板血浆"鸡尾酒"能够在再生运动医学领域成为一种非常强大的工具（Hutmacher et al. 2015；Jones et al. 2018）。

总体而言，虽然应对运动创伤和病症的再生医学药剂正在以指数级别增长，但这其中仍旧有数个备具争议的领域，缺乏相应的医学研究作为参考。如何去制备富血小板血浆和骨髓抽吸浓缩液，还没有一个共识性的最优规范。因此，以"富血小板血浆"和"骨髓抽吸浓缩液"命名的产品普遍是配方各不相同、制作方式各异的。因此，要想比较结果研究并评估这些药剂的有效性，是非常困难的。将富血小板血浆和骨髓抽吸浓缩液的制备规范和成分标准化，势在必行。可惜的是，只有很少的医生拥有理解和掌握再生过程的科学知识和技术专长,能够安全且高效地运用这一疗效显著但颇具挑战的治疗方法。因此,大学(尤其是医学系)需要考虑开设有关再生运动医学的硕士层级的课程,从而教育下一代医生,让他们了解这一非常重要的领域(Scully & Matsakas 2019;Chou et al. 2020)(图2)。

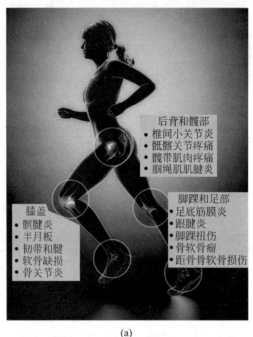

(a)

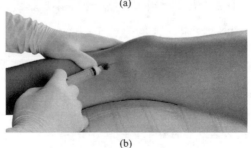

(b)

图2　富血小板血浆注射示意图

(a)目前运动伤病治疗中注射富血小板血浆的常见位置示意图;
(b)在膝关节中注射富血小板血浆

6 输入年轻血液能否刺激再生？

注入"新鲜血液"是一个常见的用语，寓意着一家被认为老派的企业在管理上引入了新鲜的想法，呈现出振兴的景象。而如今，最新的研究表明，这一用语也能够以其字面意思被实现。在一项让人想起有关吸血鬼的老电影和传说的研发课题中，年轻的血液似乎能够让大脑真正地返老还童。2014 年由斯坦福大学神经科学家托尼·怀斯科雷带领的一项研究中，输入了从年幼小白鼠身上抽取的血液之后，年老小白鼠身上的认知和神经的老化和损伤发生了逆转。这一方法被称为"异种同生"，其基础是两个活着的生命体交换血液。比如说，两只小白鼠以共享一个血液循环系统的方式被缝合在一起。研究者发现，当年老小白鼠通过手术与年幼的"另一半"相连以后，其海马体中的基因活性发生了改变，神经连接增加，"突触可塑性"得到增强（这一机制被认为是学习和记忆的基础，作为对经历和体验的响应，神经连接的强度会发生改变）。他们还给年老小白鼠输入从年轻的小白鼠身上抽取的、只包含蛋白质和激素但没有任何细胞的血浆，这大幅度改善了它们在学习和记忆测试中的表现。如果这些发现能够被复制到人类身上，那么它们会产生深远影响。一些研究者（包括那些自身研究工作启发了这一研究领域的研究者）已经告诫大众，对于一些特定的病人来说，这一输血过程是非常危险的。加利福尼亚大学伯克利分校的生物工程学教授伊琳娜·康博伊就是在小白鼠身上研究年轻血液输入的研究者之一，她认为若是缺乏专业人士的监督，这种治疗方案会变得十分危险。从美国食品药品监督管理局的角度来看，"将血液作为一种药物"并非一种受规管产品。

2017 年，一家名为仙果（Ambrosia）的创业公司招募人类被试参与临床试验，意图找出输入年轻人身上抽取的血液以后，成年人的静脉之中会发生什么。值得注意的是，这项特殊研究的结果并未被发表。两天的实验中，所有被试都被输入了 1.5 升的来自一批 16~25 岁捐赠者的血浆。在输血之前和输血之后，会检测被试者血液中的几种生物标志物。这些可测量的生物物质和过程能为人体的健康和疾病状态提供一个快照。目前来看，哪怕是最前沿的研究，对于输入年轻血浆是否能够帮助对抗老化仍旧是含糊不清的。更进一步而言，如果这种治疗方式能够展现出临床疗效，它也最可能仅仅被用于非职业运动员，因为它会违反当前的反兴奋剂规定。

7 外泌体治疗

直到近些年，外泌体仍旧被认为是不重要的东西，甚至被当作细胞废物。现如今，更广阔的科学和临床领域都已经开始承认外泌体有着很多重要的细胞功能。外泌体是含有内源性蛋白质和核酸的细胞衍生囊泡；将这些分子输送到外泌体受体细胞能引起生物效应。由间充质干细胞（MSCs）和树突细胞衍生出的外泌体囊泡（EVs）极具治疗上的潜力，并且有可能成为帮助修复锻炼劳损和运动伤病的有效药剂。

被输送到运动损伤处后，外泌体能够以旁分泌的方式作用于母细胞附近的靶细胞；与内分泌过程类似，它们还可以进入血浆、关节积液这样的生物液体，被输送到远离分泌细胞的靶细胞。当外泌体被特定的靶细胞吸收之后，外泌体所含物质便开始组织编排大量的信号通路。目前，与外泌体相关的研究主要集中在它们在癌症发展和免疫调节中扮演的角色。另外，外泌体囊泡中的生物分子最近还开始被当作生物标志物使用，用于疾病诊断、预测甚至损伤程度判断，因为随着长时间疲劳或运动创伤的不断发生，这些生物分子的含量水平或是物质内容可能会发生改变。比如说，最新的研究显示，外泌体是引起间充质干细胞产生旁分泌效应的主要生物活性囊泡；它们通过影响受体细胞的存活、增殖、迁移和基因表达，以及对靶细胞行为进行重新编程，来调节很多生理和病理过程（图 3）。

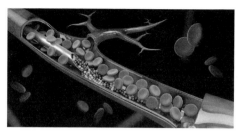

图3 在一些有骨关节炎的运动伤病病人身上,注入外泌体的再生潜能已经被证实了。有理由相信,外泌体的更多再生潜能会在未来被发掘出来

基于这样的背景,我们有可能研发出一种无须细胞的疗法,利用外泌体这种拥有旁分泌效应的生物分子即可。这种治疗方法能够刺激组织的修复和再生,同时相较于直接的干细胞移植,它能够减少治疗风险和病人的安全顾虑。大量的基础性研究已经确认了,间充质干细胞外泌体在组织再生和修复的过程中扮演着重要角色,尤其是皮肤伤口愈合过程。间充质干细胞外泌体通过输送多种不同的分子,参与到皮肤伤口愈合过程的每个阶段之中。然而,它们全部的功能仍旧尚未明确。很多人都相信,有间充质干细胞外泌体介入的治疗方法,能够在提供皮肤再生和伤后恢复能力的治疗方案中扮演重要角色。

在体育运动和高强度身体活动之中,肌肉旁边的肌腱和韧带是非常容易受伤的。肌腱病是一种常见的慢性肌肉骨骼系统紊乱,被它所影响的主要群体是职业运动员,但也会有业余运动爱好者为其所困。这一类组织破损令人感觉非常疼,并且会对患者的生活质量产生极大的负面影响。临床实践中,有很多针对肌腱病的治疗方法已经被用来恢复肌腱功能和维持患者的生活质量,其中包括摄入非类固醇抗炎药物、采取类固醇注射以及各种物理疗法。然而,它们的效用大多局限于疼痛控制和疤痕式的修复;大部分时候,它们无法引发真正的肌腱再生。近期的研究报告显示,来源于间充质干细胞的外泌体对于肌腱病有着潜在的再生医学应用前景。肌腱前体细胞就是间充质干细胞的一种,不过,来源于此类细胞的外泌体作用于肌腱病的疗效尚不明确。对于骨科伤病，非手术性的干细胞治疗选择还未被美国食品药品监督管理局所批准；它们往往非常昂贵，但能够在世界上（除美国之外的）其他地区的临床医疗系统之中获取相关治疗服务。由于外泌体囊泡只有纳米级的大小，具有高度的生物相容性、生物降解性以及协作能力，能够将功能性分子输送到靶细胞，将外泌体囊泡作为一种靶向输送系统应用于与骨骼运动障碍相关的分子疗法是一个极具吸引力的想法。

比如说，让我们来看一个职业运动员患者的案例。NFL球员吉米·格拉汉姆从骨髓中提取干细胞后注射到膝盖中，但收效甚微。随后，他听说了欧洲有使用从干细胞分泌物中生成的外泌体而非干细胞本身的疗法。为了接受这一治疗，格拉汉姆在美国进行了腹部脂肪移植，然后将它们转运到伦敦的一家诊所。在那里，干细胞被分离出来，并且被置于缺氧环境之中以诱导它们分泌外泌体囊泡，从而刺激组织修复和再生。要想在注射后起到疗效，需要经过数周大量的、花销昂贵的细胞培养，才能提取所需剂量的外泌体囊泡。最终，在伦敦的诊所中，外泌体囊泡通过静脉注射的方式进入格拉汉姆的身体，而非采用直接注入受伤处的方式（而大多数干细胞治疗方是如此实施的）。格拉汉姆表示，此次治疗之后，他的膝盖再也没有感受到疼痛了。同时，他长期的背部疼痛也得到了大幅改善；医疗扫描也显示出，他髌骨上的另一处小撕裂伤也得到了愈合。然而，这只是一个单一的案例，并非循证临床试验，医生和科学家还是会告诫患者，尝试这些尚未被证明的治疗方法是有一定的风险的，而单一的成功案例也具有不可靠性。他们还强调，干细胞和外泌体囊泡还需要在美国食品药品监督管理局的监管标准下做更深入的研究，才能证明它们的安全性和有效性。

有关外泌体囊泡和干细胞的安全性的一个论据在于，它们来源于患者身体，因此产生排斥反应的风险很低。另一个正面因素在于，通过静脉注射，不会遭遇在受伤处注射而引发进一步伤病的风险，这一点对于外泌体囊泡治疗尤为如此。出于这些原因，外泌体有着极高的临床应用潜力。不过，决定合适的细胞来源不应当是毫无条件的。比如说，细胞来源应当对再生来说是高效且适用的，大量存在且可以大规模分离和提纯。此外，由于外泌体含有诸如蛋白质、mRNAs、miRNA 等影响生理功能的分子，特殊的存储条件必须要得到满足。如果外泌体能够以最优的生物剂量进行封装，那么它们就能被用于临床应用之中，提供常规疗法之外一种可行的治疗方案。不过，更广阔的科学和医疗社区对此还心有疑虑："……在缺乏对此类治疗方法长期风险的更深入的研究和理解的情况下，对于它们的使用需要非常小心谨慎。"随机性的临床尝试已经在进行之中，我非常期待看到它们的结果与成效。

8　软骨组织工程

膝盖和脚踝中的软骨和骨软骨缺损（OCD）是运动医学专家最常见的运动伤病。此外，过度使用的情况也普遍存在，比如说连续体结构附近产生的伤病，就起源于未能及时识别出过度使用情况下的即时事件响应。高机械负荷诱发的组织疲劳、最终损伤以及软骨自我重塑和修复能力的丧失会带来不平衡性，最终引发运动损伤。不幸的是，大多数因过度使用而产生的伤病，一旦超过组织退化的阈值，就不太具有可逆性了。

这些伤病之中，被影响的身体区域往往是和体育运动专门相关的，尤其会影响运动员的最高竞技水准。一个涵盖了 11 项研究的系统综述揭示，运动员全层重点软骨缺损的患病率高达 36%（2.4%~75%）。这一研究分析中包括了 931 个观测对象，其中 40% 的运动员是之前在 NBA 和 NFL 效力的球员。职业足球运动员中，二级髋关节炎的患病率要高 2~3 倍。类似地，相较于参与高水平的长跑比赛，在高冲击性运动（比如足球、手球、场地田径和冰球）中竞技的精英运动员身上，髋关节炎也更常发生。

骨关节炎作为主要的软骨疾病，其病理特征为软骨缺失，最典型的病情发展过程就是从表面软骨颤动到软骨下骨的完全侵蚀。在美国,有超过 200 万的病人承受着骨关节炎带来的疼痛与衰弱,在欧洲和亚洲,也能看到同数量级的发病率。此外,随着人口老龄化,被这种和年龄相关的疾病影响的人的数量预计会大幅度增长。对于晚期骨关节炎的最普遍治疗方法是关节替换手术,它不仅会将受损的髋部或膝盖关节组织切除,还会摘掉健康的骨头,然后使用人造关节进行替换。每年,世界上会有数百万病人接受这一手术;超过 90% 的病人能感受到疼痛立马减轻了,日常活动也更自如了,参与运动锻炼的可能性也增加了。然而,随着时间的推移,植入的人造关节会逐渐失效,需要进行修复手术,而这一手术是高侵入性、高度复杂且开销巨大的。因此,其他可替代的治疗策略正在被研究,其中就包括软骨组织工程——结合生物材料和细胞,重建动态组织,修复和再生受损的关节软骨。随着组织工程的出现,临床医疗领域已经发现了使用软骨组织结构替换受损伤软骨的前景。

9 循证医学

细胞治疗和基于细胞的检测注定会为运动医学的诊断和治疗带来变革。这让职业运动员和他们的医生感到兴奋并充满期望。然而,尽管细胞治疗领域的发展已经非常显著,并且展现出了巨大的潜能,一些悬而未决的挑战仍旧持续在其中蔓延。我们需要不断去发现新的东西,但又不能产生错误的方向。在过去的 10 年中,鉴别何为有潜力的发现何为错误的方向,是不断循环往复的事情。

临床诊断和治疗需要在表征、控制、记录和可再现性等方面做到无与伦比的严谨,要能够做到无视大多数生物系统的内在多变性和异质性。在有些设定中,可再现性已然成为现实;而在其他一些设定中,尤其是个人定制化的药物和细胞治疗,我们必须要学会理解和运用生物异质性。这其中就包括首先测量异质性,然后基于所获取的知识更加谨慎地选择我们要加入什么样的细胞,而什么样的细胞要从细胞生产和检测中去除。限制很多技术转化为高效的治疗方法的一个重大挑战在于定义和测量干细胞和祖先种群中的关键品质属性。这些属性必须是可量化、标准化的指标。只有掌握了这些信息，我们才能采取后续操作，使用合适的工具，快速识别和分离出所需的细胞或克隆物，或是删除不需要的细胞或克隆物，然后在临床诊断和安全且高效的临床治疗中进行使用。

10 结论与未来展望

正畸生物制品在运动医学治疗中的未来应用是让人兴奋的。运动医学医师对于它的临床应用的认知理解还处于初级阶段。为了满足运动相关伤病的明确需求，使用生物制品的目标会有多个，其中最主要的就是加速愈合和恢复功能。这一领域的进步是以对组织愈合过程和激活修复机制中的分子和细胞生物学的科学理解与认知为基础的（图3和图4）。到目前为止，富血小板血浆的运动医学应用已经展现出潜能；但现有的产品类型过多，它们的浓度水平不同，使用方式各异，对其进行临床判断和解释非常困难。由于肌腱和肌腱病中存在的异质性，定义好医学规范是非常重要的。已经有一些好的数据样本，但是其中蕴含的结果并不完全明确。医学规范应当是标准化的。识别出在人体环境中什么是能够发挥作用的也十分必要。比如说，未来的研究工作必须明确正确的血小板和白细胞计数及二者之间的平衡比率，以及哪些血浆蛋白质会在特定的临床医疗设定之中起到作用。在未来，我们有可能看到第二代富血小板血浆

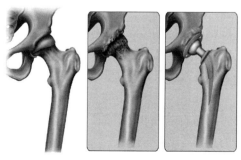

图4 髋关节替换手术往往用于应对严重的髋部骨关节炎。每年全球会进行超过200万例的髋关节替换手术

去除掉负面或不需要的生长因子,并增加正向的生长因子。也许未来还会出现将富血小板血浆或其他血液制品与干细胞治疗或支架引导的再生治疗结合起来,带来疗效更好、更可预期的临床结果。随着我们的了解与认知越来越深入,我们能够尝试去除无用的生长因子,提高正向生长因子的浓度;我们还可能使用血小板之外的其他血液来源。

目前而言,支撑使用富血小板血浆进行肘部肌腱病和膝盖骨关节炎治疗的证据并不充分。不过,其他研究似乎已经展现了富血小板血浆在肌腱和韧带上的疗效。虽然有些研究报告已经显示了其有效性,但使用增生疗法和干细胞治疗还缺乏严谨的医学循证,使用富血小板血浆治疗肌肉拉伤也是如此。越来越多严谨的研究工作开始使用这些生物制剂去解决这些伤病,这有可能会改变我们治疗大多数运动伤病的方式。随着更多高质量的研究发表,再生医学在运动伤病上的真正应用价值会变得更加清晰明确。未来,再生运动医学领域的研究工作需要采取更加复杂的研究方法,去理解哪种治疗方法对于运动员来说更具疗效且效率更高。目前运动伤病的临床治疗中主要使用的再生技术有细胞治疗、胎盘制品、特定的血液衍生物以及富血小板血浆。研究表明,富血小板血浆治疗对于肌腱病和骨关节炎的疼痛治愈和功能恢复有一定的效果。然而,考虑到制品的异质性和病人的多样性,更进一步的精准控制的临床试验是必须要进行的。

间充质干细胞/基质细胞制品的本体使用是非常安全的,但仍需要高质量的转化医学研究去构建高效的临床规范,从而利用这些细胞的能力,通过输入组织或旁分泌效应去支持组织修复、缓解组织退化带来的负面作用。媒体对于间充质干细胞/基质细胞治疗对运动损伤或过劳损伤的作用的大肆宣传,需要以高质量临床试验产生的科学扎实的数据结果为支撑。

运动代谢组学方法可能对于如今研究和监测运动员疲劳和身体竞技状态的方法来说是一种补充。它还能用于预测未来事件,比如说疾病发生、天赋识别、是否容易受伤等。每个人都选择最适合自己的运动锻炼方式或体育项目将成为可能（这在婴幼儿和童年时期尤为重要），从而保持和改善健康状态；而基于个人的代谢概况，还有可能形成定制化的营养方案。

最后，再生运动医学社区需要为研究和创新创造条件，保持创造力、灵活性和开放性。这需要设定研究主题的优先级，首先聚焦于展现出特别活力、有巨大的增长前景并且对创新解决方案高度需求的领域。与此同时，利益相关方需要通过长远的培训和教学，保证真正技术能力研发的持续性；这样他们才能确保以长期和可持续的方式在运动领域发挥作用。对于新形态的交叉学科想法、知识的获取与共享，需要给予特别关注。这会使重塑运动伤病和慢性劳损的治疗理念成为可能，打开创新之门。强化知识转化、建立合作网络非常重要，这会让所有加入科学、商业和社会创新中的利益相关方处于一个全新的社群之中，能够摒弃根深蒂固的僵化思维，打破学科的孤岛。

参考文献

Administrator, E. R. N. A. (2018, June 22). *Exosomes hit the mainstream as elite NFL athlete undergoes stem cell-derived extracellular vesicle therapy*. Retrieved April 1, 2020, from https://www.exosome-rna.com/exosomes-hit-the-mianstream-as-elite-nfl-athlete-undergoes-stem-cell-derived-extracellular-vesicle-therapy/.

Borg-Stein, J., Osoria, H. L., & Hayano, T. (2018). Regenerative sports medicine: Past, present, and future (adapted from the PASSOR Legacy Award presentation; AAPMR; October 2016). *PM R, 10,* 1083–1105. https://doi.org/10.1016/j.pmrj.2018.07.003.

Chou, T. M., Chang, H. P., & Wang, J. C. (2020). Autologous platelet concentrates in maxillofacial regenerative therapy. *Kaohsiung Journal of Medical Sciences*. https://doi.org/10.1002/kjm2.12192.

Dehghani, B., & Rodeo, S. (2019). Cell therapy-a basic science primer for the sports medicine clinician. *Current Reviews in Musculoskeletal Medicine, 12,* 436–445. https://doi.org/10.1007/s12178-019-09578-y.

Hutmacher, D. W., et al. (2015). Convergence of regenerative medicine and synthetic biology to develop standardized and validated models of human diseases with clinical relevance. *Current Opinion in Biotechnology, 35,* 127–132. https://doi.org/10.1016/j.copbio.2015.06.001.

Johal, H., et al. (2019). Impact of platelet-rich plasma use on pain in orthopaedic surgery: A systematic review and meta-analysis. *Sports Health, 11,* 355–366. https://doi.org/10.1177/1941738119834972.

Jones, I. A., Togashi, R. C., & Thomas Vangsness, C., Jr. (2018). The economics and regulation of PRP in the evolving field of orthopedic biologics. *Current Reviews in Musculoskeletal Medicine, 11,* 558–565. https://doi.org/10.1007/s12178-018-9514-z.

Kon, E., Di Matteo, B., Delgado, D., Cole, B. J., Dorotei, A., Dragoo, J. L., & Magalon, J. (2020). Platelet-rich plasma for the treatment of knee osteoarthritis: an expert opinion and proposal for a novel classification and coding system. *Expert Opinion on Biological Therapy*, 1–14. https://doi.org/10.1080/14712598.2020.1798925.

Liebig, B. E., Kisiday, J. D., Bahney, C. S., Ehrhart, N. P., & Goodrich, L. R. (2020). The platelet-rich plasma and mesenchymal stem cell milieu: A review of therapeutic effects on bone healing. *Journal of Orthopaedic Research*. https://doi.org/10.1002/jor.24786.

Liu, X., et al. (2019). BMSC transplantation aggravates inflammation, oxidative stress, and fibrosis and impairs skeletal muscle regeneration. *Frontiers in Physiology, 10*, 87. https://doi.org/10.3389/fphys.2019.00087.

Scully, D., & Matsakas, A. (2019). Current insights into the potential misuse of platelet-based applications for doping in sports. *International Journal of Sports Medicine, 40*, 427–433. https://doi.org/10.1055/a-0884-0734.

Stafford 2nd, C. D., Colberg, R. E., & Garrett, H. (2020). Orthobiologics in Elbow Injuries. *Clinics in Sports Medicine, 39*(3), 717–732. https://doi.org/10.1016/j.csm.2020.02.008.

Zhou, Q., Cai, Y., Jiang, Y., & Lin, X. (2020a). Exosomes in osteoarthritis and cartilage injury: advanced development and potential therapeutic strategies. *International Journal of Biological Sciences, 16*(11), 1811–1820. https://doi.org/10.7150/ijbs.41637.

Zhou, Q. F., Cai, Y. Z., & Lin, X. J. (2020b). The dual character of exosomes in osteoarthritis: Antagonists and therapeutic agents. *Acta Biomaterialia, 105*, 15–25. https://doi.org/10.1016/j.actbio.2020.01.040.

迪耶特玛尔·W. 胡特马赫是昆士兰科技大学生物医学创新研究中心再生医学部门的教授和主席，澳大利亚研究理事会增量生物制造产业转型培训中心主任，慕尼黑工业大学汉斯·费歇尔资深校友，昆士兰大学荣誉教授。在过去20年中，他在生物医学工程、生物材料、组织工程和再生医学领域获得了全球的认可。科睿唯安（Clarivate Analytics）将其列为高引用交叉学科研究者。在业余时光，他喜欢打羽毛球、在沙滩上散步以及探索品鉴澳大利亚红酒。

体育中的大数据、人工智能与量子计算

本诺·托格勒

摘要

本章探索了大数据、人工智能和量子计算（依次讨论）等新技术在体育领域中令人兴奋的可能性。它们共同或分别发挥作用，能够为更精准的数据采集和数据分析提供技术支撑，强化体育相关的决策能力，从多方面增强体育组织的表现。托格勒通过反思体育的本质，强调了这些技术的限制以及诸如隐私、低效等方面的考量。最终，本章探讨了影响个体深度参与体育运动和体育相关赛事并与之建立情感联系的技术层面之外的因素。

这一切变化多么让人迷醉啊！我永远不确定下一分钟会是怎样的。

Lewis. Carroll, *A lice's Adventure in Wenderland*

我知道一垒和二垒之间是 90 英尺，二垒和三垒之间也是 90 英尺，把棒球打在这几点形成的区域之间就算是界内。我知道赛季中每打出 100 次界内球就有 20 次是"安打"。我知道美国和国家联盟 1909 赛季中随机挑选的 1 284 次地滚球中，有 138 次都穿过了内野手。我知道国家联盟 1909 赛季中，内野手（不算投手）共毫无差错地拦截了 9 382 次地滚球。但是多少百万分之一瓦特的功率才能形成一次安全打的机会，我是无法洞察的。我们三个人拿着 1/20 精度的秒表记录了三场比赛中 50 次地滚球的平均速度，计算结果是 100 英尺需要 $1\frac{3}{20}$ 秒。

我们知道三垒手通常距离本垒 96 英尺远;游击手在"中等深度"的位置,距离击球手(位于本垒)大约 130 英尺远,二垒手则会在比游击手近 2 英尺的地方;当跑垒员在一垒上的时候,一垒手距离本垒 90 英尺远,当一垒上没人时,该距离则为 102 英尺。有了球的速度和方向,再加上球员的速度,我们是有可能计算出球员手掌触碰到球时的那"百万分之一瓦特"的;但正当你准备写下方程式时,球也可能会突然来一个糟糕的弹起。再考虑进内野手的平均速度,我们有可能预先估算出一支球队一个赛季的安打数量——如果我们把球员当机器人来看的话。

　　　　Fullerton(1910),*American Magazine*,p. 3.

　　面向量子力学,我们立马就清楚了,很明显,我们获得了一种只能预测概率的能力。可能我一说,你就能知道我真正想去的是哪里,就是我们常去的那个地方。(这是秘密,这是秘密,快把门关上!)要理解量子力学所代表的世界,我们总是困难重重。至少我是如此,因为我已经太老了,但却仍未达到对量子力学世界一清二楚的地步……的确,我仍然对此感到紧张不安。因此,那些更年轻的学生啊……你们知道它一直是什么样子的,你们了解每一个新的想法。要让这一切明了,不再存在任何真正的问题,仍需一两代人。

　　　　Richard Feynman(1982),p. 471.

1 引言

　　竞技体育和体育比赛能够激起强烈的情感投入,以卓越的运动竞技表现换来观众发自肺腑的兴奋与赞叹,不论老幼、贫穷还是富有,不论处于古代还是现代社会。比如,2018 年 FIFA 足球世界杯,总共吸引了 31 亿人观看,相当于全球 4 岁及以上人口的一半。[①] 而

[①] https://www.fifa.com/worldcup/news/more-than-half-the-world-watched-record-breaking-2018-world-cup.

且，很少有事情会像以体育为中心的话题一样，让人们以如此的方式（或达到这样的程度）陷入争论并拥抱忠诚（Weiss 1969）。然后，并不令人意外的是，体育环境近些年已经被大数据、人工智能和量子计算领域的新技术所渗透，这些技术的能力能够带来更精准的数据采集与更强大的数据分析，增强体育相关的决策，从多方面改善体育组织的表现（Brynjolfsson et al. 2011）。政治活动、政府和商业领域使用源自人口普查、选民名单等渠道的大数据，积极扩展边界以抢占先机并且尽可能地了解他们的选民或消费者（Weber et al. 2014），与他们一样，职业体育这样的竞技环境之中的决策者也会自然而然地被激励，去使用那些利用先进技术的潜能去增强决策能力的工具和器械。

作为这一领域的典型案例，迈克尔·刘易斯 2003 年出版的《魔球》（Moneyball）一书引起了广泛的关注，其中描述了如何用数据分析的方法获取胜利。最终，书中的故事被拍成了电影，由布拉德·皮特饰演奥克兰运动家棒球队的总经理比利·比恩，乔纳·希尔饰演年轻的耶鲁大学经济学研究生助理彼得·布兰德（他脑中满是评估球员价值的新想法）。在这个鼓舞人心的"大卫和歌利亚"式的故事中，严谨的数据分析就是那个秘密武器，就像大卫手中的弹弓一样，其致命的准确度让运动家队这支 MLB 中的弱旅能够成功地与联盟中资金远比它们充足的对手对抗。用高精准度工具和器械武装的奥克兰运动家队取得了优势，并在 21 世纪早期连续四年闯入季后赛，尽管它们的资金预算远远不如联盟中纽约扬基队这样的"巨人"。事实上，在 2002 赛季，奥克兰运动家队和坦帕湾魔鬼鱼队的工资总额一同排名联盟垫底（大约 4 000 万美元），而纽约扬基队的工资总额则是它们的三倍有余（1.4 亿美元）。然而，在 2001 和 2002 赛季，运动家队的常规赛战绩要比扬基队更加优秀（205 胜对 198 胜），尽管它们在季后赛中一直运气不佳。

战略性地选择被低估的棒球技巧（比如防守能力），就像是大卫的投石索一样，而非歌利亚的矛和盔甲。因此，尽管奥克兰运动家队的战略非常具体且有特殊性，但故事所蕴藏的吸引力是普适性的：在压倒性的失败概率之下取得成功会给人带来伟大和美妙的感受（Gladwell 2013），广为传颂并引起争相模仿。这样的故事不仅代表了贫穷和富有、弱小和强大之间的对抗，也是赛伯计量学和传统主义者、数据分析与本能直觉的争锋，是以数据为基础的民主化决策与特定决策者的独断专行之间的较量。事实上，当今体育竞技对抗所涵盖的事务远远不局限于体育场馆之内，管理决策越来越少地依赖于领导者的本能直觉，而越来越多地仰仗拥有能够深度洞察海量数据的工具的智能业务系统（Brynjolfsson et al. 2011）。

与此同时，体育数据的采集与分析越来越依靠最新研发的体育信息系统，它们有着快速和自动化评估体育专业数据和参数的能力（Novatchkov & Baca 2013a,b）。比如说，2018年俄罗斯世界杯之前，"很多球队都声称队伍中有随行的科学家，能够处理大量数据，以理解对手的强项和弱点，包括每支球队的战术网络如何执行"（du Sautoy 2019 55页）。因此，本章仔细观察了大数据和人工智能在体育世界中的关键应用和影响，以及关于量子计算在体育中的应用我们应当期待些什么。本章还通过反思体育的本质，强调了这些技术的局限性。

2 穿越超级对撞机的体育之旅

传感系统的力量

科技呈指数级增长（Kurzweil 1999，2012）——包括用于监测运动员生理过程的可穿戴式的非侵入性和非创伤性仪器——打开了理解人类天性的新方法（Torgler 2019）。表面电极这样的非侵入式工具颇具吸引力的地方在于，它们具有识别心理或大脑过程的潜能，这一点是其他方法难以测量的。它们产生的丰富且持续的数据（比如说逐秒图像；Pentland et al. 2009 4页）带来了理解人类动态、洞察体育场馆内外混沌的人际交互的新方式（Eagle & Pentland

2006）。这些多模型工具，可以被恰如其分地称为"社会功能性磁共振成像"（Aharony et al. 2011），让训练师能够将运动员置于社会超级对撞机之中，通过结合多种数据来源，实现对与行为和环境条件相关的实时且持续的生物数据的 24 小时测量。通过对个体的环境和情景现实进行正确的观察与调控（Eagle & Greene 2014），这种现实挖掘能够让训练师获取有关运动员身体和精神状态的更丰富且真实的肖像，以及他们对训练内容或者语境环境因素（如赛前、赛后和赛中）等方面的变化所做出的不同反馈。

这些数字足迹目前主要聚焦在赛场上的运动和训练数据，用于提升运动员的竞技表现、长期健康状态、抗压能力，甚至延长他们的职业生涯（Passfield & Hopker 2017）。精英体育界通过应用多种可穿戴技术（总览这些技术，请参见 Page 2015），实现实时数据分析。比如说，阿迪达斯的 miCoach 系统就是为德国男足在备战 2014 年 FIFA 世界杯时所使用的前沿生理监测方法，最终他们一举夺得那届赛事的冠军。这支球队还在巴西世界杯（2014）时的训练课上使用了这一系统，以监测球员的运动表现，制订训练计划，识别球员的健康状况，并理解球员在不同球场位置上的跑动。[1]

不管怎样，尽管目前生物传感领域的研究主要还在关注与运动锻炼相关的生理学数据（参见 Guan et al. 2019），新技术所具备的能力可以远超出这一范畴。比如说，一帮麻省理工学院的学者（参见 Pentland 2008，2014）研发了一款社交计量器，用于量化人类在社交网络之中的社交行为，其中关注了包括肢体语言、面部表情、语音语调以及说话参数（如能量、音高和讲话速率）在内的社交信号（Gatica-Perez et al. 2005）。他们的研究目标中还特别关注了对话中的话语权转换（Choudhury & Pentland 2004）这样的社交互动行为，同时还通过韵律和重音变化测量了人的压力状况（Pentland

---

[1] https://www.sporttechie.com/how-the-adidas-micoach-system-has-helped-germany-in-the-world-cup/.

2008)。根据Pentland的说法(2014),这款社交计量器能够通过监测用户行为和他们周边环境(包括位置、氛围以及其他对话中的因素)的传感器,"准确预测约会、工作面试甚至薪水谈判的结果"(第11页)(作为讨论,请参见Torgler 2019)。Stopczynski et al.(2014)甚至基于开源软件开发了一款"智能手机上的大脑扫描仪",能够实时提供大脑活动的图像(低密度神经成像),使用紧贴在头皮上的有着16个电极的神经头套,生成3D脑电图。理解大脑和运动表现之间的联系是我们所需要的,这样的移动式大脑扫描仪应用在运动员身上可能会有巨大的潜能,尤其是如果它们的佩戴方式是非侵入性的话。

国际足球协会理事会(IFAB)在2015年3月的规定——可穿戴技术能够在正式竞技性足球比赛中使用[①]——扩展了这项技术的应用,因此,实时观测球员表现、做出高风险高收益的决策不再只局限于训练环境之中,也允许在真实的赛场环境中使用。这些新生成的信息能够为战术选择提供支撑,辅助球员的训练,让他们变得更具竞争心、关键时刻抗压能力更强。使用这些可穿戴技术获得即时反馈,因而能够转变精英体育环境中比赛的组织运行方式(Memmert & Rein 2018)。传感系统还为量化运动竞技表现提供了新的方式;比如说,更好地预估轮椅体育项目中的速度、加速和作用力能够改善轮椅这一代步工具的移动表现(van der Slikke et al. 2018)。

3 人工智能技术和量子计算

3.1 人工智能技术

19世纪40年代以来,人工智能已经走过了漫长的道路,当时阿达·洛夫莱斯女士对于分析机具有先知性的构想,预见了人工智能的未来(Boden 2016)。人工智能和量子计算为高效地使用计算机、应用概念和模型去更好地理解运动员和他们的对手,带来了全

---

① https://football-technology.fifa.com/en/media-tiles/epts-1/.

新的方式。将基于人工智能的方法应用于体育之中，已经在非常多样化的领域引起了讨论，如生物力学、运动学以及生理学的子领域适应过程（Lapham & Bartlett 1995；Bartlett 2006；Novatchkov & Baca 2013a，b；Perl 2001；Mężyk & Unold 2011），其中最早出现的商用化计算分析甚至可以追溯到1971年（Lapham & Bartlett 1995）。

人工神经网络（ANNs）是人工智能应用的核心，因为深度学习的成功而被人们大肆宣传（Boden 2016）。这一技术对于体育环境来说是非常有吸引力的，因为它可以作为一种模型训练的方式（Perl 2001）。比如说，并行分布式处理（PDP）拥有学习模式和关联的能力，它不仅能够识别出不完整的模式，还能通过约束满足，忍受那些杂乱无章的证据（Boden 2016）。人工神经网络因而十分适用于体育，因为这一领域需要持续不断地与海量数据、动态以及输入输出之间的复杂关系作斗争（McCullagh & Whitfort 2013；Perl & Weber 2004）。人工神经网络的应用天地非常广阔，从人才发掘到评估比赛策略，再到预测伤病和训练负荷或是整体的竞技表现（Rygula 2003；McCullagh & Whitfort 2013）。比如说，McCullagh & Whitfort（2013）的实验显示出，人工神经网络能够以极具意义的准确度预测伤病（接触性伤病为97.3%，非接触性伤病为92.2%），因此它们能够被用作评估受伤概率的额外工具。将这样的模型和对于纵向变化的持续监测结合起来，能够提升对多种伤病因素和伤病风险动态性质的理解（Verhagen et al. 2014）。引入新的技术能够建立更好的伤病治疗方案和伤病预防规程，避免过劳而引发的伤病，并且更好地监测伤病风险因素和症状（Verhagen et al. 2014）。因此，专业化的运动生物统计学家正在职业体育中变得越来越重要，不仅因为上面描述的这些能力，也因为设计和改良伤病监测系统所需的专门知识。这已经推动一些学者发出号召，表达出了对培养这一领域专门的研究者和从业者的迫切需求（比如说参考Casals & Finch 2017）。

根据Kahn（2003）的研究，人工神经网络还能被用于预测NFL橄榄球比赛的结果，尽管他的研究中的预测对象是赛季末的比赛，会引起算法能否有效预测赛季初比赛的怀疑。虽然如此，但由于球队赢得比赛的方式并不会随着时间推移发生太大的改变，该作者认为过往赛季的数据统计能够被用于训练神经网络这一假设是合理的。事实上，团队运动能够为神经网络探索提供广阔而多样的场景，比如说 Peña & Tuchette（2012）使用谷歌算法中基于网络理论的测试去研究足球传球，他们使用的数据来源于 2010 年 FIFA 世界杯淘汰赛阶段的比赛。两位作者定义了球队的传球网络，以球员为节点，"用带箭头的线连接两名球员作为边，并以他们之间成功传球的次数为边的权重"（第 1 页）。这些传球就像是从一个站点跳转到另一个站点的链接，代表着对于一名球员的信任程度（du Sautoy 2019）。西班牙不仅赢得了当届世界杯的冠军，还在上述的传球网络构建中，拥有最高的传球次数、聚类和团规模，网络边界连接度很高而介数中心度却很低。这一切都反映出了西班牙的"团队足球"或者说是无中心枢纽的"tiki-taka"赛场风格（Peña & Tuchette 2012，第 4 页）。

以体育专门知识、运动技能测试、形态特征测量以及功能性测试为基础，融合了模糊逻辑过程的专家系统也被用于识别体育人才（Papić et al. 2009）。比如说，使用神经网络技术去发掘游泳表现中的可解释性因素（Silva et al. 2007），使得我们能够开发出高度真实的运动表现预测模型并且不断提高其预测精度（比如说，真实表现与预估表现之间的误差小于 0.8%）。这一研究发现意味着，神经网络对于解决表现预估和人才识别这样的复杂体育问题来说，是一条康庄大道。

3.2 量子计算

伟大的 Richard Feynman（1982）曾发出疑问，什么类型的计算机才有能力去模拟物理，尤其是考虑到尽管物理世界是量子力学的，一些特定的量子力学效应是无法被一台传统计算机有效模拟的（Rieffel & Polak 2000）。尽管如此，量子计算机是一个有着巨大潜力的新兴领域，能够颠覆性地改变学者思考复杂性的方式（Rieffel & Polak 2000）。IBM 和谷歌这样的核心入局者在量子计算上投入巨大，前者在其旗下的 Q Network 计划（整合了财富世界 500 强企业、创业公司、学术机构与研究实验室的团体，共同为推动量子力学进步并探索其实际应用而努力）中大规模采用量子计算。近两年，IBM 开放了它的量子计算中心，不仅扩展了这一世界上最庞大的量子计算系统舰队，还将 20 量子比特系统实现了商用化并可用于广泛的科研活动，而非只局限于实验室环境中使用。[1] 最新发表在《自然》(Nature) 上的一篇论文中，谷歌的科学家们宣布他们实现了"量子霸权"（Arute et al. 2019），他们的量子计算机的计算能力不仅超越了传统的超级计算机，甚至需要最前沿的传统计算机花费大约一万年的时间去完成同样的计算量。IBM 的学者则就此进行了驳斥，他们认为哪怕是在最糟糕的情况下，在一个传统计算系统中理想化模拟同样的计算任务也不会花费超过 3 天的时间。[2][3]

政府机构在这一领域也非常活跃，英国政府就是其中的代表，其发起了一个国家级的项目以推动量子技术的发展，搭建了一个注定会成为这一全新市场中未来全球领袖的量子社区（UK National Quantum Technologies Programme 2015）。[4] 这一项目在第一阶段就获得了来源于政府的 3 亿 8500 万英镑的资金（Knight & Walmsley 2019）[5]，它代表着多个部门和机构的通力合作，其中包括英国的商业、创新和技能部、工程和物理科学研究理事会、创新英国、国家物理实验室、国防科技实验室以及政府通信总部。根据英国政府的说法，这

---

[1] https://newsroom.ibm.com/2019-09-18-IBM-Opens-Quantum-Computation-Center-in-New-York-Brings-Worlds-Largest-Fleet-of-Quantum-Computing-Systems-Online-Unveils-New-53-Qubit-Quantum-System-for-Broad-Use.

[2] https://www.ibm.com/blogs/research/2019/10/on-quantum-supremacy/.

[3] https://iopscience.iop.org/article/10.1088/2058-9565/ab4346.

[4] https://iopscience.iop.org/article/10.1088/2058-9565/ab4346.

[5] 承诺未来 10 年共提供超过 10 亿英镑资金。

一遍布全国的量子技术中心网络，能够培养出未来的人才队伍，发掘出量子技术可以带给英国的商业机会。Popkin（2016）在一篇《科学》（Science）上的一篇论文中解释了为什么量子计算能够如此强大[①]：

> 量子位之所以要比传统计算机中的比特位更强大，要感谢两个独特的量子效应：叠加态和纠缠态。叠加态让量子位可以不仅仅是或 0 或 1 的取值，也可以同时拥有两种状态，从而让并行计算成为可能。纠缠态能让一个量子位将它的状态共享给空间中其他的与之分离的量子位之上，创造出一种超级叠加态，使得每个量子位的处理能力都得到翻倍。比如说，一个使用 5 个纠缠态量子位的算法，能够高效地同时执行 25 或 32 项计算，而传统计算机则只能依次执行这 32 项计算。理论上来说，只需 300 个完全纠缠态的量子位，就能维持比宇宙中原子还多的并行计算数量。

因此，量子计算以及其并行计算能力在体育上的应用会是非常有前景且有趣的，因为它能打破传统信息结构的局限（Muhammad et al. 2014），量子信息系统打开了一条充满价值的大道，能够处理体育生态系统中丰富且复杂的数据。比如说，微型量子计算技术能够促成便携式传感设备的全新形式，从而在日常使用中增强它们的监测能力、准确度以及系统集成度。同样地，通过催生即使是最先进超级计算机都不足以运算的计算任务，量子计算能够支撑全新的体育相关大数据分析方式。它还能大幅提升那些为同时探索大量不同路径而设计的算法的运算速度（Popkin 2016），这对于战术分析和团队运动实验来说是再明显不过的机遇。除了这些令人印象深刻的先进性，量子计算还能为体育运动提供一个有趣的新选择，创造

[①] https://www.sciencemag.org/news/2016/12/scientists-are-close-building-quantum-computer-can-beat-conventional-one.

量子形态的体育游戏,其中最迷人之处就是使用创新类型的物理引擎。比如说,球类项目中的球员不仅可以评估另一名球员做出反应的概率,同时还能获取合乎情理的球飞行轨迹的样本,让他们能够做出更有趣的处理球选择(Pohl et al. 2012)。运动员可以在这样的游戏中学习和识别新的比赛策略。

4 依靠数字的力量取胜并与之对抗

体育竞技对抗和军事活动有很多相同的特征,二者都以寻求胜利为目标,经常会使用"击败""攻击""进攻"或者"战术"这样的术语(Weiss 1969)。在这场你追我赶的军备竞赛之中,找寻竞争优势是永恒不变的话题,而秘密武器则会是区分落败和取胜的关键:当一支队伍获胜,那肯定有另一支队伍失败,这使得体育变成了一个典型的赢者通吃的市场。比如说,在温网决赛第五盘经历僵持20分钟的平局决胜局后遗憾落败的网球手,就可能由于运气不佳或者一个愚蠢的小错误,错失117.5万英镑的奖金,因为他并非最终的胜利者而只是屈居亚军。[①] 类似地,奥运会金牌得主能获得丰厚的代言合同,而第二名则往往会很快就被遗忘,哪怕最佳和次佳之间的竞技表现差距小到几乎无法测量(Frank & Cook 1995)。因此,尽管很多体育粉丝可能还记得卡尔·刘易斯在1984年夏季奥运会的4块金牌(100米、200米、跳远和4×100米接力)——这一比肩杰西·欧文斯在1936年柏林奥运会取得的成就,但又有多少人能说出这些比赛中的亚军呢?既然有如此强大的动力去获取竞争优势,不论是运动员还是运动队都越来越多地转向大数据和人工智能领域中更多的技术,以寻求帮助。

4.1 体育数据分析

虽然数字化技术越来越多地出现在体育数据采集之中并不断改

---

① https://www.wimbledon.com/pdf/Championships2019_Prize_money.pdf.

善着体育数据分析流程,但这些分析和报告其实并不是什么全新的东西(比如说参见 Morgulev et al. 2018)。棒球作为美国历史最久远的职业体育项目,早在 1854 年就开始记录比赛结果了,甚至比 1869 年第一支职业球队建立还早了十几年。自此,美国的报纸开始刊登比赛数据统计,来回顾业余棒球比赛中的竞技表现和取得的成就(Grow & Grow 2017)。为什么是从棒球开始呢?因为打者和投手之间的一对一对决是棒球比赛的核心动作,相较于篮球和冰球这种交互和对抗更强更随机的团队体育项目,棒球更容易被测量:"如果打者成功击中球并完成上垒,那他就'赢得'了对决;相反地,如果投手成功让打者出局,那他就是胜利者"(Grow & Grow 2017 第 1 572 页)。早在 1910 年 5 月,富勒顿在《美国杂志》上发表的文章《棒球内幕》就讨论了棒球中的科学和数学(或几何学)。随后,在 1947 年,布鲁克林道奇队成为第一支雇用全职数据分析专家(阿兰·罗斯)的球队。阿兰·罗斯之前在 NHL 工作,他的深度数据洞察帮助冰球这项运动转变了自身的比赛方式[①]:

> "这些信息难道不会对一名总经理产生帮助吗?"罗斯先生问道,"比如说,如果他知道某名打者面对右手投手时的击打率是 0.220,而面对左手投手时则是 0.300?"道奇队总经理里基就对此非常感兴趣,而罗斯先生也就此成为美职棒第一个全职数据分析专家,引发了个人电脑成为俱乐部中必备要素的潮流。

20 世纪 60 年代开始,美式橄榄球和篮球都开始记录详细的比赛数据。1971 年,美国棒球研究学会成立,从此大量职业体育队开始在数据分析部门大量投入(Casals & Finch 2017)。在英国,这种对于数据的持续记录始于索罗德·查尔斯·里普,他对于足球

---

① https://www.nytimes.com/1992/03/05/sports/alan-roth-74-dies-baseball-statistician.html.

运动当时的慢节奏和边锋边缘化感到非常沮丧,于是便开始记录笔记,这最终促使他受雇成为布伦特福德俱乐部的兼职顾问(参见 Reep & Benjamin 1968)。总体而言,所有这些体育数据分析的兴趣点主要聚焦在找寻量化识别技巧、效率和有效性的新方法,以此来应对体育环境中的复杂性。

近些年,体育数据分析受益于更好的数据流与数据采集性能。比如说,由 IBM 持续可用性服务(CAS)部门的数据分析团队设计的实时数据系统帮助体育赛事组织者使用大数据,通过推特、比分、赛程、球员信息以及持续的文本化网页内容更新等数据流,为粉丝提供更赏心悦目的由数据驱动的体育观赛体验(Baughman et al. 2016)。与之类似,2016 年的澳网公开赛使用 IBM 的 CAS,基于混合云计算平台分析现场观众的表情反馈与情绪[①],基于自然语言处理技术实时分析推特流获取社会大众的反响。这些应用仅仅是众多案例中的两个,展现了数字化技术在采集、管理和组织视频图像上能力的提升,以及它能够如何被用于提升体育数据分析(Barris & Button 2008)。

事实上,体育赛事直播总体上已经深切感受到了计算机视觉创新所带来的好处,其中有些最为著名的应用让电视主持人能够详细探索位置或轨迹(Thomas et al. 2017)。人工智能系统不仅能够辅助体育记者,提升他们对于赛事的解读和叙述(Allen et al. 2010),其中的新技术还能够克服体育场馆中视频采集的不充足和计算设施的不完备,正是这些缺陷使得高速交互的团队运动中使用自动化追踪技术长久以来一直失效甚至无法开展(Barris & Button 2008)。以现代大数据手段和不断提升的数据可获取性为基础使用算法,让研发出全新的运动表现因素成为可能,比如说基于位置追踪数据的空间控制、区域人数优势、压迫指数等(Memmert & Rein 2018),甚至

---

① https://www.ibm.com/blogs/cloud-archive/2016/01/australian-open-2016-streaming-social-sentiment-with-bluemix-hybrid-cloud/.

有可能量化"危险性"（Link 2018）。

4.2 战略性精英运动员发展

大数据和人工智能同时还能促成青年才俊、年轻个体可预知其发展过程，他们原本有可能会"忽视学业、放弃他们的小提琴课、错过好好吃一顿的机会，诸如此类，只是因为他们渴望在一场对抗或比赛中取得成功、吸引目光"（Weiss 1969 第 61 页）。尽管有如此强大的个人驱动力，但从初学者到资深者的转变是极具挑战性的，即使有很多人都在精英体育训练营中接受过训练，也只有少数运动员能真正迈向职业联赛（Schmidt et al. 2017）。现在，对于一个成功的职业生涯是如何发展的，我们的理解和认知是非常有限的，这些成功的生涯是否和低年龄段或低级别比赛中展现出的竞技表现相关，我们也知之甚少（Passfield & Hopker 2017）。然而，新技术能够超越原本完全以结果为导向的人才识别，对传统的人才识别方式造成挑战（Brouwers et al. 2012）。比如说，这些技术可以消除决策过程中人类的感性因素和记忆偏差，如近因效应和首因效应（Eagle & Pentland 2006；Pentland et al. 2009）。

此外，近几十年越来越强调采用战略性方法去培养精英运动员（Brouwers et al. 2012），在这样的背景下，对于开发出适用于运动员各个发展阶段的训练方法和运动技巧，大数据和人工智能可以带来颇具前景的全新方法（Kovalchik & Reid 2017）。比如说，一个有趣的挑战在于，如何制定体育战略，规定青少儿体育中的范围、尺度和区间（Buszard et al. 2016）。虽然圣达菲研究所的前任主席 Geoffrey West 就此写了一整本书（West 2017），但对于该话题的讨论仍旧是不够充分的。韦斯特表示，医疗和健康产业中的最大挑战就在于确定生命的可量化基础区间；比如说，如何将新型药品加入安全且有效的治疗之中，让它符合规定的人体剂量，之前主要的实验都是在小白鼠身上进行的。目前为止，还没有针对范围和区间制定的全面性理论存在，尽管"制药行业每次研发新药的时候都会投入巨大的资源去强调这件事"（West 2017，第 52 页）。在体育之中，物理环境的范围和区间体现在装备和场地的修改调整之上（比如说场地尺寸、篮筐高度或球的大小；Buszard et al. 2016），而这是相对容易实现的。现在，范围和尺度还有可能会对心理和情绪造成重大影响，尤其是在运动环境或训练方案是如何构建的方面，比如说对于运动表现的鼓励和反馈，比如说在场地更小、球网更低的网球场中的运动强度，再比如说，使用更轻的球拍对技巧表现（如挥拍击球的能力）的促进（Buszard et al. 2016）。

总体而言，并非要放弃或重构原先的决策方法，技术发展只是加强了它们，对于运动员职业生涯前景的强大计算评估，能够为传统球探方法带来补充，扩展后者的见解与判断。这些技术甚至还能通过全新的运动表现指标找到那些被低估的技巧。比如说，波士顿凯尔特人队基于后卫篮板球能力这一项在 2006 年 NBA 选秀大会上看中了拉简·隆多，并使用菲尼克斯太阳的选秀权（仅为 21 顺位）选中了他（Morgulev et al. 2018）。这之后，隆多 4 次入选 NBA 全明星，3 次取得联盟助攻王，并 4 次进入最佳防守阵容。

4.3　训练和战术分析

战术经验评估早在 20 世纪 80 年代中期就已经开始采用个人电脑（Nevill et al. 2008）。如今，在职业体育中应用大数据能够大幅影响训练师的决策，甚至到了华盛顿国民队直接炒掉了一名经验丰富、功勋卓著但厌恶大数据的总经理的地步，转而起用一名拥抱大数据的年轻同行担任这一职务（Caravelli & Jones 2019）。比如说，全新的数据获取过程能够提供额外的深度洞察，进一步了解运动训练的效果以及运动员对它们的反馈，从而让训练师能够优化训练机制，同时将每位运动员的特点考虑到其中。与之类似，自动化的球员追踪系统能让团队运动中的教练和运动员都受益，使得所有的利益相关方都能够以更细节的方式审视团队交互和群组动态。新技术还能够生成模拟，基于人际协作和比赛决策，去预测团队行为、生物力学或运动控制等方面的影响（Barris & Button 2008）。目前，虽然技术应用具有如此大的潜能，但很多体育组织还是基于经验和直觉去制定训练过程（Passfield & Hopker 2017），使用已有训练量化模式中的核心组件，并主要基于心血管健康、力量、技巧和心理去评估它们与竞技表现之间的关系（Taha & Thomas 2003）。

诚然，体育世界中复杂的战术分析是一项具有挑战性的工作；尤其是在团队运动之中，不仅需要满足数据的可获取性与可靠性，还需要具有在不断变化的环境中持续探索这些数据的动态性的能力。考虑到人类自身计算能力的局限（Simon 1956），教练的个人经验可能不足以持续稳定地设计出合适的团队战术（比如说，个性化的逐场比赛调整）。同时，基于观察的比赛分析也太过消耗时间（Rein & Memmert 2016），这变相增加了以更量化为导向的分析方法在足球这样的精英体育领域的重要性（Carling et al. 2014）。由于量子计算和量子信息科学打破了传统信息提供方法的限制（Muhammad et al. 2014），它们能够在各种环境下更高效地去对复杂性进行探索，测试和模拟多种战术选择，就仿佛"知识加速器"一般。复杂的球员追踪技术，尤其会让快节奏的团队体育项目（如足球、篮球和冰球）获益，帮助它们改善训练、识别人才以及发掘潜在的未来职业球员（Thomas et al. 2017）。

越来越多地使用来源于人工智能或大数据的深度分析去驱动比赛中的战术决策（Caravelli & Jones 2019），其中的另一个原因是教练需要对场上情况进行持续公开监督，诸如早期预警诊断这样的信息能够为教练的球员轮换决策和疲劳状况判断带来巨大的帮助（Caravelli & Jones 2019）："如今，当一名球员换下另一名球员时，会用胜利替代值（WAR）来评估他贡献了多少"（第111页）。通过同样的方式，生理传感系统能够在一个人自我意识到发生了什么事情之前，就预示出个人行为所产生的影响。比如说，在Bechara et al.（1997）进行的一项有趣的实验中，每个人会面对四摞卡牌，其中两摞每次抽牌的回报和损失都很小，但能确保长期的收益，两摆每次抽牌的回报和损失都很大，但长期而言一定亏损。很明显，当玩家开始这项实验的时候，他们并不知道每一摆牌的属性。实验的结果非常有趣，玩家在真正知道为什么之前，就已经开始选择从能最终盈利的牌堆中抽牌了。通过监测被试者皮肤的导电率，研究者确定了每当被试者考虑从最终亏损的牌堆中抽牌时，他们的皮肤传导就会达到巅峰。这种无意识的生理反应会转变他们的选择，让他们对最终亏损的牌堆望而却步，直到后来他们才会理性且有意识地认知到自己为什么应该那样做。

5 被束缚的普罗米修斯：科技的局限

5.1 何为自然？

由于人类与科技创新的互动总是充满挑战，技术进步往往会受制于各种阻力：正如 Juma（2016）所言，"发现谁是你的敌人最快的方法，就是尝试一些新的东西"（第 1 页）。比如说在 18 世纪，人们认为长弓是优越于早期的燧发火枪的，因为更换箭矢的速度要比更换子弹更快，而且花费也更低。事实上，当时的火枪非常不精准，以至于士兵们会被建议直到看见敌人的眼巩膜再开枪射击；不过，相较于火枪射击，箭术需要更多的训练（Juma 2016，第 15 页）。类似地，美国农业的机械化，也引发了有关新技术的冲突和讨论："当时有非常多切实的忧虑，拖拉机的采用会迫使农夫过度依赖城市的供应，比如说专业知识、备用部件、燃料以及其他农场原本能够自给自足的生产输入等。马匹是能够自我繁殖的，而拖拉机只会不断折旧贬值"。（第 129 页）

大数据和人工智能技术因而也折射出一个老旧但并不落俗套的讨论：体育中的"自然"与"非自然"。这一普遍的世界观可能用乔·雅各布斯的一句话来表述是"最清楚明确的"，当时"他的拳手马克斯·舍姆林在一场惨烈的比赛中输给了杰克·夏基"，他抗议道："我们被抢劫了！"（Greenbaum 2018，第 32 页）然而，要想分清楚体育环境中哪些是自然的哪些又是非自然的，是一件极具挑战性的工作。在体育领域，遗传倾向和环境影响高度复杂的相互作用之中，精英运动员需要使用经过科学和技术强化的运动技巧，而在这漫长的历史传统之中，我们所讨论的技术本身就是其中的组成部分（Loland 2018）。在这一传统之下，身体训练工具一般是可接受的，因为它们维持了"生理上的真实性"（Loland 2018；Greenbaum 2018），但昂贵的专有技术——比如说，鲨鱼皮泳衣——会对大众认知的公平性带来负面的影响（Greenbaum 2018），并且引起激烈的争论。在鲨鱼皮的例子中，2008年2月它刚面世后的两个月之内，部分游泳运动员就穿着它打破了35项世界纪录。而当时，另一部分运动员则无缘这一泳衣，可能是因为价格昂贵，也可能是因为被赞助合同锁定，或者是因为需求过剩造成产品稀缺（Zettler 2009）。由于数据分析有可能成为又一项带来超越自然的竞技优势的科技工具（Greenbaum 2018），相关的独家信息就极具价值了，正如2015年美国联邦调查局（FBI）办理的一起案件所反映出的那样。这起案件中，需要调查MLB的圣路易斯红雀队是否使用非法手段接入对手休斯敦太空人队的计算机网络。在体育环境中应当采用自然的方法这一永恒不变的论调，如果从公众魅力的角度是特别好理解的，人们着迷于运动员是如何在达到身体极限的情况下维持运转的，比如说面对环法自行车赛上山阶段这样艰苦卓绝的挑战之时。同样，观众对于人类身上发生的那些戏剧化因素倍感兴奋，如勇气、策略以及点球大战中的神经崩溃或是自我把控（Savage & Torgler 2012）；观众也着迷于奥运纪录的打破，热衷于比较不同地点和不同时期取得的体育成就（Weiss 1969）。这些都非常令人激动，比如说年复一年地期待有没有人能打破8.90米这一名垂青史的跳远成绩（1968年墨西哥城奥运会由鲍勃·比蒙创造，事实上当时他在资格赛阶段错失了两跳），又会由谁打破。直到1991年东京世界田径锦标赛，这一纪录才被迈克·鲍威尔以8.95米打破。谢尔盖·布勃卡的壮举也同样激动人心,作为撑竿跳的破纪录专家,他在 1984 年到 1994 年之间"缓慢地"17 次打破室外世界纪录(从 1984 年 5 月的 5.85 米到 1994 年 7 月的 6.14 米)以及 18 次打破室内世界纪录(从 1984 年 1 月的 5.81 米到 1993 年 2 月的 6.15 米)。这种挤药膏式的世界纪录提升甚至引起了一名体育评论员(本章作者当时无意中听到的)隐晦地表示布勃卡在正式比赛中是故意保存实力——跳得要比训练课中达到的最大高度低——从而建立和维持重大赛事中可能打破世界纪录的悬念。

5.2 体育中永恒的元素

为了理解新技术中所蕴含的体育意义,进一步考量体育中的一些核心元素也许是值得的。比如说,为什么我们愿意反复欣赏莎士比亚戏剧(如《哈姆雷特》《麦克白》和《罗密欧与朱丽叶》)?为什么我们会回归经典音乐会,去听贝多芬、莫扎特、巴赫、维瓦尔第、海顿和肖邦?可是为什么我们不倾向于把我们知道谁赢了的体育比赛重新看一遍?哪怕是找来布拉德·皮特、汤姆·克鲁斯、威尔·史密斯、基努·里维斯、莱昂纳多·迪卡普里奥这些超级巨星来重现一场史诗级比赛,比如说 1966 年世界杯英格兰对德国的决赛,也不太可能让一个球场坐满,或者激起与真实比赛中相似的激荡情绪。体育赛事的一个核心要素就是结果的不确定性(Rottenberg 1956;Downward & Dawson 2000;Pawlowski 2013;Schreyer et al. 2016,2017,2018a,b;Schreyer & Torgler 2018),这会促使每种体育项目中的管理组织都试图在所有可能的地方消除不平等性,在不可能平等的地方对其施行补偿措施。因此,在球类项目中,会有中场交换场地;高山滑雪项目中,整个比赛过程中赛道的条件都会被调整,在赛车和帆船这种科技驱动的体育项目中,设备技术必须是标准化的(Loland 2018)。出于同样的原因,很多职业联赛,尤其是美国职业联赛,加入了大名单限制、工资帽、禁用药品列表以及营收分享机制。还有就是,就算有了诸多预防措施,大多数训练有素的运动员的职业生涯往往还是短暂的。新技术也许能够减轻这一问题，通过保健和减少伤病，让运动员能够延长自己的职业生涯。尽管像 C 罗和梅西这样的足坛巨星以及罗杰·费德勒、拉斐尔·纳达尔和诺瓦克·德约科维奇三位网坛神话在 30 多岁依然能保持在赛场上的统治力，但新技术能否让这些超级巨星赢得更久或是反过来让年轻运动员赶超他们，仍旧尚不明确。

5.3 侵入性过强？

所有上面讨论的创新，尤其是传感设备，会暴露运动员隐藏的行为模式和意图，在他们想要什么和事实上他们做了什么之间建立起桥梁，揭示出他们是如何与所处环境中的其他人进行交互的（Michael & Miller 2013）。这种近距离的监测不仅可能会被感觉侵入性过高，而且假如没有小心谨慎地进行防护，如此大量的个人数据会引发两个主要的安全风险担忧：劫持数据并在赌博中不道德地使用（Greenbaum 2018，第 33 页）；不专业的数据应用所带来的负面的外部影响，这有可能过早地结束年轻运动员的职业生涯（同样参见 Greenbaum 2014）。此外，虽然超越了教练在评估和决策年轻运动员未来时的固有潜在偏差（Merkel et al. 2019），但过度细致地监测会导致事无巨细的算法式操纵，而运动员就仿佛棋盘上的棋子一般。鉴于这样的训练模式已经陷入大量的机械性的重复之中——尤其是在"军事化风格"的教练的执教下，给予创造性、胆识、惊喜以及让观众欢呼雀跃的灵光一现的空间所剩无几，这些因素并未成功地加入对体育环境复杂交互的建模之中。

科技不仅对于场上作用重大，它还会影响整个体育场馆，其中的氛围主要取决于观众的注意力和行为。因此，达拉斯独行侠（NBA）的老板马克·库班特别关注观众对于智能手机的使用，他相信其分散了原本应该聚焦在场上的注意力（Hutchins 2016）。出于同样的原因，2014 年 PSV 埃因霍温俱乐部管理层在球场内引入免费 Wi-Fi 的决定引起了多种反响，一部分人强烈反对这一决定并展开了一条横幅，上面写着"Wi-Fi 滚出，支持球队"（Hutchins 2016）。这种对于现代移动应用技术的厌恶，与它对人类面对机遇和挑战时如何行动和应对的影响相关，包括害怕丧失对于赛事的掌控或是面对意料之外的结果（比如参见 Gardner & Davis 2013）。因此，在无比精准编排的战略环境之中，运动员如何应对意外事件是一个重要的问题，也许需要在未来进行深入研究。

6 总结

由于体育拥有能够抓住观众五脏六腑的能力，它能够吸引大量的经济投资，这也意味着它在任何地方进行提升都是高风险高回报的。因此，使用大数据、人工智能和量子计算这样的新技术去"更大、更好、更快"地做事情是具有激动人心的潜力的，正是这种潜力驱动了如今这些技术的应用。哪怕具备这样的"指数级潜力"，然而，有关于隐私、低效的投入产出比以及黑客行为的深忧仍然存在。Frank & Cook（1995）甚至认为，过度的训练测量和应用，从集体或社会视角来看是一种浪费。为什么呢？因为不管怎样总会有人获胜，不管这个人或者队伍一天是训练 1 小时还是 4 小时。现在，用于体育环境中的新技术的研发目的非常单一，那就是抢占先机，赢得赛场上的军备竞赛，这也就意味着比赛双方在这方面的竞技表现提升最终会相差无几并陷入平局。任何情形下，人类都更善于发现相对的不同而非绝对的不同。因此，两枪各只有一名选手参赛的 100 米比赛，观众是不太可能看出第一枪选手以目前世界纪录 9.58 秒完赛与第二枪选手以突破 10 秒大关数毫秒的成绩完赛之间的巨大差异的。他们也不会去分析那些吸引他们观看体育比赛的真正原因——惊喜、创造力以及彰显人类努力的技巧。

不管体育领域是否采用更多的技术，内群偏袒 vs 组外歧视这种对抗所产生的吸引力是深植于人类天性之中的（Jordan et al. 2014）。人类对于"集团化"的需求（它不断朝着利于生存和更好地抵御外敌的方向发展）甚至在婴幼儿时期都已经开始体现了，对于口音陌生的玩伴会产生怀疑（Boyer 2018）。类似地，在实验室环境中，如果被试们被随机分配到无特殊含义的群组之中，然后被置于社交互动的场景之中，他们会更多地回应自己所在的群组（Tajfel 1970）。

此外，正如 Gigerenzer（2007）所论证的，依靠直觉并非总是一件坏事：快速且低成本的启发式条件能够在真实世界环境中以最少的时间、知识和计算成本进行适应性选择。人类的大脑已经进化到使用一些"足够合理"的技巧，以职业选手都不一定理解的方式，去抓住飞行中的棒球或板球。比如说，Gigerenzer（2007）讲述的一个故事中，教练建议他的球员尽全力冲刺以做出最后时刻的补救，但发现这个策略并不成功。球员们在判断棒球什么时候会落地方面表现得也很糟糕，对于这样的失败，吉格伦泽给出了一个再简单不过的经验之谈："将你的目光聚焦在球之上，开始跑动，调整你的速度，从而让凝视棒球的角度保持稳定"（第 10 页）。只要目光聚焦于棒球就不需要考虑那些五花八门又无比复杂的参数，如风速风向、空气阻力以及球的旋转。

尽管数据分析能抵消掉一些运气元素，但它依旧是体育世界中的重要因素，正如在日常生活中一样，虽然这一点会让人很不舒服，因为可能仅凭运气就决定了谁能取得成功而非天赋和努力（Frank 2016）。事实上，很多天赋异禀、无比努力的运动员都没能走向职业巅峰或者拥有一个成功的体育生涯，这充分说明了运气所扮演的重要角色。这其中一个可能的原因就是，微小的正向或负向的初始差异，最终会随着时间的推移，在正反馈循环和负反馈循环中不断被放大（Frank 2016；De Vany 2004）。比如说，要是没有在《教父》系列中的闪耀，阿尔·帕西诺能够在 79 岁高龄还因为饰演《爱尔兰人》中的吉米·霍法而又一次提名金球奖吗？尽管这么说有点过于投机，要不是科波拉想要找一个看起来像西西里人的不出名演员（Frank 2016），帕西诺也不可能脱颖而出，而要不是前面 12 位导演都推掉了指导《教父》的工作，科波拉可能都没机会成为该片的导演。

总体来说，要想理解技术的局限性，需要同时考虑体育的真正意义是什么：为什么如此多的人深陷体育之中，为什么他们会在体育赛事和运动员生涯上投入那么多情感。要想全面地回答这些问题需要对体育进行哲学讨论（Weiss 1969），然而哲学家对于这一话题的深入探索大多以失败告终，可能是因为他们对此并不真正感兴趣——就像纯数学家不愿意拥抱应用数学一样。可能大多数人会认同怀特黑德的观点，认为欧洲哲学传统不过是对柏拉图思想的一系列脚注（Weiss 1969），这也就意味着，由于希腊人未能将体育研究透彻，现在的体育哲学研究局限于少数几个特例也就不足为奇了，比如说 Weiss 的工作（1969）。虽然哲学不只是和几个灯塔般的天才相关，也不仅仅是对芝诺悖论这样的认知论谜题痴迷。聚焦于这些问题阻碍了我们的能力，让我们无法看到这门学科在解释人类天性中重要日常元素的巨大思想潜能。没错，阿喀琉斯追赶优先出发但爬行缓慢的乌龟是一个十分有趣的问题。当阿喀琉斯填平了与乌龟之间最初的距离差之后，乌龟又创造了新的领先差距。然而，无法解决此类问题完全折射出了人类在以合适的方式直观应用思想和探索工具方面的局限性（这一例子中，指的是对空间、时间和移动的理解）。除此之外，现代思想家拥有了更丰富的经验证据，知道体育英雄能够轻松地跑赢乌龟。

参考文献

Aharony, N., Pan, W., Ip, C., Khayal, I., & Pentland, A. (2011). Social fMRI: Investigating and shaping social mechanisms in the real world. *Pervasive and Mobile Computing, 7*(6), 643–659.

Allen, N. D., Templon, J. R., McNally, P. S., Birnbaum, L., & Hammond, K. (2010). Statsmonkey: A data-driven sports narrative writer. In *2010 AAAI Fall Symposium Series*, November.

Arute, F., Arya, K., Babbush, R., Bacon, D., Bardin, J. C., Barends, R., et al. (2019). Quantum supremacy using a programmable superconducting processor. *Nature, 574*(7779), 505–510.

Barris, S., & Button, C. (2008). A review of vision-based motion analysis in sport. *Sports Medicine, 38*(12), 1025–1043.

Bartlett, R. (2006). Artificial intelligence in sports biomechanics: New dawn or false hope? *Journal of Sports Science & Medicine, 5*(4), 474–479.

Baughman, A. K., Bogdany, R., Harrison, B., O'Connell, B., Pearthree, H., Frankel, B., et al. (2016). IBM predicts cloud computing demand for sports tournaments. *Interfaces, 46*(1), 33–48.

Bechara, A., Damasio, H., Tranel, D., & Damasio, A. R. (1997). Deciding advantageously before knowing the advantageous strategy. *Science, 275*(5304), 1293–1295.

Boden, M. A. (2016). *AI: Its nature and future*. Oxford University Press.

Boyer, P. (2018). *Minds make societies: How cognition explains the world humans create*. Yale University Press.

Brouwers, J., De Bosscher, V., & Sotiriadou, P. (2012). An examination of the importance of performances in youth and junior competition as an indicator of later success in tennis. *Sport Management Review, 15*(4), 461–475.

Brynjolfsson, E., Hitt, L. M., & Kim, H. H. (2011). Strength in numbers: How does data-driven decision making affect firm performance?. SSRN 1819486.

Buszard, T., Reid, M., Masters, R., & Farrow, D. (2016). Scaling the equipment and play area in children's sport to improve motor skill acquisition: A systematic review. *Sports Medicine, 46*(6), 829–843.

Caravelli, J., & Jones, N. (2019). *Cyber security: Threats and responses for government and business*. Praeger.

Carling, C., Wright, C., Nelson, L. J., & Bradley, P. S. (2014). Comment on 'Performance analysis in football: A critical review and implications for future research'. *Journal of Sports Sciences, 32*(1), 2–7.

Casals, M., & Finch, C. F. (2017). Sports biostatistician: A critical member of all sports science and medicine teams for injury prevention. *Injury Prevention, 23*(6), 423–427.

Choudhury, T., & Pentland, A. (2004). Characterizing social networks using the sociometer. In *Proceedings of the North American Association of Computational Social and Organizational Science (NAACSOS)*.

Downward, P., & Dawson, A. (2000). *The economics of professional team sports*. Routledge.

De Vany, A. S. (2004). *Hollywood economics: How extreme uncertainty shapes the film industry*. Routledge.

du Sautoy, M. (2019). *The creativity code: How AI is learning to write, paint, and think*. HarperCollins.

Eagle, N., & Greene, K. (2014). *Reality mining: Using big data to engineer a better world*. MIT Press.

Eagle, N., & Pentland, A. S. (2006). Reality mining: Sensing complex social systems. *Personal and Ubiquitous Computing, 10*(4), 255–268.

Feynman, R. P. (1982). Simulating physics with computers. *International Journal of Theoretical Physics, 21*(6), 467–488.

Frank, R. H., & Cook, P. J. (1995). *The winner-take-all society: Why the few at the top get so much more than the rest of us*. Free Press.

Frank, R. H. (2016). *Success and luck: Good fortune and the myth of meritocracy*. Princeton University Press.

Fullerton, H. S. (1910). The inside game: The science of baseball. *The American Magazine, 70*, 2–13.

Gardner, H., & Davis, K. (2013). *The app generation: How today's youth navigate identity, intimacy, and imagination in a digital world*. Yale University Press.

Gatica-Perez, D., McCowan, L., Zhang, D., & Bengio, S. (2005). Detecting group interest-level in meetings. In *IEEE International Conference on Acoustics, Speech, and Signal Processing, 2005, Proceedings (ICASSP'05)* (Vol. 1, pp. I–489). IEEE.

Gigerenzer, G. (2007). *Gut feelings: The intelligence of the unconscious*. Penguin.

Gladwell, M. (2013). *David and Goliath: Underdogs, misfits, and the art of battling giants*. Hachette UK.

Greenbaum, D. (2014). If you don't know where you are going, you might wind up someplace else: Incidental findings in recreational personal genomics. *American Journal of Bioethics, 14*(3), 12–14.

Greenbaum, D. (2018). Wuz you robbed? Concerns with using big data analytics in sports. *American Journal of Bioethics, 18*(6), 32–33.

Grow, L., & Grow, N. (2017). Protecting big data in the big leagues: Trade secrets in professional sports. *Washington and Lee Law Review, 74*, 1567–1622.
Guan, H., Zhong, T., He, H., Zhao, T., Xing, L., Zhang, Y., et al. (2019). A self-powered wearable sweat-evaporation-biosensing analyzer for building sports big data. *Nano Energy, 59*, 754–761.
Hutchins, B. (2016). 'We don't need no stinking smartphones!' Live stadium sports events, mediatization, and the non-use of mobile media. *Media, Culture and Society, 38*(3), 420–436.
Jordan, J. J., McAuliffe, K., & Warneken, F. (2014). Development of in-group favoritism in children's third-party punishment of selfishness. *Proceedings of the National Academy of Sciences, 111*(35), 12710–12715.
Juma, C. (2016). *Innovation and its enemies: Why people resist new technologies.* Oxford University Press.
Kahn, J. (2003). *Neural network prediction of NFL football games.* Mimeo: University of Wisconsin-Madison.
Knight, P., & Walmsley, I. (2019). UK national quantum technology programme. *Quantum Science and Technology, 4*(4), 040502.
Kovalchik, S. A., & Reid, M. (2017). Comparing matchplay characteristics and physical demands of junior and professional tennis athletes in the era of big data. *Journal of Sports Science & Medicine, 16*(4), 489.
Kurzweil, R. (1999). *The age of spiritual machine: When computers exceed human intelligence.* Penguin Books.
Kurzweil, R. (2012). *How to create a mind: The secret of human thought revealed.* Penguin Books.
Lapham, A. C., & Bartlett, R. M. (1995). The use of artificial intelligence in the analysis of sports performance: A review of applications in human gait analysis and future directions for sports biomechanics. *Journal of Sports Sciences, 13*(3), 229–237.
Link, D. (2018). *Data analytics in professional soccer. Performance analysis based on spatiotemporal tracking data.* Springer Vieweg.
Loland, S. (2018). Performance-enhancing drugs, sport, and the ideal of natural athletic performance. *American Journal of Bioethics, 18*(6), 8–15.
McCullagh, J., & Whitfort, T. (2013). An investigation into the application of artificial neural networks to the prediction of injuries in sport. *International Journal of Sport and Health Sciences, 7*(7), 356–360.
Memmert, D., & Rein, R. (2018). Match analysis, big data and tactics: Current trends in elite soccer. *German Journal of Sports Medicine/Deutsche Zeitschrift für Sportmedizin, 69*(3), 65–72.
Merkel, S., Schmidt, S., & Torgler, B. (2019). Optimism and positivity biases in performance appraisal ratings: Empirical evidence from professional soccer, Mimeo. WHU – Otto Beisheim School of Management, Düsseldorf.
Mężyk, E., & Unold O. (2011). Machine learning approach to model sport training. *Computers in Human Behavior, 27*(5), 1499–1506.
Michael, K., & Miller, K. W. (2013). Big data: New opportunities and new challenges [guest editors' introduction]. *Computer, 46*(6), 22–24.
Morgulev, E., Azar, O. H., & Lidor, R. (2018). Sports analytics and the big-data era. *International Journal of Data Science and Analytics, 5*(4), 213–222.
Muhammad, S., Tavakoli, A., Kurant, M., Pawłowski, M., Żukowski, M., & Bourennane, M. (2014). Quantum bidding in bridge. *Physical Review X, 4*(2), 021047.
Nevill, A., Atkinson, G., & Hughes, M. (2008). Twenty-five years of sport performance research in the Journal of Sports Sciences. *Journal of Sports Sciences, 26*(4), 413–426.
Novatchkov, H., & Baca, A. (2013a). Artificial intelligence in sports on the example of weight training. *Journal of Sports Science & Medicine, 12*(1), 27–37.
Novatchkov, H., & Baca, A. (2013b). Fuzzy logic in sports: A review and an illustrative case study in the field of strength training. *International Journal of Computer Applications, 71*(6), 8–14.
Page, T. (2015). Applications of wearable technology in elite sports. *Journal on Mobile Applications and Technologies, 2*(1), 1–15.

Passfield, L., & Hopker, J. G. (2017). A mine of information: Can sports analytics provide wisdom from your data? *International Journal of Sports Physiology and Performance, 12*(7), 851–855.

Peña, J. L., & Tuchette, H. (2012). A network theory analysis of football strategies. *arXiv preprint.* arXiv:1206.6904.

Papić, V., Rogulj, N., & Pleština, V. (2009). Identification of sport talents using a web-oriented expert system with a fuzzy module. *Expert Systems with Applications, 36*(5), 8830–8838.

Pawlowski, T. (2013). Testing the uncertainty of outcome hypothesis in European professional football: A stated preference approach. *Journal of Sports Economics, 14*(4), 341–367.

Pentland, A. (2008). *Honest signals: How they shape our world.* MIT Press.

Pentland, A. (2014). *Social physics: How good ideas spread-the lessons from a new science.* Penguin Press.

Pentland, A., Lazer, D., Brewer, D., & Heibeck, T. (2009). Improving public health and medicine by use of reality mining. A whitepaper submitted for the Robert Wood Johnson Foundation.

Perl, J. (2001). Artificial neural networks in sports: New concepts and approaches. *International Journal of Performance Analysis in Sport, 1*(1), 106–121.

Perl, J., & Weber, K. (2004). A neural network approach to pattern learning in sport. *International Journal of Computer Science in Sport, 3*(1), 67–70.

Pohl, H., Holz, C., Reinicke, S., Wittmers, E., Killing, M., Kaefer, K., et al. (2012). Quantum games: Ball games without a ball, Mimeo. Hasso Plattner Institute, Potsdam, Germany.

Popkin, G. (2016). Scientists are close to building a quantum computer that can beat a conventional one. *Science News*, Dec 1.

Reep, C., & Benjamin, B. (1968). Skill and chance in association football. *Journal of the Royal Statistical Society. Series A (General), 131*(4), 581–585.

Rein, R., & Memmert, D. (2016). Big data and tactical analysis in elite soccer: Future challenges and opportunities for sports science. *SpringerPlus, 5*(1), 1–13.

Rieffel, E., & Polak, W. (2000). An introduction to quantum computing for non-physicists. *ACM Computing Surveys (CSUR), 32*(3), 300–335.

Rottenberg, S. (1956). The baseball players' labor market. *Journal of Political Economy, 64*(3), 242–258.

Rygula, I (2003). Artificial neural networks as a tool of modeling of training loads. *IFAC Proceedings Volumes, 36*(15), 531–535.

Savage, D. A., & Torgler, B. (2012). Nerves of steel? Stress, work performance and elite athletes. *Applied Economics, 44*(19), 2423–2435.

Schmidt, S. L., Torgler, B., & Jung, V. (2017). Perceived trade-off between education and sports career: Evidence from professional football. *Applied Economics, 49*(29), 2829–2850.

Schreyer, D., & Torgler, B. (2018). On the role of race outcome uncertainty in the TV demand for Formula 1 Grands Prix. *Journal of Sports Economics, 19*(2), 211–229.

Schreyer, D., Schmidt, S. L., & Torgler, B. (2016). Against all odds? Exploring the role of game outcome uncertainty in season ticket holders' stadium attendance demand. *Journal of Economic Psychology, 56*, 192–217.

Schreyer, D., Schmidt, S. L., & Torgler, B. (2017). Game outcome uncertainty and the demand for international football games: Evidence from the German TV market. *Journal of Media Economics, 30*(1), 31–45.

Schreyer, D., Schmidt, S. L., & Torgler, B. (2018a). Game outcome uncertainty in the English Premier League: Do German fans care? *Journal of Sports Economics, 19*(5), 625–644.

Schreyer, D., Schmidt, S. L., & Torgler, B. (2018b). Game outcome uncertainty and television audience demand: New evidence from German football. *German Economic Review, 19*(2), 140–161.

Silva, A. J., Costa, A. M., Oliveira, P. M., Reis, V. M., Saavedra, J., Perl, J., et al. (2007). The use of neural network technology to model swimming performance. *Journal of Sports Science & Medicine, 6*(1), 117.

Simon, H. A. (1956). Rational choice and the structure of the environment. *Psychological Review, 63*(2), 129–138.

Stopczynski, A., Sekara, V., Sapiezynski, P., Cuttone, A., Madsen, M. M., Larsen, J. E., et al. (2014). Measuring large-scale social networks with high resolution. *PLoS ONE, 9*(4), e95978.

Taha, T., & Thomas, S. G. (2003). Systems modelling of the relationship between training and performance. *Sports Medicine, 33*(14), 1061–1073.

Tajfel, H. (1970). Experiments in intergroup discrimination. *Scientific American, 223*(5), 96–103.

Thomas, G., Gade, R., Moeslund, T. B., Carr, P., & Hilton, A. (2017). Computer vision for sports: Current applications and research topics. *Computer Vision and Image Understanding, 159*, 3–18.

Torgler, B. (2019). Opportunities and challenges of portable biological, social, and behavioral sensing systems for the social sciences. In G. Foster (Ed.), *Biophysical measurement in experimental social science research* (pp. 197–224). Academic Press.

UK National Quantum Technologies Programme. (2015). National strategy for quantum technologies: A new era for the UK. Innovate UK and the Engineering and Physical Sciences Research Council.

van der Slikke, R. M., Bregman, D. J., Berger, M. A., De Witte, A. M., & Veeger, D. J. H. E. (2018). The future of classification in wheelchair sports: Can data science and technological advancement offer an alternative point of view? *International Journal of Sports Physiology and Performance, 13*(6), 742–749.

Verhagen, E. A., Clarsen, B., & Bahr, R. (2014). A peek into the future of sports medicine: The digital revolution has entered our pitch. *British Journal of Sports Medicine, 49*(9), 739–740.

Weber, G. M., Mandl, K. D., & Kohane, I. S. (2014). Finding the missing link for big biomedical data. *JAMA, 311*(24), 2479–2480.

Weiss, P. (1969). *Sport: A philosophical inquiry*. Arcturus Books.

West, G. B. (2017). *Scale: The universal laws of growth, innovation, sustainability, and the pace of life in organisms, cities, economies, and companies*. Penguin.

Zettler, P. J. (2009). Is it cheating to use cheetahs: The implications of technologically innovative prostheses for sports values and rules. *Boston University International Law Journal, 27*, 367–409.

本诺·托格勒博士，昆士兰科技大学经济学专业和行为经济学及社会与科技研究中心的教授，牵头"非市场互动中的行为经济学"项目，其中就涵盖了体育计量学、社会计量学、科学计量学和计量历史学等子项目。除了在体育计量学领域有着浓厚的研究兴趣，多年来他还密切关注人工智能相关的文献和论文，并且引用了赫伯特·西蒙、阿伦·纽维尔、马文·明斯基、西蒙·派珀特等人工智能先锋的研究工作作为核心参考。闲暇时光，他喜爱冲浪（虽然并不擅长）和锻炼。

数据革命：未来体育中的云计算、人工智能与机器学习

克里斯蒂娜·蔡斯

摘要

蔡斯认为数据是一种货币，它决定了竞争优势的输或赢。那些能够找到解锁和利用数据的创造性方法的人——绝大部分依靠人工智能、机器学习和云计算的引入——将会成为明日的冠军。使用这些技术将会让新的能力如瀑布般飞流直下：运动能够更好地发掘人才、优化训练规程。比赛策略、球队阵容以及球员原型都可以被创建出来，并在虚拟的"如果怎样"的环境之中进行模拟。粉丝体验将会变得更加沉浸式。如果这些更深度的分析与洞察能够被适当地解锁，理解人工智能和机器学习是有着固有限制和偏差的工具，数据将会为体育带来变革并向前推动人类运动表现的极限。

1 引言

整个社会变得越来越依赖机器学习、人工智能和云计算，体育也是一样。数据逐渐成为新型的货币，决定了竞争优势的输或赢，那些能够找到解锁和利用数据的创造性方法的人，将会成为明日的冠军。想象一下来源于苹果手表的信息，正在不断被放大，并且伴随着数不胜数的专业反馈。如今，运动队和运动员从自身采集到的数据规模是前所未有的。基于摄像头的球员追踪系统（比如以 25 帧每秒捕捉每一场 NBA 比赛中每一位球员位置的 Second Spectrum）和基于传感器的系统（比如说在比赛和训练中提供三维

位置数据的 Catapult 或者 Kinexon），已经带来了信息爆炸。体育组织只是刚开始着手应对这些变化。比赛和运动数据其实已经在体育界被收集了数十年了，这些新技术的引入带来了更加庞大丰富的数据集，能够提供更好的上下文情景，以前所未有的方式揭示出运动场上发生了什么。

这些人工智能和机器学习模型的崛起，是以数据为燃料的。追踪比赛中每位运动员每一回合每一秒的能力越来越强，再加上场外数据的涌入，驱动了一个良性循环。确实，追踪一个运动员生活中的每一个元素正逐渐成为可能，从训练负荷到比赛负荷以及它们所产生的压力，还有营养和睡眠，希望通过细致入微的调优，积累出竞争优势。体育正处于风口浪尖之上，科技正以开创性的新方式被应用，用于招募球员、制定比赛策略、创造现代化粉丝体验等方方面面。

我身处这趟高速列车的前排座位，见证了这场变革发生在麻省理工学院体育实验室。这家体育实验室与国际品牌、职业运动队、精英体育组织在人工智能、计算机视觉、数据科学、人类和制度行为、信息论、机器学习和统计学等方面展开合作，应用于体育科技和运动分析。这些品牌和职业运动队聘请我们去帮助他们理解和应用新的一波数据狂潮。

我们在 2015 年成立之时，体育分析和球员追踪数据对于大多数体育项目来说还处于襁褓时期。比如说，直到 2013—14 赛季，所有 NBA 场馆才全部配备了用于球员追踪的 STAT SportVU 摄像头系统（https://www.ibmbigdatahub.com/blog/taking-data-analytics-hoop）。它让球队能够更好地追踪和理解比赛中球员身上承受的冲击和压力，让教练能够对自己球队和对手都进行策略和战术评估。依靠这一技术，他们能够获取球场上每位球员的位置和每一回合的信息。

在 NFL，射频识别（RFID）芯片被置于运动员的肩垫以及橄榄球之中（https://www.nytimes.com/2017/09/07/sports/nfl-expands-use-of-chips-in-footballs-promising-data-trove.html），以每秒观测 10

次的频率，捕捉诸如速度、加速度、距离、球的飞行轨迹、球员之间的相对速度等数据，平均每场比赛产生60万行数据。多亏了这些数据，球队能够分析自身的成功之处和存在的缺陷，从而预测某个特定战术的执行结果。这些信息的使用仍处于起步阶段；很多球队还不具备相应的带宽和知识，将数据挖掘出终极优势。

这一不断扩充的数据宝库，加上人工智能技术的高速进步，将会以革命性的方式被应用起来。人工智能和机器学习将会带来变革性飞跃，产生新的深度洞察和在人才识别上的强大预测能力。体育世界将能够打开设计和优化运动员训练规范以及身心健康机制的大门。比赛策略、球队阵容以及球员原型都可以被创建出来，并在虚拟的"如果怎样"的环境之中进行模拟。云计算的力量将带来全新的、激动人心的沉浸式粉丝体验。的确，如果进一步的深度洞察能够被适当地解锁，数据能够向前推动人类竞技表现的极限，帮助运动员和运动队去做一些了不起的事情。在足球领域，这些新型数据集（比如 GPS 训练数据）已经被用于预测伤病（Rossi et al. 2018）、分析球队传球策略（Gyarmati & Anguera 2015）以及使用人体姿态分析 NBA 球员的投篮风格（Felsen & Lucey 2017）。

2 体育中的机遇与定义：云计算、人工智能和机器学习

2.1 云计算

云计算作为计算基础设施，让大量的信息能够被便捷地存储并且可以从世界上任何地方访问。将它视作提供家用供电的电网。曾几何时，如果你的工厂需要电力照明或是电动力，你必须安装一台发电机。现如今，有人建好了电厂，将它接入电网，然后一个组织或者个人就能够在需要的时候随时用电。云计算与之相似，它是一种公共事业，是一种可扩展的集中式、高性价比的资源。

有了云计算，一个组织就能从众多数据来源收集和存储大量的

数据，并向他们的运动队提供通用化的访问权限，比如说由亚马逊 AWS、谷歌云、微软 Azure 等平台提供的服务。举个例子，职业运动队的区域性或全球性球探系统能够评估来自世界各地的人才和比赛。云计算能够让他们快速上传最新的球探报告，将不管来源于何处的视频汇聚到一个集中化的位置；而在总部的工作人员则能够以接近实时的方式访问它们。这使得分析团队能够快速将新的信息融入选秀或者自由球员的模型之中，教练也可以分析比赛、训练以及运动员在压力下的表现（https://www.geekwire.com/2019/seattle-seahawks-turn-amazon-web-services-new-cloud-deal-fuel-future-championships/）。球队正使用云计算，作为他们数据分析能力的脊梁。

2.2　人工智能

人工智能可以被宽泛地定义为，让像计算机这样的机器，去感知其周边环境并为一个期望的目标采取行动。想象一款能够阅读病人 X 光片并识别出高优先级情况（比如说肺结核）的医疗软件，然后自动化地将结果转发给肺部放射科医生，这样不仅可以加快这一诊断流程，还能够帮助医生减少错误（https://www.wired.com/2015/10/robot-radiologists-are-going-to-start-analyzing-x-rays/）。

人工智能的形态有很多。有些使用统计学技术从海量数据中找出模式和关系，将特定的输入与输出联系起来——比如说，找到基因突变和患上某种特定疾病的风险之间的关联。人工智能可以归结为模式识别。拿棒球举例：训练之后，计算机能够"消化"没有对球和挥棒击球进行标记的视频剪辑，而一套软件系统能够将它们分类成输出答案，识别出其中的球和挥棒击球。MLB 现在正在评估 TrackMan 系统在自动化辅助判罚方面的效果（https://www.si.com/mlb/2019/11/19/robot-umpires-automated-strike-zone）。

2.3　机器学习

人工智能的另一种形态是机器学习，指的是在没有人类编程的情况下，一个计算机系统使用数百万的数据点去学习和提升的过程。在有监督学习之中，其技术核心是教一个算法去识别特定的模式。它通常使用来源于真实世界、经过人工打标签（比如说篮球中的挡拆）的训练数据集。拉吉夫·马赫斯瓦兰在 TED 演讲中对此的描述是最好的（https://www.ted.com/talks/rajiv_maheswaran_the_math_behind_basketball_s_wildest_moves/tran script），他举了一个训练 Second Spectrum 的机器学习软件去检测识别挡拆的例子。"这里是一些挡拆配合，而这些则不是。请找到一种方式去区分它们的不同。而这其中的关键在于，找到能够将它们区分开来的特征。所以，如果让我教它苹果和橘子的不同，我可能会说'你为什么不使用颜色或形状去区分'？但其实我们真正在解决的问题是，那些东西是什么？要让计算机探索一个充满移动点的世界，关键特征应该是怎样的？因此，找出所有这些和相对/绝对位置、距离、时间、速度相关的关系，这才是真正的关键。"机器学习的强大在于软件工程师不用写下所有的分类规则；算法本身就能独立地去学习这些规则。随着数据集变得更加庞大，使用无监督学习会获得更多的机会，在其中，数以百万计的未经归类或分类的数据点被使用，算法则基于自身逻辑，在没有预先输入与运动员或运动队相关的知识的前提下，识别出相似性、模式或者不同之处。

3 体育中的数据革命

我们正在体育世界中采集的数据规模是前所未有的：用于比赛策略分析的高分辨率的球员移动追踪数据（https://www.espn.com/nfl/story/_/id/24445965/player-tracking-data-next-step-nfl-analytics-524 revo-lution; https://www.technologyreview.com/s/600957/big-data-analysis-is-changing-the-nature-of-sports-science/）。来自数十台摄像机和多个视角的比赛回放，创造更好的比赛直播。运动员的生物和生理学测量，用于优化训练规程和健康。嵌入 NFL 球员肩垫和橄榄球之中的射频识别芯片，能够提供每一回合每位球员的数据,包括场上位置、速度、加速度、球的飞行轨迹等(https:// www.forbes.com/sites/kristidosh/2019/08/06/nfl-renews-with-zebra-technologies-for-on-field-player-tracking-for-next-gen-stats/#1c04819c94ca)。

与此同时,NBA使用Second Spectrum这套光学球员追踪系统,球队使用它进行赛前探查报告、赛后分析,而赛事转播商则通过全场报道平台(full court press)对其进行使用。球迷能够选择四种不同的观赛视角:教练模式、球员模式、吉祥物模式以及与众不同的分析模式(https://espnpressroom.com/us/press-releases/2019/02/espn-debuts-the-first-national-broadcast-game-using-second-spectrum-technology-with-its-full-court-press-view-during-fridays-bucks-lakers-matchup/)。

4 比赛:球员识别、评估与选择

在未来,人工智能可以将球探报告、高阶比赛数据、运动表现测试、训练负荷、伤病报告、个人档案和更多的数据来源融合起来,通过对球员的潜能发展进行建模,去预测他们可能如何发展,他们的天赋与谁可能接近,然后回答"谁会是下一个汤姆·布雷迪"这样的问题。布雷迪,在NFL选秀的第6轮才被选中,几乎所有球探都没能慧眼识珠,发现这名未来传奇。如今,他被绝大多数人认为是这项运动历史上最好的四分卫之一。为什么他会被如此严重地低估?很简单。他的体型轮廓和身体特征与一名通常的NFL球员不太相似。他身材较小,但却没有相匹配的灵活性或者速度,并且被认为扔球的精准度不足(https://theathletic.com/1235430/?source=twittersf)。与此同时,机器学习模型还被开发出多种功能,比如足球运动员排名(布鲁克斯等人2016)、决定NFL球员应该拿多少薪水(https://www.businessinsider.com/nfl-using-ai-player-salaries-pro-football-focus-2019-7)以及评估大学和职业球员(https://www.nbcnews.com/mach/science/how-ai-helping-sports-teams-scout-star-players-ncna882516)。

　　这对于未来的球探工作意味着什么？关于成功球员的历史数据（比如说球探报告、生理和心理测试数据、团队训练数据等）积累得越来越多，将会给球队提供打造新的机器学习模型所必需的训练信息，再用这些模型去挖掘出通常难以一眼看出其天赋潜能的年轻运动员。

　　目前的挑战在于，存在的数据实在是太多了。噪声多到人类无法看到真正有用的信号。在未来，就像人工智能帮助放射科医生检测出肉眼难以观测到的模式，检测出运动员的模式也将很快成为可能：投篮特征、可执教性、工作热情等。就像脸书（Facebook）能够管理好浏览者看过的各类推送，未来体育科技也能做到这一点。这非常令人兴奋，因为在过往招募球员很大程度上依赖于招募者是否在现场观看过这名球员比赛。现在，球探能够快速收集堆积成山的影片和视频等数据，并且迅速将它们上传，这样分析团队就能立即访问这些新信息，并且将它们输入正在构建和调优的选秀和自由球员模型之中，他们往往使用能够分析和融合数据的内部平台来实现这一过程。很多棒球俱乐部都已经打造出了这样的平台，篮球和足球领域紧随其后。新的数据能够让未来选秀模型更具智慧，而那些利用好新数据集并且从中挖掘出最多要点信息的人，将会处于领先的位置。此外，还会出现一些如今并不存在的工作岗位。比如说，NFL 球队招募了 11 个人参与到他们 2018 "大数据碗" 的项目之中，作为全新的分析角色（https://www.zerohedge.com/news/2019-12-25/quants-are-taking-over-nfl ）。

　　机器学习在研究人际动态关系上也扮演着重要角色。球队需要知道一名球员的运动天赋，但是他们也需要评估其性格和精神属性：他／她会对更衣室产生怎样的影响？他／她是否可执教？他／她在压力下做决策的能力如何？当总经理们决定关键选秀权的使用或者自由球员签约时，球队将能够更好地评估 "球队文化适合度"。量化原本看似无法量化的事情的能力正在出现；事实上，此类研究已经发生在了自动驾驶汽车之上，可以依据一个特定的司机是自私还是无私，对其驾驶风格进行分类（https://news.mit.edu/2019/predicting-driving-personalities-1118）。

类似地，麻省理工学院体育实验室最近研究了篮球场上的五个关键位置。随着这项运动的规则的进化，这些角色所需要的技能也发生了改变。想一想史蒂芬·库里，2009年被选中时被认为身体弱不禁风，场上位置一、二号位摇摆不定，现在却成为NBA历史上最好的三分射手之一。因此，我们使用"聚类"去创造新的球员原型。使用Second Spectrum的数据，我们能够定义新的"角色"。随后，我们选择了排名前三和倒数三位的球队，用这些新技能去评估它们的阵容。我们利用这六支球队的球员数据检验了多种模式，基于技能对球员进行聚类，然后将他们归类到各个"桶"中。哪些技能的组合在现代篮球中是最高效的？科技将帮助教练对球员进行分门别类，从而预测他们的发展潜力。这将改善选秀和自由球员模型，并被用于拆解对手的一招一式。

5 优化制胜：比赛策略

利用新的科技手段，问题就会变为：我如何主动地针对对手的战术手册和执教风格进行逆向工程？现如今，大量的时间会被用在观看对手的比赛录像之上。在未来，一支成功的球队将会使用计算机去追踪对手的策略，快速创建关键回合的剪辑，让教练能够围绕它设计战术。与此同时，教练还能够使用虚拟化的模拟环境，基于每位球员的个人模型模拟出一套阵容和战术搭配的效果，就和打电子游戏一样。用户上传一支虚拟队伍以及对手的特征，将模拟运行起来，检验哪种策略会发挥作用，然后将其应用到实际的赛场之上。

在NBA，给追踪数据打标签已经是一项人工智能的基础应用了。这将带来如洪流般的数据，给机器学习模型提供开始识别对手战术顺序的模式、给出制胜策略的建议所需的信息。新的模型正在预测球员运动轨迹（Felsen et al. 2018），带来实时交互式描绘NBA

防守阵型的能力（Le et al. 2017）。这正在改变如何评估球员、如何认知球队策略甚至我们如何观看这项运动。

我们已经在试图量化为了实现一个目标所需的最优设置了，或是找到某一特定情形下把球传给他／她的最佳人选。很快，我们就能够将演变成一次最佳出手的小事件组成的序列可视化，识别出对手的战术倾向并最终实现对他们战术手册的逆向工程。

在这种未来的虚拟化模拟模型之中，教练不仅能够更好地理解对手的倾向性，他／她还能够找出自己队伍的缺点，并针对它们展开工作，优化训练项目。一名教练还能够创建虚拟模型去尝试不同的策略并以此为依据进行调整。

再次强调，这其中数据是关键。在这些运动员身上采集到的数据越多，我们能够从输入和输出中提取出的结构化数据就越多——投球、球和挥拍，然后我们就能够创建更好更准确的虚拟化模拟（https://news.mit.edu/2019/deeprole-ai-beat-humans-role-games-1120）。在未来，人工智能系统将会自我提升。经过不断开发，人工智能算法已经逐步完善。被称为生成对抗网络（GAN）（arXiv:1406.2661）的技术能够用于开发在比赛中发挥决策作用的模拟系统。在生成对抗网络中，两个人工智能算法将会互相比拼，并且在此过程中不断提升。

虽然这听起来有些未来主义，但对抗网络已经被用于分析篮球战术了——比如说，给它一个进攻战术的执行概述，它就能给出可能的战术演进场景。在未来，我们可能在模拟之中看到一套完整阵容对上一套特定的对手阵容会有或者说应该有怎样的反应（Hsieh et al. 2019）。

自学习的人工智能模型也能发现全新的比赛策略。已经在围棋上击败了最出色的人类冠军棋手的阿尔法狗（AlphaGo），就是通过与自己对弈数百万盘进行学习，提高自身水平，并且在这一过程中发掘尚不为人所知的制胜策略。

在未来10年，也许会更快，我们将会看到，在虚拟环境中使用数字孪生去模拟出"如果怎样"的场景。数字孪生（https://en.wikipedia.org/wiki/Digital_twin）就是对一个真实世界物体的数字化表示，用一系列的数据去表征其属性、特征和行为。数字孪生已经出现在了工业界。比如说，一家发电厂的数字孪生能被视作一个虚拟代理，用于模拟、分析和优化真实发电厂的性能和效率。这些工业界版本的数字孪生创建了真实世界物体的虚拟代理，这一概念也同样可以应用于人身上。

在体育领域中，可能会建立这样的问题：如果我们将另外一名球员换入阵容中会有怎样的效果？想象一下，有一套球队阵容的精准数字孪生，能够在软件模拟中无止境地对抗一支对手球队（https://www.techworld.com/tech-innovation/digital-twins-of-athletes-next-frontier-for-sports-3777364/）："五个赛季以来，计算机一直在模拟我们球队与凯尔特人的对抗。"假设你是一位教练或管理人员，想要不断尝试新的比赛策略、球队阵容和球员能力，探索不同的训练、营养和负荷对球员的作用，检验这些因素对于球员竞技表现的影响。有了生成对抗网络，一台机器能够独立地发现新的制胜策略。

人工智能还可以揭示出那些微小但却能对运动表现产生最重大影响的生物力学变化。麻省理工学院开发出的早期系统能够"观看"某人挥动网球拍，然后给予这个人一个建议性的新挥拍姿势。这可以让球员审视自我、进行预测并使用正确的形态（https://www.csail.mit.edu/news/put-any-person-any-pose）。

6 运动员健康和表现

就像一级方程式赛车（F1）一样，运动员都是单一驱动且被严密监测的。赛车上的每一个组件都是已知的，会被追踪和测量。现如今，运动员身上也在发生着同样的事情，正如我们已经讨论过的一样。比如说，想象一支对训练进行追踪的篮球队：球员在 iPad 上登入为其量身定制的训练项目，然后开始训练，此时体育馆中的机器也开始捕捉他的一举一动，并将数据传入系统之中，将它们与预估训练负荷联系起来。

　　在未来，体育科学家和竞技表现教练将在虚拟环境中使用数字孪生去测试这些影响。NFL已经开始通过分析比赛规则、装备以及康复策略，开展研究工作去更好地理解球员的安全与治疗问题，期望能够更精准地预测伤病风险（https://www.ciodive.com/news/NFL-AWS-AI-ML-safety/568619/）。通过创建运动员的虚拟模型，NFL能够对增加或减少他们的训练安排、力量训练、营养搭配、药物使用、睡眠质量、旅途飞行和时区改变等方面进行实验，去观察他们的身体反应。他们能够在虚拟环境中快速地进行测试和迭代，去检验不同改变的效果，而非在真正的人身上进行迭代实验，这样就能更快地获取结果信息。

　　有了所有这些新数据，运动队就能越来越多地去考虑和发掘能够优化队中运动员竞技表现的方法，以及如何让他们维持巅峰状态。这些新数据还能帮助体育科学家量化运动员负荷管理建议背后的深层次原因。通过将比赛中球员追踪数据（如Second Spectrum）、训练中穿戴的追踪系统（如Catapult和Kinexon）、生物特征测试、力量和体适能训练等方面结合起来，高效能的组织或团体将会拥有更多的工具去保持运动员健康。他们将知道何时应当建议运动员休息或是将其换下场，哪怕他们可能还没有真正遭受伤病，或是何时应当替换他们的先发投手（https://chbrown.github.io/kdd-2013-usb/kdd/p973.pdf；新数据向棒球领域的总经理们展示了何时应当替换先发投手，https://phys.org/news/2014-02-baseball-pitcher.html）。

　　使用姿态评估去检测运动员生物力学上的变化，发现肉眼无法观测到的细节，判断运动员是否过度训练，是否还未从伤病中完全恢复，这一切是否会导致运动员更容易受伤（Bridgeman et al. 2019）。经年累月从运动员身上采集越来越多的数据，能够让运动队具备分析运动员随时间推移的发展能力，从而总结出一条最优的发展道路，并在培养一名特征相似的运动员时指导其训练方案的制订。

在未来，通过对一名特定的运动员进行特征提取或模式识别，我们将具备更强大的识别出潜在的、不断增加的伤病风险的能力。

7　智能场馆

体育场馆也在变化。在过往，体育场馆会有多个大门，需要手持纸质门票进入。球队和场馆所有者是无法知道球迷在场馆里做了什么的，甚至不知道是谁坐在座位上。现在，他们转而使用数字门票，便能知晓到底是谁在场馆之中，他们在哪里购买食物，他们把目光聚焦在比赛场上的频率有多高，他们的参与度又如何。

现在，我们能够追踪人流，了解如何去为特定的用户群体或个人提供优化服务和体验（https://news.sap.com/2018/10/executive-huddle-sap-helps-49ers-improve-operations-fan-564 experience/）。

场馆所有者正在寻求"在体验之中创造体验"的全新方式。你能看到呼之即来的自拍架。现如今，你可以控制屋檐上的摄像头，朝着某位球迷的座位进行拍照，形成一幅特写，然后瞬间上传到推特之上。这一体验的目标是吸引更多球迷来到体育场馆之中（https://www.forbes.com/sites/davidramil/2020/01/13/miami-heat-innovation-with-data-leads-to-agreement-with-bucks/#ad5a91e7174a），并且在他们一次又一次到现场观赛时提供个性化的体验（https://www.forbes.com/sites/davidramil/2020/01/13/miami-heat-innovation-with-data-leads-to-agreement-with-bucks/#ad5a91e7174a）。

8　个性化体育消费

令人兴奋的是，球迷也能以前所未有的方式接触这些信息。再来看看NFL的下一代数据（Next Gen Stats）系统。现在，一名球迷可以查看所有帕特里克·马霍姆斯在2018—19赛季的传球，看他一共完成了多少码的传球并将这些传球可视化——他将球传给谁了以及传球的线路是怎样的。如今的球迷能够一头扎入深度数据分析的海洋之中，去关注他们喜欢的球队或者球员。他们能够将信息可视化，也能够自己做数据统计分析，这一点是前所未有的（https://www.techrepublic.com/article/how-the-nfl-and-amazon-unleashed-next-gen-stats-to-grok-football-games/）。

或者看一下快船队的球场视野（Court Vision）系统（https://www.nba.com/clippers/clippers-introduce-revolutionary-technology-launch-clippers-courtvision-digital-viewing-experience）和 ESPN 品牌性的全场报道平台（https://www.forbes.com/sites/simonogus/2019/05/26/augmented-reality-options-by-second-spectrum-added-to-espn-app-for-nba-playoffs/#6a0ecbfa3db4），通过它们，球迷能够以三到四种不同的模式观看快船队的比赛，自己决定：我喜欢哪些增强观赛体验的额外图层？在过往，只能通过直播视角观赛，而现在球迷能够以任意持球人的视角观赛。NFL 甚至已经有了"成为球员"的观赛体验（https://www.sporttechie.com/intel-to-deploy-new-be-the-player-broadcast-feature-in-super-bowl-li-partners-with-patriots-qb-tom-brady/），使用围绕场馆部署、用总长超过 5 英里的光纤电缆连接入网的超过 100 台摄像机，能够捕捉、同步与合成视频，让球迷能够从任意球员的视角观看场上的一举一动。观赛者将会继续获得个性化的体育消费、观赛与互动的全新方式。

定制化将会是最高目标，与定制化的谷歌提醒或是智能 Instagram 推送类似。来自信息世界的创新能够让球迷们将个性化的数据滑动窗口进行混合与匹配，开启追踪战术的图层，自动化生成球员和场上回合的高光集锦，然后打造属于自己的独特观赛体验。每个人的选择能被回顾、分享，用于自动化地提升任何设定条件下的观赛体验——不管是在比赛直播中，还是在虚拟现实中，抑或是在智能场馆现场观赛时的增强现实图层中（微软已经通过 HoloLens 这款产品实现了这一点，https://www.wsj.com/articles/the-future-of-sports-is-interactive-immersive-and-intense-11552827600）。此外，未来的粉丝互动将会变得远比现在无缝连接和定制化。比如说，人工智能和机器学习将会自动化地为范特西橄榄球队创建个性化的精彩集锦。

最终，球迷在家中的电视上观赛，却能感觉自己像是和新英格兰爱国者队一同站在橄榄球场的 25 码线上一样。畅想一下这样的对比：如今，一名球迷可能会拿着手机上的一张数字化无纸化的门票去观看一场橄榄球比赛，他会走进球场，买个热狗，坐下来，开始加油助威，然后通过场中的巨型屏幕了解比赛的基础数据统计；在未来，可能就是短短十年之内，一支球队前往客场比赛，他们的球迷可能汇聚到主场体育场馆之内，以实时的方式通过虚拟现实感受比赛，就仿佛他们拥有客场比赛时球场的最佳座位一般。但其实没有人真正进入客场球场，这种完全的沉浸式体验多亏了小型虚拟现实头戴设备，再配合上球迷群体山呼海啸般的欢呼。

想想当时谷歌眼镜试图实现的愿景，仅仅是用增强现实图层去定制化体育场馆内的观赛体验。现在，让我们想象一下你和一帮朋友在各自家中，想要一同观看一场爱国者队的比赛，但是你们又散布在世界各地。很快，你就能进入一个虚拟场景之中，你们可以一同坐在场馆内部观看比赛，进行实时交流。如此这般，将会出现全新的专属观赛体验，当然这也可能会需要花更多的钱。不过，通过虚拟世界，还可能创造出球迷参与互动的多种全新方式，为球队带来壮大世界范围内球迷群体的新机会。而随着科技不断提升这一应用领域的高度，体育将打破种种界限，团结出一个超越了种群特征、经济背景以及宗教信仰的社群。这是一种打破隔阂、寻找社群和共通性的有趣且美妙的方式。

9　伦理道德影响

我们正站在风口浪尖之上，数据是如此的强大有力且激动人心。但挑战和伦理道德影响也是存在的。球探和体育科学家可以在任何地方展开合作。一支球队可能雇用了成百上千名球探，去关注位于世界各地的初中、高中、大学、国际的以及职业的球员，并且需要为每个人都创建一份档案。一支球队拥有提供视频资料的球探、负责训练的训练师、负责追踪比赛数据的教练、击球教练、力量和体适能教练等。多亏了云计算，采集到的如此丰富的数据能够被聚集到一处，然后生成新的数据和深度分析结果。这非常高效，但这也非常危险。一旦有人拥有获取这些涉及不同程度隐私的数据的能力，这自然而然地会在盔甲上打开一个裂缝，人们可能会访问到他们本不应该获取的信息——因为现在这些数据都放在一个共享式的系统上，尽管它们本不应该是共享化的。

在过去，诸如睡眠、伤病或者球员会被如何内部评估之类的信息都是私密的——但现在，黑客能够入侵这种共享式资源。就像艾可菲公司遭遇数据泄露一样：随着网络连接性的增加，存在缺口的可能性就越大，别有用心之人沿着网络流访问整个网络的风险就越高。

使用人工智能和机器学习进行目的不良的预测也是会遭遇伦理道德问题的。比如说，当你试图去决定是否要续约一位自由球员时。你从体育科学家那里拿到了他的训练和恢复数据。同时，你又获取了他的电子医疗档案、心理健康和睡眠数据。由于薄弱的安全授权访问，国际球探可能获取到一个运动员的个人病例，然后他们从他身上某个特定的生物标志物中发现了他有患帕金森病的可能。这一隐私是否就被暴露了？

与此同时，机器学习和人工智能技术也是具有固有偏见的。当然了，所有的数据都会有相应的固有偏见（http://gendershades.org/overview.html; https://venturebeat.com/2018/12/21/researchers-expose-biases-in-datasets-used-to-train-ai-models/）。如果不能理解这一偏见，使用此类技术，这一偏差被不断放大的风险就会很高。比如说申请个人贷款，有一个算法能决定一个人是否存在默认风险。如果数据显示高加索男性是贷款的优质候选人，而年轻女性（不论任何种族）则不是这样，产生这样的结论可能只是因为数据集中没有年轻女性的数据或是样本不充足——并非她们不值得获批贷款。最终，这一切都归结为理解被收集的数据是什么，数据量是否充足，理解它们是如何被送入系统的，是如何通过标注和分析保持标准化的，并且时刻注意整个过程中可能引入的固有偏见（https://www.csail.mit.edu/news/ai-de-biases-algorithms; https://www.microsoft.com/en-us/research/blog/are-all-samples-created-equal-boosting-generative-models-via-importance-weighting/?OCID=msr_ blog_genmodels_neurips_hero；Grover et al. 2019）。

  人工智能是一种工具，而非答案。麻省理工学院人工智能实验室最近发表的一篇文章中这样表述："将人工智能视作一项完全单打独斗的技术是一种错误，它既可能让我们身处无法发挥出其真正潜能的风险之中，也可能引入算法层面的反乌托邦（https://www.csail.mit.edu/news/wapo-op-ed-how-regulate-ai-properly）。"人工智能擅长于识别大量的模式，而精英运动员原本就是离群点。因此，由于对某些运动技巧的误解，我们可能会错失最优秀的天才。人类本身也存在离群点，有些天才可能未能达到若干项普适性标准，或是生物指标基线可能与普通人身上总结出的大相径庭。这也会导致对运动表现、健康状态、发展潜能的错误结论。训练人工智能是为了寻找模式，而当模式不存在时，人工智能就会犯迷糊。

  以脸书（Facebook）为例。最初，用户们以为这一社交媒体平台只是粗浅地规划了推荐给他们的内容，仅仅是去除了一些信息。而事实上，转帖或转推等操作会将这种推荐不断放大，因为平台会假设用户想要这些信息。虽然检测假新闻的功能已经发挥作用（https://www.csail.mit.edu/news/better-fact-checking-fake-news），但更多迷惑平台算法的方式正被不断开发出来。

  由人工智能操刀的虚假视频的泛滥被称为"深度虚假"（deepfakes），虚假信息被当作真实信息不断传播。这些虚假信息看上去十分可信，用计算机难以辨其真伪。而这，可能轻而易举地摧毁一名运动员的职业生涯（https://www.csail.mit.edu/news/new-film-highlights-dangers-deepfakes-shaping-alternative-histories）。关键在于清楚何时以及如何去使用这些技术。充满智慧的不是计算机，人类才是。它们取代不了人类。因此，人类必须要理解固有偏见。

同时，还存在法律和道德上的后果（Karkazis & Fishman 2017；https://go.forrester.com/blogs/the-growing-legal-and-regulatory-implications-of-collecting-biometric-data/）。现如今，生物数据不属于美国《健康保险可携性和责任法案》（HIPAA）中有关电子医疗档案的范畴。关于生物数据，若没有明确的联邦政府和州政府健康隐私法的规定，假设一名球员被交易，他/她可能会带不走任何属于自己的生物数据。谁拥有这些数据、球员被交易后能否带走它们，都不明确。

联赛的数据共享政策，加上潜在的利益冲突和双重忠诚，可能会影响合同签约与个人隐私。球员可能都不知道在他们身上采集了哪些数据。我们已经看到相关的话题正在被讨论。比如说，NBA最近签订了协议，来自可穿戴设备的数据不能被用于球员的合同签约（https://www.mintz.com/insights-center/viewpoints/ 2186/2017-12-athletes-and-their-biometric-data-who-owns-it-and-how-it）。

这就是为什么使用人工智能和机器学习并非一种答案；它们是工具。需要清楚的是，如果不理解一个模型的缺陷，那么潜在偏见就会被放大，对计算结果产生不利影响的风险也会很高。要明白，任何时候，从个体身上采集信息并增强监视，都是对隐私和保密的威胁。而且，安全和访问风险也不应被低估。一个体育组织需要比银行更关注安全问题。

现在正处于狂野西部时期，因为如此多的数据都是前所未闻的，而且新的数据来源还在不断增加。的确，我们有机会拥有从整体上洞悉一名运动员的能力，从而优化其运动表现。但另一面就是，突然拥有大脑、身体、心理等个人数据，会处于健康保险可携性和责任法案还未保障和覆盖到的灰色地带。这可能摧毁一个人的职业生涯。真正聪明的体育组织将会雇用专业的、知道如何恰当应用这些技术的分析团队。

这也就是为什么对于任何分析团队来说，认识到分析人类时存在的伦理道德因素是非常重要的。围绕着数据采集、访问、隐私和使用,需要有更广泛的讨论并达成共识,去定义明确的规章制度。所有的利益相关者,都应当开展全面详尽的对话,并且要引入中立的第三方专家,来确保每个人都能理解相关事宜的影响。由于体育世界就是一个社会的缩影,这些讨论的结果也有可能应用于更广泛的公众政策。所以,千万别轻视它!

    与此同时,这些数据能够让体育变得比以往更加激动人心、细致入微——体育如此,社会也是如此。比如说,从苹果手表中采集到的数据,就能以数不胜数的方式改变你所挚爱的体育。这些信息为人类的认知、竞争与行为打开了全新的世界。而这,才是刚刚开始。

参考文献

https://www.ibmbigdatahub.com/blog/taking-data-analytics-hoop.

https://www.nytimes.com/2017/09/07/sports/nfl-expands-use-of-chips-in-footballs-promising-data-trove.html.

https://www.geekwire.com/2019/seattle-seahawks-turn-amazon-web-services-new-cloud-deal-fuel-future-championships/.

https://www.wired.com/2015/10/robot-radiologists-are-going-to-start-analyzing-x-rays/.

https://www.si.com/mlb/2019/11/19/robot-umpires-automated-strike-zone.

https://www.ted.com/talks/rajiv_maheswaran_the_math_behind_basketball_s_wildest_moves/transcript.

https://www.espn.com/nfl/story/_/id/24445965/player-tracking-data-next-step-nfl-analytics-revolution.

https://www.technologyreview.com/s/600957/big-data-analysis-is-changing-the-nature-of-sports-science/.

https://www.forbes.com/sites/kristidosh/2019/08/06/nfl-renews-with-zebra-technologies-for-on-field-player-tracking-for-next-gen-stats/#1c04819c94ca.

https://espnpressroom.com/us/press-releases/2019/02/espn-debuts-the-first-national-broadcast-game-using-second-spectrum-technology-with-its-full-court-press-view-during-fridays-bucks-lakers-matchup/.

https://theathletic.com/1235340/?source=twittersf.

https://www.businessinsider.com/nfl-using-ai-player-salaries-pro-football-focus-2019-7.

https://www.nbcnews.com/mach/science/how-ai-helping-sports-teams-scout-star-players-ncna882516.

https://www.zerohedge.com/news/2019-12-25/quants-are-taking-over-nfl.

https://news.mit.edu/2019/predicting-driving-personalities-1118.

https://news.mit.edu/2019/deeprole-ai-beat-humans-role-games-1120.

https://www.techworld.com/tech-innovation/digital-twins-of-athletes-next-frontier-for-sports-3777364/.

https://www.csail.mit.edu/news/put-any-person-any-pose.

https://www.ciodive.com/news/NFL-AWS-AI-ML-safety/568619/.

https://chbrown.github.io/kdd-2013-usb/kdd/p973.pdf.
https://news.sap.com/2018/10/executive-huddle-sap-helps-49ers-improve-operations-fan-experience/.
https://www.forbes.com/sites/simonogus/2020/01/19/the-san-francisco-49ers-are-utilizing-big-data-at-levis-stadium-in-their-efforts-to-modernize-the-fan-expierience/#7603df95554d.
https://www.forbes.com/sites/davidramil/2020/01/13/miami-heat-innovation-with-data-leads-to-agreement-with-bucks/#ad5a91e7174a.
https://www.techrepublic.com/article/how-the-nfl-and-amazon-unleashed-next-gen-stats-to-grok-football-games/.
https://www.nba.com/clippers/clippers-introduce-revolutionary-technology-launch-clippers-court vision-digital-viewing-experience.
https://www.forbes.com/sites/simonogus/2019/05/26/augmented-reality-options-by-second-spectrum-added-to-espn-app-for-nba-playoffs/#6a0ecbfa3db4.
https://www.sporttechie.com/intel-to-deploy-new-be-the-player-broadcast-feature-in-super-bowl-li-partners-with-patriots-qb-tom-brady/.
https://www.wsj.com/articles/the-future-of-sports-is-interactive-immersive-and-intense-11552827600.
http://gendershades.org/overview.html.
https://venturebeat.com/2018/12/21/researchers-expose-biases-in-datasets-used-to-train-ai-models/.
https://www.csail.mit.edu/news/ai-de-biases-algorithms.
https://www.csail.mit.edu/news/wapo-op-ed-how-regulate-ai-properly.
https://www.csail.mit.edu/news/better-fact-checking-fake-news.
https://www.csail.mit.edu/news/new-film-highlights-dangers-deepfakes-shaping-alternative-histories.
https://go.forrester.com/blogs/the-growing-legal-and-regulatory-implications-of-collecting-biometric-data/.
https://www.mintz.com/insights-center/viewpoints/2186/2017-12-athletes-and-their-biometric-data-who-owns-it-and-how-it.
Are all samples created equal? Boosting generative mdels via importance weighting. https://www.microsoft.com/en-us/research/blog/are-all-samples-created-equal-boosting-generative-models-via-importance-weighting/?OCID=msr_blog_genmodels_neurips_hero.
Bridgeman, L., Volino, M., Guillemaut, J.-Y., & Hilton, A. (2019). Multi-person 3D pose estimation and tracking in sports. In *The IEEE Conference on Computer Vision and Pattern Recognition (CVPR) Workshops*, June 2019.
Brooks, J., Kerr, M., & Guttag, J. (2016). Developing a data-driven player ranking in soccer using predictive model weights. In *KDD International Conference on Knowledge Discovery and Data Mining (KDD'16). Association for Computing Machinery* (pp. 49–55), New York, NY, USA. https://doi.org/10.1145/2939672.2939695.
Cite as: arXiv:1406.2661 [stat.ML].
Digital twin https://en.wikipedia.org/wiki/Digital_twin.
Felsen, P., & Lucey, P. (2017). Body Shots: Analyzing shooting styles in the NBA using body pose. In *MIT Sloan Sports Analytics Conference*, Boston.
Felsen, P., Lucey, P., & Ganguly, S. (2018). Where will they go? Predicting fine-grained adversarial multi-agent motion using conditional variational autoencoders. In *The European Conference on Computer Vision (ECCV)* (pp. 732–747).
Grover, A., Song, J., Agarwal, A., Tran, K., Kapoor, A., Horvitz, E., & Ermon, S. (2019). Bias correction of learned generative models using likelihood-free importance weighting. arXiv:1906.09531 [stat.ML].
Gyarmati, L., & Anguera, X. (2015). Automatic extraction of the passing strategies of soccer teams. arXiv:1508.02171.
Hsieh, H.-Y., Chen, C.-Y., Wang, Y.-S., & Chuang, J. H. (2019). BasketballGAN: generating basketball play simulation through sketching. In *Proceedings of the 27th ACM International Conference on Multimedia (MM'19)*, 21–25 October 2019, Nice, France.
Karkazis, K., & Fishman, J. R. (2017). Tracking U.S. professional athletes: The ethics of biometric technologies. *The American Journal of Bioethics, 17*(1), 45–60. https://doi.org/10.1080/15265161.2016.1251633.

Le, H., Carr, P., Yue, Y., & Lucey, P. (2017). Data-driven ghosting using deep imitation learning. In *MIT Sloan Sports Analytics Conference*.

New data shows baseball managers when to replace the starting pitcher. https://phys.org/news/2014-02-baseball-pitcher.html.

Rossi, A., Pappalardo, L., Cintia, P., Iaia, F. M., Fernàndez, J., & Medina, D. (2018). Effective injury forecasting in soccer with GPS training data and machine learning. *PLoS ONE, 13*(7), e0201264. https://doi.org/10.1371/journal.pone.0201264.

  克里斯蒂娜·蔡斯是麻省理工学院体育实验室的创始人和董事总经理，帮助职业体育队、全球化品牌和组织克服体育、数据和工程交叉领域的挑战。她对新的数据源将如何挖掘出围绕着比赛、运动表现、训练和未来球迷的具有革命性的深度分析十分感兴趣。作为一名企业家，她18岁就创办了自己的第一家公司，作为运动员，她曾在美国奥林匹克训练中心接受训练。现在，在麻省理工学院与处于研究与体育前沿的工作者合作，她的目标是在体育甚至全球身心健康领域产生更广泛的影响。她希望这本有着如此丰富多样内容的书籍，能够在体育和科技的交叉领域点亮一束机遇之光。

区块链：从金融科技到体育的未来

桑迪·豪德

摘要

豪德解释了经常被人谈论但是很少被人真正理解的区块链技术。他带领读者漫游了体育场上和场下区块链技术可能的应用，并且概述了智能合约在运动员补偿、体育博彩甚至转播合约等方面的革命性力量。他认为，任何会发生多方交易或者数据权限管理的地方，区块链都会成为一种切实可行的解决方案，甚至能引领新的商业模型。在他的观点中，当局者对于剧烈变革的抵触情绪可能会在短期内限制区块链技术带来的收益，但在长远的未来，它一定会对体育世界产生坚实而又深远的影响。

1 引言

2008年由某个人（或者可能是某一群人）以"中本聪"为笔名提交了首份区块链白皮书之后，区块链就被追捧为金融市场的颠覆者，它用全球化、数字本位形态的货币替代了传统政府发行的货币。诚然，任何能够减少金融交易中的摩擦（不管是通过减少中间人还是依靠跨越全球界限的能力）的创新，都是具有无限潜力的。然而，可能唯一比理解区块链的价值更加神秘的，就是区块链技术本身了。通过在一系列联网计算机上运行一整套加密算法，让这些计算机共同完成交易验证，区块链运用了很多不在社会大众传统认知中的技术。这种技术上的不理解，只会增加人们对于使用区块链的怀疑。从这个意义上来说，区块链面临着巨大的自我证明的负担，而这是其他技术很少会遭遇的。毕竟，有谁能真正解释一个关系型数据库的内部工作机制呢？如今，我们已经形成了对关系型数据库的信任，并且认为作为一项技术它能够信守其设计初衷。而在区块链身上，情况并非如此。

如此说来，对于区块链技术的粗略理解、了解其中不同的排列组合以及它们将如何被运用，是我们讨论区块链在体育领域应用之前所应构建的重要基础。

2 区块链的背景

关于区块链，可能最重要的事情之一就是理解其中多种属性的不同排列组合，它们很大程度上影响了区块链技术支撑的预期应用。拉开区块链这项开创性技术帷幕的，是比特币。虽然区块链的发展已经超出了比特币的基本功能，扩展到了智能合约的应用，但认知比特币的核心原则仍旧十分重要。

2.1 比特币和加密货币

从应用空间来看，比特币的使用是十分清晰的：它让人们能够以匿名化且没有中间人的方式在一个数字化平台上（比如说互联网）交易货币。

所以，比特币是如何工作的呢？

需要理解的最重要的一件事就是，围绕着一个有限的价值集合，比特币管理了一系列的借记和贷记。与会计分类账追踪记录银行账户的流入和流出相同，比特币管理着每个人的账户余额；价值能够从一个人的账户转移到另一个人的账户。所以，当艾米想要给鲍勃10美元的时候，区块链首先确认艾米有10美元可以转出；然后，在交易进行过程中，10美元被从艾米的账户中扣除，贷记到鲍勃的账户之上。唯一的不同就是，一个被交易的价值单元被称为一"比特币"，而非美元。比特币能够被有效地无限划分，其最小的原子单位是一"中本"。因此，考虑到去年比特币的价格在 3 000~10 000 美元之间浮动，大多数交易的价值都只会是一比特币的一部分；所以这一场景中，艾米将给鲍勃 0.001 比特币，而非 10 美元。

那么你肯定会说了，"这也没什么嘛，艾米和鲍勃用 Venmo 这样的小额移动支付软件，一样能实现这笔交易，不是吗？"

事实确实如此，但对商业交易来说，Venmo（或是 Visa、MasterCard 等）将会收取一部分合理的手续费。此外，这笔交易的隐私性也受到了损害，没有任何办法能在这样的平台上执行一次匿名化交易。比特币则允许完全匿名化的交易，你只能通过一个名为"公钥"的一串十六进制数代表你的"地址"，并以此进行身份验证，就像账号的用户名一样；而还有一个单独的、私密的"私钥"，是一个更长的十六进制串，就仿佛你的密码一样。公钥和私钥的组合是独一无二且完全随机的，其内容不会和用户产生任何的联系。相较于其他特性，这一特性为建立匿名化带来了帮助。

只有这样的公钥 – 私钥对能够授权一次比特币上的交易，而每个公钥都只能被一个私钥所控制。当艾米想要给鲍勃转钱的时候，她使用随机生成的私钥，对交易进行加密，随后，参与到区块链网络之中的计算机一同验证这笔交易的有效性，并进行确认。最终，引用太阳微系统公司（Sun Microsystems）多年前的一句标语："网络就是计算机。"

加密货币是区块链应用的中坚力量。比特币仍旧是其中最炙手可热的币种，尽管还有以瑞波币（Ripple）、狗狗币（Dogecoin）为代表的成千上万种其他加密货币，它们都着眼于尝试创造自己的币种以取代现金和信用卡。作为加密货币的代表，势不可挡的比特币应用看上去更像是一种投机行为，而非政府发布的"法定"货币，类似于黄金。然而，当波动逐渐开始平息，会最终出现这样的情况：它们成为 1 美元或是 1 欧元那样的交易。很多货币都试图与法定货币的价值进行关联。要讨论加密货币的演化，绝对能单独写一本书出来，而且已经有很多书被写出来了。这一讨论的目的，是强调一点：虽然已有数十亿美元在这些基于区块链的货币上被交易，但它仍旧信守着中本聪设计它时的初衷。

2.2 智能合约

比特币和其他数字货币在金融领域有着巨大价值，另外，区块链还能带来另一种好处：智能合约。要理解智能合约之于比特币，最简单的方法就是把它们想成是信用卡之于现金。现金很好用，能提供重要的服务，但是其功能是有局限性的。1美元的账单就是1美元。它不会有任何其他目的。但信用卡的使用变化就多了。它可以不只是1美元，它可以是取决于你的消费限额的很多美元。此外，它可以作为一种忠诚度计划、一种身份认证形式，用于预订旅馆房间以及很多其他的事情。信用卡的灵活性取决于发卡行和持卡人之间签订的合约。每一张信用卡，都有其特定的属性、限制和政策。

智能合约以数字化、决定性的方式定义了多方之间的关系。正如你将在接下来的案例中所看到的一样，将数据提供给智能合约可以触发行动、重置状态、执行协议（法律意义上的或其他形式的）。随着数据存储的发展，它将变成一种自治化、不对称的数据资产（这与大多数 SQL 数据库相反，它们所拥有的是对称的数据形式，并且依赖外部系统去对数据进行操作）。用技术术语来说就是，智能合约可以像状态机一样运行。

正如你所看到的，体育是由很多的协议组成的，不管是在运动员和其所属运动队之间，还是在观众和赛事转播商之间，甚至是在管理投注的博彩运营商和博彩投注者之间。区块链让各方之间的交易变得自动化、透明化并且无摩擦。

想要体会到区块链在任何生态系统中的价值，就要认识到它只有在和其他技术配合使用时才能产生最大的影响，这一点非常重要。区块链由一系列的数据模板和触发器组成，在体育场景下，这些触发器能被一台管理着大量物联网设备的主机组织编排起来。此外，区块链能够生成和评估足够的数据，从而让人工智能系统可以做后续决策。区块链对于微型和小型交易来说是非常有用的，但事实上，汇聚交易数据并将它们转化成可操作结果的能力，才是区块链真正能够找到其价值的地方。在我们接下来呈现的一些场景之中，你能看到区块链和其他新兴技术以强强联合的方式改变体育的面目。

3 体育中的区块链

有了对于区块链原则的基本理解——它既是一个能够验证交易的分布式计算机网络，也是基于数据变化数字化驱动协议执行的智能合约的引入者，我们现在将探讨这项蒸蒸日上的技术未来 5~10 年在体育世界的几种潜在应用。

3.1 赛场上

我们将着重探讨的第一个区块链应用区域就是在赛场上。随着体育竞技比赛中可量化的东西越来越多，将数据用于评估和分析的能力也正在持续增强。于是，一个将会变得越来越普遍的问题是，如何去核查和验证被记录下来的数据，以及接下来如何去管理这些数据的访问。区块链的加密算法将会在一个无须信任的数据捕获与分发系统中扮演重要的角色。

3.1.1 招募与评估

先来举个这一领域的例子，那就是错综复杂的大学运动员招募。现如今，成百上千的大学教练跑遍全世界，去寻找一批能够带领他们走向荣誉殿堂的未来运动之星。造访一所学校、观看一场比赛，然后就试图去评估一个年仅 17 岁的运动员，这永远不会是一个可扩展的方案。正如企业雇主常常倾向于招常春藤联盟学校毕业的学生一样，很多大学教练一般也只会在顶尖的体育强校或招募中介中寻找心仪的运动员，因为把精力聚焦在"安全的"人才来源之上是一件相对容易的事情。然而，处在高平流层之外的运动员，很难把自己打造成一个合格的人选。因此，很多伟大的运动员甚至根本没有被招募过。有一个小小年纪就被认为是天选之子并且会成为下一个伟大的超级篮球巨星的勒布朗·詹姆斯，就会有一个哪怕父亲曾是职业球员也几乎没被人招募过的史蒂芬·库里。由于身材瘦小，高中时期所经历比赛的水平也较低，库里很容易就会被忽略。人们想知道，如果进行恰当的数据捕捉，不去关注身高体重、竞争对手这样的传统评估维度，是否能够预测出库里将会成为 NBA 历史上最伟大的纯射手之一。

通过物联网捕捉数据，将为运动员招募创造一个可扩展的模型，但数据一经采集应当如何处理？你如何去验证这些运动表现数据没有被篡改？这其中的风险非常之大，尤其是在球鞋合约和转播权将业余体育竞技变成了一门数十亿美元的生意的情况下。如果有过分的家长为了让自己的孩子能够获得奖学金而蓄意篡改数据，这些数据还能被采集起来并且为人所信吗？

此外，从运动员视角来看，这些数据不应该被完全公之于众。运动员应当拥有数据隐私权，应当清楚哪些教练想要获取其数据。而且，访问权限必须要有所限制，因为对手的教练团队能够使用这些数据来达到战术目的，这一点对于数据的采集者来说，就会起到适得其反的效果。如何能够在不牵扯第三方的前提下管理好数据的访问呢？

数据验证以及随之而生的数据证券化是区块链的标志。测量设备安全地打包并确认数据的能力对于提供数据出处来说是非常重要的。此外，智能合约拥有将数据开放给特定某部分人的能力，并且如果有必要的话，追踪和监测这些数据。尤其是在像 NCAA 这样的体育组织中，这对于监管院校的招募行为来说是一种极具价值的手段。

3.1.2 运动员补偿

当然了，虽然运动员招募的场景能够创造出有关数据和分析的有趣应用，不过，一旦一名运动员确定成为一个体育组织的一员，其中所蕴含的机会将更加突出。数据量化应当在运动员薪酬方面发挥作用。目前，很多体育合同都和奖励机制挂钩。MLB 的投手经常按照他们一个赛季中上场投球的局数以及出场次数获得相应的奖金。NFL 的跑卫则常常基于跑动的码数（不管他们何时以及是如何跑出这些码数的）赢得激励奖金。这些粗糙的指标往往会给相应的激励措施带来种种问题。比如说，在 2017 年，明尼苏达双城队的投手菲尔·休斯的投球局数比激励奖金条款的标准少一局，这一条款原本能让他拿到数百万美金的额外收入。虽然双城队坚持声称他们没有故意避免让激励条款达成，但毫无疑问地说，这些激励条款的阈值就是可以被球队轻易利用的。因此，运动队如何更精细、自动化地基于竞技表现进行运动员补偿呢？智能合约就是答案。

正如我们前面所描述的那样，运动表现量化是一个冉冉升起的领域，它能够起到的效果远超出那些一般用于驱动激励条款的粗糙数字。捕捉数据、触发补偿，以此换取运动员相应的竞技表现，成为一个有趣的机会。现如今，体育世界中使用的那些令人惊叹的数据分析，甚至能够展示出成功执行某个战术的概率。因此，当洛杉矶天使队的中野手迈克·特劳特冲向边界尝试一次鱼跃抓球的时候，一个名为 Statcast 的数据分析引擎告诉我们，他仅有 9% 的概率抓住那个球。在过往，这一回合只会被简单地记录为球飞出了中野区，而继续让球队得分的某个人才会被标记在这一回合之上。在资料丰富的棒球历史年鉴中，它只会和紧接着的下一回合中的一个常规的"容易接的腾空球"一样。但如果迈克·特劳特每次完成了这种成功概率不到 10% 的表演就能获得一笔奖金，事情会变成什么样子呢？

打造基于触发微型交易来完成支付的合约，是区块链的可行应用。在团队竞技表现之上给予个人竞技表现奖励，也许会引起一些人的担忧，但这种担忧会被一个体育世界中永恒不变的真理指标所消除，那就是取胜概率。如果每一位球员都能够被测量，就可以在每一回合之后重新评估获胜的概率，可以想象任何时候，当一名球员完成一次表现之后，他所在球队的获胜概率显著提升，他就值得被奖励。

值得指出的是，具备做到这些事情的能力，并不一定就意味着它们很可能发生，尤其是在运动员薪酬方式已经根深蒂固的体育领域。正如我们在本章最后所探究的，采用这些技术所面临的挑战可能比解决技术问题本身更加艰巨。然而，知道这一切可以发生，可能会让那些更加深谋远虑的组织去对它进行尝试，尤其是对那些遗留传统不多的体育项目，比如说电子竞技。

3.2 赛场下

虽然区块链应用将会对赛场上的运动表现产生影响,但与此同时,体育营收主要来源于赛场下看台上以及场馆外的球迷和粉丝。

博彩

也许最具争议的体育话题就是博彩了。多年以来,对于博彩条条框框的限制一直困扰着这一产业。虽然存在内华达和大西洋城这样支持博彩的地区,为人们创造了参与体育博彩的机会,然而对于这些博彩渠道的获取和访问限制,让大量未被挖掘的机会仍旧摆在桌面之上。然而,互联网博彩玩家是否必须遵守与线下博彩同样的监管政策,或者说完全无须任何政策监管,让互联网博彩成为争议的中心。

数年之前,Draft Kings 和 FanDuel 两家创业公司基于范特西体育游戏创造出了一条博彩通道,实现了天文数字级别的增长。它们的论点是,这种参与形式并非赌博,而是一种有入场费和奖励的游戏。虽然最终如何定性由法院决定,但对于此类游戏的超大需求会让体育博彩为商业和联赛带来变革性收入提前成为现实。近几年,最高法院打开了互联网博彩合法化的大门。就像对于加密货币能否成为执行交易的可行方式的讨论一样,对于互联网博彩能否获得授权运营自己的博彩产品也引起了讨论。关于这一讨论,我们将百分百地断言,庞大需求的存在是不可否认的,但让体育博彩成为现实(尤其是在网上)仍需要做大量工作。

区块链将会减少体育博彩业务中的摩擦,甚至成为终极形式的"博彩公司"。智能合约能够作为一份合法合约的决定性仲裁者。最终,两人之间(或者博彩者和博彩商)对于比赛结果的博彩下注就是一份社会合法合约。一旦一场博彩竞猜设定完成并被认证,一份智能合约就能够被签订,用于托管并支付博彩基金。这次博彩中任何的详细附加条款(参与者能否在比赛开始前撤回赌注、是否能够根据最新的伤病情况更改下注等)也能够被写入这份智能合约之中。如果公开进行操作,那么这些交易就都是透明的。这一特性既可以是一件很棒的事情也可以是一件很糟糕的事情，完全取决于你询问看法的对象不同。对于想要确保博彩收益被公开出来的政府监管者来说，记录一切交易踪迹的能力能够为这一需求带来保障。对于不想被他人窃取自身博彩策略的投注者来说，这一特性可能就没那么好了。在博彩中设计只有特定参与方能够获取特定信息的智能合约，是另外一种以既让参与者接受又让政府部门满意的方式实现线上体育博彩的方法。

3.3 比赛之外

比赛时间即为赛事发生的时候，然而，还有一整套商业体系依赖于比赛前和比赛后发生的事情，区块链也能在其中很多业务领域扮演重要角色。

3.4 体育收藏品

体育收藏品是一门巨大的生意。从签名照片到比赛中使用的装备再到那个著名的"一块嚼过的口香糖在易贝（eBay）上卖出数百美元"的故事，收藏品能够在买家和他们心目中的英雄之间建立个人情感连接，同时也能作为一种对其未来价值的风险投资。然而，这些收藏品的真伪往往难以辨别。有些销售点会有认证过程，甚至试图在收藏品上面附上类似于全息图的东西，或者使用其他识别标识。虽然所有权的问题往往是"现实占有，败一胜九"，但是拥有一个收藏品的契约或是单据凭证，还是会具有令人难以置信的价值。类似地，追溯收藏品所有权变更轨迹的能力也同样具有价值。但试图在数字时代管理纸质文档，似乎是一件非常愚蠢的事情。管理所有权和授权交易正是区块链的长处所在。就像它在其他产业界被用于管理供应链一样，追踪收藏品的供应链能够促进收藏品的交易与流通。然后你就能看到，一个卖家兜售拉里·伯德和魔术师约翰逊的限量版签名照并且声称它们是货真价实的，他还需要提供一个数字化证据去证明他就是签名照的所有者，然后通过区块链将所有权正式转交给买家，这样他就无法试图再去贩卖一份假冒的仿制品。保存藏品真正的价值、减少欺诈行为将会对收藏品产业产生深远影响。

转播内容

体育的一大营收来源就是转播权。在过去的 30~40 年之中，此类体育内容变得越来越商品化。在 20 世纪 70 年代，体育局限在三大网络上传播，内容数量也有限。不过，随着有线／卫星电视的爆炸式普及以及互联网上数字内容的快速增殖，近乎无穷无尽的内容被创造出来，转播内容如今每天都在发生。现在这个商品化时代，由于实时推送或定时收看等多种形式的存在，体育能够基于其内容创造出独特的价值。所有主流体育联赛都已经把握住了这一趋势。如今，任何地方的任何一个人都能获取几乎任何一场主流职业体育联赛的比赛。同时，从数据统计到高光集锦再到比赛解说评论，每一细分领域都会有一块额外的市场。美国有线电视新闻网（CNN）和福克斯新闻所谓"24 小时循环新闻播报"的概念常常掩盖了一个事实，体育长久以来原本就是 24 小时全天候的，尤其是通过听众热线电台；尽管体育转播如今已经达到了全新的高度，在 ESPN、福克斯体育这样的网络平台上，任何时候都有在实时播放的节目。像史蒂文·A. 史密斯、斯基普·贝勒斯这样的名嘴，其体育转播履历甚至比很多职业运动员还要丰富，尽管这俩人从未踏足过职业赛场。

目前，很多联赛和网络都提供订阅服务，通过内容来赚取收益。然而,随着内容越来越数字化，管理从捆绑式订阅付费到"随用随付"式微型内容付费，需要一个通过区块链进行权限认证并支付实现的便捷系统。不管是常规支付形式还是通过加密货币，管理哪些人能够观看哪些内容或是以公开透明的方式去追踪账号使用的能力，将极具价值。在这样的场景之下，智能合约将会被定义用于确认权限以及支付恰当费用。如果智能合约被正确地制定，用户能够接收哪些内容将可以无限地进行组合。依据城市、球队、运动项目、联赛进行订阅，或是只为你想要观看的内容付费，都将通过一个区块链账号成为可能。消费者在进行购买决策的时候，越来越需要灵活性和选择性。由于管理微型内容支付系统将会是极其困难的，现在采用的都是一次性向卫星电视提供商支付 200 美元订阅费的方式。哪怕是以按次观看付费的级别,支付过程和权益管理都是困难的。但这正是消费者想要的——他们只愿意为他们看过的内容付费,不想为没看过的东西花钱。他们只有在有利可图时才想要选择捆绑购买,而当总体收看价值小于订阅所需费用时,他们是不愿意进行捆绑式付费的。这一现象有可能影响所有的媒体形式,它在体育世界中会变得非常有趣,尤其是当你考虑那些知名度相对较低但呈现长尾收视特征的运动项目时。虽然羽毛球不会像足球那样点燃全球化的激情,但它也拥有坚定不移的爱好者群体,非常乐意为数字内容付费;减小此类支付中的摩擦将会增加体育消费并有可能让这项运动迎来增长和发展。

4 为什么这些如今不会发生?

这些应用案例只代表着区块链用于支持职业和业余体育的多种方式的一个子集。然而,这些场景中的很多还需要时间去发展。之所以无法看到这些场景马上出现——尽管其中很多看上去"终将"发生,既是因为技术能力本身还存在局限性,也有部分原因是体育产业的限制。

从技术的视角,区块链还在持续进步,数不胜数的工程师正在想方设法提升其效率。区块链才年仅 11 岁,相较于云计算、人工智能以及物联网这些最初概念和早期应用已经出现了数十年的技术,还很年轻。区块链是下一代技术及未来联网设备的摇篮中的一位婴儿。因此,有关区块链仍旧存在很多担忧;交易的吞吐量、基于确认节点计算能力的每笔交易的延迟以及一般责任等。虽然比特币 - 区块链已经是一门价值数十亿美元的生意,但区块链系统本身并没有被黑客入侵过,其安全性是无与伦比的。而以智能合约为特性的以太坊 - 区块链,其安全性面临着更多的挑战,也更需要强调性能。以太坊的创始人维塔利克·巴特林创造了著名的"维塔利克三元悖论"。他提出:"去中心化、安全性和性能。三者只能选其二。"如果你想要拥有足够多确认节点的去中心化网络,确保任何人都无法利用系统漏洞,那你就要忍受性能上的缺陷。如果你想要让系统运行得更快一些并且保持去中心化,你就会面临恶意参与者进行不安全交易并且威胁整个系统安全的风险。如果你想要保障速度和安全性，那你就需要牺牲一些去中心化和区块链"无须信任"的特性，并且接受一定程度的寡头管理——然而这一概念会让很多区块链纯粹主义者感到害怕，他们相信只有完全民主化的区块链系统才是可行的。

在现有系统（如比特币和以太坊）的更新迭代中，当面临大规模计算资源消耗时，性能并不能得到满足。然而，就像"摩尔定律"之于微处理器和软硬件的总体进化发展，这些技术在性能和能力上都会呈指数增长的趋势。依靠侧链技术，区块链身上也在发生同样的事情，"闪电网络"和新型一致性算法，再加上摩尔定律本身，正在创造更强大的交易验证器。但是，大规模地采用区块链技术并不会在一夜之间就发生，还需要足够的耐心。这完全是没问题的，因为体育世界还并未对本章提出的很多构想做好准备。

体育业务从本性上就抗拒改变，尤其是对区块链这种会对其产生巨大影响的技术。不管是球员工会所关心的将微型交易用于球员薪酬，还是可能不愿意将支付灵活性给予终端用户的广播网络，抑或是体育博彩这种依旧游走在法律体系边缘的泥潭，都会存在阻力。但最终，庞大的消费者需求以及不断发展演进的必需性，会让其中很多变革不可避免地发生。而到了那时，区块链技术将已经做好准备。

5 未来更进一步会如何？

一个意愿强烈、渴求进步的产业能够克服所有围绕着科技应用的焦虑与不安，即使不能迅速实现，上述很多发展情形也会在未来5~10年发生。但如果看得更远一些，水晶球中的影像可能就会变得有些模糊了：区块链带来的影响到底是什么？原因有下述几项。

- 由于区块链技术仍处于襁褓之中，很多重大的进展其实还并未发生。不像本书中的许多其他技术，区块链的发展方向并不是锁定的，而且很有可能被其他处于热议中的领域的发展所影响。

- 很多区块链的反对者认为，量子计算的潜在影响和其天文数字级别的计算能力，会将区块链自认为的安全性彻底摧毁。区块链基于计算能力去验证交易，如果验证太过容易，系统可能就会存在脆弱性。虽然毫无疑问，区块链还会不断创新，走在这种极端情况的前头，但它还是给我们提了一个醒：区块链的进化势在必行，这项技术的根基可能会在未来几年经历重大改变。

- 正如大多数技术产生长期影响的过程一样，社会对于新行为习惯的采纳将不可避免地改变区块链产生影响的过程。比如说，如果不事先预知移动设备、GPS功能的增长与进步，想象不到如今这个让我们能够和陌生人更自如交互的社会结构——毫无疑问这是由社交媒体的崛起所创造的，我们是完全无法预测像优步（Uber）这样一家公司的。未来几年中新形成的社会准则和行为将会影响存储在区块链之上的数据的本性，也会改变智能合约政策和权限的价值。

不管怎样，与增长移动设备的连接性和带宽相关的技术进步正在到来，我们每个人手上都有的设备（未来手机或是任何其他最终替代它的东西）以及可以被嵌入任何我们获得的物体之中的设备，对于它们更大程度的依赖，以及这些设备使用独有私钥在区块链上进行安全交易的能力，这些因素将会打开很多颠覆性变化的大门，甚至带来势不可挡的社会变革。

区块链带来的最重要的变革性影响，不管是加密货币还是智能合约，是其进行无中介交易的能力，这将会减少（如果说不能彻底消除）对于中心化机构的需求。在体育领域，中心化需求往往会带来摩擦，要么效率低下，要么阻碍竞争。比如说，如果你正在运营一个范特西橄榄球联赛，为什么不让智能合约去处理这件事？你完全不需要雅虎和ESPN的范特西平台。从计算数据统计和相关评分，到面向赢家的托管和支付，这其中的所有事情都可以由代码来管理。这将产生很多更加影响深远的结果。

业余和职业体育之间的界限会变得模糊，因为便于交换金钱、管理与金钱交易相关规则的能力，是职业体育的基础。而现在，这一切都能通过使用数字密钥以数字化的方式实现。让我们思考下面两个例子。

5.1 "业余"体育

每一天，世界上都有成千上万场野球比赛在发生——在体育馆里、操场上、大学场馆中甚至在私人停车场。业余运动员跑、推、跳、冲，如此努力只是为了赢得一点吹嘘的资本。尝试组织一场"让事情更有意思"的赌局往往不可行；至少在区块链崭露头角之前是不可行的。

高效地保存比赛记录以及智能合约处理托管的能力，将会把体育馆里 5 对 5 的野球比赛变成为了赚钱而打球的机会，就像组织范特西体育联赛一样。当比赛开始，每位球员都要点击一台机器缴纳"入场费"，最后的获胜队伍则能够分掉奖金。篮筐中将会部署程序，实时播报比分，记录比赛的胜利者，最终让智能合约能够管理这些即兴锦标赛。你能够创造出一系列半职业化联赛，让人们暂时忘记勒布朗·詹姆斯的闪耀与魅力，只为让那些足够优秀的人能够以此为生计。这听起来很疯狂？完全不是的！100 年前，对于那些肯定拥有天赋只是不足以打上主流职业联赛的球员来说，半职业化球队并不陌生。已经有篮球联赛在试图实现这种半职业化状态了，说唱歌手艾斯·库伯成立的 3 对 3 联赛可能无法聚集起可持续性的商业成功。但就像范特西体育所展示的，人们愿意在自己身上下注。而区块链管理这些比赛以及无缝化（本地化）结合一种灵活的加密货币的能力，将会让这一切成为可能。

就像体育领域中的很多技术一样，职业体育联赛发生的事情将很快产生涓滴效应，作用于业余体育级别，而区块链最终可能会反过来在业余体育中掀起波澜，创造出一个全新的体育比赛与体育参与体系。

5.2 令牌化合约

没错，如果我们能看到业余体育的进化，那么职业体育中的奖金支付形式将会发生重大改变也是合情合理的。数字货币的流动性以及智能合约的支付管理如此地无缝化，很多职业体育队都会转型成为一种公开交易的商品。

技术上来说，这并非没有先例。最有名的是 NFL 的绿湾包装工队，它是一家非营利性的公众持股公司。与真正的金融工具相反，持有这些股份是一件令人耳目一新的事情。股权持有人并没有获得任何真正的股权，也没有任何股利，球队也不在美国证券交易委员会（SEC）的保护下。股权持有人获得的是投票权、参与公司年度大会的邀请以及宣称自己拥有橄榄球界最具话题性的球队的"吹牛权"。这种模式的本质就是如此。但包装工队需要钱的时候，他们就可以发起一次"公开募股"，然后筹集资金。进入 21 世纪，当球队需要对主场传奇体育场进行大规模翻修的时候，他们就这样做了。由于购买包装工队"所有权"的机会难得，球迷很快就跳入这股浪潮之中，为资助此次翻修投入不菲。对于一支拥有激情澎湃的球迷群体的球队来说，这绝对是一个福音，但对于想要购买优化投资组合的个体来说，这并非一种现实可行的安全操作。有了区块链，这种模式将会更具金融意识。球迷不再为具体某个业务而花钱，球迷可以购买球队未来的成功，通过分享来源于比赛奖金的现金流获取权益。股权能够被基于区块链的智能合约所管理，而金钱也会以加密货币的形式进行分发和流通。

在 2020 年，这一进化趋势的火苗就已经点燃了，虽然还并不是以一种有意义或可持续的方式在进行。比如说之前在 NBA 布鲁克林篮网效力的斯潘塞·丁威迪，就试图将自己的未来收入在区块链上令牌化。这一举动肯定是引起了大量的宣传报道，它确实也是区块链的一种创新应用，但这一模式中存在着很多结构性的问题和失败风险，可能会短期内将其扼杀。在丁威迪的案例中，他试图拿出自己未来一个赛季的收入（2022 赛季）来进行一次投机性的投资。创造一些类似于养老金的金融工具，让它成为未来收入的一个组成部分，这是有意义的。但是，职业运动员往往短暂的职业生涯会带来很多问题。比如说在近些年，不少 NFL 球星都在不到 30 岁就宣布退役，这在前一代球员身上是闻所未闻的。职业生涯早期就能赚到大笔薪水、更加担忧脑震荡带来的长期负面影响,更别说打 NFL 比赛对于球员产生的纯粹的身体伤害,球员们越来越没有理由在 30 多岁还在赛场上拼杀。

但如果一位球员和一份令牌化的合约绑定了呢?

在非体育场景中,就有相关的有趣应用案例。比如说一位斯坦福大学计算机系学生令牌化了他的未来收入以交换读书期间的学费。这种投资放在运动员身上,可能就会有些草率了。不过,在一直为胜利所驱动、只要存在就能保障永久持有权的球队身上,这样的投资是有意义的。未来职业体育队身上,可能就会发生这样的区块链应用案例。总有一天,投资组合经理将会抛售掉通用汽车的股票,然后把钱投资在新英格兰爱国者队身上。

6 总结

区块链在金融科技领域是一项颠覆性技术,这让它完美适配体育领域的未来,尤其是将体育视作一门生意时。任何存在多方交易或是数据权限管理的地方,区块链都会成为一种切实可行的解决方案,并且相关应用案例的不断演进将会创造出全新的商业模型。不管是将职业化带向业余体育,还是将职业体育大众化,让业余股权持有者/粉丝参与进来,区块链都能够减小摩擦,加快创新的步伐。虽然区块链带来的短期收益将受限于现任掌权者对于这些巨大变革的接受程度,但它一定会对体育的长远未来产生深远影响。

桑迪·豪德是 Ticketmaster 公司产品部门的副总裁。桑迪作为 Ticketmaster 收购 UPGRADED 的一部分加入了该公司,UPGRADED 则是一家桑迪创办的区块链票务公司,曾与多家来自 MLB、NBA 以及赛车运动的客户建立了合作。桑迪有着漫长的体育从业经历,曾经在特纳广播公司工作过,也担任过 InStadium 的首席技术官。能够超过桑迪对于体育从业热情的,只有亲身参与体育运动本身了。他曾在多个垒球联赛中打过球,Nike+ 跑步应用中跑了超过 1 万英里。作为最早的区块链票务公司的创始人,豪德看到了区块链技术的增长并且坚信区块链对于体育的变革型影响将会远超票务本身。

区块链、体育以及驶出体育科技的困境

马丁·卡尔松·沃尔和布里安娜·纽兰

摘要

卡尔松·沃尔和纽兰介绍了体育科技的困境。他们描述了为什么体育是一个会被情绪所驱动的产业以及保持竞争平衡的重要性,而这正是它有别于其他产业的地方。然后,他们调研了区块链科技在体育领域中的应用蓝图,依据客户类型和产生的影响类型,划分了七个细分市场。他们提出了三个战略问题——关注融入体育生态系统的程度、形成混合商业模式的潜力以及地理足迹,以指导企业驶出体育科技的困境。最后,他们畅想了更长远的未来,远眺区块链在体育中的那些让人意想不到的可能性。

看到这帮老家伙在这儿真让人感到悲哀。我敢打保票,未来十年,他们还是只会坐在这里游说和投票。然而,我认为他们根本不会明白为什么他们的体育失去了重要性并且日渐式微。我可没有时间等待。我需要立马采取行动!

——The SPOT 首席财务官,2018 年 5 月 16 日

上面这段话,记录于洛桑瑞士科技会议中心外,表达了科技产业对于体育领袖的失望。虽然洛桑只是一个人口 14 万的小城,但很多人都将其视作体育世界的首都,因为国际奥林匹克委员会(IOC)以及大约 30 家国际体育联合会的总部位于此处。因此,很少有地方能够具备洛桑这样的多而庞大的关系网和机会。然而,和体育领袖

们进行了两天会晤之后，首席财务官（CFO）非常的失望。体育和科技两个产业的运行逻辑似乎完全不同。为什么会这个样子？为什么体育联合会中的这些老绅士看不见这大把的创新机会呢？

乍一看，体育科技是一对完美组合，因为它结合了社会中的两大赛道。不管什么职业、多大年龄，大多数人都喜欢追随一支运动队，或是讨论苹果手机上最新的科技应用。然而令人惊讶的是，很多科技创业公司在体育产业中都迷失了方向、无比挣扎。正如一位经验丰富的硅谷风险投资人向本文的一位作者所提出的——体育既然是世界上最保守的产业之一，你为什么还要在体育科技上投资？体育界想要维持历史传统而科技则试图颠覆历史，解读这一紧张的对立关系，将是本章的核心。我们称之为"体育科技困境"。

在本章中，我们将做三件事：第一，我们将描述为什么体育是一个会被情绪所驱动的产业以及保持竞争平衡的重要性（Stewart & Smith 1999；Smith & Stewart 2010）。对于创新的渴望以及创新所具备的潜力并不意味着一名球员或一支球队就能一直取胜。在很多其他产业中，个体竞争优势总会是积极的东西，但体育世界在这一方面可能并非如此（Stewart & Smith 1999）。第二，我们将调研正在浮现的区块链蓝图。在 SportTechX 公司以及很多产业报告的慷慨帮助之下，我们找出了 63 家为体育产业专门定制解决方案的区块链公司。我们将它们分为七个细分市场，并且依据客户接口（Anderson, Håkansson, & Johanson 1994）和想要在体育世界产生的影响的类型，创造了一个用于区分这些公司的模型。最后，我们将提出有关驶出体育科技困境的三个战略问题。它们取决于融入现有体育生态系统的程度、适用的商业模式类型以及拥有支撑区块链创新创业的国际化（或国内）生态系统的重要性。

1 体育世界——情绪和竞争平衡的重要性

不管是分析 F1、足球还是田径，保持竞争平衡都是一个重要的问题。不论是器械运动、团队运动抑或是个人运动，要获得商业成功都与一个事实密切相关，那就是每个人都有机会获胜（Smith & Stewart 2010）。比如说，想象一家博彩公司，假设体育竞技没有任何不确定性，那就不可能有任何博彩产品。类似地，不确定性与自然性驱动了观看体育比赛的兴趣。如果从一出发就知道最后的结果，那么车迷为什么还要看 F1 比赛？当体育变得可预测，体育迷就会对它失去兴趣。

然而，要想实现竞争优势远非易事（Stewart & Smith 1999）。它需要对比赛如何去比、允许使用什么样的装备、比赛或赛事的顺序应当如何安排进行决策。在很多体育项目中，透明的民主化过程对于竞争平衡是非常关键的。世界上最大的体育赛事奥运会就是绝佳案例。为了让所有国家的奥组委能够通力合作，需要一个长期稳定的公平系统。为了参加奥运会，运动员要经历多年的训练和备战。如果一些创新突然被允许，只有一名或两名运动员可能获胜的不利情况可能被创造出来，整个体育系统的公信力都会被摧毁。

图 1 展示了体育世界中的全球生态系统是如何由公共、私有和非营利性组织组成的。这一系统由很多非营利性组织（资金完全依靠来源于私有组织的赞助费和媒体权益费）和筹集运动训练设施的国家或地区性公共组织共同运作。理解这一系统的复杂性，对于驶出体育科技的困境至关重要。一家体育领域的区块链公司必须要认识到：①体育世界是为了长期稳定性而设计的；②如果一个竞争者成功地成为全球标杆，一个技术解决方案很快就会过时。你可能会问，那北美体育界怎么说呢？像 NFL、NBA、MLB、NHL 这样的职业体育联盟难道不是不能更商业化了？没错，它们确实如此。然而，商业联赛也是需要保持竞争平衡的。选秀系统、工资帽以及赛程安排都是被小心谨慎地雕琢过的，以确保每支球队都有可能获胜。因此，引入像区块链这样的新技术是一个复杂的努力过程，尽管它已经出现在了商业驱动的体育联赛之中。

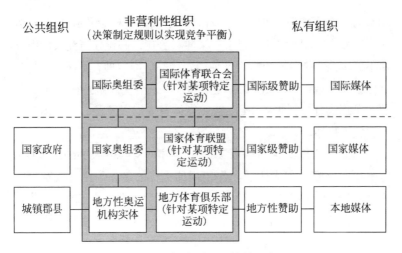

图 1　全球体育系统的简单示意图

2　正在浮现的体育区块链蓝图——主要类别

区块链是一项蕴含着很多机遇的技术。通过分析体育科技创业公司，普华永道（PwC）发现区块链在体育中的使用有四个主要特性：去中心化、共享化、透明性以及安全性。[①] 去中心化是关键，因为没有人能够占有账本，从而剔除了第三方，节省了用户的金钱支出。有了共享化，每位成员都有账本的一个拷贝，由系统对账本进行同步，每个人都能查看账本的历史记录，从而提供了透明性。最后，区块链提供了安全性，因为每一次交易都会在账本中被验证、编码以及记录。对于体育组织来说，伦理道德是非常重要的，消费者的个人数据需要被更好地保护，关键组织信息应当被清晰地记录、可追踪并且能够抵御针对安全漏洞的攻击。有了区块链的四个特性，利益相关方可以更好地参与，费用能够减少，私人数据能够以更加安全透明的方式被处理（表 1）。

---

① 参见 PwC 名为《区块链及其应用能够如何帮助体育产业增长？》的报告。它是"雄心 2024"的一部分，目标是为 2024 年巴黎夏奥会开发创新解决方案。

表 1　正在浮现的体育区块链蓝图中的公司与细分市场

体育博彩	俱乐部和联赛管理	生态系统开发
1XBit	Bandwagon	Beat
Betdemocracy	Blocksport	Cryptosport
Bethereum	Chiliz/Socios.com	Mediar
Bitplay	Dapper Labs	Olympia
Blinkpool	Fantastec	Plair
BlitzPredict	Football Fan App	Ronaldinho Soccer Coin
Blok Sports	Footies	Setteo
Decent.bet	Instant Sponsor	SportCash One
FansUnite	StarGraph	Tookens
Fantasy Sports Betting	Tixico	Womprotocol
Herocoin	United Fans	
My Ether Sports	WisFans	
Pay2Play		收藏品与纪念品
Ryu Games	健康和个人情操	Animoca Brands
Stox	Lympo	Ex Sports Starz
Unikoingold	PeersPoint	Gamedex
Wagerr	PlayMaker Chain	Pro Exp Media
ZenSports	Revvo	Stryking
范特西体育	Spobi	
Digital Fantasy Sports	Sweatccin	天赋投资与众筹
FNTC Sports		Globatalent
Football Coin		Jetcoin
No Limit Coin		Netscouters
Poker Sports		SportyCo
Protoblock		
Rankingball		
Strykz		

2.1　体育博彩——18 家公司

体育博彩这一类别是最大的细分市场，共有 18 家公司。由于体育博彩领域涉及大量的金钱，所有利益相关方都能够通过一个永久化、可验证的交易账本受益。投注者能够验证支付记录，而博彩运营商也无法再宣称系统生成了完全不可能成为现实的不正确赔率，因为区块链能确保透明性。

引领这一领域发展的公司有 Bethereum.com、1XBit.com、Decent.bet 和 Betr.org。由于区块链去除了中间人，很多此类公司都在强调它们多么渴望变革博彩市场。实现了更低的运营费用，更多的钱就能被返还给消费者；同时，这些公司也提出，游戏化和社交元素能够让博彩体验更加充满乐趣。举个例子，Decent.bet 的白皮书中就描述出了现有博彩公司将如何遭遇新型博彩公司的挑战：

> 博彩产业本身就像恐龙一般，老迈、笨拙，没有完成进化。虽然这一产业看上去搭上了电子竞技、虚拟现实和增强现实的浪潮，试图找到实现"游戏化"的方式——但事实是，未来的博彩不会来源于那些需要向股东们回答每一份收益报表的上市集团。不会的，博彩的未来将会从天而降……它潜藏在一些隐匿于"地下室"的天才的脑海之中。
>
> （Decent.bet 白皮书，2019 年 4 月）

在这一类别中，已经存在专注于某一特定小众市场的博彩公司。比如说，Blinkpool 和 Herocoin 主要聚焦在 Dota2、《英雄联盟》、CS:Go 这样的电子竞技项目之上，而 Bitplay 则将区块链用于彩票选择。

2.2 俱乐部和联赛管理——12 家公司

第二大细分市场是俱乐部和联赛管理，其中有 12 家公司。在这一类别中，公司将能够支持当前体育运作方式的产品销售给俱乐部和联赛。从这个意义来说，它们和很多想要改革和颠覆体育世界的博彩公司有着天壤之别。

Chiliz.com/Socios.com 是这一细分市场的绝佳案例。这家总部位于马耳他的公司专注于足球和电竞；他们想要帮助俱乐部提升粉丝体验。在与尤文图斯、巴黎圣日耳曼、马德里竞技、西汉姆联和罗马的合作中，Chiliz.com/Socios.com 帮助俱乐部将粉丝代币销售给球队的支持者们。一个球迷拥有的代币越多，他/她对那些开放给支持者们进行投票表决的事宜的影响就越大。另外一家典型的创新案例是 NBA Top Shot，它是 NBA 与 Dapper Labs 之间达成的全新合作（2019 年 7 月 31 日宣布），以打造数字收藏品为目标。Dapper Labs 并非 NBA 联盟的竞争者，相反地，它为 NBA 能够更好地利用球迷关系提供技术解决方案。随着时间的推移，它们的雄心壮志是要将数字收藏品融入多种多样的博彩解决方案之中，这样 NBA 就能创造出提升营收的新方式，同时增强球迷体验。

还有一家选择和现有生态系统合作的公司是来自瑞典的 Blocksport.io。它聚焦于俱乐部、联赛和联合会，提供综合多种功能（如票务、投票、忠诚度项目以及商品销售）的解决方案。通过提供一个整体性的解决方案，Blocksport.io 野心在于打造"一站式商店"，让俱乐部拉近自身与粉丝和合作赞助商之间的距离。Fantastec.io 的目标客户是俱乐部和联赛，它们与皇家马德里、阿森纳和多特蒙德展开合作，通过人工智能、虚拟现实和区块链创造更好的粉丝体验。Footies.com 帮助以色列的海法马卡比实现线上票务，WisFans.com 则和巴塞罗那和甲骨文电竞战队一同开发了一个"数字化会所"。

2.3　生态系统开发——10 家公司

第三大细分市场"生态系统开发"中有 10 家公司。我们选择给这一类别这样命名，是因为这一细分市场的区块链创业公司想要联合合作企业创造一个更大的生态系统。在有些案例中，它们会支持体育世界中已有的生态系统。在其他的一些案例中，它们想要创造全新的生态系统。德国财团 Beat.org 就是一个例子，出于对个人健康的关注，客户共享其运动数据从而获得奖励。而作为在德国健康产业中极具存在感的领头公司，MySports 有限责任公司整合了来自多个不同公司的技术解决方案。

Olympia.io 是另一家此分类中的创新公司。它聚焦于业余体育，想要为业余体育和锻炼活动创建一个全球化的数据库。在"奥林匹亚——去中心化的体育生态系统"的口号下，这家公司想要将运动应用、机构、商业和运动参与者整合起来。通过区块链技术想要达成的愿景是，每个人都能在奥林匹亚平台上拥有自己的个人身份，并且能够通过分享信息或者与体育俱乐部、政府组织和商业机构进行交互获取奖励。

与体育博彩类似，已经有聚焦于特定小众市场的生态系统。比如说 Setteo.com 在球拍类体育项目中就风头正劲；Sportcash.one 依靠着在巴西的传承与基础，早早进入冲浪领域；Plair.life 则以为游戏玩家创造生态系统为目标。

由于启动一个全新的生态系统花费巨大，有些创业公司似乎已经失去了冲劲。罗纳尔迪尼奥足球代币项目就是一个例子。2018 年 6 月正式公布以后，这一项目出现了很多的延迟问题。在官方网站 www.soccercoin.eu 之上，最新发布的消息还是在 2019 年 10 月，上面写着："网络连接认证失败。'https://tokensale.soccercoin.eu'当前的连接非常不稳定。我们正在努力进行修复。"

2.4 范特西体育——8 家公司

和体育博彩类似，范特西体育是一个关注透明性和安全性的细分市场，它在北美有极强的存在感。比如说，Digital Fantasy Sports.com 雇用了一个区块链平台将全球球员连接起来，通过实时对话提供社交机会，并且使用代币游玩范特西体育。这一网站还提供参与全球化范特西体育的机会，并且允许用户创建私人锦标赛。PokerSports.com 则比较独特，使用游戏化的方式让玩家参与。其旗下名为 Fantasy Stud 的项目将 7 张球员卡面朝下盖于牌桌之上；在多轮博彩阶段，球员卡会被翻开从而显示出用户的范特西队伍。像其他公司一样，PokerSports.com 也使用代币、去中心化的平台并且提供透明性。最后一个例子，欧洲范特西体育公司 Football Coin.io

将重点放在了足球之上,将区块链和广受欢迎的足球经理类游戏融合了起来。这一范特西体育游戏通过提供一个能够打造完美足球队的平台,让玩家展现自身的管理技巧。

2.5 健康和个人情操——6家公司

第五个细分市场与健康和个人情操相关。在这一类别中,区块链公司既关注精英运动员也着眼于普罗大众。随着可穿戴设备的不断创新,教练和运动员可以实时获得生物数据,作为运动表现数据的补充。Peers Point.com 聚焦于精英运动员,使用区块链技术比较个体球员、发掘青年才俊,有更高的可能性找出市场中那些能力突出但又被低估的球员。此外,Peers Point.com 还能监测训练和比赛中的球员移动与运动表现,预测伤病并且提供伤病恢复计划反馈。最后,该公司的技术能够识别出运动表现中的强项和弱点,并找出对它们产生影响的模式。

Lympo.com 和 Sweatcoin(www.sweatco.in)两家公司有着相似的商业模式。它们的关注对象都是普通大众;通过收集健康数据,它们为个人和企业创造了奖励系统。Lympo 的口号是"走,跑,赚",而 Sweatcoin 的口号则是"我们为走路付钱"。Sweatcoin 的应用程序在苹果商店上已经广受欢迎,2020 年 1 月,它排名 22 位,全球下载次数超过 40 万(Sensor Tower 2020)。此外,这一应用程序还启发了 2019 年发表在《英国运动医学杂志》的一篇学术文章。

2.6 收藏品与纪念品——5家公司

体育收藏品产业饱受诈骗的折磨。藏品常常是伪造的,而且难以辨别真伪。在这一领域,区块链技术的应用潜力是显而易见的,因为它能够为企业和买家带来透明性。这一细分市场共有 5 家公司。位于温哥华的 Pro Exp Media(www.proexp.net)采用 B2B 模式,已经和 NHL 球队洛杉矶国王队建立了合作关系。这一增强现实区块链平台能够确保从洛杉矶国王队官网购买的藏品百分百保真,从而增强粉丝体验。

这一细分市场中的另外三家公司是中国香港的 Animoca Brands.com、德国的 Stryking.io、新加坡和泰国曼谷的 EX Sports。Animoca Brands.com 在亚洲已经有所建树,并且和 F1 建立了合作。德国的 Stryking.io 主要关注德国足球,并且是拜仁慕尼黑的合作伙伴。2019 年,Stryking.io 被 Animoca Brands.com 收购。EX Sports(www.ex-sports.io)则聚焦于武术,与多家柔术和泰拳联合会建立了合作。EX Sports 对于这两项运动的雄心都在于通过数字收藏品增加联合会和个体运动员的营收。

2.7　天赋投资与众筹——4 家公司

最后一个细分市场是天赋投资与众筹。这一领域所蕴含的背景是,很多运动员不知道自己是否有资金去追逐职业体育生涯。他们个人或者家庭资源可能并不充足,不够继续支撑训练和比赛,或者他们所从事的体育项目中只有达到特定水平的人才能赚到很多钱。于是,很多区块链公司涌现出来,帮助运动员为自己的体育生涯筹集资金。比如说,在 TokenStars.com,粉丝可以通过购买代币支持运动员、参加拍卖甚至探寻新的天才。像 Sporty Co.io 这样的公司则使用 Sportify 代币来为青年才俊提供基金。为一名运动员的基金贡献代币的投资者,能够收获该运动员未来收入的相应份额作为回报。Globaltalent.com 允许粉丝购买和交换代币,从而获得与他们喜爱的球队和球员接触的机会。运动员可以用这种方式筹集资金,用于发展自己的职业生涯,之后再用自己的一部分收入回馈粉丝;与此同时,俱乐部和体育组织也可以发起筹资,并且拿出一部分门票、赞助权益、电视转播权等作为交换。

为了总结体育区块链蓝图的当前状态,我们在图 2 中展示了一个简单的矩阵。这一矩阵背后的基础是一项研究工作,该研究工作展现了如何基于一家公司服务客户的类型(Anderson et al. 1994;Zander & Zander 2005)或者他们是想支持还是颠覆所进入的市场

（Baraldi & Strömsten 2009；Garud，Kumaraswamy，& Karnöe 2010）对其企业战略进行区分。我们从图中右上象限开始，我们能看到最大的细分市场,拥有18家公司的体育博彩。正如我们之前所叙述的，这一细分市场中有数家来自美国的公司致力于颠覆原有市场。与之相反，俱乐部和联赛管理中的12家公司，专注于通过建立牢固的B2B关系支持现有生态系统。在这一细分市场，很多区块链公司都扎根于欧洲。在这两个极端之间，有其他5个细分市场。由于整个区块链市场还处于新兴阶段，我们必须要强调，不同细分市场之间的界线还很模糊，一家公司常常会处于不止一个分类之中。因此，我们将图2视作结构化分析体育区块链并对未来机遇展开讨论以及公司能够如何管控体育科技困境的一个开始。

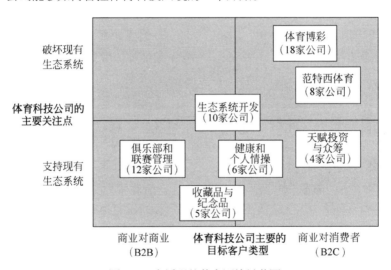

图2　正在浮现的体育区块链蓝图

3　驶出体育科技困境的战略问题

正如在引言部分已经提过的，区块链公司必须要驶出体育科技的困境，这一困境是由体育世界众所周知的对于变革反应迟缓而定义的。正如一位创业公司的首席财务官所说："我可没有时间等待。

我需要立马采取行动！"在最后一节中，我们描述了三个战略问题，区块链公司能够用它们去指导自身制订长期计划。

3.1 战略问题1：需要和现有生态系统融合到何种程度？

第一个战略问题就是决定需要与现有体育生态系统融合到何种程度。其中一个挑战在于，科技产业可能对于体育生态系统复杂性的理解并不清晰，比如说，尤其是在高度复杂（甚至可能混乱）的美国环境之中。正如我们已经指出的，一定程度的融合是有必要的。但问题在于，融合多少？完全融合与完全不融合之间有着很多能够被实现的战术。一方面，想象一家与国际奥组委或某个国际体育联合会的核心决策者关系非常好的公司。由于很清楚政治中的那些曲折，这家科技公司能够试图将自身打造为一个或多个运动项目之中的全球标准。在图2中，这家公司将属于左下象限（B2B客户，支持现有生态系统）。另一方面，想象一家能够理解体育系统复杂性（并且深耕历史政治）的公司，因此试图尽力完全回避它们。由于意识到自身公关游说的资源有限，第二家科技公司可能会发现聚焦于B2C解决方案更加明智，在这一领域全球化标准可能就没那么重要了。回顾目前的体育区块链蓝图，采用这两种不同战略的公司我们都能看到。Chiliz.com/Socios.com、Dapper Labs和EX Sports这样的公司与现有俱乐部、联赛和联合会合作非常紧密。而另一个极端，像Decent.bet这样的体育博彩公司将体育组织称为"恐龙"，并且试图将自己定位为创新颠覆者，也就是位于图2中的右上象限。

随着时间的推移，持续监测融合程度是非常重要的。一个"低融合度战略"可能会在一开始起到作用，但当这家科技公司发展起来以后，会发生什么呢？比如说，Chiliz.com/Socios.com现在看上去可能是成功的，但它们还能持续壮大吗？在一个商业化和自由市场驱动的环境中（比如美国)，在体育生态系统之外运营也许是可行的。这样的环境中有着大量的围绕着青少年、学校、业余/娱乐以及职业体育的体育组织，因此科技公司能够维持商业合作并保持增长。然而，在欧洲这样更小更聚集的生态系统中，如果存在一家持有全球标准并被大多体育项目所选择的科技公司，会发生什么呢？在这种情况下，与现有体育生态系统的融合程度将成为一个更持续的战略问题，需要被密切监测并反复评估。因此，要想在特定的国家和它所处的体育生态系统中取得成功，科技公司需要对体育产业有深入的理解，这样才能够把握住机遇。

3.2 战略问题 2：混合商业模式的时机来临了吗？

第二个战略问题能够被视为第一个问题的延续，因为驶出体育科技的困境是非常困难的，开发出一个完全聚焦于体育的企业身份是存在风险还是充满机遇？创建一家能够触及其他平行细分客户市场的公司是否会更好？比如说想象一下，一家区块链公司创造了一种会员投票解决方案。这家科技公司肯定能够将它的解决方案销售给全球的体育组织和俱乐部。使用投票解决方案，巴塞罗那这种会员制的俱乐部肯定能够从中受益。不过，除了以体育科技公司的品牌营销自己，另一个可选择的策略是考虑使用一种"混合商业模式"，从而能够以体育之外的产业细分市场为目标。比如说，一家拥有智能投票解决方案的公司，能够以政党、自治市和公会为目标客户，他们也需要能够振兴民主进程的解决方案。娱乐产业也可以使用投票解决方案，用于电视秀投票或是美国人民选择奖这样的主要行业奖项评选。当然了，这种混合商业模式也存在风险，公司会失去其独特的体育科技身份，但为了躲过体育科技困境的陷阱，这种模式可以为体育世界之外更广阔的机遇打开大门。拥有一个更广泛的客户组合能够帮助公司利用好与体育领域积极的品牌连接，同时获得来自其他细分市场中更可预测、要求更少的客户。而且，考虑到娱乐和体育产业本身就有着共生关系，扩展到娱乐领域可能会强化企业与体育之间的关联。Animoca Brands.com 就是一家展现出混合商业模式的公司，它不仅和 F1 和德国足球建立了坚实的合作关系（在收购了 Stryking.io 之后），也将产品卖给非体育客户，其中就包括娱乐产业。另一种混合商业模式是,将体育当作一种品牌机会,就像 Wisfans.com 一样。Wisfans 属于一家名为 Wisekey.com 的瑞士公司。Wisekey 将区块链、人工智能和物联网解决方案销售给政府、汽车工业以及奢侈品品牌。当体育组织拒绝改变或是采用创新科技解决方案的步伐缓慢时,混合商业模式能够为身处体育科技困境之中的公司带来保护。同时,在其他产业中建立分支,还能够用于向体育组织提供强有力的证明,彰显出其解决方案的有效性。

3.3 战略问题 3:区块链要成功,需要多少(国内)国际支持?

最后一个战略问题是地理足迹。公司需要将办公场所设在何处才能最好地吸引客户?由于区块链的技术复杂性,考虑国内和／或国际支持对于区块链解决方案的成功是必需的。比如说,诞生于一个没有任何国家政策制定者和／或大学支持的大型区块链体育科技公司,是会蓬勃发展还是会悄然死亡?瑞士和中国就是两个非常有趣的例子。在瑞士,已经颇具区块链底蕴,打造了加密谷(www.cryptovalley.swiss)和信托广场(www.trustsquare.ch)这样的合作论坛与平台,大学、公司、公共组织以及非营利性组织在此处汇聚一堂、开展合作。再加上洛桑"世界体育中心"的地位,助力公司取得进一步发展的有趣机会将喷涌而出。与之类似,在中国,习近平主席一直在强调成为区块链领先国家的战略重要性。2019 年 10 月,习近平主席再次确认了他的信念,并表示中国要持续在基础研究以及海关、医疗和银行等行业上进行投资。随着 2022 年北京冬奥会即将举办(北京在 2008 年还举办了夏奥会),中国正成为世界上最有趣的体育市场之一。对区块链和体育都有着巨大的兴趣,像瑞士和中国这样的国家是否更具有战略优势,更能够聚集区块链创新群体,或者更能够从全球范围内发现未来的赢家?进一步而言,如果这样的公司不仅能在体育领域立足,还能够进军其他关键行业,这是否会激励其他国家采取类似的解决方案以保持在全球市场的竞争力？像中国、俄罗斯和美国这样的体育大国，不仅一直在寻求体育上的竞争优势，在其他行业也有同样的需求。它们绝对不会选择落于人后。问题在于，以国家性的方式去整合区块链解决方案真的能够产生全球化的区块链方法吗？只有未来能给出答案了。

4 透过水晶球：未来20年会发生什么？

尽管要预测未来 20 年科技会朝着怎样的方向进步是一件明显不可能的事情，但我们能够尝试去做一些预测。

第一，科技创新的步伐在过去的 100 年中经历了指数级的增长。电话花了 75 年才达到 5 000 万的用户，而互联网达到这一数字只用了 4 年，脸书（Facebook）只用了两年，红极一时的 PokemonGo 甚至只用了 19 天。随着 5G 技术的普及越来越近，在 4G LTE 网络中需要花数小时下载的高清视频（HD），在 5G 网络中只需要数秒就能完成。这主要将会对虚拟现实（VR）技术的应用产生影响，它一分钟就会消耗 1GB 的数据；医疗物联网（MIoT）也是一样，其中拥有数十亿的设备和机器，需要持续稳定的网络连接。体育场馆一定能够转化 5G 创新，因为它对于粉丝体验至关重要。区块链将会对这些 5G 技术应用的进步起到关键作用，因为相关公司需要以近乎无法想象的处理速度实现安全性和透明性。

第二，随着 5G 的出现，体育组织能够将增强现实（AR）、虚拟现实和人工智能更好地融入粉丝体验之中；再次强调，区块链解决方案能够为此带来支持，通过去除中间人，带来去中心化和成本节省。并且，与其他区块链解决方案相同，它能带来安全性和透明性，还能够让粉丝和体育组织都省钱。最后再次提醒，区块链解决方案给体育组织带来的伦理道德影响是巨大的，因为它能够更好地保护用户数据免遭安全漏洞威胁。

虽然在引入 5G 之后，体育组织能够开始利用区块链解决方案，但事实是，预测接下来 20 年的科技创新是非常困难的，因为现如今的发展变化实在是太快了。不过，有一件事是确定的：科技公司的长期稳定性、理解并驶出体育科技的困境，不只是创业公司的首席财务官对这些有迫切需求（就像本章开头发表言论的那一位），其他为体育产业开发解决方案的个体和公司也是一样。虽然科技创新会继续迅速且动态地进化，但体育行业还是有可能秉持其传统方式。因此，科技公司面临的挑战依然摆在那里，需要鼓励和教育体育组织认识到将这些技术应用于其业务的重要性。体育组织需要向这些创新解决方案敞开大门，从而维持自身重要地位并且增强竞争优势。

参考文献

Anderson, J., Håkansson, H., & Johanson, J. (1994). Dyadic business relationships within a business network context. *Journal of Marketing, 58*(1), 1–15.

Baraldi, E., & Strömsten, T. (2009). Controlling and combining resources in networks—From Uppsala to Stanford, and back again: The case of a biotech innovation. *Industrial Marketing Management, 38*(5), 541–552.

Davies, S. T., Singh, S., Maher, S., Kalfon, P. A., Maslova, A., Dellea, D., & Rouet, R. (2019). *How blockchain and its applications can help grow the sports industry?* Report by PwC as part of the #Ambitions 2024 Initiative.

Garud, R., Kumaraswamy, A., & Karnöe, P. (2010). Path dependency or path creation? *Journal of Management Studies, 47*(4), 760–774.

Sensor Tower. (2020, January). Top charts: iTunes. Retrieved from https://www.sensortower.com.

Smith, A., & Stewart, B. (2010). The special features of sport: a critical revisit. *Sport Management Review, 13*, 1–13.

Stewart, B., & Smith, A. (1999). The special features of sport. *Annals of Leisure Research, 2*(1), 87–99.

Zander, I., & Zander, U. (2005). The inside track: On the important (but neglected) role of customers in the resource-based view of strategy and firm growth. *Journal of Management Studies, 42*(8), 1519–1548.

马丁·卡尔松·沃尔是斯德哥尔摩体育与商业研究中心主任，经济学院副教授。他的研究方向聚焦于体育组织管理以及体育领域的创新过程应当如何小心翼翼地平衡商业化和非商业化的理念。在他的闲暇时光，他喜欢与妻子还有两个孩子一同跑步和爬山。

布里安娜·纽兰是纽约大学普莱斯顿·罗伯特·蒂斯奇全球体育研究院体育管理方向的副教授以及本科项目的学术主任。她的研究聚焦于体育发展、赛事和旅游。在纽约大学工作之前，她曾在特拉华大学、澳大利亚维多利亚大学和得克萨斯大学奥斯汀分校工作。她利用业余时间已经完成了三次铁人三项比赛，并在为下一次比赛进行训练备战。她从事的领域聚焦在区块链技术上，而这来源于她对消费者体验（与参与广泛的体育高度相关）的兴趣。

情绪人工智能的崛起：解码体育中的心流体验

迈克尔·巴尔特和约翰娜·富勒

摘要

巴尔特和富勒探讨了情绪人工智能（Emotion AI）技术，它不仅有可能从根本上改变体育教练的工作方式，也可能改变体育的体验和消费方式。在本章中，他们介绍了人工智能辅助测量情绪状态的方法，以及分析结果对运动体验的影响。除了深入了解情绪在体育中所扮演的角色之外，他们进行了实验：用人工智能技术来测量冬季两项运动员的心流（将精神力完全投注在某种事物上的感觉，会伴随高度兴奋感和充实感等正向情绪）状态。他们的研究结果表明，根据心理生理模式的分析可以对运动员的心理状态进行分类，并预测他们的心理表现。最后，他们概述了情绪人工智能为运动员、教练员、观众和研究人员增加价值的方式。

1 引言

数字技术从根本上改变了我们训练和运动的方式。它们无处不在地收集结构化和非结构化的数据，帮助我们进行全面的数据分析，并从精确的反馈和模拟中学习、提高。通过测量和解析数据，如个人和团队层面的体能、战术、技术和心理数据，数字技术提高了运动员们的成绩。尽管研究表明，70%~85% 的运动表现是由运动员的精神状态和心理状况决定的（Raglin 2001），但到目前为止，对情绪和情感状态的测量还是相当困难。此外，虽然体育分析是一个快速增长且价值已达数十亿美元的市场（Link 2018），但对情绪和心理状况的测量，如压力、唤起、心流、焦虑、紧张或攻击性，却被这个市场所忽视（Bali 2015）。因此，我们对运动员的心理状态、影响条件与机制的了解，和这些因素对运动员表现、身心健康的影响，仍然有相当大的空白。

通过这项研究，我们揭示了情绪在体育运动中的潜在作用，并介绍了一种基于人工智能的方法来测量和分析运动员的情绪。我们通过"TAWNY深层心流"这一项目来介绍这种方法，我们的目的是测量主流运动员——特别是冬季两项选手——的心流状态，以及心流状态对他们射击成绩的影响。我们的研究表明，基于人工智能的情绪识别方法可以对运动员的特定生理模式进行分类，这有助于预测他们的射击成绩。基于我们的案例研究结果，我们讨论了应用情绪人工智能技术的可行方案；我们还讨论了它对训练和运动方式的潜在影响，以及我们未来体验和消费这种技术的方式。

在本节中，我们会在更广泛的意义上使用"情绪人工智能"这一术语——基于人工智能的技术，帮助检测运动环境下的复杂人类状态。这些人类状态主要是情绪性的（如基本情绪），但也可以涵盖认知层面和心理功能，如专注或处于"忘我状态"，这在心流理论中是已知的。情感和心理状态都是心理过程的一部分，可用于搭建情绪人工智能的识别算法。

2 情绪人工智能的进展

人类的情绪在社会科学、政治、商业科学、医学和体育中都发挥着基石作用。对情绪的有效和可靠的测量，是所有科学学科的基础。目前，自我评估和问卷调查、人工观察和设备密集型的实验室环境，都是检测情绪的方式，所有这些方式都存在不小的测量偏差。而人工智能和深度学习技术，则为检测和识别情绪开辟了一个全新的迷人天地。与传统的情绪测量方式相比，人工智能的测量速度更快（甚至是即时的），偏差更小，不受地点限制，而且可以在更大的范围内进行。在人脸检测、语音及生理数据分析不断进步的大环境下，人工智能和深度学习技术推动了情绪分析市场的发展——该市场正在以飞快的速度增长。

情绪计算是专门用于检测人类情感状态的科学领域，主要用来研究和开发能够识别、解释、处理和模拟人类情感的系统与设备。其目的是让机器或线上系统解释人类的情绪状态，根据这些状态调整他们的行为，并对给定的情绪作出适当的反应（Picard 1997；Bartl 2018）。第一步需要收集来自面部和声音的情绪表达数据，或来自可穿戴传感器的生物特征数据，如心率变化能力（HRV）、心率（HR）、皮肤电活动（EDA）、皮肤温度、光密度计（血量脉冲）、运动情况（运用加速计、陀螺仪等仪器）。第二步，利用强大的神经网络和深度学习程序，探索生理数据和心理状态之间的相互关系，最终对人体状况进行分类，如基本情绪（愤怒、厌恶、恐惧、快乐、悲伤和惊讶）、压力、注意力、表现水平和心理生理状态。人类情感的分类是有据可循的，心理生理学和社会科学都有相关的清单、量表和测试支持，如积极和消极情感量表（PANAS）（Watson et al. 1988）、牛津幸福清单（Hills & Argyle 2002）、心流结构（Csikszentmihalyi，1990）和其他许多分类。

对情感识别技术的需求来自各个领域和行业。研发部门打算创造高智商的情感智能产品（Bartl et al. 2017；Richter & Bartl 2018）；人力资源部门试图把工作场所改进得更安全高效；销售团队试图优化客户服务（如聊天机器人、呼叫中心、推荐系统）；生产团队则希望减少装配线上的人为故障；市场研究团队渴望改进情感测量技术；初创企业希望更简单地了解新软件的用户体验情况。而在体育领域，情感识别有可能改变运动员提高成绩的方式，并改变球迷们崇拜各自偶像的方式。想要突破性地创新，识别人类情感就是不可忽视的一个关键维度，它使世界更安全、更健康、更舒适、更有生产力。

3 测量心流

在情感人工智能不断进步的推动下,"TAWNY 深层心流"的项目一直在探寻自动检测人类心流状态的方法(Maier et al. 2019)。目前的情绪研究主要致力于在唤醒 - 效价二维空间的框架之下对基本情绪(例如来自面部识别)或人类情感状态进行分类,而自动监测心流的想法超越了这一研究范式。效价维是指情绪的积极面或消极面,唤醒维则用于测量情绪积极或消极的程度有多深。

心流是一种心理状态,一个人在执行一项活动时精力集中、充分参与,并享受这一过程。在这种"最佳体验"中,人可以达到高度愉悦的水平(Csikszentmihalyi 1990)。在历史上和不同的文化中,以及在心理学、市场营销和体育等不同的研究领域,心流理论都得到了广泛认可。著名的米哈里·契克森米哈赖教授 40 多年来一直在推动体育领域的心流研究(Csikszentmihalyi 1990,1992)。在他们名为 *Flow in Sports: The Keys to Optimal Experiences and Performances*(1999 年)的书中,杰克逊和契克森米哈赖研究了运动员在比赛中出现心流的影响因素。根据他们的模型,心流有这几种诱因:对比赛的不同动机、身体和心理准备、自信和专注。这些因素彼此组合,让运动员达到最佳体验,这种体验通常被描述为"忘我境界"或"感觉很嗨"。到目前为止,关于心流体验的深入信息主要是通过访谈或自我报告的调查问卷获得的,也就是所谓体验抽样法。通常情况下,自我报告问卷是在执行任务期间或之后完成的。对这种方法的批评者认为,它分散了心流的注意力,结果并不准确,还耗费时间,不能在现实生活中进行扩展。TAWNY 研究项目试图克服传统测量技术的一些局限性,开发一种基于生理数据(如心率、心率变异性和皮肤电活动)的人类心流状态的自动和实时识别系统。

在最近的一项 TAWNY 研究中,Maier et al.(2019)提出:利用腕戴式设备收集生理信号,以自动测量心流。该方法是基于卷积神经网络（CNN）架构，首次尝试应用端到端的深度学习进行心流分类。该模型不仅可以识别高心流和低心流，还能估测用户没有经历心流体验的原因——是挑战不足还是挑战过度（即无聊或紧张）。为了收集数据，我们创建了一个定制版的俄罗斯方块手游，心理学研究表明，它可以引发不同的情感状态，如无聊、压力和心流（Keller 2011；Harmat 2015）。"简单"级别会让玩家觉得无聊，"正常"级别让玩家顺利游戏并诱发心流，而"困难"级别会让玩家产生压力。在游戏过程中，参与者配备了 Empatica E4 腕戴式设备，它可以捕捉生理信号，如心率、心率变异（基于血容积脉搏，BVP）、皮肤电活动（EDA）和皮肤温度。图 1 给出了该研究的概况。

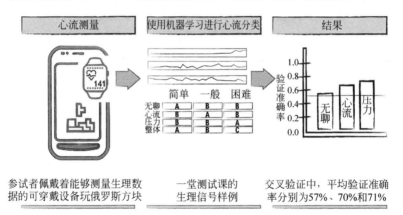

图 1　测量心流的研究框架（Maier et al. 2019）

利用收集到的数据，我们有望首创一个机器学习模型，区分三种状态：无聊、心流和压力。对这三种状态，平均验证准确率分别为 57%、70% 和 71%。研究发现，在确定的心流期，玩家的表现明显好于无聊或压力期。因此，游戏可以动态地适应玩家的状态，从而提高玩家的表现水平并减少压力。在一项具有类似环境和更多参与者的后续研究中，TAWNY 以类似的速度对低心流和高心流状态进行分类，进一步完善了深度学习模型（Maier et al. 2019）。该研究为实证研究心流开辟了新的途径，使心流成为一个更容易理解的心理学概念，特别是在体育应用方面。

4 冬季两项运动的心流研究

为了实现 TAWNY 深层心流研究项目的愿景，即在人类生物统计学和人工智能的基础上，解码心流体验的 DNA，我们与冬季两项运动的专业人士和红牛媒体之家（红牛企业集团的制作和媒体公司）一起进行了一项探索性研究。促使我们进行这项研究的主要问题如下。

- 在射击环节中可以观察到什么样的生理模式？
- 是否有可能对心流表现的模式和状态进行分类——超载、恐惧、欠载、无聊和控制——以区分射击是否命中？
- 在体育背景下，如何将人工智能驱动的数据分析作为媒体的元内容进行处理？

这项研究的对象是瑞士队的 4 名男性青年职业冬季两项运动员，平均年龄为 18.5 岁，由前奥运会和世界冠军迈克尔·格雷斯执教。测试赛道位于瑞士的伦泽海德。研究设计如图 2 所示。

在两天的训练中，为了测量生物特征信号，实验团队使用了 Empatica 4 腕带和微软 Band 2 腕带等消费者友好型产品，来收集数据，如心率、心率变异性、皮肤电反应、温度、移动等。此外，运动员们还配备了控制设备，如 Polar H10 胸带。摄像机记录了在比赛模式下训练 70 分钟、射击 100 次的结果。之后，生物特征数据与视频数据进行了同步。在每堂训练课的开始、主要休息时段和训练结束三个时间，运动员都会填写一份简短的调查问卷，内容涉及他们的效价、唤醒、心流体验和一般的健康状态。为了测量心流，我们采用了包含 13 个题项的心流短式量表（Rheinberg et al. 2003），用于为数据分析标记数据标签。此外，我们还围绕正常训练中遇到的情绪和精神挑战、在射击场进行最佳准备的个人流程，以及减少失误的策略，对运动员进行了访谈。作为数据分析结果，图 3 展示了这一过程的预测性生理逻辑模式。

情绪人工智能的崛起：解码体育中的心流体验 265

评估研究框架与测试
- 测试不同的用于数据采集的可穿戴设备和装备
- 选择正确的用于进行实验的冬季两项训练项目和活动
- 运动员给出对于心流时刻和标签选项的总体反馈

表现测试前进行运动员访谈
- 评估实验前运动员的情绪状态，测试用于实验的装备
- 面向运动员进行有关心流体验的访谈

实验
- 运动员穿好实验装备，执行训练项目和活动
- 实验项目清单用于支撑完整持续的数据采集
- 视频团队录制实验过程的视频

表现测试后进行访谈和简短问卷调研
- 活动后进行自我评估和简短问卷调研
- 基于档案和视频材料，给出标签和评分

数据科学过程
- 应用系统性数据分析过程
- 将结果报告给运动员和参与实验的整个团队

图 2　研究设计

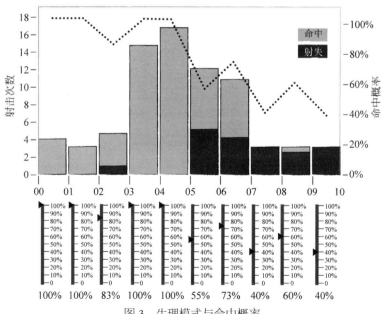

图 3　生理模式与命中概率

浅色条是命中率。较深的条形图表示失误率。在浅色条超过深色条的地方，命中率比失误率高，反之亦然。黑线显示的是各类生理指标所对应的命中率（右 Y 轴）。X 轴显示的是生理指标的值，用于预测命中和失误的概率。团队研究了用 Empatica E4 设备测量的生理信号的若干组合。在这项研究中，由 95% 的 HR 和 5% 的 EDA 组成的生理指标组合被认为是预测击中概率的最佳方法。它大致相当于运动员在某一时刻的精神和身体负荷。该模式的值是相对的，范围从 0.0（在比赛中，运动员 HR 和 EDA 指标的最小值）到 1.0（运动员在比赛中显示的最大值，即高心率和高 EDA）。在图 3 的底部，显示了相应的命中概率。

在比赛模式下的 100 次射击，平均命中率为 77%，总体心流体验为 83%。生理模式和命中率之间存在着非线性关系。分析中最值得注意的结果是，运动员似乎存在一个阈值，超过这个阈值，命中率就会严重下降。当情绪升温时，运动员的生理指标值通常也会爬高。通过放松和集中注意力，他们可以降低该值并提高命中率。当他们的生理指标值达到个人最大值的一半时，他们的命中率几乎达到 100%。因此，如果运动员学会感知他们是否达到了最佳的"心流水平"，他们也许就能提高射击成绩。

研究结果作为元信息被整合到图 4 所示的训练视频中。

图 4　视频中的元数据（来源 https://youtu.be/tiQwXrbwOQc）

作为研究的一个限制因素，必须指出的是，本次实验采用的数据样本很小，因此不太可能代表比赛期间所有可能的状态和事件。

如果扩大数据收集范围，就能对单个运动员的最佳状态和最高命中率进行更精细的估计。此外，用于数据分析和分类的机器学习程序如果得到升级，也能应用于更大的数据集。

5 情绪人工智能技术在运动领域的未来

体育运动提供了大量的机会来体验心流。无论运动员用什么词来描述心流体验，心流总是与身体表现、精神状态和情绪平衡的最宝贵时刻紧密相连。然而，心流状态对运动员和教练员来说似乎很神秘，而且很难以系统的方式产生。TAWNY研究小组的上述研究表明：①基于人工智能的方法有可能在不久的将来测量和量化人类的心流状态；②心流测量可以应用于体育场景中。这些发现表明，作为一种情绪状态，心流状态可以被系统地优化，作为一个额外维度加入赛前准备工作之中，就像训练、营养或心理动机一样，有助于实现高水平发挥。

测量、分析和解释运动背景下复杂的人类状态（例如心流），可能会给从事体育的各类人士提供价值，包括职业和业余运动员，以及教练员、现场或收看转播的观众，以及媒体和转播方。表1从体育领域不同利益相关者群体的角度，概述了情绪人工智能的不同应用场景。

表1 情绪人工智能的潜在应用

体育中的角色	情绪人工智能的应用场景
职业和业余运动员	• 使用情绪分析最大化运动表现,通过与"量化自我"（在运动健身追踪器和可穿戴设备的帮助下完成）的调优对比实现 • 长期记录情绪日记,训练精神健康 • 优化对抗和竞赛备战 • 在高风险体育项目中提升安全性 • 不仅与其他运动员和体育偶像对比运动表现数据,也比较情绪指标 • 基于心流理论,选择理想的技巧和挑战难度,提升训练质量

续表

体育中的角色	情绪人工智能的应用场景
教练	• 用于设计训练计划的有价值数据 • 帮助运动员做争夺冠军的心理准备 • 数据用于支撑心理疾病的预防、诊断和治疗 • 避免超载阶段中发生的事故 • 进行运动员对比
媒体内容消费者和赛事现场观众	• 不仅用科技元数据(如速度、距离等)丰富媒体内容,还呈现运动员的情绪数据(超载状态、心流等级等) • 通过提供感受比赛中运动员情绪的功能,生成沉浸式观赛体验 • 在比赛现场,生成观众情绪并与观众进行实时互动 • 优化赛事项目
媒体内容制作者和体育转播	• 生成屏幕上的元数据以及额外的数据统计 • 创造第二屏幕服务 • 进行消费者研究

在专业方面,情绪人工智能分析可用于增进运动员的表现,更好地了解为什么会出现某些状态,以及它们有什么影响。它们可能进一步测算压力对运动员的积极或消极影响,例如多大压力有利于运动员发挥,而超过某个阈值就会产生消极影响,甚至显示出这种压力对运动员健康的长期影响。

对业余爱好者来说,情绪人工智能可以让运动员更好地根据自己的心理状况调整训练,并作为额外的刺激,让他们保持热情、勤奋训练。例如,运动员在100米跑开始前的不同心理/情绪状态,可以作为额外的比较维度。

有了情绪人工智能,教练们再也不用只靠同理心或他们的心理学知识,来制订训练计划和个人练习方案。相反,他们可以实时洞察运动员的心理状况,使练习和常规训练更加有效,甚至减少运动员的训练负担与压力。

体育迷和现场/电视机前的观众,可以通过情绪人工智能获得关于运动员身心状况的额外信息。在比赛中,球迷看着他们最喜欢的网球运动员，他/她的注意力、紧张情绪、心流、对失败的恐惧、兴奋、自信的程度如何，或者在一场足球赛中，站在点球大战门前的球星们又是什么心理状态。对球迷和现场观赛体验来说，这又是一个全新的信息层。

体育转播在很大程度上得益于评论员和专家——通常是前专业运动员或教练——所提供的分析。他们依靠各种统计数据、视频记录、模拟、对比和赛事方提供的数据来展开分析。但通常情况下，使世锦赛或奥运会等体育赛事如此独特和吸引观众的因素，往往不是硬事实和技术，而是人类的情感、成功、悲剧和气氛。因此，将基于情绪人工智能的额外统计和分析作为元数据，可能有助于将赛事转播体验提高到新的水平。

为了充分了解体育场景中发生的事情，我们还有很多东西需要探索。额外的基于情绪人工智能的方法可能会帮助研究人员和从业人员提高洞察力，并加速解码未知问题和相关秘密。我们所提出的一些想法和场景确实需要时间来发展。然而，我们非常确信，与之相关的想法和场景将在不久的将来成为现实。在技术进步的推动下，在巨大的商业机会的加持下，情绪人工智能有可能从根本上改变我们参与和消费体育的方式。

参考文献

Bali, A. (2015). Physiological factors affecting sports performance. *International Journal of Physical Education, Sports and Health, 1*(6), 92–95.
Bartl, M. (2018). Das 4-Stufenmodell der emotionalen Intelligenz von Maschinen. *The Making-of Innovation E-Journal*. Retrieved from https://www.makingofinnovation.com.
Bartl M., Maier M., & Richter, D. (2017). Affective computing and the rise of emotionally intelligent products. In *The 2017 World Mass Customization and Personalization Conference*.
Csikszentmihalyi, M. (1990). *Flow: The psychology of optimal experience*. New York: Harper and Row.
Csikszentmihalyi, M., & Csikszentmihalyi, I. (1992). *Optimal experience: Psychological studies of flow in consciousness*. Cambridge University Press.
Csikszentmihalyi, M., & Jackson, S. (1999). *Flow in sports*. Champaign: Human Kinetics.
Harmat, L., et al. (2015). Physiological correlates of the flow experience during computer game playing. *International Journal of Psychophysiology, 97*(1), 1–7.
Hills, P., & Argyle, M. (2002). The Oxford happiness questionnaire: A compact scale for the measurement of psychological well-being. *Personality and Individual Differences, 33*, 1073–1082.

Keller, J., et al. (2011). Physiological aspects of flow experiences: Skills-demand-compatibility effects on heart rate variability and salivary cortisol. *Journal of Experimental Social Psychology, 47*(4), 849–852.

Link, D. (2018). Sports Analytics-wie aus (kommerziellen) Sportdaten neue Möglichkeiten für die Sportwissenschaft entstehen. *German Journal of Exercise and Sport Research, 48*,13–25. https://doi.org/10.1007/s12662-017-0487-7.

Maier, M., Bartl, M., & Richter D. (2017) The tawny project–flow measurement based on biofeedback to improve distributed innovation systems. In *The 15th International Open and User Innovation Conference.*

Maier, M., Marouane, C., & Elsner, D. (2019). DeepFlow: Detecting optimal user experience from physiological data using deep neural networks. In *International Conference on Autonomous Agents and Multiagent Systems.*

Maier, M., Elsner, D., Marouane, C., Zehnle, M., & Fuchs, C. (2019). DeepFlow: Detecting optimal user experience from physiological data using deep neural networks. In *International Joint Conference on Artificial Intelligence.*

Picard, R. (1997). *Affective computing.* Boston: MIT Press.

Raglin, J. S. (2001). Psychological factors in sport performance. *Sports Medicine, 31*(12), 875–890.

Richter, D., & Bartl, M. (2018). Affective computing applied as a recipe recommender system. In C.M. Stützer, M. Welker & M.Egger (Eds.), *Computational social science in the age of big data* (pp. 379–396). Herbert von Halem Verlag Cologne.

Rheinberg, F., Vollmeyer, R., & Engeser, S. (2003). Die Erfassung des Flow-Erlebens. In J. Stiensmeier-Pelster & F. Rheinberg (Eds.), *Diagnostik von Selbstkonzept, Lernmotivation und Selbstregulation* (pp. 261-279). Göttingen: Hogrefe.

Watson, D., Clark, L. A., & Tellegen, A. (1988). Development and validation of brief measures of positive and negative affect: The PANAS scales. *Journal of Personality and Social Psychology, 54*(6), 1063–1070.

迈克尔·巴尔特是情绪人工智能初创公司 TAWNY 的董事总经理和 HYVE 的首席执行官，HYVE 是一家创新公司，为 70% 的德国指数公司和大量国际客户创造新产品和服务。他也是彼得·普里比拉基金会的研究员，电子期刊《创新的形成》的编辑，并经常在创新和其他行业会议上发言。作为一个体育爱好者，迈克尔代表德国参加了最近的欧洲大师田径锦标赛的十项全能和撑竿跳比赛。他热衷于优化训练方式，这激发了他对体育中人工智能和技术的兴趣。

约翰娜·富勒是因斯布鲁克大学战略管理、营销和旅游系的创新和创业教授，也是 HYVE 的首席执行官。他还发起创建了 InnCubator.at 平台，这是因斯布鲁克大学和蒂罗利亚商会的联合创业中心。作为热心的登山者，他还负责管理天空中最大的创业节。他的研究兴趣在于人工智能、开放式创新、众包、企业创业、孵化和数字化等领域。在担任教授之前，约翰娜是哈佛大学 NASA 锦标赛实验室的研究员，也是麻省理工学院斯隆管理学院的访问学者。

重新想象赛场体验的四种策略

本·希尔兹和欧文·赖因

摘要

尽管面临着看似无限的体育和娱乐选择、不断增加的票价和交通问题的挑战，但希尔兹和赖因依然认为，体育场内的观赛体验非常重要，值得赛事方为之努力。为了说服球迷把时间和金钱花在体育赛事上，他们认为赛事方需要重新思考其核心主张。他们提出了四个策略来解决未来球迷的上座率问题。第一，增加赛事的稀缺性。第二，将赛程包装得更有事件性。第三和第四个策略，分别是优化场馆体验、利用卫星体育场，这些策略将会用到一些新技术，包括增强现实和虚拟现实。拥抱这些策略可能并不容易，但想要保持和重振场馆的上座率，这些手段就至关重要。

1 在未来，如何吸引球迷进入体育场

在不断变化的体育技术时代，要辨别球迷的需求是很困难的。他们的兴趣将如何随着时间的推移而改变？适应这些变化的成本是多少，谁来买单？对赛事方来说，吸引球迷注意力、发展长期有价值的球迷纽带，从来没有像现在这样具有挑战性。

对体育场馆来说，这些挑战最为突出。说服球迷离开他们的家，买一张票，花时间去看一场体育比赛，在未来将是一个更艰难的销售任务——甚至在2020年的新冠肺炎疫情颠覆体育界之前，这就已经是个挑战了。吸引球迷到场的难度会更大，原因有很多。

- 更好的媒体体验。通过媒体观看比赛正变得越来越迅捷，

越来越便宜,越来越容易,而且播放质量也越来越高。无线网络的进步和更高的图片分辨率会进一步增强观看体验,更不用说虚拟现实和增强现实的不断改进。按需经济的发展,意味着球迷们按下一个按钮,就能在家门口拿到任何他们想要的东西。

- 基础设施限制。虽然球队的往来能促进场馆周边的交通发展,提供更多停车位,并催生出更高效的交通选择,但城市只会越来越密集,人口会越来越多。在世界的许多地方,为了让球迷更方便地进出体育场,人们需要大量的基础设施支出。很难相信在未来的 25~30 年内,有足够的资金来实现这一点。

- 竞争加剧。在花费时间和金钱方面,现在人们有了更多更吸引人的选择。电子游戏、音乐会、电影、电视、社交媒体、商场和旅游……这些东西都在与体育赛事竞争。在一些地方,体育场馆也在与包罗万象的企业园区竞争时间,如谷歌园区,这是一个将工作与休闲融为一体的场所,让员工在一个与主题公园、体育场馆和游乐场不相上下的环境中工作。

- 气候变化。以明确的气候变化科学为背景,未来的体育赛事很可能会遇到不可预见的天气和其他环境问题,从而影响到观众。澳大利亚网球公开赛等露天赛事会面对温度上升的困扰,迫使赛事组织者重新评估温度对球员和球迷的影响,而冬季运动场地缺少积雪,也给这些赛事的组织者带来同样的挑战。与气候有关的因素将使未来的上座率问题进一步复杂化。

为什么要如此重视体育场馆的观赛体验?虽然在未来,媒体依然毫无争议地稳坐"体育界头号金主"的宝座,但体育场馆的收入并非无关紧要,它仍然是每个联盟或团队的资产负债表的重要基石。此外,体育场的球迷不仅仅是配合表演的"演播室观众"。到体育场去亲身体验体育氛围，是一种行之有效的策略，它可以与新球迷建立联系，并提高现场球迷的兴致。它提供了一种共同的体验和社区感，这在其他地方是很难复制的。另外，如果球迷贪图方便而留在家里看比赛，那么球迷基础就会被削弱，最终就没有比赛可看了。如果赛事方要掏钱让人们去看比赛，只有这样才能填满一个球场，那么比赛的真实性和吸引力就会降低。也许下一个合乎逻辑的举措将是用计算机生成虚拟球迷，像《狮子王》中的动物一样逼真，以创造一个拥挤的体育场的幻觉。这对迪士尼电影来说很有效，但对运动队来说似乎并不可信。

简而言之，吸引球迷到体育场，是球队和联盟必须继续投资并力图做好的事情。球队/赛事方如何解决这个问题？我们总结出了四种关键策略：稀缺性、事件化、"无摩擦"的观赛体验，以及卫星体育场。如果体育团队和联盟实施这些策略，我们相信，首先，他们会吸引更多的球迷来观看比赛。反过来，这将对他们投资组合中的其他产品/服务（例如，媒体消费、商品、赞助、游戏）产生光环效应。这并不容易——在我们看来，这需要对联盟和球队的经营方式进行根本性的转变。

2 稀缺性

传统体育正面临着过度曝光的危险。从经济学的角度来看，相对需求而言，市场正在变得供过于求。例如，美国职业棒球大联盟每年有162场常规赛。但只有最狂热的球迷才会持续关注整个常规赛，MLB的上座率持续下滑也就不足为奇了（Associated Press 2019）。

相比之下，美国国家橄榄球联盟（NFL）已经成为北美地区最赚钱的运动联盟（Soshnick & Novy-Williams 2019）。目前，NFL各队在一个赛季中只打16场比赛，其中大部分是在周日。这种策略使人们对下周的比赛充满期待。2019年，除三个体育场外，其他体育场的上座率都达到或超过了90%（http://www.espn.com/nfl/attendance/_/sort/homePct）。印度超级联赛是非常流行的板球比赛，该联赛每年举行一次，持续时间不到三个月。国际足联世界杯，行业内的豪门赛事之一，每四年才举行一次，为期一个月。

其中的奥秘就在于：所有这些体育产品都得益于稀缺性。稀缺性是一种社会心理现象，人们希望得到更多他们得不到的东西。罗伯特·恰尔迪尼将稀缺性确定为"六种关键的影响策略之一"，这是说服从业者们的有力证明（Cialdini 2004）。它与当前永远在线、唾手可得的流行文化相悖。如果某样东西总是可得，它的价值就会降低。

为了避免过度曝光，赛事方需要积极管理其产品的稀缺性。他们应该采取两项具体措施来保护他们最有价值的资产：减少比赛的数量、接受更短的赛程。

2.1 更少的比赛场次

许多体育联盟需要减少其常规赛季的比赛数量。传统和主流的观点是：更多的比赛可以增加收入，让球迷参与进来（并远离其他有竞争力的联赛／球队／娱乐活动）。但在现实中，对许多成熟的体育项目来说，在一个漫长的赛季中，持续填满整个体育场，已经变成了一个艰难的挑战。

缩短赛季会有很多好处。首先它会提高球迷的兴趣。通过减少比赛场次，球迷的需求将会增加。这一举措在行业内基本没有先例，因为人们总觉得比赛多多益善。但我们相信，对于敢接受稀缺性的联盟来说，他们的体育场馆会因此而爆满（票价一般也会更高）。其次，在整个赛季中，常规赛季之外的其他活动会得到更多机会。季后赛的成功就是一例，从业者们已经了解到：有很多方法可以在不举办比赛的情况下吸引球迷。联盟可以在缩短赛季的同时，保持甚至增加球迷的参与度。最后，它可以减少球员的身体损耗。人们对球员身体素质和耐力的期望越来越高，球员的伤病成了所有体育联盟都要面对的紧迫问题。凯文·杜兰特和克莱·汤普森在2019年NBA总决赛的最后一场比赛中受重伤，就是将运动员推向极限的危险例子。

作为一个以前瞻性著称的联盟，NBA 正在认真考虑削减目前 82 场的常规赛数量（Arnovitz 2019）。NBA 总裁亚当·萧华说："一方面，我是一个传统主义者，但另一方面，（82 场常规赛）已经有 50 年左右的历史了，延续这样的传统，并没有什么神奇之处。"（Helin 2019）。如果联盟朝这个方向发展（或者说这个可能性更大），所有的利益相关者——球队、球迷、媒体、赞助商——都将从更稀缺的产品中获益，而且它将激励其他联盟也效仿这种做法。

最直接的反驳是：比赛数量的下降会减少收入，这是体育界所抗拒的。但，更短的赛季应该产生更高质量的比赛，并为新的创收活动和产品创造机会，可以帮助抵消收入上的损失。最关键的是，体育联盟不能再把自己看作批量业务。他们必须考虑到自身的品牌、竞争力和运动员的健康，以维持长期的发展。

2.2 更短的赛制

稀缺性规则也适用于体育比赛的形式。赛事方需要考虑其他形式，以创造更短的赛事产品，增加球迷的饥饿感。球迷的注意力正在衰退，工作正在悄悄融入个人的生活，还有很多产品在瓜分球迷的时间和注意力，而这些东西就在球迷的指尖上。体育联盟／球队必须对这种新的市场动态保持敏感，并尝试与众不同的、周期更短的玩法。这对体育场馆的上座率尤其重要，因为往返赛场所需的时间，可能会成为球迷望而却步的原因。

传统的赛程形式可能会阻碍最新一代的球迷参加体育赛事。美国职业棒球大联盟的平均比赛时间超过 3 个小时。与此同时，《堡垒之夜》（Fortnite）平均每场游戏的时间只有 15 分钟，对一个职业球员来说，赢得 300 万美元所花时间并不多（Perez 2019）。随着千禧一代和 Z 世代成为体育产业中最庞大、最强大的粉丝群体，你无法预设这代人会像他们父母那代人一样，前往现场看比赛。赛事集锦和社交媒体越来越引人注目，花时间看比赛的性价比可能会越来越低。

未来的赛事方必须考虑新的形式,为这种新兴的球迷文化量身定制。英格兰和威尔士板球委员会的"百人板球赛"正朝着正确的方向发展。在印度超级联赛的 Twenty20 赛制获得成功后,他们正在使板球赛变得更短、更简单(Ahmed 2019)。自然,板球传统主义者对新版本的板球比赛非常不满。百人赛并不是要取代传统的五天赛制,而是在板球家族中创造出另一种产品。既要做出新意,又要安抚核心观众,想要兼顾两头当然很难,但总好过什么都不做。现在就对"百人赛"下定论还为时过早,但我们相信,它预示着体育界需要接受新的赛制类型。

奥运会更是如此,它迎合了球迷口味和偏好的变化。夏季奥运会现在是三对三篮球赛的主场。每场比赛 10 分钟。如果一支队伍在 10 分钟结束前得到 21 分,他们就赢了。如果没有,那在 10 分钟结束时得分最多的球队获胜。每个回合只有 12 秒的进攻时间,而 NBA 比赛中的进攻时间为 24 秒(https://www.usab.com/3x3/3x3-rules-of-the-game.aspx)。这让比赛的节奏加快,更吸引人。

这些较短的赛制不仅有利于创造稀缺性、吸引观众,而且还能推动观众参与。例如,高尔夫赛事就面临着参与度的挑战,急需进行赛制创新(Ginella 2019)。TopGolf 是一个体验式练习场,除了餐厅、酒吧和派对套房外,还包括高科技的高尔夫模拟器,得益于差异化的运动赛制,TopGolf 得到了蓬勃发展。我们并不是说"把 TopGolf 比赛也加进美巡赛",而是希望在赛制方面效仿这样的思路,以确保这项运动在未来的存续。

将赛制从密集型转向稀缺型并不容易。球队老板可能会拒绝任何潜在的收入打击,即使短期的损失换来的是更长远的回报。让联赛更难接受稀缺性(以及我们讨论的各种策略)的是球队和球员的成本上升,新体育场和体育设施的财政负担会从城市转移到所有者的身上。长期以来,拥有一支球队对富有的老板、拥有巨额捐赠的大学以及急需提升形象的城市来说，是一种虚荣心的表现。这种风潮不会停止，但会被竞争和新技术所削弱。它将要求老板们接受实验和冒险，以迎接未来的挑战。稀缺性是一种策略，我们相信真正的赢家将采用这种策略，并最大限度地吸引球迷参与其中。

3　事件化

　　事件化是指将体育日历上的某个时刻战略性地转化为一个不可错过的事件。一场比赛从本质上讲不就是一个事件吗？在我们看来不是。与常规赛季的其他比赛相比，这些赛事有其独特的特质。由于赛制、地点、球员和战果的不同，它们有了独特的故事情节。因此，特定赛事打破了常规赛季的节奏，给球迷、媒体和赞助商提供了新的关注点，也让他们更有理由聚集在球场边。

　　体育运动中最明显的例子是冠军赛，如超级碗和世界大赛（美职棒的总冠军赛）。但特定事件并不限于冠军赛。对全世界的休闲和铁杆粉丝来说，印第500大奖赛（历史最悠久的赛车比赛）在日历上有着特殊的意义，但获胜者并没有获得印第赛车系列赛的冠军。同样重要的是，这些活动不用与实际的体育比赛相挂钩。赛季之余的活动就像一盏引人注目的霓虹灯，可以在联赛进行之余，让球迷在一整年内都参与其中。例如，选秀已经成为NFL、NBA和WNBA日历上的重要事件，因为它们饱含悬念，球迷也希望主队通过选秀得到改善，选秀活动就在这样的土壤中茁壮成长。

　　当然，太多的活动可能会导致活动商品化，与它们的初心背道而驰。在创建和管理这些活动时，赛事方必须时刻牢记：稀缺性战略才是核心。

　　在未来，我们希望赛事方继续创新活动策略，以吸引球迷到体育场。具体来说，比赛、赛季和休赛期都将成为活动的一部分。

3.1　赛事的事件化

　　第一个也是最明显的机会是在赛事层面。赛事方将继续创造额外的吸引力，以吸引更广泛的球迷（不仅仅是核心球迷），提供球迷在其他地方无法得到的体验，特别是通过媒体。得州长角牛橄榄球队是一支老牌的大学橄榄球队伍，他们将比赛和户外体育场景有机结合，在比赛日提供音乐会、食物和其他娱乐项目，扭转了上座率下降的颓势。这些活动通常会吸引更多的球迷进入体育场。那些没进场的人也能在场外的大屏幕上观看比赛，这些举措都让赛事氛围更加火热（Smith 2019）。

F1赛事也实践了"事件化策略"，将每个大奖赛周末都变成类似于"节日奇观"的活动，这种氛围在周日的比赛中达到高潮。该策略使这项缺少超车环节的运动在上座率、媒体消费和其他关键指标上保持了稳定增长。阿布扎比大奖赛就是典型，它之所以出名，不仅因为是本赛季的压轴赛事，还因为在比赛前晚，当地总会有大牌音乐家的表演活动。运营F1赛事的Liberty Media公司经常将每场F1比赛都描述为"超级碗"。一个F1赛季由20多场比赛组成，他们每次都在不同的国家举行超级碗比赛。对他们来说，比赛本身（或F1比赛）只是一个平台，围绕它搭建一个更多元的娱乐产品，才能创造独有的价值，而不是"在家看比赛"就能替代的。

费城飞人队（NHL冰球队伍）的每场比赛都应该向斯坦利杯决赛（NHL冠军赛）看齐吗？从务实的角度来看，答案是否定的。大多数球队都没有足够的预算来让每场常规赛都精彩纷呈。但是，一些规模较小的举措，却可以产生别具意义的市场效果。例如，赛事方可以为特定事件起个特别的名字，这样就能在信息的海洋中脱颖而出。当得克萨斯大学与俄克拉荷马大学在"红河决战"中相遇，当阿拉巴马大学和奥本大学在"铁碗比赛"中重逢（这两组对决都是历史悠久、颇负盛名的大学橄榄球队对决），这种命名就能作为对决本身的代名词。它提升了比赛的档次，使其从秋季纷繁杂乱的橄榄球赛程中脱颖而出。

另一个选择是在一个独特的地点进行比赛。共享空间——也被称为可转换体育场——可能是一个性价比极高的选择。可转换体育场的正面例子是 NHL 冬季经典赛，这是一场在橄榄球场或棒球场内进行的冰球比赛。其他的例子有：洋基队和红袜队在伦敦体育场的比赛，这个体育场是 2012 年奥运会开闭幕式以及田径比赛的场地，又例如在美国网球公开赛的主场阿瑟·阿什体育场举行的《堡垒之夜》世界杯。这些活动有双重优势：高效利用了现有场地（不用创建一个新的场馆），同时也通过反差搭配吸引了人们的注意：把两个看似不相关的东西放在一起，就创造出了一种全新的体验。

3.2　给赛季注入故事性

在未来，赛事方需要重新审视一个赛季的意义。赛季是一个联盟确定 / 设定其时间表的方式。比赛是以结构化的方式进行的，有特定的时间段，在以往，体育比赛都是跟着日历走的。在美国，秋季是橄榄球，冬季是篮球，春季和夏季是棒球。现在的体育联盟已经淡去了季节元素，许多联盟都让赛季贯穿全年。我们建议对赛季的概念进行重新定义，发展出更多的锦标赛或冠军赛。

除了最狂热的球迷，漫长的常规赛季只会成为每个人耳中的白噪声。如果减少比赛场次在短期内是一个财政挑战，那么在赛季中创建迷你赛季，并在其中举办特别活动，将激发球迷的兴趣并创造收入。例如，为了解决 MLB 一赛季 162 场常规赛的问题，我们可以想象：MLB 将这段赛程改为两个"半赛季"。MLB 将不进行传统的全明星赛，而是举办上半赛季的季后赛，获胜的球队将获得世界大赛的参赛资格。然后再进行下半赛季的比赛，并举办另一轮季后赛。两个"半赛季"的胜者将在世界大赛上相遇，也许还会有来自首尔、墨西哥城、东京和其他棒球热土的球队。NBA 也在考虑类似的想法，如在赛季期间举行一系列锦标赛（Helin 2019）。这些锦标赛可能会抬高每项赛事的门票价格，并以不同的方式销售季票。

3.3　为休赛期注入故事性

传统上，当一项运动处于休赛期时，联盟和球队可能会被竞争对手们抢走观众的注意力。为了填补这一空白，未来的赛事方将继续创造和促进非比赛活动。可能的活动包括选拔赛、自由球员市场、交易截止期、训练季、有球迷参与的赞助商活动，还有训练营。除此以外，休赛期还有其他一些吸引球迷的策略，这些活动也是销售现场观赛门票的好机会。

　　创新的体育联盟已经跳出了比赛日的限制，将他们的运动视为全天候可销售的产品。NFL 的选秀始于一个酒店的会议室，在那里，各队挑选年轻有前途的大学球员，以充实他们的阵容。每个选择都是草蛇灰线，在未来几个月，甚至几年内可能都不会产生太大影响。ESPN 和 NFL 联盟一道，将 NFL 选秀变成了一个奇观，在长达一个周末的活动中，选秀环节达到高潮，吸引的电视观众比同一时间进行的任何比赛都多。联盟最近把它变成了一个巡回活动，每年在不同的城市举办，在户外喊出新秀们的名字，让成千上万的球迷参加。选秀活动证明了一点：场外活动有着巨大潜力。NBA 在休赛期也取得了类似的成功。现在，当 NBA 自由市场在休赛期开启时，在推特引发的讨论比常规赛的比赛还多（Harding 2019）。

　　在休赛期举办活动时，运动员就显得尤为重要。运动员已经取代了电影明星，成了一个真实的、有吸引力的公众人物。体育活动正从团队文化走向明星文化，体育联盟成了打造明星的平台。对个人依恋的需求一直存在，作为职业运动员，他们以一种独特的方式吸引着球迷，这种方式是球队或体育场馆不具备的。而社交媒体又为球迷提供了更多内容，让他们可以全年接触这些运动员。成功的明星不仅具备一些可识别的、令人向往的特征，而且还具有在多个渠道展示这些特征的媒体智慧。这种现象也可理解为"卡戴珊效应"的延伸（只要某个球员找了卡戴珊家族的女孩做女友，他所在的球队就会夺冠），对于抱着"想要与明星互动"的想法成长起来的几代人来说，球员的多面性变得越来越重要。因此，构造运动员的叙事情节，对休赛期活动就至关重要。保持故事情节的发展，并让人们对新赛季充满期待，这同样能卖出更多的比赛门票。

在未来，愿意花费大量的时间和金钱去看比赛的球迷会越来越少，他们会通过媒体平台，轻松、廉价、高质量地观看同一场球。为了应对这一趋势，赛事方需要创造和维持更多的活动——提供球迷在其他地方无法获得的体验。他们需要将单场比赛、常规赛季和休赛期活动化，以创造一个贯穿全年的体育假期组合。

4 "无摩擦"的观赛体验

像 AirBnB 和 Uber 这样最具影响力的搅局者，已经将摩擦从客户体验中剔除。"摩擦"是指客户在体验过程中可能遇到的所有"痛点"。例如，AirBnB 让你轻松安全地将自己的房子出租给陌生人，或者让你在别人的家里租一个房间。

在体育界，有许多摩擦点使现场观赛变得更加麻烦，性价比也逐渐降低。这些问题包括与交通堵塞作斗争，去体育场、停车、排队买食物和饮料、找到你的座位、离开体育场，以及相对无压力地回家……快速通行证在迪士尼世界和环球影城等主题公园大获成功并非偶然。人们不希望等待，也不想有任何不便。自然，在体育观赛方面也是如此。

未来成功的体育场馆将提高互动质量和技术水平，极大地消除观赛过程中的摩擦点。球迷需要点对点的服务和便利的技术。重要的是，未来的观众将不再直观感受到技术的影响，技术会润物细无声地融入体育场馆的每一处体验中。体育馆将在比赛日的三个关键阶段减少摩擦：赛前、赛中和赛后。

4.1 赛前

不断进步的技术能提供可行的解决方案，如球迷观赛的起点——前往体育场。随着城市交通状况的不断恶化，交通将成为观众入场的主要障碍，人们不得不解决这个迫在眉睫的难题。归根结底，前往体育场的过程需要做到"无摩擦"。就像从 Postmates（Uber 提供的快速送餐服务）订购晚餐一样。

一些解决方案需要城市和球队之间的合作。例如，在洛杉矶这个在交通问题方面饱受诟病的城市，洛杉矶道奇队和阿纳海姆天使队启用了一种老式的交通工具——公共汽车，将人们快速送到各自的体育场馆。这些城市已经建立了专用的公交车道，以尽可能地简化行程。当然，球迷们必须先开车到各个接送点，然后再开车回家，但这至少是朝正确方向迈出的一步。

　　从长远来看，赛事方要探索不同的、更具创新性的交通方式，以将球迷送到体育场。必须考虑的一个选项是飞行汽车。《杰森一家》的粉丝们正前所未有地接近美梦成真的那一刻（一部20世纪60年代动画片，主人公们就乘着飞行汽车）。波音和保时捷等公司正在开发这项技术，预计到21世纪20年代中期，消费者就能买到客用无人机（Brown 2019）。当然，技术可行性只是一小步。人们还要制定相关法规，以使该技术得到广泛使用。但飞行汽车至少不再是一个幻想。为了不让球迷们堵在往返体育场的马路上，有远见的球队将与当地城市一道开拓新的方向，以开辟空中通道来提高上座率。

　　如果普通汽车和/或飞行汽车的基础设施问题无法克服，那么赛事方将被迫创造其他体验来弥补交通问题。例如，像波特兰伐木者队和西雅图海湾人队这样的MLS球队，就得益于球迷带领的观赛游行，这些活动不仅鼓励人们步行到体育场，还围绕比赛创造了一种社区感。

　　一旦球迷到达体育场，那签到体验也要"无摩擦"。初创公司Clear很好地指出了该行业的发展方向。Clear使用生物识别技术对球迷进行快速的安全扫描，确保进入体育场的队伍快速有效地移动。最终，所有体育赛事的门票都将是移动的（或无纸化的），这将使"取票"过程变得简单而容易。进入球场后，球迷将需要一个类似于Waze（位智，基于GPS导航的软件）的导航体验，以最高效的方式找到他们的座位，同时参考大厅与观众席的拥挤程度等实时信息，规划出最佳路线。在这期间，体育场可以打出球迷们的名字，并根据球迷的喜好为他们提供帮助，通过这些增加人情味的举动，让球迷感到宾至如归。

4.2 比赛期间

身处比赛现场也要像使用亚马逊 Echo（一款智能音箱）一样简单、便捷。毕竟，在家里看比赛时，你能在手机上即时调用比赛数据，只需按下一个按钮就可以订购食物，还能根据自己的喜好控制环境（灯光、声音、温度）。因此，体育场馆必须提供一些令人信服的东西，让球迷放弃家里的便利条件，专程来到看台上观赛。

从技术角度来看，已然强化提升的 Wi-Fi 连接技术正在优化体育场馆的观赛体验。未来，随着 5G 的到来，球迷会得到更好的服务，它将开启一系列创新的球迷体验。

球迷可以使用 AR 技术（通过手机或眼镜），在场边实时叠加统计数据。在比赛期间，通过智能手机，观众也能更容易地看到比赛亮点和幕后花絮。比赛中的实时投注可能也会成为现场观赛的核心体验，就像历史悠久的体育迷在赛马场边下注一样。而且，这一切都将根据你的喜好进行个性化定制，就像 Netflix 的推荐引擎一样。

但技术不会是减少比赛痛点的唯一方法。体育场馆也将想办法减少球迷的痛点，吸引球迷重返观众席。佐治亚州亚特兰大的梅赛德斯－奔驰体育场就是代表作。可以肯定的是，他们拥有最先进的技术，他们已经转向了移动无现金系统，显著减少了观众排队等候的时间。然而，体育场也有人性化的元素。最值得注意的是，他们扰乱了特许经营业务。在这个行当中，单价 8 美元的热狗和 13 美元的啤酒是常态，而他们将热狗的价格降到了 1.5 美元，12 盎司的啤酒只卖 5 美元。在一个科技发达的场馆里，这种价格实在出乎意料，这是一个有趣的反差组合。场馆内的商品是如此便宜，而且质量还不错，以至于球迷们在比赛开始前就早早地抵达场馆。这并不奇怪，场馆的特许经营收入正在增长，甚至超过了人们的预期

（Bogage 2019）。场馆内商品开出如此低的报价，并非是因为技术的先进，但它是梅赛德斯-奔驰体育场正在创造的球迷体验的一个关键因素。

无摩擦体验的极致，应该在芝加哥郊外的梅迪纳高尔夫球场，在当地举行的宝马公开赛上，赛事方推出了一种特制的观赛小屋。小屋被战略性地安置在球场的第14个发球台旁。每个单元面积350平方英尺，包括两张大号床，一个储备充足的厨房和酒吧，一个浴室和一个阳台，使租房者能成为高尔夫比赛的一部分。租户推开窗就是比赛场地，他们能与高尔夫球员交谈，甚至为他们提供啤酒（或者在紧急情况下，让球员使用浴室）。这种小屋可以扩展到其他高尔夫比赛、越野滑雪或自行车比赛的场地中（Greenstein 2019）。这是又一个创新的概念，使粉丝能够以从未想象过的方式走近这项运动。

4.3 赛后

在未来，成功的体育场馆将沿用赛前的思路，让球迷快速安全地离开体育场馆，返回家中。迈阿密海豚队正在主场建设人行隧道，使球迷不受汽车的影响，并提升离开体育场的交通流速。新英格兰爱国者队在赛后75分钟内，为离场的球迷提供免费停车的福利（Fischer 2019）。在未来，我们将看到更多关于赛后离场的创新举措。

赛后体验也将更系统地关注球迷的"回头率"。顶级的赛事方会吸引人们成为回头客，观众会把这个场馆分享给他们的朋友，并制订下一个现场观赛的计划。一些球队正在为球迷提供比赛中的服务活动，并在比赛结束后，将活动氛围推向高潮。例如，阿拉巴马大学举办了一场拍卖会，球迷可以全天参与其中，最后，他们还有机会参加尼克-萨班的赛后媒体会。其他大学橄榄球队，如西北大学也举行了抽奖或拍卖活动，球迷可以赢得与球队一起参加客场比赛的机会。球队就像餐馆和其他企业一样，为未来的比赛、纪念品和现场食品提供折扣,以鼓励球迷再次到现场消费。这些都是提升球迷体验、提高他们在未来的参与度的重要举措。

体育场的专用软件将是赛后体验的重要载体。例如,托特纳姆热刺队的现场软件,就让球迷体验到了为期一天的观赛之旅。利用互动式体育场地图和自拍墙(Symcox 2019)等功能,这款软件引导球迷尽可能久地留在场内。体育场从建设之初就考虑引入这款软件,将无摩擦技术融入场地的各个方面。它不仅增加了场馆收入,而且还减轻了球迷的出行负担,使他们愿意到体育场参观(McCaskill 基尔 2019)。在未来,这款软件还可能从"停车云"中召唤出你的飞行汽车。

在体育历史长河的大部分时间里,比赛中的观赛体验一直是赛事方的主要焦点。随着让观众填满观众席的压力越来越大,未来的赛事方不仅要加强赛场内的体验,还要把赛前和赛后的球迷体验列入战略规划的一部分,并深思熟虑地做出应对之策。这种以球迷为中心的思维,将显著区分出那些上座率爆满的球场和下半场就门可罗雀的场馆。

5 卫星体育场

到目前为止,我们一直在讨论那些在未来能有效吸引现场观众的策略。最后一个策略则是从不同的角度来解决问题。我们认为,赛事方应该考虑如何将体育场——或者说球队——打造成他们的球迷基地,这就是卫星体育场的价值所在。明确地说,只有当体育场的核心体验对球迷产生吸引力时,卫星体育场才会成功。

关于"第三场所",有很多的研究文章,在家庭和工作这两个常见的社会环境之外,还有另一种社会环境,星巴克就是一个典型的例子。"第三场所"的概念也可应用于体育,作为一个独立于家庭和体育场的社会环境。这种卫星体育场将为球迷提供不亚于体育场内的体验,他们一样能保持与社区和球队的联系,还不用离家太远。这不是一个简单的体育酒吧,而是一个由数字驱动的卫星场所，模仿现场观赛的关键元素，同时提供新颖独特的方式，让球迷如临其境地为球队加油。这种思路的一个早期案例是体育赌场。人们聚在一个豪华的空间里，在大型互动屏幕上投注、观看世界上的任何赛事。这就是现代体育博彩的典型，在拉斯维加斯的凯撒宫、韦斯特盖特和威尼斯人酒店，你都能找到这样的空间。其他现有的卫星体育场模式包括曼联的体验中心（Reed 2020），这些物理和数字空间让全球的球迷在不去现场的情况下也能与球队进行有意义的接触。利物浦俱乐部则是另一种模式，它在 90 个国家有 280 多个主队球迷俱乐部（https://www.liverpoolfc.com/fans/official-lfc-supporters-clubs）。利物浦时不时会出现在这些国家踢一场比赛，以持续激发人们的兴趣和热情。

卫星体育场可以有多种组织形式：一家卫星场所可以只代表一个俱乐部，可以仅限于联赛球队，或者它可以是一个全年不打烊的综合场馆，包含了多种体育项目（周三晚上是 NBA，周五是 WWE）。它不会取代公园或体育场，而是鼓励主队球迷们围绕一支球队建立一个社区，甚至成组织地去现场。卫星体育场的组织者会通过抽奖、乘车机会、球队人员的访问和其他激励，不断提醒球迷去现场观看比赛。

这个概念在博物馆领域有现成的样板：由多个房间组成，基于体验、互动和沉浸式的"文化游乐场"，鼓励游客参与其中（Johnson 2018）。体育版的卫星场可能类似于 TopGolf 的扩展形态，有多个房间的观赛场所。技术的进步和先进的模拟设备让球迷可以实时防守梅西、回击塞雷娜·威廉姆斯的发球，或挥棒击中贾斯汀·维兰德（美职棒著名投手）的刁钻投掷。在未来，这种空间可能还有全息投影，让球迷从各个角度观看比赛；或者在比赛进行过程中，将戴着 VR 头盔的球迷"传送"到赛场中心。

沃尔特迪士尼世界的"迪士尼之泉"景区，有一座"迪士尼 NBA 体验馆"，这就是卫星体育场的代表作。游客要选择他们最喜欢的球队和一个富有个性的昵称，接着，他们会参加投篮和扣篮等项目，并与他们选择的职业球员进行比较。此外，他们还能在一些站点了解球队的历史，深入了解这些球队的文化。迪士尼的技术和 NBA 的结合，形成了一种易于被理解接受的模式，进一步加深了人们与 NBA、迪士尼之间的关系（McLellan 2019）。

卫星体育场并不是为了取代赛事现场。密歇根大学的"大房子"（密歇根体育场，是西半球最大的球场）仍将是十大联盟橄榄球赛事的圣地；这些联赛的标志不会消失。卫星体育场的规模和技术含量都不算顶级，但他们拥有沉浸式体验的技术优势，也利于球迷加深与球队的情感联系。此外，联盟也能在这些卫星体育场小规模地测试新技术，然后在整个体育场馆。而且，最重要的是——卫星体育场可以协助创造现场观赛的需求，让球迷愿意到访真实的体育场，并为之买票。

卫星体育场还有另一种用途，观众可以使用 VR 来模拟"真实"赛场。关键在于，这些虚拟的模拟可以重现——或者更进一步，重新定义观赛过程的感官体验。今天，VR 主要提供视觉和听觉体验。在未来，它还可以激活其他感官，如嗅觉（复制草场的香气）、触觉（在 VR 中接住犯规球）和味觉（享受虚拟啤酒的香气）。此外，虚拟体验也将比现在更有社交性。一个球迷可以和她的外地朋友一起在虚拟体育场看比赛。这些虚拟体验可能会变得异常便捷，让球迷身临其境，如此一来，球迷掏钱买单也就不稀奇了。

卫星体育场将是未来赛事方的一个重要创新机会。城市人口增长、气候变化以及 VR 和 AR 的巨大改进……这些大趋势将促使赛事方认真探索这一概念。不过缺点在于——球迷可能过于沉迷卫星体育场的体验，以至于购买门票、去现场观赛的吸引力反而下降了。本章讨论的其他策略可以帮助减少这种潜在的隐患。

6 体育场馆的未来是什么？

说服人们走出家门、在一个实体场馆花费时间和金钱，并不是体育界独有的挑战。购物中心和电影院也面临着类似的情况，总体情况好坏参半。但体育有它们所没有的东西——比赛结果是充满悬念的。这是一个巨大的优势，正因如此，体育行业应该有信心，目前的体育场馆还是可以存续下去的。

同时，体育组织应该把空置的商场和电影院作为警示，不走在文化和技术变革的前沿，就会面临这样的下场。本章所讨论的策略——稀缺性、事件化、"无摩擦"体验和卫星体育场——都是在未来有望振兴体育场上座率的解决方案。

对于体育场馆的未来，还有最后一点考虑：一个体育组织不一定每时每刻都有充足预算和公众支持度，来让他们建造一个新的体育场馆。但是，当条件到位时，在其他地方，有两种模式值得借鉴。

第一种模式是大型综合体，人们的目的地不仅包括体育场馆，还包括零售店、商场、住宅和酒店，使其成为全年都有吸引力的场所。这些大型综合体的支柱就是各种赛事活动。例如，位于好莱坞公园的洛杉矶体育场和娱乐区（LASED）将举办2022年超级碗比赛，以及2028年奥运会的开幕和闭幕式。设计LASED就是为了创造一种"震中效应"，让顾客走出家门。公羊队的首席运营官凯文·德莫夫对该项目总结道："在南加州，我们要如何做一些独一无二的事情，改变人们对体育和娱乐区的看法？"（Clarke 2019）。

第二种模式是一系列的体育场馆或竞技场，它们将深深融入现有的中心城市生态系统。这通常是一个市中心的综合体育中心。休斯敦、印第安纳波利斯和明尼阿波利斯就是典型，它们的市中心都拥有多个体育场馆综合体。这种市中心场馆的整合使现有的酒店、餐馆和商店能吸引和赞助体育场馆的周边业务，并在此基础上有所发展。但这种策略也有隐患：这些体育场馆综合体往往没有经过系统规划，而是被杂乱堆砌在市中心的核心区域。

无论是加强现有的场地还是建设一个新的场地，所有的赛事方和团队都要重新定义他们的产品和球迷的体验，并承担相应的风险。从长远来看，这对体育是有好处的，但在这个过程中，可能会有一些调整和阵痛。

参考文献

Ahmed, M. (2019). *Can the hundred save English cricket?* Financial Times, May 17, 2019. https://www.ft.com/content/c1178dcc-769d-11e9-be7d-6d846537acab.

Arnovitz, K. (2019). *Sources: NBA talks fewer games, in-season event.* ESPN, June 26, 2019. https://www.espn.com/nba/story/_/id/27059802/sources-nba-talks-fewer-games-season-event.

Associated Press. (2019). *MLB attendance down for 4th straight year.* ESPN, May 30, 2019. https://www.espn.com/mlb/story/_/id/26857513/mlb-attendance-4th-straight-year; Lacques, G. (2019). *Baseball's future: Declining attendance—and shrinking stadiums to match.* USA Today, August 8, 2019. https://www.usatoday.com/story/sports/mlb/2019/08/08/mlb-attendance-stadiums-future/1941614001.

Bogage, J. (2019). *'We're the evangelists on this': Why the Atlanta Falcons are selling $1.50 hot dogs.* The Washington Post, March 6, 2019. https://beta.washingtonpost.com/sports/2019/03/06/were-evangelists-this-why-atlanta-falcons-are-selling-hot-dogs/?noredirect=on.

Brown, D. (2019). *Possibility or pipe dream: How close are we to seeing flying cars?* USA Today, November 4, 2019. https://www.usatoday.com/story/tech/2019/11/04/flying-cars-uber-boeing-and-others-say-theyre-almost-ready/4069983002/.

Cialdini, R. B. (2004). *The science of persuasion. Scientific American.* https://www.scientificamerican.com/article/the-science-of-persuasion/.

Clarke, L. (2019). *The Rams' $5 Billion stadium complex is bigger than Disneyland. It might be perfect for L.A.* The Washington Post, January 26, 2019. https://www.washingtonpost.com/sports/the-rams-5-billion-stadium-is-bigger-than-disneyland-it-might-be-perfect-for-la/2019/01/26/7c393898-20c3-11e9-8e21-59a09ff1e2a1_story.html.

ESPN. n.d. http://www.espn.com/nfl/attendance/_/sort/homePct.

Fischer, B. (2019). *The more fun league: NFL aims for better fan experience.* Sports Business Daily, August 19, 2019. https://www.sportsbusinessdaily.com/Journal/Issues/2019/08/19/Leagues-and-Governing-Bodies/NFL-fan-experience.aspx.

Ginella, M. (2019). *NGF study finds golf participation rises for the first time in 14 years.* Golf Advisor, April 18, 2019. https://www.golfadvisor.com/articles/golf-participation-rises-ngf.

Greenstein, T. (2019). *'Have you ever wanted to host a tournament in your backyard?' Go inside the Tiny House next to the 14th Tee at Medinah Country Club.* Chicago Tribune, August 15, 2019. https://www.chicagotribune.com/sports/ct-bmw-championship-tiny-house-medinah-20190815-eandj424knebdprv3spxk5os3i-story.html.

Harding, X. (2019). *During NBA free agency, Twitter's most talked-about person wasn't even a player.* Fortune, July 1, 2019. https://fortune.com/2019/07/01/nba-news-free-agency-woj/.

Helin, K. (2019). *Shorter season? Shorter games? Tournaments? Adam Silver says NBA considering it all.* ProBasketballTalk. NBC Sports, April 13, 2019. https://nba.nbcsports.com/2019/04/13/shorter-season-shorter-games-tournaments-adam-silver-says-nba-considering-it-all/.

Johnson, S. (2018). *We tried out the new, Instagram-friendly Wndr Museum, now open in the west loop.* Chicago Tribune, December 12, 2018. https://www.chicagotribune.com/entertainment/museums/ct-ent-wndr-museum-chicago-instagram-0925-story.html.

Liverpool FC, n.d. *Official LFC Supporters Clubs.* https://www.liverpoolfc.com/fans/official-lfc-supporters-clubs.

McCaskill, S. (2019). *Tottenham hotspur stadium uses tech to offer new fan experiences and faster beer service.* Forbes, March 25, 2019. https://www.forbes.com/sites/stevemccaskill/2019/03/25/tottenham-hotspur-stadium-uses-tech-to-offer-new-fan-experiences-and-faster-beer/#2f97e5065d38.

McLellan, S. (2019). *NBA experience debuts at Disney: Here's everything you need to know.* Good Morning America, August 12, 2019. https://www.goodmorningamerica.com/travel/story/nba-experience-debuts-disney-64863953.

Perez, M. (2019). *'Fortnite' world cup: By the numbers.* Forbes. Forbes Magazine, July 26, 2019. https://www.forbes.com/sites/mattperez/2019/07/26/fortnite-world-cup-by-the-numbers/#281ea5186be0.

Reed, A. (2020). *Manchester united to open three 'Experience Centers' in China by the end of 2020*. CNBC, January 8, 2019. https://www.cnbc.com/2019/01/08/manchester-united-to-open-three-experience-centers-in-china.html.

Smith, M. (2019). *Game day reimagined: texas style*. Sports Business Journal, August 19, 2019. https://www.sportsbusinessdaily.com/Journal/Issues/2019/08/19/In-Depth/Texas.aspx.

Soshnick, S., & Novy-Williams, E. (2019). *The NFL nears $25 billion revenue goal ahead of super bowl*. Chicago Tribune, August 18, 2019. https://www.chicagotribune.com/sports/ct-spt-nfl-revenue-super-bowl-20190128-story.html.

Symcox, J. (2019). *Cutting-edge app for Tottenham hotspur fans as stadium debuts*. BusinessCloud.co.uk, April 3, 2019. https://www.businesscloud.co.uk/news/cutting-edge-app-for-tottenham-hotspur-fans-as-stadium-debut.

USA Basketball—3 × 3 Rules of the Game, n.d. https://www.usab.com/3x3/3x3-rules-of-the-game.aspx.

本·希尔兹博士，MIT 斯隆管理学院管理沟通方向的高级讲师。他研究数十亿美元的体育产业，在领导沟通、数据驱动决策以及创新之类的领域识别出众多管理转化经验。他是《难以捉摸的粉丝：在拥挤的市场中重塑体育》和《体育战略家：为高表现产业开发领军者》两本书的共同作者。进入 MIT 之前，他是 ESPN 社交媒体和市场部门的主任。他是一名狂热的运动员、体育迷、范特西体育所有者，着迷于科技在体育现场观赛体验之中所扮演的角色。

欧文·赖因博士是西北大学传播学院的传播研究教授。他的研究对象是流行文化及其给社会的影响。他最近与人合著的书籍包括《难以捉摸的粉丝：在拥挤的市场中重塑体育》和《体育战略家：为高表现产业开发领军者》，旨在为高绩效产业培养领导者。作为一个球迷和研究者，他被现场观赛体验所吸引，并致力于改善这种体验。

虚拟现实和体育：混合、增强、沉浸式及电竞式体验的崛起

安迪·米亚赫、亚历克斯·芬顿和西蒙·查德威克

摘要

米亚赫、芬顿和查德威克研究了体育与媒体创新产业的发展轨迹，两条轨迹日益交织在一起，逐渐延伸到计算机成像和游戏领域。他们研究了虚拟现实、增强现实、混合现实和扩展现实被纳入体育产业的过程，并讨论了围绕这些体验产生的创新文化。他们重点讨论了新式、数字化的沉浸式体育体验，这些新颖的技术改变了运动员和观众的运动体验，并创造出新的体验，反过来改变体育世界。此外，他们还分析了这些变化对体育圈的长期影响。

1 引言

从历史上看，体育一直是替代现实的"独立空间"，它不受日常生活中的诸多限制，适用于大众社会的规则往往不适用于体育，在很多方面都是如此，这正是体育独特的刺激和有趣之处。例如，在拳击或橄榄球等对抗性运动中，球员被要求对他人进行人身攻击，而在这个受保护的世界之外，同样的行为会被视为不正常甚至非法。因此，体育允许参与者在一个相对安全的空间里探索新的社会互动，通过他们创造的规则和建立的规范，构建"半真实"的氛围（Juul 2005）。在这个意义上，体育一直是不真实的空间；它们是戏剧性的环境，在这个环境中，竞争者们追求卓越和胜利，熬过艰难和低谷，彼此争战，故事因此而展开。然而，新技术正在进

一步改变这些环节，为体育活动创造了新的非现实层面，进一步将它们带入幻想游戏的领域中。

通过开发新的数字创新形式，人们打破了物理和数字空间之间的障壁，建立了新的沉浸式现实，创造了与体育运动相仿的新式活动。这些体验旨在欺骗我们的意识，让我们相信自己——作为参与者或观众——正处在全新的物理空间中，尽管它们是由电影画面或计算机生成的图像组成的，通过淡去方向感、重置位置感来刻意欺骗我们的感官。将游戏的竞争性作为体验架构的一部分，增加了它们的真实性，让观众直观感受到这一点，以此欺骗我们的感官，使大脑相信它们具有物理特性。此外，在传统体育中，这种体验正迅速成为新的盈利形式，作为文化实践越来越专业化和广泛化，电竞的兴起就证明了这一点。

在此背景下，本章重点讨论新的、数字化的沉浸式体育体验如何改变参与者和观众的运动体验，以及它们如何创造新型体验，从而改变体育世界。这样的虚拟体育是特别有趣的分析案例，因为它们表明：将物理性融入数字模拟世界，以增强其真实性，是一件愈发重要的事情。一个出色的虚拟体育应用，应该让用户享受无拘无束、毫无保留的体验，感受全方位的感官表达，尤其要体验到运动的自由。

我们首先概述了体育世界中，新型虚拟现实的不同形式——虚拟、增强、混合和扩展现实是如何以不同方式融入体育产业的。然后，我们还研究了这些技术如何在体育圈中的不同参与者之间进行细分，从球员、裁判到球迷、观众。随后，我们还讨论了这些体验派生出的创新文化，它揭示了这些新兴事物的创意和技术动力。此外，我们还研究了这些虚拟现实技术改变体育迷和观众体验的方式，并探寻了它们对体育世界的长期影响。

新兴的电竞产业与我们描述的趋势密切相关，它是体育世界发生变化的象征。电子竞技展示了一种新的路径：围绕一系列新的、沉浸式的需求，创造竞争性的数字体育世界。而虚拟现实游戏甚至引发了"能否成为奥运项目"的讨论,这一点就显得特别有趣(The Morning Show 2019)。我们将继续描述电竞如何为体育的未来提供基础,先进的模拟技术、虚拟的竞技场,都将成为关键要素。电竞的未来与 VR 技术的整合密切相关,通过 VR 技术的整合运用,电竞将更接近传统的体育世界。未来的运动员将结合真实身体和虚拟形象,而在目前的数字体育系统,这两个组成部分是分开的,只有平息了知识产权领域的法律争论,才能把它们结合起来。

此背景下,我们讨论了这些充满活力的行业所面临的挑战,并思考其发展方向。我们还研究了体育领域扩展现实的未来前景,以及对生活在"后数字世界"的人们的影响。总的来说,这一章讲述了体育与媒体创新产业的发展轨迹日益交织的过程,而媒体创新产业本身也在经历着不小的变革,当涉及计算机成像和电子游戏领域时,这种变革就尤其显著。这一轨迹的核心是:体育作为讲故事的形式,不可避免地会走进这样的幻想世界,在那里,人们能创造更多的可能性和盈利方式,他们能找到更多方法重塑体育,以满足体育爱好者们不断变化的期望。

2 新兴的现实

近年来,虚拟现实一词被用来表示这样的体验:将基于屏幕的数字设备戴在头上,让人对一个想象中的世界有感官体验。它利用内置的陀螺仪和传感器来协调数字动画,从而使佩戴者感受到他们的行动正在影响他们所观看的虚拟画面。这些功能的连贯性,塑造出他们在虚拟世界中的体验,它响应了用户在物理世界中的运动,从而创造了两者交织在一起的感觉,用户甚至无法区分彼此。这种体验创造了一种感觉,即除了用户所在的真实空间之外,还存在另一个物理空间。

虽然现在有很多种类的 VR 平台,但每个平台都遵循这样的原则,技术的进步让 VR 设备在图形处理或响应运动方面达到了更高的真实性。在本文中,"沉浸式"一词体现了 VR、增强现实(AR)

或混合现实（MR）的一系列特性，在这种氛围中，一个人所在的物理现实，将与虚拟现实的数字音频、视觉，以及越来越多的触觉特征交织在一起。

自 2014 年以来，随着大众可承受的消费级技术的出现，数字 VR 体验已经变得愈发普遍，人们通常使用智能手机作为驱动体验的主要载体。例如，在 2014 年，谷歌发布了 Cardboard，这是一块廉价的折叠纸板，可以将手机插入其中，以此搭建一个简易的 VR 头盔。

当时，Oculus 等公司也开发了自己的 VR 头盔，其图形由个人电脑提供。从那时起，VR 头盔就成了常见配件，许多公司——从三星到 PlayStation，现在都有自己的 VR 头盔。此外，Facebook 最终收购 Oculus，也说明 VR 已经成了主流电子产品，尽管其销售量依然远低于手机。

VR 的发展伴随着 AR 的兴起，它使用基于投影的技术，将数字图形叠加到物理世界上，从而创造一种混合的互动和增强体验。AR 技术往往离不开手机，用户能通过手机的摄像功能看到数字成像，就像被放置在一个特定的物理空间里一样。早期最成功的此类游戏应用之一是《Pokemon Go》，于 2016 年推出，引起了公众的广泛讨论和喜爱。

此外，专门的 VR 头盔也是这些应用的先驱，特别是微软的 HoloLens，它利用传感器绘制出一个三维空间，创造出一种错觉——当用户在一个物理空间中行走时，虚拟内容会随着他们移动。在《Pokemon Go》的游戏中，用户手持移动设备，使用 AR 技术与内容互动，而 HoloLens 使用头盔，使佩戴者更充分地沉浸在环境中。佩戴者可以像平时一样穿越物理空间，而虚拟内容会根据他们物理位置的变化做出反应和调整。因此，如果 HoloLens 在地面上"创造"出一个洞，那么佩戴者就能在洞口周围走动，并感知到这个洞与他们一起移动。这是通过设备的能力来实现的，首先，扫描出物理空间，并建立规则和方法，以便在三维空间中映射出用户的位置。

混合现实是另一种扩展现实技术，涉及物理和虚拟物体的实时融合。MR 可以包含 AR 和 VR 技术的元素。MR 最早是由美国空军开创的，他们发现将虚拟物体作为模拟的一部分结合到现实世界中，可以极大地提高被试者的表现水平（Rosenberg 1992）。因此，以提高成绩为目标的运动员和团队，就对这种模拟技术产生了巨大的兴趣。在大多数体育运动中，成功往往是团队持续发展的根本，而表现水平和竞争优势就是运动员成功和进步的关键。

也许更重要的是，这些技术扩展了"半真实"的概念，允许社会和物理规则被弯曲、打破。而且，这种趋势已经有了一些文化先例，因为许多电影作品让观众意识到：现实生活也可能是某种虚拟空间。例如，在电影《黑客帝国》(1999)中，当尼奥第一次通过沉浸式系统接受肉搏训练时，莫菲斯向他解释了这个想法："你必须学会的是，这些规则与计算机系统的规则没有什么不同。它们中的一些可以被弯曲，另一些可以被打破。"因此，人们创造出了越来越多的训练和运动场景，这些场景都超越了"现实生活"的传统认知。随着这些 MR 世界对现实边界的模糊和碎片化影响，扩展现实（XR）一词已经出现，用来描述这些"虚拟现实组合体"，它融合了虚拟和物理世界，创造了一种新的空间体验。不仅是说这些技术可以复制或取代网球、足球项目，而且是说它们可以吸纳这些游戏的核心要素，并将其扩展到一些融合了物理和虚拟世界中那些最佳可能性的全新物理体验领域。出于这个原因，我们将利用 XR 技术，来为体育世界打造一系列新的、数字化的沉浸式体验。

3 XR和体育迷的参与度

体育俱乐部和转播方已经制定了 XR 战略，用这一技术来转播比赛，并为球迷创造虚拟体验，但目前仍处于发展初期。例如，在 2016 年里约奥运会上，奥林匹克广播服务公司（OBS）尝试在 VR 环境中进行转播，让观赛球迷身临其境。这一措施的核心是大量使用全景镜头，这种尝试有助于在现有物理现实的基础上创造出虚拟现实。事实上，这种实验是媒体行业逻辑的组成部分，在媒体行业，平台要想在行业内成为创新经济的市场领导者，就必须努力创新内容创作形式。例如，英特尔在 2018 年平昌冬奥会推出了破世界纪录的无人机灯光秀，它所做的不仅是实现一个新的创意奇观。相反，英特尔视自己为先驱性的技术创新者，它有自己更远大的野心，而这场表演所展现的英特尔理念，也与这种野心紧密相连。

使用数字技术创造引人入胜的新颖体验，这种新方法吸引了越来越多的业内人士，体育俱乐部的兴趣也愈发浓厚，以便与世界各地的球迷建立联系。XR 提供了一个虚拟平台，可以通过更大程度的沉浸式体验来创造更有吸引力的体育世界。通过这些平台，球迷们可以更接近现场，仿佛他们就在场内看台上。那些尝试运用 XR 技术的人，现在就可以去接触新球迷，并更深入地了解哪种类型的内容与该媒介的搭配效果最好。

从这个角度来看，新技术是新消费形式的入场券。Jaunt VR（一个 VR 产品平台）就是一个很好的例子，它上架了曼城足球俱乐部在比赛日期间的 VR 全景式体验，该体验包括对球员更衣室的独家访问，以及对球员到达场地的第一手观察。该体验在发布后的几天内就获得了超过 100 万的浏览量。这种新的技术体验满足了更多的用户需求，他们能进入以前无法探寻的世界。

> 没什么能与"在伊蒂哈德球场看比赛"相提并论，但全景视频和 VR 的出现，使我们能够以新方式捕捉到一些气氛和兴奋点，而这些方式在过去是绝无可能的。（迭戈·吉利亚尼，城市足球集团）

另外，在拳击方面，一个与弗洛伊德·梅威瑟合作的团队为他的健身场地制作了一个"拳击＋健身"的 VR 扩展，允许用户在 VR 中与这位前世界冠军一起训练，甚至走进拳击台。在美国，棒球也在 VR 方面取得了巨大成功，他们利用 VR 技术拉近了球迷与球员之间的距离。例如，旧金山巨人队制作了一系列的 VR 视频，让球迷从球员的角度体验比赛："这就是门票的价格，就在这里。

看着巴斯特·波西在后面接球,哦,这是一个犯规球。"74 岁的巨人队球迷迈克·麦凯解释道:"你会觉得你就在比赛中。"

最近,国际足联和他们的转播合作伙伴在 2018 年俄罗斯世界杯上使用了 VR 技术。英国广播公司(BBC)制作了一款 VR 世界杯的智能手机软件,下载量达 32.5 万次,该软件让球迷从三个不同角度体验比赛,不过一些球迷发现这个应用程序很难下载,在赛事结束后,比赛才会以 VR 的形式播出。虽然评价褒贬不一,但它依然被认为是虚拟技术运用于世界杯的一个良好开端。

体育媒体会不断投资新技术,以使场馆之外的体育迷也能收获更精彩的体验,这已经成了行业传统,这些关于 VR 的实验就是在这种传统中进行的。最成功的例子是:几年来,数十亿体育迷在 Twitter、Instagram 和 Facebook 等社交媒体平台上进行互动,它们让球迷更接近比赛和球员。在 Facebook 或 Twitter 等社交媒体巨头试图占领直播市场的方式中,这一点尤为明显:在这些社媒平台上,体育比赛的直播内容越来越多。这些愿景现在又延伸到了 VR 领域,作为体育体验的新市场,处于数字创新中心的大公司毫不掩饰它们对这种新式体验的兴趣。例如,Facebook 收购了 Oculus Rift,他们还在 2014 年创建了 Facebook Spaces,从二维的社交媒体和软件转向三维虚拟体验(Dredge 2014)。Facebook 创始人马克·扎克伯格强调了对 XR 主导未来的期望:"我们相信会有一天,这种沉浸式的增强现实将成为数十亿人的日常生活的一部分。"

在社会媒体从 2D 到 XR 体验的转化、整合中,体育发挥了巨大作用。例如,2019 年 9 月,索尼互动娱乐有限公司获得了一项全球专利奖,他们运用 VR 技术改善电竞赛事中的现场观众体验,允许观众在体育场内或场外以 VR 方式欣赏电竞赛事,从而创造一种社交 VR 体验(Sony Interactive Entertainment LLC 2019)。这一理念的独特之处在于,电竞比赛的场地已经是虚拟化的"赛场",而不像传统体育那样,在现实中的比赛场地里进行。因此,将虚拟场地重新渲染成三维体验,可能预示着观众的体验远远超过目前所取得的成果；它甚至可能创造出新的游戏形式和专业领域。现在的《英雄联盟》世界冠军在玩 VR 版《英雄联盟》的时候，可能还得从头学起；这可能会改变游戏行业的规则。

体育俱乐部也在利用 AR 技术，以各种方式吸引球迷，最常见的渠道是俱乐部的官方 App。例如，球迷可以在他们的手机上下载一个软件，当手机放置在印好的赛程页或最喜欢的球员海报上时，它将播放球员与你交谈的视频，也许还有最新的比赛日信息。现有的系统允许体育俱乐部通过上传图片和视频来实现这一点，使传统的印刷材料成为更令人兴奋、更新潮和真实的社交体验。同样，将体育视频或球员视频叠加到球迷照片，再将照片分享到社交平台，也是拜仁慕尼黑等俱乐部利用的另一种策略，这种方法可以放大球队的品牌效应。

有了拜仁俱乐部 App，游客现在可以把墙面上的球迷彩绘图案变成现实。例如，沉浸入 1932 年，拜仁俱乐部在当时的主席库尔特·兰道尔的带领下，赢得了他们的第一个德甲冠军。球迷也可以选择 2013 年，也就是在尤普·海因克斯的带领下取得三连冠的那一年。这一切都可以通过拜仁 App（FC Bayern Munich 2018）中的一个新型增强现实功能来实现。

诸如虚拟混合数字板等技术已经在比赛中实施，以使全世界的观众能以不同方式体验比赛转播。例如，该技术可以在广告牌和围板上显示不同的、本地化的广告（Gray 2018）。体育俱乐部也能利用 AR 技术，通过电商渠道向球迷销售商品。例如，与其在网上发布新运动衫的照片或视频，球队不如利用该技术，让该物品以 3D 形式出现在球迷的家中，甚至叠加到球迷的身上。数字时尚先锋 ASOS 就用他们的第一个 AR 时尚功能证明了这一点，该功能可以在买家身上进行时尚产品的虚拟预览（Whiteman-Stone 2019）。

另外，可替代现实技术还与电竞赛事等重大体育赛事深度融合，一个典型案例是：在北京举行的 2017 年《英雄联盟》世界锦标赛的赛场上，一条由增强现实技术制作的小龙出现在了鸟巢中央（Hill 2018；Biomajor & Oniatserj 2017）。这种形式在 2019 年韩国棒球联赛的开幕式上得到了复制（Landers 2019）。

正如上文所述，人们正越来越频繁地用 VR 和 AR 技术来吸引世界各地不同年龄段的球迷，包括远程和现场活动。MR 也许不太常见，但随着 2016 年微软的 HoloLens 和 2019 年大幅改进的 HoloLens 2 等技术的引入，我们看到了一系列新的可能性。例如，想象你正在电视上观看你最喜欢的比赛，但在未来，你可以在家中任何你喜欢的地方投影赛事画面。统计数据可以叠加在画面之上。这些技术在球迷互动领域也有很大潜力。事实上，这种潜力已经在各项运动中显示出来了，MLB 的"At Bat"软件就是如此，它允许"球迷在比赛期间，将他们的 iPhone 或 iPad 对准球场，并查看显示在实时画面上的 3D 图形叠加"（Hopper 2018）。

4　XR在体育领域面临的挑战

目前，XR 技术仍处于起步阶段，影响 XR 广泛使用的主要风险之一在于，它会将体育观众目前享受的丰富的社交体验减少到一个完全与世隔绝的个人虚拟界面，这种改变可能会带来潜在的损失。到目前为止，人们大多是通过一个封闭的头盔来享受虚拟体验，没有太多的机会进行社交互动。例如，智能手机的 App 一般提供不了特别的社交体验，而且在某些情况下，还会被定义为臭名昭著的反社交设备。此外，新的界面同样面临风险，特别是在创造一种新产品并将其作为一种主流的生活方式时，因为它可能会破坏体育观赛活动中已经存在的东西。尽管 VR 头盔的易用性和舒适性正在提高，其价格也在下降，但相对而言，它们仍然很昂贵，使用起来不舒服，还会让人迷失方向。它们还可能造成一种隔离感，让使用者与广大的现场观众所经历的更宏大的集体体验相隔离（Torres 2016）。

头戴式设备也有技术上的限制，比如数据的解析和处理能力，如何在虚拟世界中精准地创造或再现体育的速度和音效，特别是现场体验。如果 XR 体验不能满足用户在现实环境中的基本需求——例如，如果内容抖动或无法加载——那么，不仅虚拟体验会被削弱，还会让用户感到迷失方向、身体不适，甚至因此而得病。因此，在实践 XR 体验时，人们需要清楚地了解哪些部分是技术上可行的，哪些是用户可以容忍的。将球迷投入崭新的、不熟悉的虚拟环境中，可能会造成神经紊乱、焦虑和癫痫等意外后果（Dredge 2016）。

不过就算如此，虚拟技术和沉浸式体验的持续改进，就像其他富有创造性的传媒方式一样，它们将变得更加引人注目，并吸引那些寻求这种体验的观众，形成一个颇具规模的用户群体。然而，人们对沉浸式体验的期望总是会随时间的推移而改变，这也是事实。游戏技术史上的几乎每一次迭代，都会朝着接近真实的方向持续努力。每一次游戏机的迭代都能达到越来越高的真实度和超真实度，但现在回过头来看，单从图像画面来说，过往的游戏画面也已经相当原始。这告诉我们，人们对真实性的感知也会随着时间的推移而改变。

技术发展到现阶段，在使用沉浸式体验方面，体育界正处在一个十字路口。虽然有大量的内容创作者正在尝试新形式的 VR、AR 或 XR 技术，但还没有足够的观众愿意为这种新体验掏钱，这就让它的发展举步维艰。任何新技术都会面临这样的艰难时刻：要么从创新转向默默无闻，要么掀起世界性的浪潮，让足够多的消费者愿意为之付费。然而，这些新体验的有趣之处在于：它们可能会取代今天的平面内容。

5 虚拟的球迷体验

我们已经能看到，体育俱乐部愿意尝试用 XR 技术来吸引球迷。例如，创造虚拟的球迷社交体验，这种做法正愈发普遍。利物浦足球俱乐部就将 VR 技术整合到了他们的安菲尔德球场中，并将这种互动体验带到了孟买和雅加达。该技术允许球迷在他们的主场看台前，在成千上万的利物浦球迷注视下体验进球（Liverpool FC 2018）。这种体验的设计并不是全新的，体育俱乐部使用大屏幕创造虚拟比赛体验的历史并不短，在体育场、大型公共区域，甚至是电影院都能做到。随着投影仪和屏幕技术的提高，更多的沉浸式活动开始走上舞台，为球迷创造更有吸引力的虚拟体验。这种方法可以克服与VR头盔相关的一些问题，球迷可以在模拟出的虚拟环境中，与其他球迷在一起互动社交。例如，体育比赛的全景镜头可以被投射到一个物理空间，观众可以在一个更虚拟的意义上重现比赛中的精彩画面。你可以在一个圆形房间、一个充气穹顶或任何能打比赛的地方体验这种活动，甚至世界各地的电竞场馆也能满足你。

整合其他技术和创造第二屏幕体验的技术潜力，为互动和个性化的虚拟球迷体验开创了无数机会，它超越了现实边界，并与世界各地、更多样化的球迷群体建立联系。例如，虚拟球迷体验为不同的年轻人群体（Z世代）或对赛场环境感到不适的群体打开了大门。因此，通过精心设计和个性化的虚拟球迷体验来消费体育内容，为在全球范围内扩大球迷群体提供了可能。人们还能在虚拟世界中感知到全新的、在现实中不可能体验到的事物。

6 XR与球员运动表现

从某种角度来说，在顶级运动员的世界，虚拟现实长期以来一直是一种训练工具。几十年来，体育科学家们一直在模拟比赛现场，以更有效地分析运动员的表现，并为他们的比赛做更好的准备。例如，在1998年长野冬奥会之前，美国雪橇队使用VR模拟器来准备比赛（Huffman & Hubbard 1996）。此外，诸如划船模拟器甚至练习器材等设备都能模拟化，这与数字模拟的发展有着密切的联系。今天，模拟是体育科学和工程研究基础的重要一环，包含了一系列的技术工具——从风洞的建立到以VR活动为基础的全新运动的发明。模拟运动场的愿望深深地嵌入体育科学的逻辑中，以便设计出更加复杂的训练技术，提高训练师们的洞察力，从而扩大运动员的竞争优势。

运动模拟和数字虚拟现实的整合，往往会溅出一些引人注目的火花。例如，STRIVR 为足球运动员提供了 VR 训练，特别是帮助他们进行赛前的心理准备（Rettig 2017）。这种技术还能帮助球员了解比赛对他们的要求，特别是认知他们各自的定位。Craig（2013）揭示了这一点。从这个意义上说，VR 不只是在复制比赛环境、让运动员准备得更充分，还在创造各种测试场景，以便运动员开发技能、在实际场景中应用。另外，正如 Goekler et al.（2016）所指出的，VR 还能为受伤的运动员创造更有效的康复练习环境。换个角度来看，VR 的主要用途可能只是提供一个更有效的手段，让运动员实现一些能力目标。例如，当球队在手球门将的训练系统中加入 VR 设备时，Vignais et al.（2015）发现：它可以成为训练球员视觉感知的一种更真实有效的方式。

虚拟现实技术也在创造新形式的表现体验，这不仅是通过训练中的感悟来提高表现水平。例如，HTC Vive 的体验项目 Project Arena（2016）采用了手控器——玩家需要用手势动作来操控角色——并将其转化为一个需要网球技能的游戏，只不过它是在数字、虚拟空间和幻想竞技场中进行。另外，VR 界已经诞生出了全新的运动项目。例如，在 2018 年，HADO 电竞推出了使用 VR 头盔的游戏，在一个现实竞技场内，集社交、竞争元素为一体。在一场游戏中，四个玩家（二对二）在虚拟和现实空间中，使用头盔和移动控制器互相对战。

AR 技术正被越来越多地用于开发表现数据，最近，全球体育赞助商阿里巴巴和英特尔推出了一项合作。他们的新平台将结合实时数据、人工智能和 3D 追踪技术分析运动员的表现；该平台计划在 2020 年东京奥运会上推出（Sharma 2019）。这些技术革新的一个关键层面是商业伙伴如何扩大与体育相关的利益范围。例如，服务时间最长的体育赞助商之一，可口可乐，现在成为一个老牌电竞赞助商，甚至有自己的与游戏和娱乐平台 IGN 合作制作的 YouTube

电竞节目（Coca-Cola 2015）。他们以前可能被当作单纯的饮料供应商，现在，他们也越来越多地占据了转播公司和技术服务商的空间。

7 结论：XR在体育领域的未来

体育运动与数字 VR 体验有很多的共同点，因为两者都涉及新世界的创造。然而，这种共同点并不是体育所独有的，许多研究虚拟现实的早期论文也写到了它与戏剧及其各种衍生形式（如电影或电视）的深远关系。然而，体育是 VR 应用的独特场景，值得特别关注，部分原因是它们也被包装成了高度中介化的体验，在经济上依赖于庞大的传媒网络的协调，这些媒体网络集体动员，报道发生在现实空间的事件。在这方面，体育转播和媒体的历史不可避免地引发了对虚拟体育体验的实验，因为体育媒体一直在努力将新媒体技术整合进来，以产生规模更大的经济效益。正如英特尔体育的桑卡尔·杰奥拉姆所指出的："我们相信，沉浸式、互动式、个性化的体验，将决定球迷消费体育的下一个浪潮，这就是我们所关注的。"（Beer 2019）。

目前，有许多技术和文化轨迹影响着虚拟体育的发展；其中最重要的是 XR 体验的整合，它贯穿了运动员的表现体验以及观众参加赛事活动的各个环节。在这个构架中，电竞向 VR 世界的扩展转变显得格外关键。通过这种整合，体育世界与电子竞技世界的界限将继续模糊。虽然在 2028 洛杉矶奥运会之前，VR 运动可能不会出现，但目前的前景似乎比四年前更明晰，在四年前，能使这种体验成为可能的技术还没出现。

让我们考虑得更长远些：通过将虚拟技术与运动和竞赛体验相结合，新型的体育运动正在出现。目前，体育场馆正接受现代化改造，更多地使用浮现于媒体设施新应用领域的交互式物品和界面。这种激进设计的例子可以在先锋建筑公司 Populous 的作品中找到，该公司在 2019 年创造了世界上第一个电竞场馆（Hayward 2019）。

此外，观众还能体验到更多的可玩性元素，通过最新的技术模拟器，他们会越来越多地进入赛场，主动参与其中。此外，现场体育活动和数字游戏模块也能与下一代体育馆整合。从健身房的发展历程就能看出，现在的健身房对游戏化的运动组件使用得越来越多。2019年，Zwift推出了比赛性质的虚拟自行车骑行，它现在有了自己的国际比赛（Ballinger 2019）。

幻想运动和实体运动也可能会融合得越来越紧密，但这种赛事会越来越有力地减少、控制赛场上的不可预测因素——赛事方当然希望把这些因素降到最低点，为此他们越来越想把这种融合型的赛事纳入麾下。在这方面，电竞再次走到了行业"前沿"，他们要求玩家在其规则框架内参与游戏，并限制他们作为身体参与者的操作空间（Holden & Baker 2019）。这些都不是未来体育的理想特征，所以必须加以防范。

在未来，体育界会有越来越多的沉浸式体验，这些体验都结合了若干种虚拟技术，在未来，虚拟现实有望带来更有活力、更丰富的体育形式。这其中的一个重要组成部分是：业余体育也会朝虚拟空间汇聚。XR技术会给观众带来更综合的参与体验，这意味着观众不再是简单地坐着看，而是通过他们自己的身体活动，积极地参与进来。未来的精英体育体验不仅是可看的，也是可玩的。

参考文献

Balinger. (2019). *Zwift launches first e-racing league for pro riders featuring Cofidis, Team Wiggins and Canyon—SRAM*. Cycling Weekly. https://www.cyclingweekly.com/news/racing/zwift-launches-first-e-racing-league-pro-riders-featuring-cofidis-team-wiggins-canyon-sram-405569#jXz48cc7OUmM6UV2.99.

Beer, J. (2019, May 30). *I watched the NBA Playoffs in VR, and it's going to change how you watch sports*. Fast Company. https://www.fastcompany.com/90356626/i-watched-the-nba-playoffs-in-vr-and-its-going-to-change-how-you-watch-sports.

Biomajor & Oniatserj. (2017). *Dev: Summoning the worlds dragon transforming Beijing's bird's nest into a dragon's lair*. League of Legends. https://nexus.leagueoflegends.com/en-gb/2017/12/dev-summoning-the-worlds-dragon/.

Coca-Cola. (2015, October 22). *The Coca-Cola company joins forces with IGN for ESPORTS WEEKLY*. Coca-Cola. https://www.coca-cola.co.uk/stories/coke-joins-forces-with-ign-for-esports-weekly.

Craig, C. (2013). Understanding perception and action in sport: How can virtual reality technology help? *Sports Technology, 6*(4), 161–169.

Dredge. (2016, January 7). *Three really real questions about the future of virtual*. The Guardian. https://www.theguardian.com/technology/2016/jan/07/virtual-reality-future-oculus-rift-vr.

FC Bayern Munich. (2018, August 14). *FC Bayern App brings fan motifs to life*. https://fcbayern.com/en/news/2018/08/fc-bayern-app-brings-fan-motifs-to-life.

Gokeler, A., Bisschop, M., Myer, G. D., Benjaminse, A., Dijkstra, P. U., van Keeken, H. G., et al. (2016). Immersive virtual reality improves movement patterns in patients after ACL reconstruction: Implications for enhanced criteria-based return-to-sport rehabilitation. *Knee Surgery, Sports Traumatology, Arthroscopy, 24*(7), 2280–2286.

Gray, D. (2018, June, 13). *FA deliver virtual advertising in England's World Cup warm up match*. Adi.tv. https://www.adi.tv/blog/2018/06/the-fa-deploy-adis-virtual-hybrid-digiboard-tech.

Hayward, A. (2019, April 9). *Populous director Brian Mirakian on designing the Esports Arenas of the future*. The Esports Observer. https://esportsobserver.com/populous-mirakian-hive-berlin/.

Hill, M. (2018, February 8). *AR dragon 'crashes' the stage at 'League of Legends' ceremony*. Newscast Studio. https://www.newscaststudio.com/2018/02/08/ar-dragon-league-of-legends/.

Holden, J. T., & Baker, T. A., III. (2019). The econtractor? Defining the Esports employment relationship. *American Business Law Journal, 56*(2), 391–440.

Hopper, N. (2018, April 5). *MLB teams up with AR technology to enhance the Ballpark experience*. Protolabs. https://www.protolabs.com/resources/blog/mlb-teams-up-with-ar-technology-to-enhance-the-ballpark-experience/.

Huffman, R. K., & Hubbard, M. (1996). A Motion based virtual reality training simulator for bobsled drivers. In S. Haake (Ed.), *The engineering of sport* (pp. 195–203). Netherlands: Balkema Publishing.

Juul, J. (2005). *Half-real*. Boston: The MIT Press.

Landers, C. (2019, March 25). *Korea's SK Wyverns used augmented reality to bring a fire-breathing dragon to Opening Day*. Cut4 by MLB. https://www.mlb.com/cut4/korean-team-uses-dragons-on-opening-day.

Liverpool FC. (2018, July 25). *Reds fans to score at the Kop in world-first VR experience*. Liverpool FC. https://www.liverpoolfc.com/news/announcements/308852-reds-fans-to-score-at-the-kop-in-world-first-vr-experience.

Rettig, (2017, June 16). *STRIVR labs, DFB partner to make VR training work for Soccer Sport Techie*. https://www.sporttechie.com/strivr-and-german-football-association-dfb-form-vr-partnership.

Rosenberg, L. B. (1992). *The use of virtual fixtures as perceptual overlays to enhance operator performance in remote environments*. Technical report AL-TR-0089, USAF Armstrong Laboratory, Wright-Patterson AFB OH.

Sony Entertainment Interactive, LLC (2019. September 6). *Scaled VR engagement and views in an E-sports event*. World Intellectual Property Organization. https://patentimages.storage.googleapis.com/46/01/3d/c1a2469985d593/WO2019168637A1.pdf.

The Morning Show. (2019). *Esports could be heading to the Olympics, says IOC President Thomas Bach*. 7 Network. https://7news.com.au/the-morning-show/esports-could-be-heading-to-the-olympics-says-ioc-president-thomas-bach-c-95961.

Torres, J. C. (2016, March 2). *VR will be the most "anti-social" social, platform*. Slash Gear. https://www.slashgear.com/vr-will-be-the-most-anti-social-social-platform-02429959/.

Vignais, N., Kulpa, R., Brault, S., Presse, D., & Bideau, B. (2015). Which technology to investigate visual perception in sport: Video vs. virtual reality. *Human Movement Science, 39*, 12–26.

Whiteman-Stone, D. (2019, June 14). *Asos launches its first augmented reality feature*. Fashion United. https://fashionunited.uk/news/retail/asos-launches-its-first-augmented-reality-feature/2019061443676.

安迪·米亚赫博士是曼彻斯特索尔福德大学科学、工程和环境学院的科学传播和未来媒体协会的主席。他的研究重点是新技术的前景和隐患，他的职业生涯跨越了遗传学、纳米技术和超人类主义等领域。他热衷于跑步，有时也会参加铁人三项，不走寻常路最让他兴奋。他对《数字科技体育》这本书的兴趣源于一种好奇：数字和生物技术创新迅速改变我们的生活和进化方式，在这样的世界中，人类会怎样变化？

亚历克斯·芬顿博士是索尔福德大学商学院的数字商业博士。他的研究重点是创新的数字技术如何改善业务流程，并对个人产生积极的影响。在成为一名学者之前，他经营一家数字开发公司，并在1997年帮助曼彻斯特的虚拟商会上线运行。他还为各大体育俱乐部创建了一个名为Fan Fit的智能手机项目，该项目作为俱乐部的官方软件，帮助球迷进行体育锻炼。在空闲时间，他会自己制作苹果酒，组织音乐或技术节。他的研究方向是虚拟现实和球迷群体，灵感来自他对体育和数字技术的热爱，以及对体育俱乐部及其支持者的相关研究。

西蒙·查德威克，里昂商学院（巴黎）欧亚体育中心主任、欧亚体育产业教授。他的研究方向位于体育、商业、数字化和政治的交叉领域。查德威克曾为数家国际领军商学院工作，也曾就职于体育世界中最重要也最具影响力的数家组织。作为曾经的运动员和体育从业者，他一直寻求以体育的视角去理解复杂的世界。现如今，他散步的时候都会思考和体育相关的问题。

电子游戏、技术以及体育：未来是交互式、充满沉浸感并具有适应性的

约翰娜·皮克尔

摘要

在传统体育的观众人数下降的同时，直播平台、电子游戏和电子竞技等互动媒体的观众人数却在持续增加。在此背景下，皮克尔描绘了新一代消费者的画像，同时介绍了若干新技术，这些技术为参与性和沉浸式体验开辟了新途径。她表明，在虚拟现实、增强现实和人工智能等技术的帮助下，传统体育可以遵循互动媒体的成功策略，但这种影响并不是单方面的。皮克尔还介绍了体育和电子游戏之间的双向关系，以及随着技术的演进，这两个行业未来可能的发展方向。

1 引言

人们对传统现场运动的兴趣正在显著下降。每一年，观看体育比赛的观众人数都在减少；传统电视台在收视率下降和观众老龄化的困境中挣扎（Singer 2017）。究其原因，答案是代际变化。特别是最近的几代人，他们产生了新的消费行为、期望和需求。例如，Z世代出生的环境充满了互联网、智能手机和个性化、灵活多变的娱乐形式，他们完全无法想象：没有这些东西的世界是什么样子。他们是数字原生代，在一个互动、适应性强和快速发展的世界中成长起来。这一代人需要互动性和个性化的服务，他们不想被动地消费媒体内容；他们想成为体验的一部分（William 2015；Beall 2016；Northeastern 2014）。传统的电视节目不够灵活；因此，

Youtube 或 Netflix 等遵从用户需求、提供个性化服务的媒体平台，以及 Twitch 等互动直播平台，就正在取代那些传统媒体。

虽然许多行业目前正遭受观众人数和收视率的双重下降，但有一个行业的收入比数字电影行业、音乐行业和图书行业的总和还要多，那就是电子游戏行业。像 Rockstar Games 的《侠盗猎车手》（GTA）这样的游戏，产生的收入比《星球大战》这样的好莱坞大片还要多（Mitic 2019）。

因为游戏就是互动式、沉浸式的，它们积极地让用户参与其中。人们对游戏的迷恋是多方面的——它们吸引用户进入虚拟世界，让他们连续玩数个小时。但享受游戏互动性的不仅仅是玩家。通过像 Twitch 这样的直播平台，观众也越来越多地参与到游戏体验中（尽管他们是在看而不是在玩）。

电子游戏行业在发展创新技术和开拓新产品方面发挥了重要作用，拓宽了游戏体验的上限，让用户倍感兴奋（ESA 2013）。例如，虚拟现实显示器等技术提供了更多的参与式和沉浸式体验；它们能接纳更具现实感、更有创新性的娱乐与虚拟互动形式。用户可以在不离开客厅的情况下，参与全面而真实的游戏体验（Dede 2009）。三个因素——互动、参与和沉浸——似乎是游戏和直播服务等媒体形式大获成功的关键动力。与这些互动的、个性化的和快节奏的媒体形式相比，传统体育似乎显得缓慢而被动。那么，我们可以从电子游戏、电竞、直播服务和沉浸式技术中学习什么，以使传统体育的未来更具互动性和激励性？本章将讨论该问题，尝试得出类似问题的答案。此外，我还将概述传统体育在观众参与、沉浸式体验和互动性方面的潜在未来。

2 互动媒体在体育中的作用

电子游戏行业，尤其是游戏玩家，正在与一些偏见作斗争；例如，有人会把主流游戏玩家想象成一个自闭的年轻人，整晚都躲在地下室里玩射击游戏。然而，游戏爱好者的规模很庞大，玩家画像也自然是多样化的。以美国为例，65%的成年人都在玩电子游戏，其中46%的玩家是女性，平均年龄为33岁。他们喜欢社交游戏体验；63%的成年游戏者与他人一起玩。玩家也可能比一般人更接近体育世界，他们与运动员的共同点比人们想象的要多。他们更倾向于运动（平均4.1小时/周），运动量比普通美国人（3.9小时/周）更大。他们喜欢涉及竞争元素的游戏，这一点从某些游戏的流行程度可以看出；体育和赛车游戏是最受欢迎的类型之一，分别占销售额的11.1%和5.8%（ESA 2019）。体育类游戏 *NBA 2k19* 和 *Madden NFL19* 是2018年最畅销的五款电子游戏之一。特别是千禧一代游戏玩家（18~34岁之间）和X一代游戏玩家（35~54岁之间），都将 *Forza*、*NBA 2K* 和 *Madden NFL* 等赛车和体育类游戏列为他们最喜欢的游戏。电子游戏和模拟器也一直受到传统体育的启发；而且许多销量最高的游戏都是基于现实中的体育项目而制作的（Arshad 2014）。那些知名的游戏系列，如 EA Sports 的 *FIFA*、*NBA Live*、*Need For Speed*、*F1 2019* 和《实况足球》都与真实的体育比赛息息相关。这些游戏模拟了传统体育项目的玩法，并且因为运动本身的流行而受到欢迎。它们为非职业运动员提供了参加比赛的机会，玩家能驾驶速度最快的汽车，甚至在伯纳乌球场的绿茵场上踢球。

电子游戏不仅提供了模拟真实运动的机会，还能创造现实生活无法比拟的运动体验。一个早期的例子是电子游戏 *Speedball*（The Bitmap Brother/位图兄弟公司 1988），这是一款未来主义和暴力主题的赛博朋克体育游戏，汇集了手球和冰球元素。Psyonix 的《火箭联盟》是目前最突出的例子。它结合了两项流行的运动：足球和赛车——两队人马开着火箭驱动的汽车对决，将球打进球门。在2018年，该游戏有超过5 000万的注册玩家（De Meo 2018），粉丝群体非常庞大；而且游戏锦标赛和世界杯的组织方式与传统体育赛事一样。这两个例子表明，体育是数字世界的一个重要灵感来源。此外，数字世界为传统体育提供了更多虚拟的可能性，因为这些玩法如果在现实世界中复现，就太过危险，以至于失去可行性。

但是，不仅仅是体育在塑造数字世界。数字世界也在日益影响着体育世界。例如，滑板运动在很长一段时间内并不为许多人所知。而通过电子游戏，这项运动被数百万从没摸过滑板的儿童所熟知。一夜之间，孩子们就开始用各种滑板术语谈论他们最喜欢的动作，了解相关的品牌、运动员，甚至是以音乐为代表的滑板文化。这款游戏迅速将一项小众运动变成了一项时尚运动，将滑板运动推向了主流，并激励年轻的游戏玩家成为滑板运动员（Ombler 2019）。

基于体育的电子游戏通常也与体育项目本身挂钩。它们有专业的比赛，是新一代越来越重要的娱乐形式，自然也形成了可观的市场规模。例如，由国际足联和 EA 体育公司举办的国际足联电子世界杯，是世界上最大的电子游戏比赛（Strudwick 2014）。2019 年国际足联电子世界杯总决赛的收视率创造了新纪录——在线观众从 2018 年的 2 900 万人次增加到 2019 年的 4 700 万人次，增长了 60%（FIFA.com 2019）。到 2021 年，电子竞技的观众人数预计达到 8 400 万，超过了 NBA 和 NHL 等传统体育联盟（MBA Syracuse 2019）。我们必须关注这个相对年轻但增长极快的行业，我们必须抓住机会，学习他们成功的观众融入和激励策略，以恢复传统体育的观众体验。

例如，电子游戏行业为玩家和观众创造了参与性体验，而且还在不断优化中。通过亚马逊提供的直播服务（如 Twitch），观众可以观看其他玩家打游戏的画面。通过聊天功能，该平台允许观众和主播/玩家进行社交互动，并可以通过下指令来影响游戏走向。

了解电子游戏行业当前的趋势，如互动式的观众参与方式，可以让我们从观众的角度洞察体育比赛的未来。

3 观众体验的未来

在观众体验方面，互动性和参与性是电子游戏与传统项目最大的不同。目前，传统体育赛事在运动员和观众之间的互动空间很小。当运动员上场表现的时候，观众最多只能欢呼和鼓励。但在数字世界中，这一点就有所不同了，观众越来越成为比赛的一部分。在本节中，我们将探讨游戏产业的当前趋势如何塑造观众体验、如何影响观众参与体育的未来。

3.1 积极的观众

"你最喜欢的运动是什么？"如果你今天问这个问题，体育爱好者们的答案往往不是他们自己会练的运动，而是他们喜欢看的运动。我们可以在电玩世界中观察到一个类似的现象。越来越多的人喜欢看别人玩游戏，而不是自己玩。经典的电竞赛事吸引了世界各地的观众到真正的体育场馆，去看他们喜欢的选手打游戏。人们也会用 Twitch 这样的互动直播平台来看直播并与其他人交流。通过替代平台来体验电子游戏能带来各种机会，观众可以获得有关游戏、选手和比赛的额外信息与数据。例如，观众可以看到比赛的整个地图、每个选手的视角，并了解到选手为比赛选择的特定策略。这种实用信息创造了新颖有趣的观赛场景和个性化的体验机会。各种图形用户界面也让观众能安排个性化的观赛界面（Pirker & Angermann 2019）。

互动直播等趋势也影响了游戏的开发过程。电子游戏不再只为玩家设计，它们也包含更多的赛事元素，让直播用户和赛事观众更感兴趣。体育和电子游戏的观赛行为和动机是相似的，包括认同运动员、享受游戏/比赛的美感、感受比赛的刺激和戏剧性、从运动员的技能中获得知识、与其他观众互动、团体归属感、支持一个特定的团队或运动员等元素（Pirker & Angermann 2019；Matsuoka 2014；Alonso Dos Santos & Montoro Rios 2016）。但电子游戏观赛与传统体育观赛的区别在于互动性水平和获得额外信息的选项。

电子游戏的观赛市场是电玩行业中一个越来越重要的领域。Twitch 和类似的直播平台是各游戏公司必不可少的营销平台，有趣的直播体验对游戏的销售至关重要。玩家与观众、观众与游戏、观众与其他观众之间的积极互动已经是电子游戏设计环节的一部分。

吸引观众参与的典型活动是游戏内的聊天、投票、喝彩和游戏修改（Mirza-Babaei 2018；Stahlke et al. 2018）。

我们在电子游戏中看到的是一种观众互动、参与的新方式。未来的体育观赛也可以是互动的。通过可穿戴设备，观众能看到运动员的各项数据，从而缩短了运动员和观众之间的距离。在接下来的章节中，我们将讨论能够影响观众和运动员体验的三种主要技术：①交互式体育体验和直播服务；②虚拟现实技术；③增强现实技术。

3.2　体育观赛的民主化

目前电子游戏行业最先进的技术——基于数据和个性化的观众体验——在未来可能成为体育界的常态。人们将收集更多的运动员实时数据，在体育场馆中安装更多的摄像机，例如动作捕捉摄像机和360°摄像机，这些设备将让人们获得他们最喜欢的球员的视角，从球员视角看比赛。通过开放的数据接口，各路用户都能访问这些数据。观众可以在自己的显示器上看到个性化的信息和摄像机视角。录像数据和运动员的可用信息会越来越多，这些信息将被进一步开放访问，未来会产生一个类似于"观众体验民主化"的运动。每个用户都能自主选择赛事信息、可视化工具、聊天互动和摄像视角来设定自己的观赛界面。

然而，这也可能导致信息过载。一方面，赛事方将访问各种数据渠道，并策划内容，以提供更多的专门渠道。另一方面，基于人工智能的技术将使观赛体验更加自动化和个性化。通过人工智能方法，赛事方能根据观众的偏好和往期数据来设计定制化的观赛体验。例如，罗纳尔多的球迷能在观赛时，看到更多罗纳尔多的镜头，同时与所有观看比赛的罗纳尔多球迷聊天。

未来的赛事会有更多观众参与、互动。在电子游戏中，观众可以为自己喜欢的选手加油，而这些选手也会因此获得特定的游戏奖励，如更好的武器或额外的生命。这个系统已经在游戏行业发挥作用，并开始影响体育行业。通过新的体育体验界面，观众也有可能影响比赛甚至运动员。例如，已经付诸实践的 Formula E（电动方程式）比赛的粉丝支持系统。在这里，用户为他们最喜欢的车手投票，给他们一次额外的加速机会（Formula E Fanboost 2020）。未来的球迷还能对裁判的决定进行投票，对运动员或团队进行奖励或惩罚，甚至给球员提建议，帮他们赢下比赛。通过这些互动，观众和运动员的关系将更加密切，也能结成更多的人际关系纽带。

随着新硬件的引入，人们还能探索更多的数据收集和体验形式，特别是 AR 和 VR 技术。

4 玩转现实

4.1 增强和减弱的现实

增强现实为运动员提供了新的可能性，以优化他们的训练和运动表现，升级技能，并通过额外的信息减少受伤的风险。例如，智能滑雪镜已经可以显示速度、规划更理想的路线，为运动员提供场地或运动表现的信息。这个例子和其他许多案例一样，都是多次研究和实践的产物。

像 AR 这样的技术也可以提供新的机会，让观众参与到现场的体育赛事中。AR 眼镜可以使增强现实成为可能。观众可以坐在体育场内，看到比赛场地内的各种元素（例如越位线）、球员名字和其他看不见的球员数据。

一个不常讨论的选项是使用这种技术来淡化现实。AR 技术大多用来显示额外的信息和物体。然而，同样的技术也可以用来减少或改变现实中可见的内容。人脸可以被模糊，广告可以被涂黑，物体可以消失。比如说，在一次犯规后，足球运动员被处以视线受限的处罚？

AR 设备为运动员和观众提供了几种有趣的可能性。然而，目前的 AR 设备，如微软的 HoloLens 或 MagicLeap，仍然很昂贵，而且佩戴起来不舒服。除非该技术具有成本效益且更容易获得，否则它们不会进入主流市场（Augmented Reality in Sports 2019）。特别引人注意的是，像智能隐形眼镜这种技术的引入，可能会彻底改变体育领域的增强（和减弱）现实的格局，尤其对运动员和观众而言。

4.2 在球场之外

虚拟现实（VR）头盔能让佩戴者沉浸在一个虚拟空间中。他们可以体验到现实中不可行、太昂贵或太危险的事情。VR本身并不是一项发明。在过去的40年里，各路专家都在探索虚拟空间的潜力，人们能通过头戴式显示器（HMDs）快速进入虚拟世界，这一领域已经在各个学科得到了广泛的研究（Freina & Ott 2015；Bruce & Regenbrecht 2009）。

对运动员来说，VR技术提供了令人难以置信的可能性。而且随着VR头盔的普及和轻量化，应用场景的数量会越来越多。在斯坦福大学，VR技术已经被用于足球训练（VR training make Stanford kicker a hero: Strivr testimonial 2016）。研究人员能证明：这种形式的虚拟训练是一种有效的、沉浸式的学习方式；因此，运动员可以通过更加个性化的、性价比更高的、更灵活的训练形式为比赛做准备。随着未来硬件的不断改进，类似的机会还将增加——想象一下，用户不仅"看到"虚拟现实，还能通过触觉反馈和更自然的方式参与体验和互动（如手套、连体衣），更全面地感受虚拟现实的要素。

VR也能让观众成为体验的一部分。对观众或非运动员来说，VR工具能让他们更好地了解这项运动，在不参与运动的情况下成为运动体验的一部分，并通过逼真的模拟参与运动，这些模拟的运动项目通常太昂贵（如驾驶赛车）、太危险（如低空跳伞），或者毫无可行性（如无装备的飞行）。另外，通过VR，观众可以更好地理解运动员的视角。观众可以从守门员的角度回放一段镜头，了解他/她为什么没拦住球。例如在滑雪运动中，通过平坦地面上的摄像机视角，观众通常很难理解运动员的速度、跳跃的高度或地形的陡峭程度。VR 可以让观众坐在蒂罗尔州的哈嫩卡姆山脊上，了解这场比赛的真正危险之处。对观众来说，VR 是一个巨大而现实的机会，可以使体育更有吸引力，更容易接受，更刺激。

在更遥远的未来，VR 还可以使真正的运动员、运动爱好者与来自数字世界的运动员同场竞技。人们将创造崭新的体育体验，也将发明全新的体育类型。

5 当玩家成为运动员，运动员成为玩家

体育游戏和数字体育模拟已经达到了现实主义的顶峰。结合室内自行车训练器、硬件车辆模拟器和跑步机等智能设备，各种体育游戏不仅可以在视觉上满足用户，玩家还能在客厅里进行物理操作。在此，我们不得不问自己，电子游戏或体育模拟，与传统体育还有多大区别？

由于最近的事件，我们离这两个世界的融合又近了一步。2020 年，新冠肺炎疫情袭击了职业体育界。大多数比赛都不得不取消；训练也受到严重限制，因为团队训练和任何有潜在健康风险的训练（如自行车碰撞）都必须停止。体育界不得不寻找新的训练和比赛方法，以减少财政和体育方面的损失。因此，"电竞现象"开始蔓延到各个传统体育类目，体育协会也推出了各种在线举措。

例如在疫情期间启动的奥地利电子自行车联盟，就是一个在线自行车的系列赛（ÖRV 2020）。比赛不仅对专业人士开放，还对所有自行车爱好者开放，只要他们装备了比赛所需的设备——能测量心率和运动消耗的室内自行车智能训练器。在这种情况下，自行车代表游戏控制器。在这个系列赛中，游戏玩家有机会与专业运动员竞争。

此外，F1 赛事方还推出了 F1 电竞虚拟大奖赛系列，作为其比赛的虚拟替代品（Formula 1 2020）。这些比赛在主流的电竞渠道，如 Twitch、Facebook 或 YouTube 上播出。他们使用了 Code-masters 官方的《F1 2019》电脑版游戏作为比赛平台，而现役的 F1 车手也

成了游戏玩家。这不仅是娱乐F1车迷的好方法，也能让人们在比赛限制解除后，依然对这项运动感兴趣。

在未来，更多的运动设备和传感器将让人们在家里或专门的工作室里物理性地参与各种运动，并连接更加真实的运动模拟和电子游戏。与VR相结合，将实现更逼真的运动体验。在这种逼真场景的帮助下，运动员有可能跨越他们之间漫长的现实距离，在虚拟赛场上相互竞争。除此之外，非职业运动员——游戏玩家也将有机会与顶级运动员同场竞技。

6 电子游戏的未来

游戏产业推动了许多重大的技术进步，包括硬件的重要创新、强大的图形处理单元、人工智能研究、软件工具（如强大的游戏引擎）以及观众体验、VR和AR等。很明显，游戏的未来将围绕着重大的技术飞跃展开。

虚拟现实和增强现实将是未来电子游戏的重要元素。VR技术可以创造全新的、完全沉浸式的游戏体验。但这也需要新的游戏设计准则。在VR游戏中，用户通常以第一人称视角进行游戏，因此，更多的游戏将遵循此道。在大多数成熟的体育游戏中，玩家看到的是类似于电视转播的视角（足球比赛、NHL、NBA、滑板）。目前很少有游戏是以第一人称视角进行的（赛车、自行车），尽管它们的确允许玩家成为拥有智能训练设备的运动员。由于VR的出现，未来将为玩家带来更多第一视角的运动体验和补充设备。想象一下，为登山者提供的VR攀岩体验与攀岩机相结合，或者为跑步者提供的"VR纽约马拉松"与跑步机相结合，会是怎样一番图景。

电子游戏的适应性和个性化水平会越来越高。通过数据分析，游戏可以自动适应特定的游戏风格、玩家类型或技能。这将使玩家充分参与并优化训练效果。这种个性化的体验也将影响数字体育世界。一级方程式赛车的驾驶员可以在"基于人工智能的幽灵系统"的帮助下进行训练，该系统以个性化的方式指导驾驶员找到理想的线路。另外，游戏引擎在未来也会愈发先进，影响也会越来越大。游戏引擎是用于创建游戏的软件工具。自从那些免费的、对用户友好的游戏引擎（如 Unity 或 Unreal Engine）发布以来，游戏开发就变得更加方便，并向更多的用户群体开放。一些游戏引擎能让用户在没有游戏开发或编程知识的情况下打造游戏。建筑师也能用游戏引擎来规划建筑，考古学家可以再现考古遗址，历史学家可以创建虚拟博物馆。另外，运动员也能开发他们的虚拟训练或 VR 马拉松体验，并与世界各地的爱好者分享。在未来，运动员不仅会成为一个游戏玩家，而且还会成为一个游戏开发者。

7　结论

继电子游戏产业之后，体育的未来也有许多令人兴奋的可能性。我们已经看到，观众不仅需要观赛，还需要直接积极的互动。在互动直播服务的推动下，电子游戏的观众可以与其他观众、玩家或游戏本身进行互动。未来的技术也将使体育界的观众更积极地参与其中，这也将使观众、运动员和体育赛事之间的联系更加紧密。

目前，游戏观众可以根据选手的表现来奖励或惩罚他们，类似的发展在体育界也是可以想象的。虽然在技术含量更高的运动中已经进行了初步尝试，如赛车运动（电动方程式车赛的粉丝助力设置），但 AR 和 VR 等技术的进步让传统运动也具备了类似的可能性，如足球或滑雪。例如，AR 使观众获得赛事现场的额外信息。一方面，这让运动员有了优化比赛策略的可能（例如滑雪时的最佳线路），但也可以通过改变视角或缩小视线范围（例如作为犯规的惩罚）来开发新的运动场景。

这些技术还提供了个性化的可能性。观众可以通过虚拟现实技术快速选择前锋、裁判或下坡滑雪者的视角。他们会更加理解运动项目和运动员，对运动的热情也会上扬。观众就在场上亲历，而不仅仅是比赛的被动观看者。

电子游戏和体育这两个行业的未来将更加多元化，更加令人兴奋，但它们也不是没有挑战。收集更多的数据有利于打造个性化的赛事和观众体验，同时也能提高训练水平。然而，这也会导致信息和数据过载。体育的数字化也为作弊提供了更多机会。因此，安全专家和计算机专家将成为体育组织中更加不可或缺的一部分。

但是，将游戏和体育产业更紧密地联系在一起，对双方都是有利的。其中的好处是，游戏玩家可以在自己的客厅里参加专业的体育比赛，运动员可以用更灵活的方式参与训练和比赛，而不受时间和地点的限制。逼真的 VR 体验将使每个人都能享受到现实中无法经历的运动体验。只要你拥有 VR 设备和智能攀岩设施等外设装备，你就能在家里享受攀登珠穆朗玛峰的乐趣。虽然这种体验可以被真实地模拟，但在现实中，意外和潜在的危险都是攀登体验的重要组成部分。VR 体验不能取代真正的登顶感受，至少，现在还不行。

参考文献

Alonso Dos Santos, M., & Montoro Rios, F. J. (2016). Scale of spectators' motivations at soccer events. *Soccer & Society, 17*(1), 58–71.

Arshad, S. (2014, May). 10 most successful sports "Video Games" franchises. Retrieved from https://www.tsmplug.com/games/most-successful-sports-games-franchises/.

Augmented Reality in Sports. (2019). Retrieved from https://thinkmobiles.com/blog/augmented-reality-sports/.

Beall, G. (2016, May). 8 key differences between gen z and millennials—The Huffington Post. Retrieved from http://www.huffingtonpost.com/george-beall/8-keydifferences-betweenb12814200.html.

Bruce, M., & Regenbrecht, H. (2009). A virtual reality claustrophobia therapy system-implementation and test. In *Virtual Reality Conference, 2009, VR 2009* (pp. 179–182). IEEE.

Dede, C. (2009). Immersive interfaces for engagement and learning. *Science, 323*(5910), 66–69.

De Meo, F. (2018). Rocket league reaches 50 million players worldwide in its fourth year. Retrieved from https://wccftech.com/rocket-league-50-million-players/.

ESA. (2019). 2019 essential facts about the computer and video game industry. Retrieved from https://www.theesa.com/wp-content/uploads/2019/05/ESA_Essential_facts_2019_final.pdf.

Formula 1. (2020). Retrieved from https://www.formula1.com/en/latest/article.formula-1-launches-virtual-grand-prix-series-to-replace-postponed-races.1znLAbPzBbCQPj1IDMeiOi.html.

Formula E Fanboost. (2020). Retrieved from https://fanboost.fiaformulae.com/.

FIFA.com. (2019, August 14). FIFA eWorld Cup 2019—News—FIFA eWorld Cup 2019 Grand Final generates record viewership. Retrieved from https://www.fifa.com/fifaeworldcup/news/fifa-eworld-cup-2019-grand-final-generates-record-viewership.

Freina, L., & Ott, M. (2015). A literature review on immersive virtual reality in education: State of the art and perspectives. In *The International Scientific Conference Elearning and Software for Education* (Vol. 1, p. 133). Carol I National Defence University.

Matsuoka, H. (2014). Consumer involvement in sport activities impacts their motivation for spectating. *Asian Sport Management Review, 7,* 99–115.

MBA Syracuse. (2019, January 18). With viewership and revenue booming, esports set to compete with traditional sports. Retrieved from https://onlinebusiness.syr.edu/blog/esports-to-compete-with-traditional-sports/.

Mitic, I. (2019, September 12). Video game industry revenue set for another record-breaking year. Retrieved from https://fortunly.com/blog/video-game-industry-revenue/.

Mirza-Babaei, P. (2018). Beyond player experience: Designing for spectator-players. *User Experience Magazine, 18*(1). Retrieved from https://uxpamagazine.org/beyond-player-experience/.

Northeastern. (2014, November). Meet generation z—Full survey results. Retrieved April 16, 2017, from http://www.northeastern.edu/innovationsurvey/pdfs/Innovation_Summit_GenZ_Topline_Report.pdf.

Ombler, M. (2019, September 4). 'It inspired a generation': Tony Hawk on how the Pro Skater video games changed lives. Retrieved from https://www.theguardian.com/games/2019/sep/04/tony-hawks-pro-skater-playstation-games-skateboarding.

ÖRV (2020). 'Ritzinger und Machner gewinnen den historischen Auftakt der eCycling League Austria'. Retrieved from https://www.radsportverband.at/index.php/aktuelles/radsport-news/allgemein/4832-ritzinger-und-machner-gewinnen-den-historischen-auftakt-der-ecycling-league-austria.

Pirker, J., & Angermann, R. (2019). Tackling audience experiences in games. In *Game Developers Conference 2019.*

Singer, D. (2017). We are wrong about millennial sports fans. Retrieved from https://www.mckinsey.com/industries/media-and-entertainment/ourinsights/we-are-wrong-about-millennial-sports-fans#0.

Stahlke, S., Robb, J., & Mirza-Babaei, P. (2018). The fall of the fourth wall: Designing and evaluating interactive spectator experiences. *International Journal of Gaming and Computer-Mediated Simulations (IJGCMS), 10*(1), 42–62.

Strudwick, C. (2014, July 3). Watch live: Gamers battle out to win at record-breaking FIFA Interactive World Cup. Retrieved from https://www.guinnessworldrecords.com/news/2014/7/watch-live-gamers-battle-out-to-win-at-record-breaking-fifa-interactive-world-cup-58551.

The Bitmap Brother. Speedball. Game [Amiga]. (1988). Image works, UK.

VR training make Stanford kicker a hero: Strivr testimonial. (2016). Retrieved from https://www.strivr.com/resources/customers/stanford/.

Williams, A. (2015, September). Move over, millennials, here comes generation z. The New York Times. Retrieved from https://www.nytimes.com/2015/09/20/fashion/move-over-millennials-here-comes-generation-z.html?r=0.

约翰娜·皮克尔是格拉茨技术大学游戏工程专业的助理教授，也是格拉茨游戏实验室的主任。她的研究重点是设计数字游戏和VR体验来解决现实世界的问题。得益于她的工作，她被列入《福布斯》"30位30岁以下科学家"的名单。在进入学术界之前，她曾在游戏行业工作，现在依然为游戏用户研究领域的工作室提供咨询。在空余时间，她喜欢骑山地自行车、滑雪、拳击。在她的章节部分，皮克尔结合了她的两个爱好：电子游戏研究和体育。

不可思议的体育

布里安·苏维拉纳和加西亚·霍尔迪·拉瓜尔塔

摘要

为了阐明未来的技术将如何塑造未来的体育,苏维拉纳和拉瓜尔塔探讨了一个想象中的未来场景——跟随一个虚构人物和她的家人度过他们的寻常一天。他们强调了物联网、机器人和自动化、信息处理、通信和法律编程等领域的技术在新型运动中的潜在应用价值。本章还探讨了体育运动的潜在意义,除了满足娱乐需求之外,体育还能解决现实生活中的问题,以其他方式改善社会,例如改善人类与动物的关系,提高危险环境的安全性,并打造更高效的智能城市。

1 引言

体育和技术相互促进发展了几十年。技术的创新使新运动的产生成为可能,并提供了使体育运动更出色、更安全、更公平的工具。如果没有风帆的发明,就不会有帆船运动;如果没有马达,就不会有 F1 和 MotoGP(世界摩托车锦标赛);而足球、网球和篮球等球类运动仍然会受到误判的影响。作为交换,体育已经成为技术创新的催化剂,许多技术都从职业体育领域扩散到健身、健康和保健等大众领域。

现在,体育比以往任何时候都更受欢迎,社会将运动员视为健康生活的标杆。考虑到这一点,再加上新技术革命的萌发,就激发了人们对未来体育的畅想,以及——在塑造这个未来的过程中,他们将扮演什么角色。

在这样的背景下，笔者认为有九个不同的技术领域将在未来几十年内取得重大进展，本章会围绕这些领域——以及它们可能产生的九种新式"不可思议"的运动——展开重点讨论。尽管这些不可思议的运动可能永远也不会实现，但它们让我们看到了未来技术可能带来的新成果。本章描述的九个技术领域被分为三个不同的方向：生命、信息和物质。

2 概览

本章会邀请你进入一个想象中的未来；我们跟随布朗博士和她的家人度过他们生活中的一天，以阐明许多看似"不可能的"运动，会因未来技术及其潜在应用而变得可行。在我们想象的未来，物联网（IoT）、大数据和网络安全的发展会比目前成熟得多。该情景旨在探索目前处于不同发展阶段的技术的潜在用途——有些甚至可能是无法实现的。在"未来情景"中的技术被分成九个组别。前三组将关注生命：人工生命，为新型非人类生命形式带来"智能"的技术；传感技术，健康传感器和3D导航；人机接口，供人使用的增强现实界面。接下来的三个分组将以信息为中心：处理，像人类一样的人工智能推理和信息处理技术；存储，以分布式、安全和高效的方式存储信息；网络，不论远近，实现信息共享。最后三个组别围绕着"物质"展开：透气物质，迄今为止只有人类才能完成的装配任务；高分辨率管理，管理微小单位的物体；法律编程，实现新合同、支付和治理方案的技术。图1说明了本章将探讨的九大类技术。

为了说明它们的潜力，这九组技术中的每一组都由一个独立的"不可思议的体育"来代表。此外，每项运动都能描绘出它在促进特定行业创新中的作用。表1显示了每项运动与产业间的配对关系，并描述了每项技术将为其相应产业带来的价值。

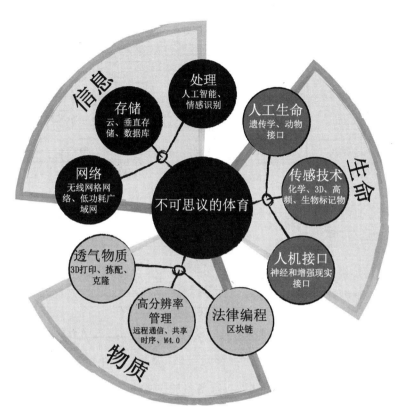

图 1 九组技术示意图

表 1 技术摘要及其相应的运动和影响行业

领域	技术	运动	描述	行业
生命	人工生命	AI 宠物伴侣竞赛	非人类生命形式的智能界面	神经科学
	传感技术	卡路里竞赛	健康传感器和 3D 导航	健康诊断
	人机接口	在 AR 现实场景下，与足球传奇巨星互动	面向人的 AR 交互	生物机电一体化的半机械人

续表

领域	技术	运动	描述	行业
信息	处理	虚拟竞技	像人类一样进行推理和处理	人工智能
	存储	救护车比赛	以分布式、安全和高效的方式存储信息	智慧城市
	网络	雪崩狩猎	远近信息共享	电信业
物质	透气物质	无排放赛车	到目前为止只有人类可以做的组装任务	可再生能源
	高分辨率管理	仓库逃生	管理微小单位的邮件包裹	物流和机器人技术
	法律编程	打造体育帝国（一款经典的体育经营游戏）	技术使新的合同、支付和治理方案成为可能	数字银行

3 上午7:30—8:30：人工生命——AI宠物伴侣竞赛

布朗博士的狗"穆迪"正准备参加一年一度的"狗狗奥运会"，这场比赛通过与人工智能伴侣完成一系列任务，来测试宠物的体能和智力。在过去的几年里，动物接口技术的发展，使狗和人工智能系统之间的基本沟通成为可能，狗狗比赛有了很大发展。从利用智能项圈教育狗在家里的简单习惯和规则，到发展成人工智能伴侣，技术赋予了狗狗更多的实用性和自主性（Mancini et al. 2017）。

在开始它的日常训练时，穆迪的智能项圈会收到警报，它会借助这些信息来完成任务（Mancini et al. 2017）。它的第一个任务是去拿一些杂货，它的智能项圈会计算出到最近的商店的路线，并给穆迪提供相应的指导。项圈的360°立体摄像头会在穆迪过马路时提醒它有车辆接近，并让布朗博士保持对它的关注（Golbeck & Neustaedter 2012）。不过，布朗博士并不太担心。她知道，如果穆迪偏离路线太远，项圈的位置跟踪功能会触发地理围栏（实际区域中的虚拟边界）的警报。

当穆迪到达便利店时，它通过项圈收到了进一步反馈，引导它到狗狗专用的柜台处。它拿起杂货，飞快地跑回家把东西放下。接下来，它收到了反馈项圈的另一个消息，让它跑到附近的海滩回收塑料垃圾。当它到达海滩时，项圈上的计算机视觉系统检测到附近有一个塑料瓶，并引导穆迪把瓶子捡起来，扔到最近的回收箱。工作完成后，穆迪就回家去享受背部按摩了。

4　上午9:45—11:45：传感技术——卡路里竞赛

通过家庭防御系统的验证之后，穆迪回到家中。当它走进客厅时，发现布朗博士正在努力打破附近社区的卡路里竞赛纪录——这是一项流行赛事，目的是在一定时间内减掉最大数量的卡路里。通过新式的高精度传感器，布朗博士的卡路里追踪器可以检测到相关的生物标志物，并使用一种算法来准确测量燃烧的卡路里数量。她的物联网私人教练根据她身体的健康水平和卡路里目标，指导她进行个性化的锻炼，根据生物传感器的反馈实时调整，以最大限度地消耗卡路里（Konstantas 2007）。

就在布朗博士做完最后一个俯卧撑的时候，她收到了 AR 通知，说附近的一个婴儿床检测到了一名婴儿出现心律不齐（Konstantas 2007）。布朗博士一边观察婴儿的生命体征，一边跑出前门；她的余光一直追踪着人行道上闪烁的紧急警报灯，指引她前往紧急情况发生的地点。几架无人机从当地诊所飞出，带着专为婴儿设计的专用设备到达，为了应对这种特定情况，无人机载荷包括了稀释的肾上腺素和其他液体药品。一辆当地社区的自驾车将自己改装成救护车，跟上了布朗博士，并接上她，以子弹头列车的速度驶向最后 1000 码的地址；所有其他车辆都停到路边，让他们安全、轻松地通过。

5 下午12:30—1:30：人机接口——在AR现实场景下，与足球传奇巨星互动

当布朗博士和她的儿子坐下来吃午饭时，机器人助手从厨房的另一边拿起鲜榨果汁，把一个玻璃杯轻轻放在她面前，另外把一个塑料杯放在她儿子面前。助手离开房间，布朗博士开始和她的子女们聊聊彼此的生活。她的女儿正在国外学习，盘旋在桌子上方的投影无人机播放出了女儿的全息画面，她分享了最近在《AR 实况足球传奇》（Azuma et al. 2001）中获得的成就。这项在线运动相当于 AR 版的足球赛，用户通过与真实的世界级足球运动员进行模拟比赛，来提高他们的足球水平。当用户开始一个新的游戏时，投影无人机会投放全息影像，将房间变成一个足球场（Bajura et al. 1992）。现任、退役的职业足球运动员在过去比赛中的动作将会被真实地模拟、投射到球场上。这项技术已经得到了检验，它是如此逼真，以至于职业足球队都会玩这款游戏，为现实中的比赛做准备，了解他们要迎战的不同球队。

布朗博士的女儿和家人们分享了一个好消息，在游戏中，她扑下梅西和马拉多纳点球的比例是全国最高的，她因此被评为英国最好的守门员，并获得了国家队门将的职位，参加 AR 足球传奇世界杯，这是一项在虚拟体育场举行的比赛，球员和球迷无论在哪里都可以参加。

6 下午2:00—2:45：处理——虚拟竞技

布朗博士和穆迪吃完午餐后，他们乘坐社区的一辆自驾车前往一座历史博物馆。在路上，布朗的手机通知她，他们的路线上出现了长时间的堵车。突然，她的智能手机助手自动开启，并建议玩几场"智力运动"来好好利用这些空闲时间。布朗博士对着相机镜头点点头，她的智能手机助手打开了"智力运动"软件。通过分析布朗博士的兴趣、过去的谈话和即将发生的事件，她的助手提出了一

些布朗博士可能感兴趣的类别,如数学、体育科学和历史(Moor 2006),她选择了补习历史知识,为随后参观历史博物馆做准备。

布朗博士与她的同事配对,后者也是通史课程的四级生,现在就在线上。计时器开始倒计时,智力运动的人工智能根据两人的心理分析、读过的书和学过的课程,在网上搜索相关信息,并准备好一套问题。这些问题是为两人之间的公平竞争而特地准备的(Baum et al. 2011)。当两个人都答错时,系统会根据每个人的学习能力来为他们呈现答案,让他们更高效地学习(McArthur et al. 2005)。

自驾车到达历史博物馆时,激烈的比赛刚刚结束,布朗博士和穆迪跳下车。当他们走进博物馆时,图像识别系统认出了布朗博士的脸,并自动从她的银行账户中扣款;布朗迫不及待地应用她新获得的知识,以充分享受这段博物馆经历。

7　下午4:00—5:00:存储——救护车比赛

即使在这个遥远的未来,在漫长的博物馆参观之旅结束后,人们依然会沉迷于户外新鲜的空气。布朗博士的物联网健康助理建议她和穆迪在回家的路上多走走。当她开始行走时,她的鞋子立即开始捕捉、处理信息,并借助人行道上的传感器,将路面状态信息转发到远程数据存储中心。除了整体环境状态和建筑环境的维护数据外,她的个人统计数据也被上传至大数据中心进行分析。

停在红灯前,布朗博士看到两辆救护车快速驶过。她记得今天是城里一年一度的救护车比赛——这场比赛将选出最快的救护车司机。他们必须以最快的方式到达医院,然而,如果他们开得过于狂野,有发生事故的危险,就会受到惩罚。不过布朗博士并不担心,这种比赛不太可能发生事故,因为该地区的所有汽车都通过云端进行协调,实时分享数据,以最大限度地利用道路流量,防止事故发生。

由于纵向数据库的进步,智能城市已经收集和分析了每个路口的数据,以简化交通。限速不再存在——这在几年前似乎是很愚蠢的事情。然而，由于分布式数据存储和共享技术的改进，驾驶事故已经成了过去式。

8　下午5:20—5:40：网络——雪崩狩猎

布朗博士继续走在回家的路上，她查阅了她的社交网络，看看需要关注哪些朋友。她的软件显示，她已经有一段时间没有见到朋友迈克了，而他的家就在她回家的路上。布朗打电话问他是否有空，迈克则邀请她去喝咖啡。并兴奋地向布朗博士展示了他的 SmartCook2029，他的新机器人厨师。迈克——以喜爱他的手工咖啡而闻名——用精确的手势指导机器人调出最佳的咖啡和奶油配比。布朗博士则点了一份她最喜欢的蛋白质沙拉。

当他们坐下来时，迈克介绍了他最近热衷的一项新运动——雪崩狩猎。这项运动主要是探测和引爆可能导致雪崩的积雪。通过在陡峭的山坡上放置低功率、长距离（LoRa）的设备，他可以收集多年来的雪况数据，并通过互联网将信息传达给云服务器（Adelantado et al. 2017）。如果迈克认为某个地区具备了发生雪崩的条件，他就会派一架无人机去绘制该地区的地图。在 5G 传输的帮助下，他可以在家里用虚拟现实头盔观看无人机拍摄的画面，并模拟不同的引爆策略，找到适合这处地形的理想方法（Xiong et al. 2015）。

喜爱道外滑雪的迈克向布朗博士描述了雪崩狩猎的过程，表示这项运动不仅让他了解了更多造成雪崩的条件，以及避免雪崩的方法，还让他在滑雪冒险中更有安全感。

9　下午6:00：透气物质——无排放赛车

布朗博士和穆迪准备观看无排放赛车锦标赛，这场比赛推动了可循环电池领域的创新。当他们坐上社区的车前往体育场时，她下单购买了咖啡和她最喜欢的三明治。在抵达体育场后，布朗博士下车，走到服务员机器人面前。服务员评估了穆迪的生理状况，并给它做了一次背部按摩。布朗博士从机器人手里拿走了咖啡和三明治，费用将自动从她的账户中扣除。

比赛马上就要开始了。车队正在优化他们的战略，以确定装载多少电池。电池太少可能无法让电动汽车跑完整个比赛，但电池太多则会让汽车更重、更慢。赛车可以自主地交换电池，并将用过的电池留在赛道上用太阳能充电，以便在下一圈中取用。因此，在他们的能源管理策略中，赛车手必须考虑到整个比赛期间赛道上不同区域的太阳能利用率。

在赛车进站时，机械机器人迅速更换磨损的赛车车轮，布朗博士对它们的精巧操作非常着迷。突然，两辆赛车在转弯处相撞，在赛道上留下了一地碎片。无人机迅速赶到现场，在下一辆赛车经过之前，一丝不苟地清理该区域。当比赛接近尾声时，赛车开始将后备厢中多余的电池处理掉，在赛道中争取速度上的优势。车队需要做出关键决策，因为他们要尽量减少携带的电池，而电池过少则会迫使车手降低速度才能到达终点线。

10　晚上7:10—8:30：高分辨率管理——仓库逃生

布朗博士在她的智能手表上收到通知，她最喜欢的运动品牌组织了一次"仓库逃生"——这是一项由体育公司发明的挑战，目的是让顾客试穿他们的新衣服，同时管理仓库：拣选和堆放物品，以应对人工需求的高峰期。穆迪和布朗博士必须以全息的方式在仓库的服装货柜中奔跑、攀爬和跳跃，无人机投射全息图，引导她拿起特定的物品，并将它们放在特定的位置，或将它们扔进其他无人机的搬运箱。当布朗博士准备开始时，她会收到一份运动服和跑步鞋的样品，供她在挑战过程中穿着。

赛事方向布朗博士提供了几种游戏模式，她选择了她最喜欢的模式——丛林逃亡。"三、二、一，开始！"在她选完后，无人机投射的丛林动物全息图就在仓库里追赶她和穆迪；为了"人身安全"，在这个由丛林改造的仓库中，她朝着出口不断跋涉。在布朗的努力下,她得到了客户忠诚度积分的奖励,这些积分能兑换该品牌的折扣和独家优惠。在她离开的时候,她收到了保留参赛服装并自动付费的建议。

当布朗走在回家路上时,她看到旁边的商店还在忙碌——他们在马路的另一边,用社区自驾车额外装载的箱子组装一个临时商铺,用射频识别标签持续监控(Subirana et al. 2003)。随着她的思考,符合她尺寸和喜好的衣服被剪裁好,推到了轨道上。拿起这些物品的那一刻,她就触发了交付和购买的验证。付款流程全自动,她的忠诚度积分可以换取折扣,而待付的余额则在退出时收取。

11 晚上9:00—10:00:法律编程——打造体育帝国

经过一周的美好假期,布朗博士赶回了家。在向她的儿子和穆迪道过晚安后,她回到楼上审查家庭财务状况。她的物联网谈判代理人的全息影像出现了,建议她更换出售自己健康和体育活动数据的公用事业公司。显然,对她这种有35年以上的体育活动史和每周三次以上的健身课频率的深度用户来说,新公司的加盟奖励会非常丰厚。更换公司后,她的加密货币余额立即被更新。

她的物联网协商代理人随后介绍了她在一周紧张的运动后取得的健康新成就:血压降低,血糖反应更稳定,日平均活动量增加。由于她最新的表现成就,她的人寿保险和健康保险在未来一个月自动调低了价格。瞬间,她银行账户上的余额就得到了更新(Subirana & Bain 2006)。

布朗博士上床睡觉之前,物联网协商代理人再次出现,礼貌地建议她:现在是规划下周训练课程的最佳时机。她的朋友亚历克斯要求在星期二参加网球比赛,她的瑜伽课可以安排在周四的空档期,她的篮球队要求她在星期六参加他们即将到来的主场比赛。她同意了,协商代理人更新了所有的日历和请求,并预订了社区自驾车,以便快速前往比赛现场。当她躺下时,布朗博士很高兴地得知——她的家人在整体运动和活动率方面，已经超过了他们最亲密的朋友。

12　总结

从上文所述的"不可思议的体育"中，我们可以预计，新技术将在推动未来体育发展的过程中发挥关键作用。随着脑机接口、AR 和 VR 技术的成熟，新一代日益数字化的沉浸式体验，将为更丰富和动态的体育形式，架起物理和数字领域的桥梁。低功耗传感器与先进的存储和联网技术相结合，将有希望从人类和城市中捕捉、存储和汇编比以往更多的数据，使人工智能能根据喜好、能力、地点和时间提供个性化的运动体验。与政府和保险有关的健康数据有望与区块链技术携手，给居民健康的生活习惯予以奖励，从而营造出更积极健康的社会氛围。然而，要使这些令人兴奋的创新以积极的方式影响体育和社会，必须克服许多障碍。必须考虑如何设计和实践这些强大的技术，以确保它们以安全、公平和可持续的方式成型。重要的是，新型 AR 和 VR 应用的设计方式应促进物理和数字世界的融合，而不是进一步切断社会与现实的联系。使用动物-机器接口为非人类生命形式带来"智能"的道德影响必须得到认可，并纳入防止技术滥用的产品守则中。最后，随着无人机和车辆获得自主权，任何事件和互动的数据都可能会被捕获，必须创建更安全的软件系统，保护自己免受恶意黑客攻击，并使个人数据民主化。在这个创新速度超过立法速度的时代，科技公司应该思考他们的产品将对社会产生何种影响，并承担起责任，秉持造福社会的理念去设计产品。

参考文献

Adelantado, F., Vilajosana, X., Tuset-Peiro, P., Martinez, B., Melia-Segui, J., & Watteyne, T. (2017, September). Understanding the limits of LoRaWAN. *IEEE Communications Magazine, 55*(9), 34–40.

Azuma, R., Baillot, Y., Behringer, R., Feiner, S., Julier, S., & MacIntyre, B. (2001). Recent advances in augmented reality. *Computer Graphics and Applications, IEEE, 21*(6), 34–47.

Bajura, M., Fuchs, H., & Ohbuchi, R. (1992). Merging virtual objects with the real world: Seeing ultrasound imagery within the patient. In *ACM SIGGRAPH Computer Graphics* (Vol. 26, no. 2, pp. 203–210). ACM.

Baum, S. D., Goertzel, B., & Goertzel, T. G. (2011). How long until human-level AI? Results from an expert assessment. *Technological Forecasting & Social Change, 78*(1), 185–195.

Golbeck, J., & Neustaedter, C. (2012). Pet video chat: Monitoring and interacting with dogs over distance. In *Proceedings of the CHI EA'12* (pp. 211–220). ACM Press.

Konstantas. (2007). An overview of wearable and implantable medical sensors. In *IMIA Yearbook of Medical Informatics 2007* (no. 46, pp. 66–69). Schattauer Publishers.

Mancini, C., Lawson, S., & Juhlin. (2017). Animal-computer interaction: The emergence of a discipline. *International Journal of Human-Computer Studies, 98*, 129–134.

McArthur, D., Lewis, M. & Bishary. (2005). The roles of artificial intelligence in education: Current progress and future prospects. *Journal of Educational Technology, 1*(4), 42–80.

Subirana, B., & Bain, M. (2006). Legal programming. *Communications of the ACM, 49*(8), 57–62.

Subirana, B., Eckes, C. C., Herman, G., Sarma, S., & Barrett, M. I. (2003). *Measuring the impact of information technology on value and productivity using a process-based approach: The case for RFID technologies*. MIT Sloan Working Paper No. 4450-03.

Xiong, X., et al. (2015, September). Low power wide area machine-to-machine networks: Key techniques and prototype. *IEEE Communications Magazine, 53*(9), 64–71.

布里安·苏维拉纳是麻省理工学院自动识别实验室的主任，目前在哈佛大学和麻省理工学院的训练营任教。他的研究集中在物联网和人工智能交叉领域的基础发展，侧重于体育、零售、健康、制造和教育等行业的实用性探索、启发与应用。他希望一个空间能拥有自己的"大脑"，人类可以与之交流，而自己也能为创造这样的世界做贡献。在成为一名学者之前，他曾在波士顿咨询集团工作，并创立了三家新公司。

加西亚·霍尔迪·拉瓜尔塔是一名电子和信息工程师，是麻省理工学院自动识别实验室的研究员。他的研究重点是如何利用数字和信息革命来影响人类健康、创造一个可持续发展的环境。在麻省理工学院工作之前，他在 Nutrino Health 和 InAGlobe Edu 工作。在空闲时间，他还参加足球、篮球、网球等运动，也涉足滑雪和冲浪项目。他的《不可思议的体育》一文，就关于他的两个爱好——运动和新技术——的交叉点。

2030年以后：运动员、消费者和管理者眼中的体育会变成什么样子

萨沙·L.施密特和卡特萨姆·斯托纳姆

摘要

施密特和斯托纳姆从运动员、消费者和管理者的视角，分析了技术对体育的短期和中期影响。结合本书作者们提出的预测、观点，并结合他们自己的发现，展望了未来30年的体育世界。最后，通过描摹30年后的蓝图，为体育界的未来提出希望和些许指导。

在这本书中，我们展望了21世纪体育世界的未来，并讨论了技术驱动的机遇和可能面临的威胁。在汉语中，"机会"和"危机"都有相同的字样，在体育界也是如此。无论是人工智能、机器人技术还是物联网，每项技术都在提供难以置信的机会，同时也带来了意想不到的挑战。例如，如果在引入技术的同时没有适当的安全保障，那么运动员、消费者和管理者在获得新机会的同时，也会把危机放进来。面对这些新兴技术，我们尽量不去夸大它们对当今和未来的体育圈的重要性，也不去过分简化运动员、企业家和创新人士"要如何面对它们"的问题。与之相反，我们探索、分析了体育世界中由技术引起的变化过程及其影响，通过我们做出的预测，来提供一些未来的方向。

1 2030—2050年体育产业展望

在这一章中，我们基于短期和中期前景的思考，描绘出2030

年至 2050 年的体育产业蓝图。我们的目标是增加行业的应变潜力，并激发思考、转换视角，使我们的思维方式因此而更具弹性。我们今天创造的蓝图，有助于在未来更主动地应对各种不确定的情况。

无论 2030 年以后体育的未来前景如何，可以肯定的是：数据将无处不在。传感和运动追踪技术的进步，促使数据收集和分析技术也在不断发展，在未来的每一次技术进步中，这些进展都将发挥重要作用。装备、训练、教练、比赛、观赛和体育博彩都将变得更加"聪明"，并将进一步完善人与人、机器与机器之间的竞争，或者能为人机混合的新形式提供帮助。

当然，对运动员、消费者和体育管理者来说，其结果是难以预测的。我们所讨论的发展前景也不一定成为现实。但思考这些问题有助于激发战略讨论的能力，挑战现有的思维模式，并改善学习和创新能力。我们都想更好地了解现在这个新时代，并架起一根通向未来的天线，来了解可能到来的新事物和我们可能去的新地方。

1.1 2030 年后的运动员

传统意义上，体育是人类运动员之间的竞争。其中包含个人运动，也包含团队运动，但总会有两个以上的运动员或团队在竞争。运动员永远是价值链的开端。没有运动员，就不会有体育比赛、运动队、俱乐部或联盟。没有运动员，供应商的装备就无处可去，教练员和经纪人就会失业。我们设想，未来会有五类（由体育规则定义的）运动员：①健全的、无须辅助的运动员；②由科技辅助的运动员；③机器人运动员；④智力型运动员；⑤虚拟运动员。

1.1.1 健全的、无须辅助的运动员

第一类运动员——身体健全且无须辅助的运动员——将最有可能参加"纯粹的"运动，在这种运动中，运动员遵循的规则与现有模式基本相同。例如，两名运动员在现实网球场上，根据经典网球比赛的正式规则进行比赛。但即使是这一类的运动员，也将与当

代运动员有所不同。首先，未来的运动员将拥有不断优化的训练模式。例如在 10 年后，更广泛的数据和新的技术功能将解锁"超人"人工智能反复训练（Siegel & Morris 第 2 节），练习心流状态（Bartl & Füller 第 3 节），使用"数字孪生"模拟无穷无尽的场景（Chase 第 3 节）。与"虚拟幽灵"（Siegel & Morris 第 2 节）或与人类外形的机器人进行对抗训练，使其像真正的对手一样比赛，在 21 世纪 40 年代和 50 年代也是很有可能的（Siegel & Morris 第 2 节）。

即使不用于"纯粹的"比赛，运动员在练习过程中，也可能很快就会戴上特殊的隐形眼镜（Siegel & Morris 第 2 节），以显示实时的表现反馈。他们甚至会吞下或植入微处理器，用来衡量健康和情绪变化，读取相关数据。另外，他们的饮食也将进一步优化。例如，拜德贝克等人在其论文第 7 节提出，2030 年的运动员将食用 3D 打印的食物。

除了练好运动项目之外，未来的运动员要想成功，还要学习大量的数据，拥有技术能力。他们必须控制、使用和分析他们自己的比赛数据，并优化自己的训练方式。数据将成为运动员的指导性力量，如果不能很好地掌握其中的意义与奥秘，他们就将告别机会、名声与金钱。

运动员的未来之中，还有一点会发生改变，面对那些在如今不知能否治愈的伤病，预防、诊断和治疗它们的能力会得到提升。不用多久，医务人员就能迅速检测出运动员的伤势（Siegel & Morris 第 2 节）。个性化再生医学的主要进展可能会在 21 世纪 40 年代出现，包括机器人辅助手术和物理治疗（Siegel & Morris 第 2 节）。通过局部注射来自自身干细胞的细胞内囊泡，运动员也可以修复损伤的膝关节（Hutmacher 第 2 节）。肌腱撕裂不再意味着膝关节终生与虚弱、疼痛、多次手术为伴，也不再需要漫长的恢复时间。相反，肌腱——也许还有其他受伤的身体部位——将基本获得再生。甚至能想象，2050 年以后，机器人可以独立地从危险的地形中救出受伤的运动员，并治疗他们（Siegel & Morris 第 2 节）。

1.1.2 由科技辅助的运动员

除了传统的人类运动员之外，可能会出现一个新的运动员类别——由科技辅助的运动员。健全的或身体残疾的运动员都将被纳入其中，他们的表现将比无须辅助的运动员更出色——更像一个半机械人，他们的智能化身体部件就像可操控的机器人假体（Siegel & Morris 第 2 节）。人们可以创建新的体系来组建混合运动队，根据身体改造的类型和数量对运动员进行分类。如果"机械人"在比赛中直接竞争，就会有更多的观赏性，甚至可能比传统运动员之间的对决更令人激动。在一场网球比赛中，无论是否沿袭传统的规则，我们都可以想象：机械人将比人类更有毅力，可以进行更长久的比赛。同样可以想象的是，高科技的假肢将大大增加他们击球的力量和精确度。

1.1.3 机器人运动员

人形机器人何时能参加需要相互交流的、具有挑战性的团队运动，这一点还很难说。但比这更有现实意义的是，人型机器人将作为运动员的陪练或训练师，通过脑电波接口或基于双眼视线的系统进行控制（Siegel & Morris 第 2 节）。最终，我们还将让机器人与其他机器人进行竞争。例如，在机器人足球联赛中，不同的机器人队伍将角逐最终的冠军。到 2050 年，机器人开发者社区构想的标志性画面可能会成为现实：一队人形机器人击败了人类世界的上届冠军（Kirchner 第 2 节）。或者，在我们更大胆的想象中，网球场的一边可以是人类或机械人，另一边则是仿人机器人，也就是所谓混合比赛。

1.1.4 智力型运动员

我们已经注意到第四类运动员，即智力型或智慧型运动员的崛起，他们活跃在记忆和智力计算竞赛中。随着竞技游戏行业的发展，智力竞技运动只会不断发展和分化。例如，两个玩家在游戏机上进行职业竞赛，这就是我们如今所说的电子竞技。智力型运动员拥有与传统运动员不同的技能组合。例如，电竞选手在感知能力和反应速度方面更加卓越。他们每秒钟能做出 8 个决策，每分钟就能做出 480 个。为了实现这一目标，他们每天都要投入几个小时进行运动、心理和耐力训练。虽然智力运动目前已经存在，但大脑研究可以开发出完全不同的、目前还无法想象的技术。也许，在遥远的将来，在全新的思维学科的引领下，人类之间、人类和机器之间，会有全新的（虚拟）智力竞赛。

1.1.5 虚拟运动员

最后一类运动员还没出现，因为这种运动或技术尚未面世。例如，通过人工智能，我们知道数字映射和无限场景运行是可行的；其中一些技术——甚至所有这些技术——都能变成全新的运动项目。我们很容易想象到，在带有视网膜投影的头盔（Siegel & Morris 第 2 节）等设备的帮助下，以数字映射为原理的无限对战游戏将迅速流行——老虎对狮子、吉姆对史蒂夫、马拉多纳对梅西，诸如此类。还可以利用特定的软件，编写算法创建、控制全息影像，让两个玩家的全息投影参加网球比赛。这些新运动所需的技能都会是新颖而独特的。

1.2　2030 年后的消费者

职业体育中最强大的利益相关方当然是消费者。体育的新技术、新运动是否被接受，最终取决于它们能否满足消费者的关键需求。因此，我们预测：消费者的力量会越来越强大。未来消费者希望看到什么，将决定职业体育项目是否被执行、以何种形式和方式执行。消费者也可能对一些体育赛事的结果产生更大的影响。在球迷控制的橄榄球联赛（FCFL）中，就已经有了这样的趋势，这是一个由球迷完全负责的现实世界的体育联赛。通过 Twitch 上的互动视频完成连接，球迷们实时喊出橄榄球战术，球迷投票的结果会转达给四分卫，并在球场上执行。除了呼叫战术外，球迷还可以在FCFL中担任总经理，让他们决定每支球队的名称、标志、教练，甚至通过管理球员选拔赛来决定球队大名单。FAN代币（一种新开发的加密货币）作为联盟的数字货币和粉丝投票的排名工具（Heitner 2017）。类似于FCFL在范特西体育中的做法，球迷很快就能获得瓜分球队现金流（例如奖金等收入）的权利，分享他们主队的成功喜悦。股份可以通过区块链管理，所有权由智能合约确定，资金通过加密货币分配（Khaund第3节）。

可以想象，在遥远的未来，观众不再只是引导选手的背景板，他们还能直接影响运动员的表现。例如，在网球比赛的第四盘，人们可以通过球员血液中的纳米机器人释放额外的力量，以保持比赛的精彩程度。或者，观众可以自主发起调查投票，来选出下一个加入比赛的选手、人形机器人或全息图像。这在电动方程式赛车中已经得到了实践，观众可以现场投票，在赛道上给某些车手提供额外的动力。

消费者也可能更接近赛场，甚至直接进入场内。那些增强机械人或职业运动员运动能力的技术，同样也能用在球迷身上，让他们能体验一回锦标赛或单场比赛的感觉。增强现实、虚拟现实和扩展现实技术，有望给观众带来更综合沉浸的参与体验，观众不只是简单地坐着观赛，而是可以亲身下场、积极参与（Miah et al. 第4节；Pirker第4节）。想象一下，作为一个普通人，你被选中参加温布尔登网球锦标赛，你穿上特殊的装备，在成千上万（甚至数百万）的球迷面前，有机会真刀真枪地击败精英运动员。或者，在比赛结束后，你能与机器人或参赛球员的全息影像对战——你可以练习精确的反手击球，或挑战比赛中那些发球制胜的回合，尝试打出漂亮的回击球。

直接下场"干预比赛"，将成为未来最好的体育消费方式。在未来的家里或路上，人工智能"将根据喜好、历史数据和事件分析，自动选择或合并摄像机视角，并按程序生成评论"（Siegel & Morris第2节）。虚拟现实将使球迷能在体育场的最佳座位上观看他们最喜爱的运动,并只需一个按键,他们就能切换到不同的视角。为了让那些远离主队球场的球迷有更多的现实体验,希尔兹和赖因预测将来会有专门播放虚拟比赛的卫星体育场(Shields & Rein 第 4 节)。蔡斯假设,如果我们住得足够近,即使主队在踢客场,我们也会前往主场,用虚拟现实头盔观看比赛(Chase 第 3 节)。

有了人工智能辅助的 3D 打印技术,球迷们也能拥有他们喜欢的运动员的运动装备。根据拜德贝克等人的说法,到 2030 年,10% 的运动鞋将以这种方式制造出来(Beiderbeck et al. 第 7 节)。这意味着,所有的专业团队、大多数精英运动员和那些不差钱的人,都可以期待完美的模型设备。

1.3 2030 年后的(体育业务)经理

最后,管理者必须考虑到运动员和消费者的利益,以获得运动领域的最大收益。在新技术的推动下,除了协会、联赛、俱乐部和球队的管理方式会起变化之外,管理层对赛事、场地、设施、票务平台、市场等部分的管理都将发生改变。新类型运动员的出现,本身就意味着新的挑战。例如,一个国际网球赛事的主管需要与罗杰·费德勒的孙子、机械人、全息人像或全息人像的创造者,甚至是人形机器人的所有者的经理进行参赛费用的谈判。高管们可能还要根据运动员的类别组织多个赛事,让这些赛事同时或交错进行。管理者还需要组织日益复杂的交通和安全事宜,甚至更多的物理空间——如果我们现在所熟知的体育场还保留下去的话。在这种情况下,希尔兹和赖因就设想出了乘客无人机,用来将人们送到体育场(Shields & Rein 第 4 节)。为了适应这些新颖的交通方式,同时兼容那些传统的运输形式,人们需要重新设计体育场,至少需要改建部分设施。在这种情况下,管理者也会管理更多的实体体育场馆。希尔兹和赖因还预测:卫星体育场将在 21 世纪 30 年代流行起来,并提供虚拟观赛辅助工具,以使更多的球迷能够在更好的氛围中观看比赛(Shields & Rein 第 4 节)。想象一下,未来的体育场馆管理者会在温布尔登的上空指挥交通、保护塞雷娜·威廉姆斯女儿的安全、为无人机提供便利的机位，同时还要保持赛事的火热氛围。

与未来的运动员类似，未来的经理人也要学习更多技能，具备更强的数据处理能力。在科学和艺术的天平之间，体育管理将大幅度地倒向科学。例如，以纯粹的直觉为基础的球探工作可能一去不返了。人们将通过无尽的数据指标来评估球员的潜力。而且，在数据的支持下，经理人的权力会越来越大。然而，随着人工智能水平的提高，球探团队可能会被削减。"人工智能将综合球探报告、高阶数据统计、表现测试、训练负荷、伤病报告、个性特征等各方面，来预测球员可能的发展路线，并通过建模他们的潜在发展方向来预判他们的竞技水平"（Chase 第3节）。而不是像以前那样，由一个工作人员来处理成堆的数据和信息。

除了运动员和团队管理之外，体育管理和裁判工作也将发生变化，以适应和管理新出现的技术。例如，管理机构需要确定地面/空中的机器人裁判和自动裁判系统在哪些体育项目中应该发挥怎样的作用（Siegel & Morris 第2节）。他们还要对技术提供的增强功能进行裁决和监管，并确定其使用的边界条件，这些工作将变得越来越困难，特别是考虑到体育产业的特殊性，以及它对公平性的极度依赖：观众不会接受既定的结果，每个人都必须有机会获胜。因此，在"纯粹的体育"中，类似于鲨鱼皮那样的特制服装或提高成绩的药物都被裁定为作弊。但是，随着新的运动员类别的出现，新的规则也可能登场。例如，随着运动医学（在伤病治愈和预防等方面）的进步，赛事方可能会对某些（或所有类别的）运动员网开一面，允许他们通过药物或其他方法提高成绩。如果出现这种情况，主流运动项目的兴奋剂管制就会被废除，而改善运动表现的药物则会被允许。举个例子，在比赛前，运动员只需接受检查，以确保没有使用电动肌肉刺激器或增强型植入物。

虽然可能有不同类别的规则，但只要每个人都遵守同样的规则，那我们就不对运动项目本身的正确性和进步性做出评论。有了不同类别的运动员和崭新的项目，规则的修订肯定会占用管理层更多的时间。像奥林匹克委员会、国际足联和欧洲足联等国际体育机构，将面对越来越复杂的规则类别和裁决案例。

2 除此以外……

我们的当下时光正在缩水——从感知到成为现实——未来会来得更快，"当下"的时间段会越来越短（Opaschowski 2013）。它由飞快加速的技术组成，不会在原地等待我们。由技术驱动的体育世界将焕然一新，而我们就身处风口浪尖上，它将扩大体育领域可能存在的界限，并建立一个完全不同的未来。要想获得技术进步的红利，就必须找到与技术竞赛的方法，而不是与它对抗。"最终，那些拥抱新技术的人，将是最大的受益者。"（Rodney Brooks，Rethink Robotics 首席技术官，转引自 Brynjolfsson & McAfee 2014）。

然而，未来的技术对体育领域来说是福是祸，依然取决于我们。虽然我们没有关注技术实践所带来的道德难题——我们把这个问题留给我们的作者、伦理学家和哲学家——但体育所能接受的技术是有限度的。我们的作者——蔡斯、西格尔、赖因和托格勒都特意注明：体育结果必须保持不确定性。任何去掉这一因素的技术都会丧失观众的兴趣。我们担心：在人类与机器人同场竞技的比赛中，如果机器人的胜算过于显著，那么在好奇的光芒黯淡之后，人们会迅速失去兴趣。相反，我们仍然希望有那么一种可能性，即处于劣势的球队，如经常被提及的奥克兰运动家队，还有希望去战胜强大的纽约洋基队。

我们探讨了 2050 年之前的技术和体育领域的发展（图 1）。并非我们所有的猜测都会成为现实，即使它们在技术上确实有可行性。因此，我们并不关心我们所描绘的体育蓝图是否准确，我们更关心这些蓝图在读者心中引发了怎样的思考。我们正在靠自己的力量去描绘体育世界的未来，而不仅仅是预测它。说到底，体育的未来就是运动员、消费者和管理者共同创造的。面对我们面前的所有机会和危机，我们乐观地认为，最好的场景还在远方。

图 1　按年代划分的未来科技影响

参考文献

Brynjolfsson, E., & McAfee, A. (2014). *The second machine age: Work, progress, and prosperity in a time of brilliant technologies*. New York: W.W. Norton & Company.

Heitner, D. (2017). *New 8-team football league gives fans control based on blockchain-based tokens*. Retrieved April 14, 2020, from https://www.forbes.com/sites/darrenheitner/2017/12/15/new-8-team-football-league-gives-fans-control-based-on-blockchain-based-tokens/#617c4ab1208b.

Opaschowski, H. W. (2013). *Deutschland 2030*. Gütersloh: Gütersloher Verlagshaus.

    萨沙·L. 施密特是位于杜塞尔多夫的奥托贝森商学院的体育与管理研究中心的主任，也是体育与管理专业的教授。他同时也是 SPOAC（奥托贝森商学院的体育商业研究院）的学术主任。此外，他还是哈佛商学院（Harvard Business School，HBS）数字倡议协会（Digital Initiative）的成员——该机构隶属于哈佛创新科学实验室（Laboratory for Innovation Science at Harvard，LISH），他也是里昂商学院亚洲校区的助理研究员。萨沙是哈佛商学院很多体育相关研究案例的共同作者，也是麻省理工学院体育企业家训练营的发起者和高级讲师。他刚进入职业生涯的时候，在苏黎世、纽约和约翰内斯堡的麦肯锡工作，并且在德国领衔组建了猎头公司 a-connect。他的研究和写作内容主要聚焦在增长和多元化战略，以及职业体育的未来规划。他是很多出版物的作者，并且是很多著名职业足球俱乐部、体育组织、国际化公司的战略合作、多元化、创新以及管理等方面的顾问。萨沙相信科技能为体育带来巨大的转型力量，并且期待这本书能够帮助人们更好地理解体育、商业以及科技之间的相互关系。作为一名年轻时颇具实力的网球选手，萨沙现在经常和三个儿子一起在体育馆里打网球。看着奔跑中的孩子们，他迫不及待地想要看到下一代运动员将会取得怎样的成就。

    卡特萨姆·斯托纳姆是一名自由编辑和作家，也是奥托贝森管理商学院的工商管理应届毕业生。在进入商学院之前，她从事社区卫生工作，以不同的身份在各种环境中历练：在美国的低收入卫生诊所从事信息学工作，也在撒哈拉以南非洲从事研究工作。她对健康公平和高质量写作充满热情。在空闲时间，她喜欢在户外运动和探索——当然，最常做的还是把头埋进书里。